Mosaik

PRAKTISCHE HOMÖOPATHIE

DAS NEUE HANDBUCH

Dr. Christopher Hammond

PRAKTISCHE HOMÖOPATHIE

DAS NEUE HANDBUCH

Das richtige Mittel schnell und sicher finden

Mit 100 Seiten Symptome-Wegweiser

Mosaik Verlag

ANMERKUNG DES AUTORS

Die Informationen in diesem Buch sollen und können ärztlichen Rat nicht ersetzen. Wer an einer behandlungsbedürftigen Krankheit leidet, sollte einen Arzt aufsuchen.

Ein Element Buch

Originaltitel: The Complete Family Guide to Homeopathy
Originalverlag: Element Books Limited, Shaftesbury, Great Britain 1995
Koautoren: Margaret Crowther, Carole Stephenson LCH
Rosemary Turner LCH
Entwicklung und Design: The Bridgewater Book Company
Art Director: Terry Jeavons
Studiofotografie: Guy Ryecart
Übersetzung: Petra Sporbeck-Hörning
Schutzumschlaggestaltung: Martina Eisele, München

Der Mosaik Verlag ist ein Unternehmen der Verlagsgruppe Bertelsmann

Satz: Filmsatz Schröter GmbH, München
Druck und Bindung: Butler and Tanner
Printed in Great Britain
ISBN 3-576-10599-9

VORWORT

Viele Menschen fühlen sich dauernd abgespannt, erschöpft oder sogar krank. Das ist nicht weiter erstaunlich, bedenkt man, welchen Lebensstil die meisten von uns pflegen: Wir essen zuviel und unausgewogen, belasten unseren Körper mit Genußgiften, Drogen, Medikamenten oder auch exzessiven Diäten und anderen streß-auslösenden Faktoren.

Die Folge einer solchen Lebensweise ist eine deutliche Zunahme chronischer Erkrankungen und Befindlichkeitsstörungen – Leiden, die mit der konventionellen Therapie häufig nur unbefriedigend zu behandeln sind. Denn der Schwerpunkt der allopathischen oder auch »Schulmedizin« genannten Medizin liegt auf der Bekämpfung von Krankheitssymptomen und nicht so sehr der Eliminierung von Krankheitsursachen. Das Hauptanliegen der sogenannten Komplementärmedizin, auch »biologische Medizin« oder einfach »Naturheilverfahren« genannt, ist es dagegen, nicht die Krankheitszeichen, sondern die zugrundeliegende Störung im Organismus zu behandeln. Diese Medizin benötigt die Mithilfe des Patienten, seine Bereitschaft, aktiv am Gesundwerden mitzuwirken.

Dies wird um so wichtiger, je mehr wir unsere Umwelt und damit uns selbst schädigen. Auf manche Menschen scheinen zwar die schädigenden Umwelteinflüsse keinen oder nur einen relativ geringen Einfluß auszuüben. Sie befinden sich in einem ausgeglichenen Zustand, der sich mit nur minimalem Aufwand erhalten läßt. Bei den meisten Menschen ist dieser Gleichgewichtszustand jedoch gestört. Es sind diese Menschen, die wir als im weitesten Sinn des Wortes als »krank« ansehen. Bei diesen Menschen manifestiert sich eine Störung – die Unfähigkeit des Körpers, mit äußeren Einflüssen fertig zu werden – auf individuelle Art und Weise. Und genau an dieser Stelle kann die Homöopathie äußerst nützlich sein. Der Homöopath kann seinen Patienten zu einer gesunden Lebensführung animieren, kann ihm die Bedeutung der Selbstheilungskräfte erklären und letztlich die Behandlung aus dem Status der mehr oder weniger reinen Symptombekämpfung auf den einer Gesundheitsförderung erheben.

Welchen Nutzen die Homöopathie hat, welche Theorie hinter dem homöopathischen Behandlungsansatz steht und was die Prinzipien einer ganzheitlichen Behandlungsweise sind, das hat Dr. Hammond in dem vorliegenden Buch auf wirklich gelungene Art und Weise dargestellt.

LORD COLWYN

INHALT

TEIL I

Theorie und Philosophie der Homöopathie

TEIL II

Die Materia Medica

TEIL III

Praktische Homöopathie

TEIL IV

Die Arzneimittelbilder

TEIL V

Glossar und Register

EINFÜHRUNG

Atropa belladonna *ist die Grundlage des so wichtigen homöopathischen Heilmittels* **Belladonna.** *Es wirkt ausgesprochen schnell und ist besonders nützlich bei akuten Erkrankungen mit plötzlichem Beginn.*

Dieses Buch ist für all jene gedacht, die gewöhnliche, akute Erkrankungen – beim Kind wie beim Erwachsenen – behandeln möchten. Bei diesen Erkrankungen läßt sich die Homöopathie auch sicher und wirksam einsetzen, ohne daß man sie umfassend beherrscht.

Da ein wenig Wissen über die Geschichte und Philosophie der Homöopathie dennoch nützlich und nicht zuletzt auch interessant ist, wird im ersten Teil dieses Buches ein kurzer Überblick über die Herkunft, die Entwicklung und die Lehre der Homöopathie gegeben. Ob dabei nun die vorgestellten Gedanken und Ansichten Ihrer Sicht der Dinge entsprechen oder nicht, ist im Grunde belanglos. Ziel und Zweck des Buches sind vielmehr genau dann erreicht, wenn es bei der Auswahl der Heilmittel, die den natürlichen Heilungsprozeß fördern, hilft. Diese Auswahl ist nicht weiter schwierig und erfordert auch keine akademische Ausbildung. Weitaus wichtiger ist die Beobachtungsgabe, und die läßt sich durch Übung leicht erlangen.

Die Europäische Auster ist Grundlage des so wichtigen Homöopathikums **Calcarea carbonica**, *die den Kalziumhaushalt im Körper ausgleichen hilft. Kalziummangel oder -überproduktion kann viele Störungen verursachen.*

Causticum *wird aus gelöschtem Kalk und Kaliumbisulfat hergestellt und eignet sich besonders zum Einsatz bei neuromuskulären Störungen. In akuten Fällen wird es nur selten eingesetzt.*

Völlig anders verhält es sich allerdings bei der Behandlung von chronischen oder rezidivierenden Er-

krankungen. Tritt die Störung in bestimmten Abständen immer wieder auf, wie Migräne oder Regelschmerzen, lassen sich mit Hilfe dieses Buches zwar sicherlich Mittel finden, die die Schmerzen lindern – verhindern läßt sich ein erneutes Wiederauftreten damit jedoch nicht. Eine kurative Behandlung solcher Störungen sprengt den Rahmen dieses Buches, spiegeln sie doch Prozesse wider, die tief im Innern des einzelnen ihren Ursprung haben und von einer Vielzahl von Faktoren, wie konstitutionellen Merkmalen, Vererbung, Ernährung, Lebensereignissen, Lebensweise, Umwelt und anderem, abhängen. Wer sich gegen eine solche Störung behandeln lassen will, tut gut daran, einen Therapeuten mit Erfahrung in der Konstitutionsbehandlung zu suchen.

Die jodhaltige Spongia tosta wird oft zur Behandlung von Atemwegserkrankungen eingesetzt. Sie ist vor allem bei einer Familienanamnese mit Tuberkulose angezeigt.

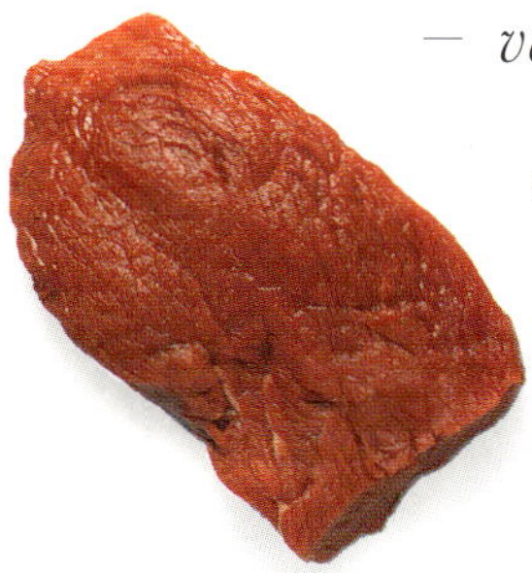

Pyrogenium wird aus zersetztem magerem Rindfleisch hergestellt und gehört damit zu den Nosoden, das heißt den Homöopathika, die aus pathologischen Körperprodukten gewonnen werden. Es ist ein wichtiges Mittel bei septischen oder toxischen Zuständen.

Die Homöopathie ist nicht die einzige Lehre, die sich der hier vorgestellten Konzepte bedient, sie hält auch nicht Antworten auf alles bereit und ist nicht jedermanns Sache. Für viele ist sie aber dennoch von großem Wert und Nutzen – ob auch Sie dazu gehören, müssen Sie selbst herausfinden!

Aconitum napellus ist ein Heilmittel, das sich vor allem für den Einsatz in den frühen Krankheitsstadien eignet und ein wirksames Schmerzmittel ist.

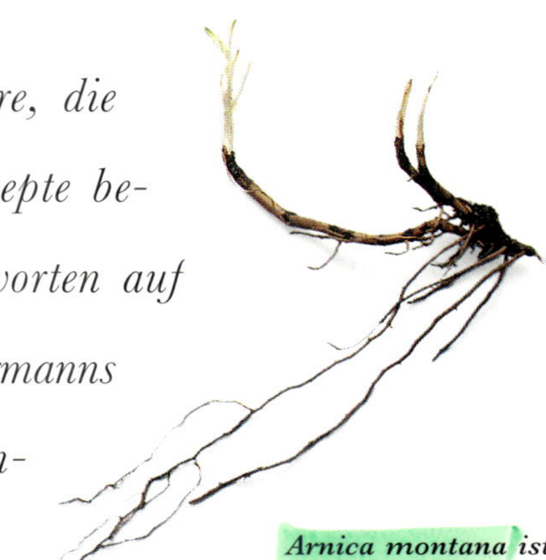

Arnica montana ist ein hervorragendes Mittel zur Behandlung von Prellungen und Sturzverletzungen. Es hilft, Blutungen zu stillen, lindert den Schock und unterstützt die Heilung.

Zum Gebrauch dieses Buches

Das Ziel des Ratgebers *Praktische Homöopathie* ist es, dem Anfänger in Sachen Homöopathie bei der Behandlung von akuten Erkrankungen zu helfen. Darüber hinaus enthält dieses Buch Informationen, die auch später – bei zunehmender Erfahrung – bzw. denen, die bereits jetzt über einiges homöopathisches Wissen verfügen, eine Hilfe sein werden.

Das Buch ist in fünf Teile gegliedert. Teil I, *Theorie und Philosophie der Homöopathie*, gibt einen Überblick über das Schaffen Samuel Hahnemanns, des Vaters der Homöopathie, und führt in die Therapie ein. Vorgestellt werden die Grundprinzipien, der mögliche Wirkmechanismus, die Arzneimittelherstellung sowie das Prinzip und die Technik des Potenzierens.

Teil II, die *Materia Medica*, gibt einen Überblick über die wichtigsten in diesem Buch aufgeführten Arzneimittel, die allerdings nur einen Ausschnitt aus der gesamten Homöopathika-Palette darstellen. In diesem Abschnitt erfahren Sie mehr über die einzelnen Mittel: woraus sie gewonnen werden, wie sie auf eine gesunde Person wirken, welche körperlichen und psychischen Symptome sie hervorrufen und zu welchem Persönlichkeitsporträt sie gehören.

Teil III, die *Praktische Homöopathie*, führt in die Kunst der homöopathischen Anamnese ein: Wie beobachte ich Symptome, wie fertige ich die Notizen an und wie werte ich die erhaltenen Informationen aus, damit das richtige Mittel ausgewählt werden kann? Zur Veranschaulichung werden vier einfache Fallstudien mit

Teil I berichtet von der Entstehung der Homöopathie und setzt sie in ihren zeitgenössischen medizinischen Kontext.

Eine Kurzbiographie von Samuel Hahnemann, dem Begründer der Homöopathie.

In Teil II werden die im Buch vorgestellten Arzneimittel benannt und ihre Herkunft beschrieben. Soll mit dem Arzneimittelnamen ein körperlicher oder psychischer Zustand angezeigt werden, dann erscheint er im Lauftext in normaler Druckschrift. Bezieht er sich dagegen auf das wirkliche Heilmittel, ist der Begriff kursiv gedruckt.

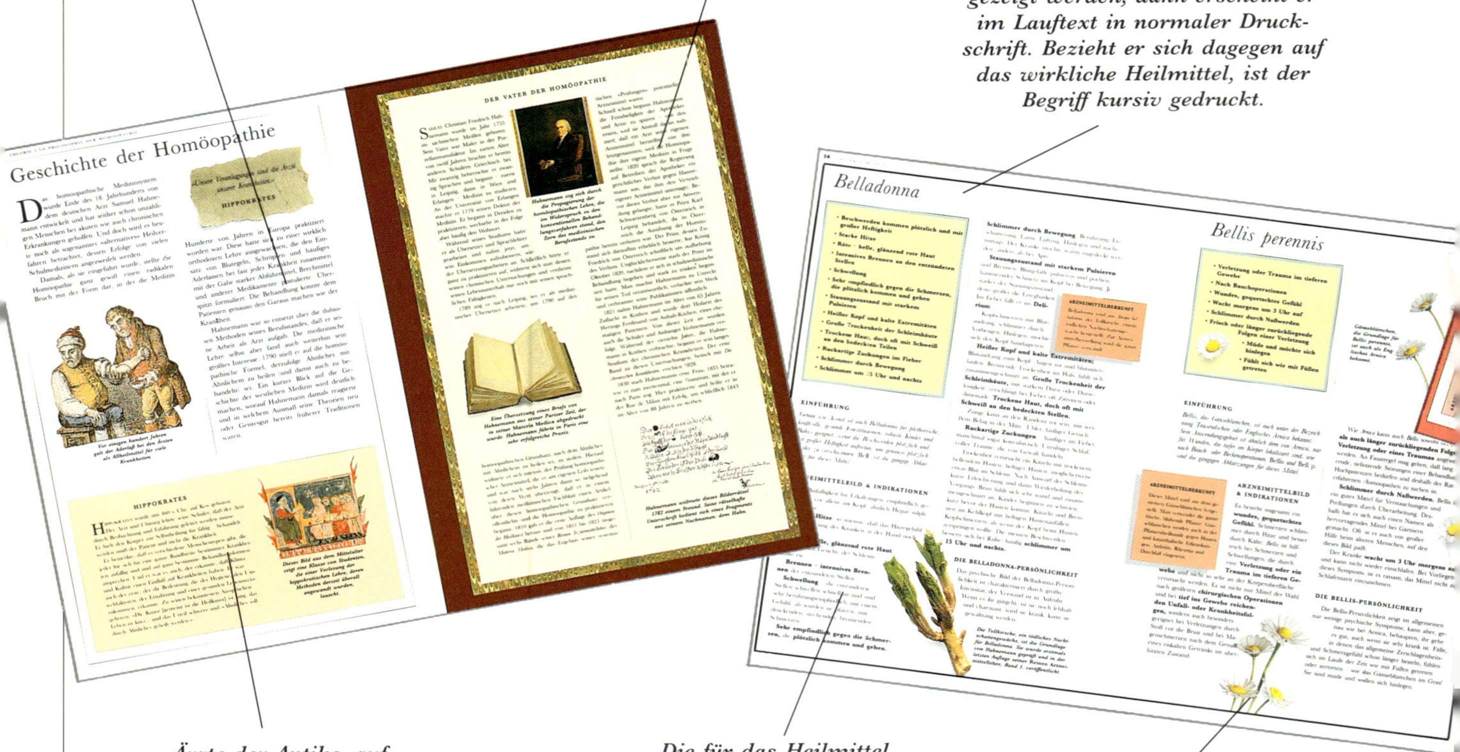

Ärzte der Antike, auf die einige der theoretischen Regeln der Homöopathie zurückgehen.

Die für das Heilmittel charakteristischen Hauptsymptome werden aufgelistet, die wichtigsten werden halbfett hervorgehoben.

Die Quelle – ob nun Pflanze, Tier oder Mineralstoff – jedes Homöopathikums ist abgebildet.

der zwar durchaus häufigen, aber dennoch quälenden Kinderkrankheit »Ohrenschmerzen« vorgestellt. Weiterhin erfahren Sie in diesem Teil des Buches, wie die homöopathischen Arzneimittel zu verabreichen sind, mit welchen Behandlungsergebnissen und Reaktionen Sie zu rechnen haben und wie danach weiter vorzugehen ist. Eine umfangreiche Liste mit für den häuslichen Gebrauch empfohlenen Homöopathika rundet das Ganze ab.

Teil IV, *Die Arzneimittelbilder*, ist tabellarisch angeordnet, um eine direkte Zuordnung von Symptomen zu Arzneimittel zu erleichtern. Mit Hilfe der während der Anamnese beobachteten Symptome können Sie in verschiedenen Tabellen die in Frage kommenden Arzneimittel nachschlagen. Die Tabellen sind nach verschiedenen Beschwerdebildern, die sich auf unterschiedliche Körperregionen beziehen, geordnet. Im Anschluß an die Tabellen folgt ein Warnhinweis, in dem zu lesen ist, wann ärztliche Hilfe vonnöten ist – leisten Sie dieser Empfehlung bitte immer Folge. Der letzte Abschnitt dieses vierten Teils ist den Konstitutionskrankheiten gewidmet, den Störungen also, die der Behandlung durch einen ausgebildeten Homöopathen bedürfen. Und schließlich wird auch noch die »Erste-Hilfe-Behandlung« bei allen kleineren Alltagsunfällen mit den Notfallmitteln umfassend beschrieben.

Teil V schließlich enthält ein Glossar, in dem alle nicht unbedingt zum Allgemeinwissen gehörenden medizinischen und alle für die Homöopathie relevanten Begriffe erklärt werden.

In Teil IV werden die Arzneimittelbilder in Tabellenform vorgestellt.

Die Arzneimittel sind alphabetisch angeordnet; ein Schlüssel erklärt die Abkürzungen.

In dem Abschnitt zur Ersten Hilfe ermöglicht ein Verzeichnis das rasche Nachschlagen von Notfallmitteln.

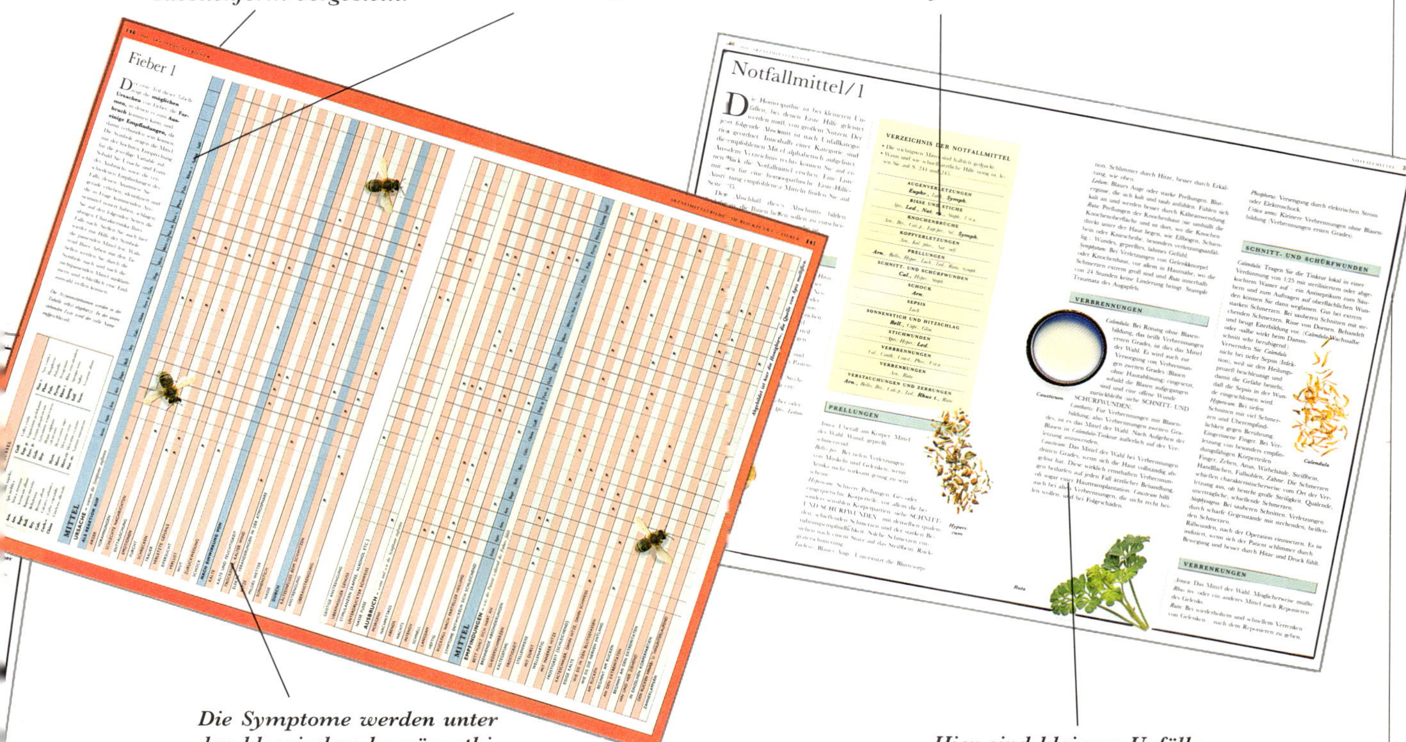

Die Symptome werden unter den klassischen homöopathischen Kategorien aufgeführt.

Hier sind kleinere Unfälle und Notfallsituationen aufgelistet.

TEIL I

THEORIE UND PHILOSOPHIE DER HOMÖOPATHIE

» *Das höchste Ideal der Heilung ist die schnelle, sanfte und dauerhafte Wiederherstellung der Gesundheit oder Behebung und Vernichtung der Krankheit in ihrem ganzen Umfang auf dem kürzesten, zuverlässigsten und unnachteiligsten Weg.* «

SAMUEL HAHNEMANN

Homöopathie - was ist das?

Die Homöopathie ist ein vollständiges Medizinsystem, das sich durch Stärkung der Selbstheilungskräfte der Förderung der Gesundheit schlechthin verschrieben hat. Sie hält keine fertigen Behandlungsrezepte für Krankheiten parat, sondern besitzt Heilmittel für Menschen mit Krankheiten.

Der Behandlungsansatz der Homöopathie unterscheidet sich völlig von dem der konventionellen Medizin. Diese von Hahnemann selbst als Allopathie bezeichneten Heilverfahren versuchen, Krankheiten mit entgegengesetzt wirkenden Mitteln zu heilen. Dieser auf das »Anti« ausgerichtete Behandlungsansatz spiegelt sich auch schon im Namen der hier eingesetzten Arzneimittel wider: Antiphlogistika, Antidepressiva, Antibiotika, Antikonvulsiva, Antidiabetika etc. Bei der Homöopathie hingegen wird der Kranke mit solchen Mitteln behandelt, die in stärkerer Dosis beim Gesunden ähnliche Krankheitserscheinungen hervorrufen.

Der Wirkmechanismus der homöopathischen Arzneimittel läßt sich nicht so leicht erklären. Man könnte jedoch sagen, daß sie auf energetischer und nicht auf materieller Ebene arbeiten.

Zu dem ganzheitlichen Behandlungsansatz kann auch die Anwendung von Yoga zur Förderung des körperlichen und geistigen Wohlbefindens zählen. Viele Menschen glauben, mit Yoga die Selbstheilungskräfte des Körpers stärken zu können.

Die homöopathischen Arzneimittel werden aus einer Urtinktur hergestellt, die aus der pflanzlichen, tierischen oder mineralischen Quelle und reinem Alkohol besteht.

Ähnliches mit Ähnlichem behandeln: Die rote Zwiebel wird zur Behandlung von Heuschnupfen und Erkältungen, Cayennepfeffer und Pfeffer werden bei abnormer Körpertemperatur eingesetzt.

Mit Stößel und Mörser werden harte Substanzen zu feinem Pulver verrieben, bevor sie mit Alkohol verschüttelt werden.

»... an jeder Krankheit nichts feststellen als äußerlich durch die Sinne wahrnehmbare Veränderungen im Befinden des Leibes und der Seele, also Abweichungen vom gesunden früheren Zustand des jetzt Kranken ... wenn die Arzneien als Heilmittel wirken, sie ebenfalls nur durch diese ihre Kraft, das Befinden mittels Erzeugung eigentümlicher Symptome umzustimmen, ihr Heilvermögen ausüben können ...«

SAMUEL HAHNEMANN

Erst wenn eine Substanz nach dem Ähnlichkeitsprinzip (siehe Seite 28) speziell für einen bestimmten Patienten ausgesucht wurde, wird sie zum Homöopathikum. Solange es sich noch im Arzneischrank oder in der Apotheke befindet, ist es noch kein Homöopathikum, sondern einfach nur ein potenziertes Arzneimittel.

HAHNEMANN & DIE HOMÖOPATHIE

BEGRÜNDER der Homöopathie ist Samuel Hahnemann. Er glaubte, daß die Symptome und Zeichen einer Krankheit in Wirklichkeit als Versuche des Körpers zu werten sind, sich selbst zu heilen. Damit müßte man dann auch, so Hahnemann, mit einer Substanz, die fähig ist, ein der Krankheit ähnliches Symptom-»Bild« hervorzurufen, den Abwehrmechanismus wirksam stärken können. Der Arzt müsse deshalb die Gesamtheit aller Symptome studieren, um das Krankheitsbild erfassen und das richtige Arzneimittel verschreiben zu können. Oftmals sind es gerade die Symptome, die eher zufällig, seltsam, selten oder absonderlich anmuten, die für den Homöopathen von größter Bedeutung sind, da sie für die Krankheit charakteristisch sind und damit die Wahl des Mittels bestimmen. Das richtige Heilmittel, so dachte Hahnemann, bewirkt eine »Resonanz« zwischen der Person und der als Therapeutikum verabreichten Substanz. Sie soll wie eine ähnliche, aber stärkere Krankheit als die, an der der Patient leidet, wirken und damit immer diese erste ausmerzen, da zwei ähnliche Krankheiten nicht gleichzeitig nebeneinander bestehen können. Also arbeiten homöopathische Arzneimittel mit dem Organismus zusammen, während die allopathischen einfach nur die Symptome unterdrücken, die Krankheit selbst aber nicht heilen.

Hahnemann, der 1790 die Homöopathie begründete, bewahrte seine Arzneimittel in solchen Behältern auf.

Sorgfältiges Dosieren ist in der Homöopathie von entscheidender Bedeutung.

Flechten können zur Herstellung eines Homöopathikums, das bestimmte Formen von Magenschmerzen lindert, verwendet werden.

Feuerstein ist Bestandteil eines Arzneimittels gegen Katarrhe und Schweißausbrüche.

Geschichte der Homöopathie

Das homöopathische Medizinsystem wurde Ende des 18. Jahrhunderts von dem deutschen Arzt Samuel Hahnemann entwickelt und hat seither schon unzähligen Menschen bei akuten wie auch chronischen Erkrankungen geholfen. Und doch wird es heute noch als sogenanntes »alternatives« Heilverfahren betrachtet, dessen Erfolge von vielen Schulmedizinern angezweifelt werden.

Damals, als sie eingeführt wurde, stellte die Homöopathie ganz gewiß einen radikalen Bruch mit der Form dar, in der die Medizin

Vor einigen hundert Jahren galt der Aderlaß bei den Ärzten als Allheilmittel für viele Krankheiten.

»Unsere Veranlagungen sind die Ärzte unserer Krankheiten.«

HIPPOKRATES

Hunderte von Jahren in Europa praktiziert worden war. Diese hatte sich zu einer wirklich orthodoxen Lehre ausgewachsen, die den Einsatz von Blutegeln, Schröpfen und häufiges Aderlassen bei fast jeder Krankheit zusammen mit der Gabe starker Abführmittel, Brechmittel und anderer Medikamente postulierte. Überspitzt formuliert: Die Behandlung konnte dem Patienten genauso den Garaus machen wie der Krankheit.

Hahnemann war so entsetzt über die dubiosen Methoden seines Berufsstandes, daß er seine Arbeit als Arzt aufgab. Die medizinische Lehre selbst aber fand auch weiterhin sein größtes Interesse. 1790 stieß er auf die homöopathische Formel, derzufolge Ähnliches mit Ähnlichem zu heilen (und damit auch zu behandeln) sei. Ein kurzer Blick auf die Geschichte der westlichen Medizin wird deutlich machen, worauf Hahnemann damals reagierte und in welchem Ausmaß seine Theorien neu oder Geistesgut bereits früherer Traditionen waren.

HIPPOKRATES

Hippokrates wurde um 460 v. Chr. auf Kos geboren. Der Arzt und Chirurg lehrte seine Schüler, daß der Arzt durch Beobachtung und Erfahrung geleitet werden müsse. Er hielt den Körper zur Selbstheilung für fähig – behandelt werden muß der Patient und nicht die Krankheit.

Er bemerkte, daß es verschiedene Menschentypen gibt, die jeder für sich für eine ganze Bandbreite bestimmter Krankheiten anfällig sind und auf ganz bestimmte Behandlungsformen ansprechen. Und er war es auch, der erkannte, daß Klima und Kultur einen Einfluß auf Krankheiten haben. Er war auch der erste, der die Bedeutung, die der Hygiene, den Umweltfaktoren, der Ernährung und einer gesunden Lebensweise zukommen, erkannte. Zu seinen bekanntesten Aussprüchen gehören: »Die Kunst [gemeint ist die Heilkunst] ist lang, das Leben ist kurz... und das Urteil schwer« und »Ähnliches soll durch Ähnliches geheilt werden.«

Dieses Bild aus dem Mittelalter zeigt eine Klasse von Studenten, die einer Vorlesung der hippokratischen Lehre, deren Methoden derzeit überall angewandt wurden, lauscht.

Samuel Christian Friedrich Hahnemann wurde im Jahr 1755 im sächsischen Meißen geboren. Sein Vater war Maler in der Porzellanmanufaktur. Im zarten Alter von zwölf Jahren brachte er bereits anderen Schülern Griechisch bei. Mit zwanzig beherrschte er zwanzig Sprachen und begann – zuerst in Leipzig, dann in Wien und Erlangen – Medizin zu studieren. An der Universität von Erlangen machte er 1779 seinen Doktor der Medizin. Er begann in Dresden zu praktizieren, wechselte in der Folge aber häufig den Wohnort.

Hahnemann zog sich durch die Propagierung der homöopathischen Lehre, die im Widerspruch zu den konventionellen Behandlungsverfahren stand, den Zorn des medizinischen Berufsstands zu.

Während seines Studiums hatte er als Übersetzer und Sprachlehrer gearbeitet und nahm jetzt, um sein Einkommen aufzubessern, wieder Übersetzungsarbeiten an. Schließlich hörte er ganz zu praktizieren auf, widmete sich statt dessen seinen chemischen Untersuchungen und verdiente seinen Lebensunterhalt nur noch mit seinen sprachlichen Fähigkeiten.

1789 zog er nach Leipzig, wo er als medizinischer Übersetzer arbeitete, um 1790 auf den homöopathischen Grundsatz, nach dem Ähnliches mit Ähnlichem zu heilen sei, zu stoßen. Hierauf widmete er sich intensiv der Prüfung homöopathischer Arzneimittel, die er am eigenen Leib testete, und war nach sechs Jahren dann so tiefgehend von deren Wert überzeugt, daß er in einem führenden medizinischen Fachblatt einen Artikel über diesen homöopathischen Grundsatz veröffentlichte und die Homöopathie zu praktizieren begann. 1810 gab er die erste Auflage des *Organon der Heilkunst* heraus und von 1811 bis 1821 insgesamt sechs Bände seiner *Reinen Arzneimittellehre*, der *Materia Medica*, die das Ergebnis seiner systematischen »Prüfungen« potentieller Arzneimittel waren.

Eine Übersetzung eines Briefs von Hahnemann aus seiner Pariser Zeit, der in seiner* Materia Medica *abgedruckt wurde. Hahnemann führte in Paris eine sehr erfolgreiche Praxis.

Schnell schon begann Hahnemann die Feindseligkeit der Apotheker und Ärzte zu spüren – von den ersten, weil sie Anstoß daran nahmen, daß ein Arzt seine eigenen Arzneimittel herstellte, von den letztgenannten, weil die Homöopathie ihre eigene Medizin in Frage stellte. 1820 sprach die Regierung auf Betreiben der Apotheker ein gerichtliches Verbot gegen Hahnemann aus, das ihm den Vertrieb eigener Arzneimittel untersagte. Bevor dieses Verbot aber zur Anwendung gelangte, hatte er Prinz Karl Schwarzenberg von Österreich in Leipzig behandelt, da in Österreich die Ausübung der Homöopathie bereits verboten war. Der Prinz, dessen Zustand sich daraufhin erheblich besserte, bat König Friedrich von Österreich schriftlich um Aufhebung des Verbots. Unglücklicherweise starb der Prinz im Oktober 1820, nachdem er sich in schulmedizinische Behandlung begeben und stark zu trinken begonnen hatte. Man machte Hahnemann zu Unrecht für seinen Tod verantwortlich, verlachte sein Werk und verbrannte seine Publikationen öffentlich.

1821 nahm Hahnemann im Alter von 65 Jahren Zuflucht in Köthen und wurde dort Hofarzt des Herzogs Ferdinand von Anhalt-Köthen, eines ehemaligen Patienten. Von dieser Zeit an wurden auch die Schüler und Anhänger Hahnemanns verfolgt. Während der vierzehn Jahre, die Hahnemann in Köthen verbrachte, begann er sein langes Studium der chronischen Krankheiten. Der erste Band zu diesen Untersuchungen, betitelt mit *Die chronischen Krankheiten*, erschien 1828.

1830 starb Hahnemanns erste Frau, 1835 heiratete er zum zweitenmal, eine Französin, mit der er nach Paris zog. Hier praktizierte und heilte er in der Rue de Milan mit Erfolg, um schließlich 1843 im Alter von 88 Jahren zu sterben.

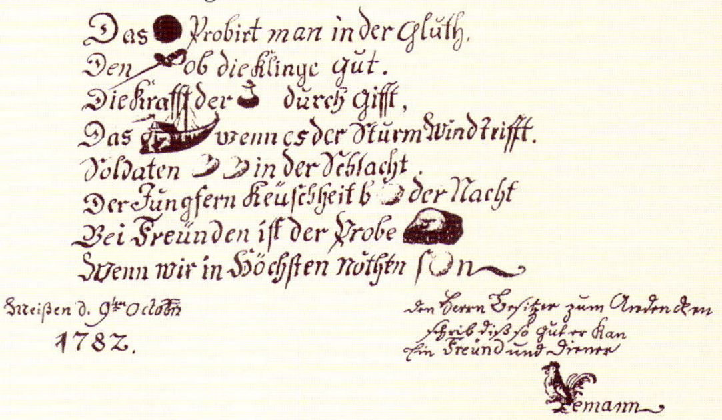

Hahnemann widmete dieses Bilderrätsel 1782 einem Freund. Seine rätselhafte Unterschrift bedient sich eines Fragments aus seinem Nachnamen: dem Hahn.

Die griechischen Anfänge

Bis zum Aufleben des Rationalismus im 5. Jahrhundert v. Chr. hielt man Krankheiten für etwas, das den Menschen aus äußeren, übernatürlichen Ursachen heraus heimsuchte. Wer krank war, hatte die Götter beleidigt, war vom Fluch eines »Krankwünschers« getroffen oder Opfer eines ihm übelwollenden Dämons geworden. Heilung war nur dann möglich, wenn die Götter besänftigt waren oder der Fluch aufgehoben wurde, und die Medizin war eine okkulte Heilkunst, die nur von Priestern und Medizinmännern ausgeübt wurde.

Die frühen griechischen Denker begannen zu erkennen, daß es keiner übernatürlichen Ursachen bedarf, um die Natur des Menschen und die Existenz von Krankheiten zu erklären. Hippokrates, der frühe griechische Arzt und »Vater der Medizin« (siehe Seite 16), machte aus der Theorie, Praxis und dem Studium der Medizin sowohl eine Kunst als auch eine Wissenschaft. Er und Mitglieder seiner Schule verfaßten viele Arbeiten zu diesem Thema. Bei dem Versuch, Gesundheit und Krankheit des Menschen mit natürlichen und nicht übernatürlichen Begriffen zu erklären, übernahmen sie die philosophische Theorie der vier Elemente, die in allem vorkommen: Erde, Luft, Feuer und Wasser. Dem entsprechend stellten sie die Theorie auf, daß es vier Körpersäfte gebe, nämlich Blut, Lymphe, gelbe und schwarze Galle, und daß ein Ungleichgewicht dieser Körpersäfte sich in Form von Krankheiten nach außen hin manifestiere. Kunst und Aufgabe der Medizin sei es, das Gleichgewicht wieder herzustellen.

Die Medizin wandelte sich jetzt zu einem wirklich wissenschaftlichen Studium mit Untersuchung von Ursache und Wirkung und zu einem ausgesprochen humanistischen Unterfangen, bei dem das Verhalten des Arztes am Krankenbett und seine Sorge um das Wohlbefinden des Patienten eine wichtige Rolle zu spielen begannen. Diesem hippokratischen Weg folgte die gesamte antike Welt.

Im Westen jedoch begann sich dieser medizinische Ansatz mit zunehmendem Einfluß des Christentums zu verändern. Im ersten Jahrhundert nach Christus stellte Erotian ein Glossar

Krankenhausalltag im Jahr 1566. Ein Chirurg nimmt eine Amputation vor, ein anderer behandelt eine Kopfverletzung, drei Ärzte erörtern eine Urinprobe.

PARACELSUS

Paracelsus

PHILIPPUS Theophrastus Bombastus von Hohenheim (1493-1541), der den Namen Paracelsus annahm, war eine Art Außenseiter in der medizinischen Geschichte. Er setzte sich für wissenschaftliche Versuche und Untersuchungen ein, studierte aber gleichzeitig auch Alchemie und Schwarze Kunst.

Verschiedene seiner Gedanken nahmen die von Hippokrates auf bzw. griffen Hahnemanns Wirken vor. Er vertrat die Ansicht, daß das, was einen Menschen krank mache, ihn auch heile. Und von ihm wird gesagt, er habe ein ganzes Dorf von der Pest geheilt, indem er die Bewohner mit einer Zubereitung behandelt habe, die aus Spuren ihrer eigenen Exkremente hergestellt worden sei. Er arbeitete mit Heilkräutern und ließ sich dabei von der Signaturenlehre leiten (nach der das Aussehen der Pflanze Aufschluß über die Krankheit gibt, die sie heilen sollte). Er führte aber auch die »chemische Medizin« ein, die mit giftigen mineralischen Substanzen arbeitete.

Im 16. Jahrhundert versuchten Pestärzte, sich vor Infektionen zu schützen. Die hier abgebildete Schutzmaske enthält aromatische Kräuter und Gewürze, die vor Krankheiten schützen sollten.

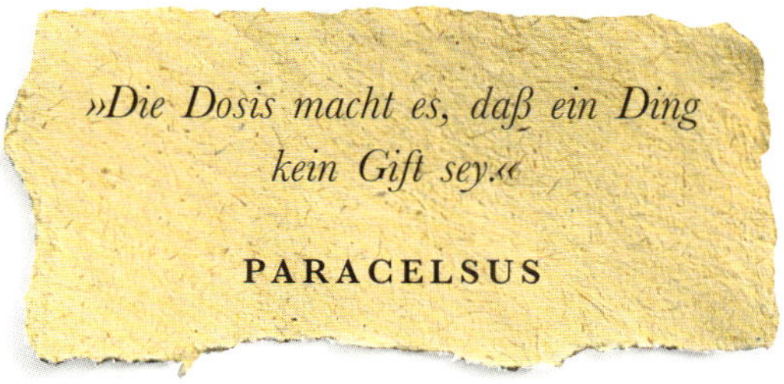

der hippokratischen Begriffe zusammen, und auch der berühmte Arzt und Theoretiker des zweiten Jahrhunderts, Galen, maß dem hippokratischen Werk immer noch große Bedeutung bei. Dennoch aber wich seine Denkweise von der Hippokrates' bereits in vielerlei Hinsicht ab. Während Hippokrates noch glaubte, der Arzt müsse dem Körper dabei helfen, sich selbst zu heilen, schwor Galen auf den Einsatz zahlloser Arzneimittel und darauf, durch einen Eingriff konträrer Aktion die Ausbreitung der Krankheit zu verhindern. Galens Sichtweise war im gesamten Christentum des Mittelalters verbreitet – und damit begann sich die Medizin erneut zu wandeln.

Der Religion zufolge war der Körper im Vergleich zum Geist etwas Gemeines und Wertloses, weshalb ihm auch aus medizinischer Sicht wenig Beachtung zukam. Und wieder einmal wurde Krankheit als etwas von einer höheren Macht Gesandtes angesehen, als ein Zeichen göttlichen Mißfallens oder eine Strafe Gottes. Der Körper selbst, ganz zu schweigen vom Patienten als Person, war für den Arzt von keinerlei Interesse – statt dessen wurden die Körperausscheidungen untersucht, um Einblick in die Natur der Krankheit zu gewinnen. Die griechische Lehre von den vier Körpersäften führte zum verstärkten Einsatz des Aderlaßes, um die Körpersäfte wieder »auszugleichen«; und die Sekretion von Eiter, die als notwendiger Teil des Heilungsprozesses galt, wurde durch das immer wieder erneute Öffnen und Reinfizieren von Wunden künstlich herbeigeführt. Die Heilkunst degenerierte zum gewaltsamen Austreiben von Krankheiten.

Nach dieser langen mittelalterlichen Periode kam mit der Renaissance auch wieder das Interesse für wissenschaftliche Studien und klassisches Lernen auf.

Die Ideen des französischen Philosophen René Descartes (1596–1650) und anderer Rationalisten trugen dazu bei, mittelalterliche Vorstellungen hinwegzufegen und die medizinische Lehre weiterzuentwickeln. Der Untersuchung und Erforschung des menschlichen Körpers waren durch das von den Christen aufgestellte Verbot des Sezierens Grenzen gesetzt. Die als Dualismus bekannte Theorie, die auf dem kartesischen Gedanken beruhte, daß der Geist zwar vom Körper getrennt sei, aber in ihm wohne, führte dazu, daß sich die Medizin mehr mit der Heilung des Körpers selbst beschäftigte und davon abging, den Patienten als ganze Person zu betrachten.

Die Blätter des Kampferbaums. Pflanzen, die lange Zeit ihrer Heilkräutereigenschaften wegen bekannt waren, wurden von Hahnemann und seinen Schülern potenziert und auf ihren homöopathischen Wert hin geprüft.

In der Viktorianischen Zeit gab es in London bereits ein homöopathisches Krankenhaus. Die Szene hier zeigt Weihnachten auf der Kinderstation, mit den Krankenschwestern um das Klavier gruppiert.

Der Hahnemannsche Behandlungsansatz

Gegen diese Tradition hatte Hahnemann zu kämpfen, als er 1779 Arzt wurde. In der Praxis erkannte er schnell, daß Behandlungen wie der übertriebene Aderlaß die Selbstheilungskräfte des Körpers schwächen können, während der gehäufte Einsatz starker Arzneimittel dem Körper Schaden zufügte. Er hörte deshalb zu praktizieren auf und begann als Übersetzer zu arbeiten. Und als er Scot Cullens Ausgabe der *Materia Medica* übersetzte, hatte er die Eingebung, die zur Entwicklung der homöopathischen Grundsätze führte. Dem neuen theoretischen Therapieansatz, wie ihn Hahnemanns Zeitgenosse John Brown (1735–1788) postulierte, zufolge war Krankheit entweder »Überreizung« oder »die Unfähigkeit, auf Reize zu reagieren«. Demgemäß wurde die Therapie auf die Anwendung »heroischer« Dosen von Arzneimitteln reduziert. Hahnemanns Gedanken standen im absoluten Gegensatz dazu. Arznei- oder Heilmittel sollten nur behutsam eingesetzt werden, um die Selbstheilungskräfte der Natur zu stimulieren und keine schädlichen Nebenwirkungen zu provozieren. Es sollte die kleinstmögliche Dosis in größtmöglichen Abständen gegeben werden und immer auch nur ein einziges Arzneimittel auf einmal.

Der Begriff der »Homöopathie«, den Hahnemann zur Beschreibung seines Medizinsystems kreierte, stammt von dem griechischen Wort für »ähnliches Leiden« (*homois pathos*). Die dem Ganzen zugrundeliegende Theorie besagt, daß Substanzen, die bei einer gesunden Person Symptome hervorrufen, eine Person, die an diesen Symptomen bereits leidet, heilen. Geboren wurde diese Theorie, als Hahnemann in Cullens *Materia Medica* über die Chinarinde (*Cinchona officinalis*) las, aus der Chinin hergestellt wird und die zur Behandlung der Malaria eingesetzt wurde. Mit Cullens Behauptung, die Substanz wirke, »weil sie bitter ist«, konnte sich Hahnemann nicht zufriedengeben, und probierte die Rinde an sich selbst aus. Schon bald spürte er die Symptome der Malaria. Das Ähnliche konnte also mit Ähnlichem geheilt werden. Dieser Grundsatz war Teil der Hippokratischen Lehre und basierte auf der Vorstellung, daß Symptome ein Anzeichen dafür sein können, daß der Körper gegen die Krankheit ankämpft, und ihm damit geholfen werden könne, wenn man die Symptome stimuliert. So schreibt man denn auch Hippokrates den Aus-

In dieser Holzkiste bewahrte Hahnemann Hunderte von Arzneimitteln in kleinen Glasfläschchen auf. Viele Zubereitungen testete er erst an sich selbst.

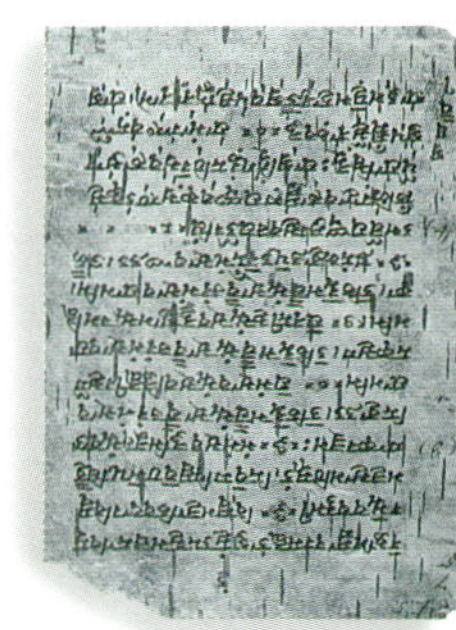

Eine Abhandlung über die Heilkunst aus ayurvedischer Sicht. Ayurveda ist das traditionelle Medizinsystem der Hindu, in dem sich viele homöopathische Grundsätze wiederfinden.

Blätter der Cinchona officinalis, des Chinarindenbaums, gaben den Anlaß für Hahnemann, seine homöopathische Lehre zu entwickeln.

DER SIEGESZUG DER HOMÖOPATHIE

In zwei bemerkenswerten Fällen verhalf Hahnemann der Homöopathie bei der Behandlung von Seuchen zu Berühmtheit. Im ersten Fall handelte es sich um die Typhusepidemie, die 1813 nach der Völkerschlacht bei Leipzig unter Napoleons geschlagenen Truppen ausbrach. Hahnemann behandelte 180 Männer – nur einer starb. Zwanzig Jahre später war seine Behandlung während eines starken Choleraausbruchs ebenfalls erfolgreich.

Nach seinem Tod schlug sich die Homöopathie bei der Seuchenbekämpfung weiterhin mit Erfolg: 1849 starben während einer Choleraepidemie in Cincinnati nur drei Prozent der homöopathisch behandelten Patienten zu 70 Prozent bei den allopathisch Behandelten. Und 1854 lag die Sterberate des Londoner Homöopathischen Hospital während einer Choleraepidemie bei nur 16,4 Prozent, im Gegensatz zu 51,8 bei den anderen Krankenhäusern.

Nach der Völkerschlacht bei Leipzig konnte Hahnemann viele der an Typhus leidenden Soldaten heilen.

»... alles muß reine Sprache der Natur sein, sorgfältig und ehrlich hinterfragt.«

SAMUEL HAHNEMANN

spruch »*Similia similibus curantur*« bzw. »Ähnliches wird durch Ähnliches geheilt« zu. Hahnemann gab diesem Ausspruch eine allgemeinere Bedeutung und änderte ihn entsprechend in »*Similia similibus curentur*«, also »Ähnliches soll durch Ähnliches geheilt werden«, um.

Selbstversuche

Hahnemann hatte also die theoretischen Grundlagen für ein an sich bekanntes Heilverfahren geschaffen. Mit wahrem Forschergeist bereitete er sich darauf vor, die Wirkung verschiedener Substanzen an sich selbst auszuprobieren. Es boten sich hierzu außerdem nicht nur Familienmitglieder freiwillig an, sondern auch junge Therapeuten, denen daran lag, schonendere Arzneimittel zu finden. Die erste Reihe dieser Selbstversuche bzw. Arzneimittelprüfungen zog sich über sechs Jahre hin. Die Prüfer verabreichten sich hierzu viele Substanzen in jeweils winzigen Mengen. Alle Symptome wurden sorgfältig aufgezeichnet. Jede Veränderung im Gesundheitszustand oder der Körperfunktion, einschließlich psychischer Veränderungen, sowie die Rahmenbedingungen, unter denen sie auftraten, ja selbst die Tageszeit wurden vermerkt. Gleichzeitig wurden Fälle von Vergiftungen, die aus den verschiedensten Ländern berichtet worden waren und bis über mehrere Jahrhunderte zurückreichten, minutiös untersucht. Nach Auswertung des gesamten Datenmaterials ließen sich klare Muster erkennen, so daß Substanzen – mit Erfolg – als Heilmittel am Patienten geprüft werden konnten.

DIE LEBENSKRAFT

Die meisten Kulturen haben die Vorstellung einer Art Lebensprinzip oder -energie entwickelt, die uns beseelt und steuert. In der westlichen Welt geht dieser Gedanke auf die frühen griechischen Denker zurück. Im zweiten Jahrhundert entwickelte Galen ihre Idee weiter und behauptete, daß der Weltgeist bzw. Lebensatem, *pneuma*, mit der Luft eingeatmet werde und im Körper zirkuliere, um in Lebensgeist umgewandelt zu werden und schließlich im Herzen auf den natürlichen Geist des Körpers zu treffen.

Aus der östlichen Welt kommt der Gedanke des *prana*, der Lebensenergie, die hinter allem Leben steckt und als Lebensatem, Lebensprinzip, Lebenskraft oder absolute Energie beschrieben wird. Die Chinesen sprechen hier vom *ch'i*, dem Energiefluß, der in unserem Körper zirkuliert und mit Hilfe der Akupunktur stimuliert und gesteuert wird.

Hahnemann gelangte zu der Einsicht, daß es dieses Lebensprinzip ist, auf das die homöopathischen Arzneimittel einwirken, um so die Gesundheit wiederherzustellen.

Das Vermächtnis

Später, im 18. Jahrhundert, schien die Entdeckung der Bakterien die Theorie zu bestätigen, derzufolge Krankheiten durch körperfremde Kräfte verursacht werden. Auch dies führte wieder zu einem mehr oder minder rein symptomatischen Behandlungsansatz, bei dem der Patient weder als ganze Person betrachtet wurde, noch die Selbstheilungskräfte des Körpers in irgendeiner Form gestärkt wurden. Mittlerweile jedoch ist klargeworden, daß zum Beispiel Bakterien resistent gegen Antibiotika werden können und die Schulmedizin oft ernste Nebenwirkungen provozieren kann. Und damit hat die Homöopathie heute als sanfte und doch wirksame Behandlungsweise für viele Erkrankungen neue Beachtung gefunden.

1849 gründete Frederick Quin in der Londoner Great Ormond Street das London Homeopathic Hospital.

Wirkweise der Homöopathie

Wie nun funktioniert die Homöopathie? Bevor wir an die Beantwortung dieser Frage gehen, müssen wir uns ein wenig mit der Funktion, die der Krankheit in unserem Leben zukommt, beschäftigen.

Kalium bichromicum hilft bei chronischem Schnupfen

Hat Krankheit eine Funktion?

Am besten erläutert man einen sehr komplexen Gedanken wie diesen mit Hilfe eines Beispiels. Im vorliegenden Fall wollen wir einmal das gesunde Kind und die üblichen Kinderkrankheiten betrachten. Gesunde Kinder haben normalerweise jede Menge Energie. Wenn sie krank werden, bricht die Krankheit bei ihnen meist ganz plötzlich und mit sehr hohem Fieber aus, so daß sie im Bett bleiben müssen. Nach ein paar Tagen jedoch oder manchmal schon nach einem Tag sind sie wieder fit. So zumindest sieht die Sache bei noch kleinen und natürlich an sich lebhaften und gesunden Kindern aus.

Was aber passiert bei einer Krankheit? Manchmal macht ein Elternteil eine Beobachtung an seinem Kind, die uns einen Hinweis geben kann: Nachdem sich das Kind von einem hohen Fieber, das es kurzfristig völlig außer Gefecht gesetzt hat, erholt hat, kann es sein, daß es ihm »besser geht« als noch vor der »Krankheit« – vorausgesetzt allerdings, die Krankheit wurde nicht falsch behandelt oder in irgendeiner Form in ihrem Verlauf gestört. Oft ist diese Veränderung kaum wahrnehmbar. Es kann einfach eine Verbesserung in dem bereits reichen Energiestatus des Kindes oder in seinem allgemeinen Wohlbefinden eingetreten sein.

Sanfte und Spaß bereitende körperliche Betätigung fördert die unseren Körper durchströmende Lebenskraft. Körperliche Betätigung hält den Körper fit und stärkt das Abwehrsystem.

Nach außen sichtbar wird dies in einer allgemeinen Verhaltensbesserung des Kindes oder dadurch, daß eine bislang hartnäckige Störung, wie ein leichter Husten oder eine laufende Nase, verschwindet. Häufig jedoch bleibt diese positive Entwicklung nach einer Erkrankung aus, weil es zu irgendeiner Störung gekommen ist.

Was aber passiert, wenn wir erwachsen sind? Nun, die Krankheiten dauern jetzt im allgemeinen länger, sind weniger intensiv, und die Genesung stellt sich langsamer ein. Schließlich bleibt eine komplette Genesung sogar aus, es entwickelt sich eine chronische Krankheit.

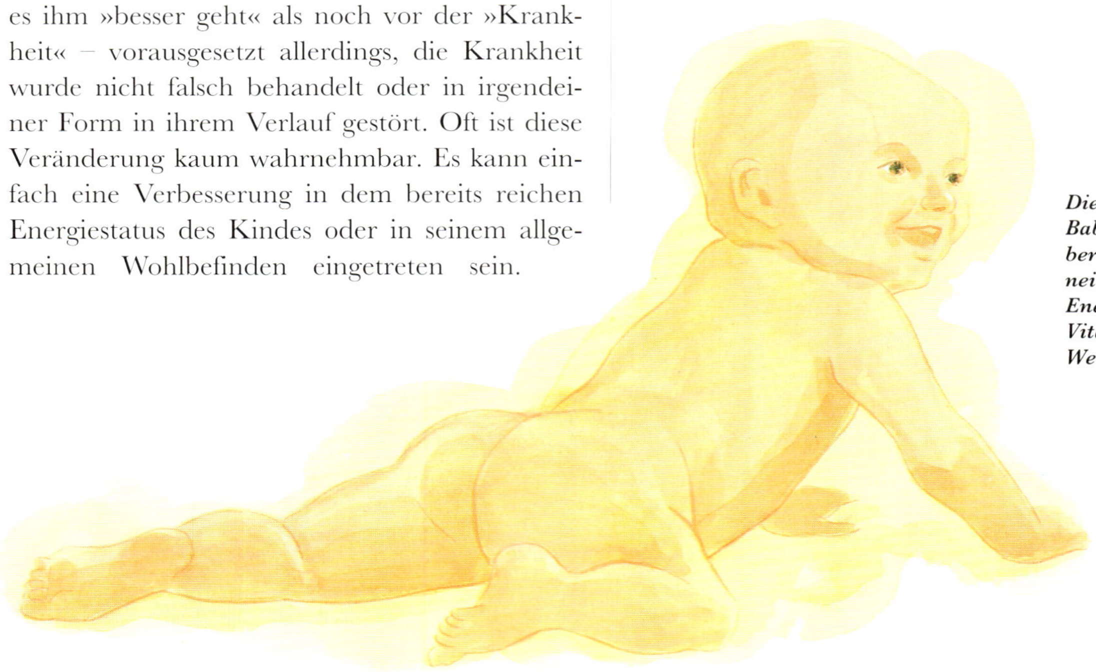

Die meisten Babys kommen bereits mit beneidenswert viel Energie und Vitalität zur Welt.

Chronische Krankheit läßt sich entweder als eine akute Erkrankung betrachten, von der man sich nicht ganz erholt hat, oder sie entsteht dadurch, daß ein Individuum nicht genügend »Energie« besitzt, um eine akute Krankheit zu entwickeln und damit fertig zu werden!

Sind chronische Krankheiten unvermeidbar?

Warum aber kommt es dazu? Was ist falsch gelaufen? Ist das ein ganz natürlicher Verfallsprozeß des Menschen? Gehört eine chronische Gesundheitsbeeinträchtigung ganz natürlich zum Alterungsprozeß und ist damit unabwendbarer Bestandteil des Lebens?

Manchmal hören wir von Menschen, die auch noch im fortgeschrittenen Alter aussehen und agieren, als stünden sie sowohl psychisch als auch physisch noch in der Blüte ihrer Jugend. Chronische Krankheit trifft eben nicht jeden. Könnte es vielleicht so sein, daß diese wenigen Ausnahmeerscheinungen in Wirklichkeit die Norm sind und der Rest irgendwo von diesem normalen Pfad der Gesundheit abgekommen ist?

Ich persönlich finde eine Weltsicht viel sinnvoller, in der die Dinge perfekt sein sollten. Sind sie dies nicht, hat irgend etwas ihren natürlichen Zustand gestört und die Dinge aus dem Gleichgewicht gebracht. Dies ist für den Gesundheitsbegriff und die Funktion von Krankheit innerhalb der Homöopathie von direkter Bedeutung.

Wie es um den Gesundheitszustand der meisten Kinder bestellt ist, wenn sie zur Welt kommen, und wie sich ihre Gesundheit dann im Lauf der Jahre nach und nach verschlechtert, haben wir ja

Die Lebenskraft eines Menschen mittleren Alters muß nicht zwangsläufig durch körperlichen Verschleiß beeinträchtigt werden.

Die meisten jungen Leute und Heranwachsenden sind zwar körperlich fit, ihr Energiestatus jedoch wird durch unkontrollierbare Stimmungsschwankungen beeinflußt.

schon gesehen und kommen zu dem Schluß, daß letzteres nicht als »normal« oder unvermeidbar anzusehen ist.

Wann setzt Krankheit ein?

Das ist der erste Punkt, mit dem wir uns beschäftigen wollen. Nehmen wir das Beispiel einer akuten Erkrankung, die nach einiger Zeit wieder natürlich verschwindet. Im allgemeinen beginnt für uns die Krankheit mit dem Auftreten der Symptome, wie beispielsweise dem Schnupfen und der Schlappheit zu Beginn einer Erkältung. Um die Homöopathie zu verstehen, müssen wir hier etwas tiefer gehen.

Stellen Sie sich einmal einen vollbesetzten Bus in der Stoßzeit vor, in dem ein armer Tropf mit einer Erkältung sitzt und sich die Seele aus dem Leib niest. Was passiert? In den nächsten Tagen werden einige der Mitpassagiere aus dem Bus eine Erkältung entwickeln. Wenn die Bazillen, die der Mann im Bus unter die Menschen gebracht hat, Krankheitsursache waren, warum hat sich dann nicht jeder angesteckt und die Erkältung bekommen? Was haben wir übersehen, als wir den Mann und seine Bazillen für die um sich greifende Erkältung verantwortlich machten? Warum die einen eine Erkältung bekommen und die anderen nicht, liegt auf der Hand: Die eine Gruppe war anfällig für die Krankheit, die andere dagegen nicht. Und natürlich spielt auch die Menge der weitergegebenen Bazillen eine Rolle.

Krankheit und Anfälligkeit

Um krank zu werden, muß man für eine bestimmte Krankheit anfällig sein. Ist man dies nicht, entwickelt man sie auch nicht. Wann, so stellt sich die Frage, wurden dann all die Menschen, die im Bus saßen und später die Erkältung bekamen, krank? Wann begann die Krankheit tatsächlich? Normalerweise setzen wir Krankheit mit den Symptomen gleich. Vielleicht sollten wir aber die individuelle Krankheitsanfälligkeit mitberücksichtigen, da diese, wie wir gesehen haben, für die Krankheitsentstehung von entscheidender Bedeutung ist.

Damit wird dann auch klar, daß die Menschen, die sich im Bus angesteckt haben, schon »krank« waren, bevor sie einstiegen, da ihnen, wären sie gesund gewesen, die Bazillen überhaupt nichts hätten anhaben können. Wie lange nun diese Anfälligkeit latent vorhanden war und die Erkältung nur auf den Kontakt mit den richtigen Bazillen gewartet hat, das hängt von den persönlichen Umständen jedes einzelnen ab.

Das Wort »Krankheit« kann man also in zwei verschiedenen Bedeutungen gebrauchen. Generell verstehen wir unter Krankheit die Symptome, die dann auftreten. Wenn wir jedoch der Krankheitsanfälligkeit Rechnung tragen wollen, dann bräuchten wir ein Wort, das diese Vorstellung von Krankheit im weiteren Sinne wiedergibt. Und so schließt dann auch im homöopathischen Sinn das Wort »Krankheit« häufig den Gedanken von der Krankheitsanfälligkeit mit ein.

Manche Menschen scheinen krankheitsanfälliger zu sein als andere. Nicht jeder, der einem erkälteten Fremden über den Weg läuft, steckt sich auch bei ihm an. Streß kann die Krankheitsentwicklung begünstigen.

Betrachten Sie die Anfälligkeit als den Boden, in den der Samen der Krankheit gesät wird. Ist der Boden dafür nicht der geeignete, werden die Samen auch nicht wachsen. Die Samen sind als die äußeren Einflüsse zu sehen, die uns aus dem Gleichgewicht bringen und uns in physischer, psychischer und auch mentaler Hinsicht beeinträchtigen können. Auf der körperlichen Ebene kann es sich um so etwas Banales handeln, wie in den Regen zu geraten oder Gewalteinwirkung ausgesetzt zu sein. Im emotionalen Bereich werden wir Streß in vielerlei Form, man denke nur an familiäre oder Beziehungsprobleme, ausgesetzt. Auf der mentalen Ebene begegnet uns Streß in Form von beruflichen oder finanziellen Sorgen, Prüfungsangst und anderem. Häufig greift der Streß in alle drei Bereiche über.

Streß durch finanzielle Sorgen oder Beziehungsprobleme kann den Körper genauso schwächen wie körperliche Krankheit.

Die Selbstheilungskräfte

Unsere natürlichen Heilungs- oder Lebenskräfte können es mit vielen dieser Stressoren aufnehmen, ohne daß es zu irgenwelchen Symptomen kommt. Wenn der äußere Streß – auf welcher Ebene auch immer – aber zu groß wird, beginnen unsere Selbstheilungskräfte bei dem Versuch, den Organismus zu verteidigen, zu reparieren und die Ordnung in ihm aufrechtzuerhalten, Symptome und Zeichen einer, wie wir es nennen, Krankheit zu entwickeln. Ist unsere Vitalität schwach, ist die Anfälligkeit um so größer.

Sich richtig zu ernähren, ist von entscheidender Bedeutung. Der Gesundheit förderlich ist eine ausgewogene Kost, die fettarm und dafür reich an Ballaststoffen, Obst und Gemüse ist.

Aus homöopathischer Sicht konnte die Allopathie mit Chinin bei der Malariabekämpfung so große Erfolge erzielen, weil es dieselben Symptome beim gesunden Menschen hervorruft wie die Krankheit. Links sehen Sie Blätter des Chinarindenbaums.

Der Körper verfügt über eine alles ordnende Intelligenz, die ihn leitet und alle Prozesse und Funktionen der einzelnen Körperteile steuert und in das Ganze integriert. Sie operiert über die Zweigstellen der verschiedenen Kontrollsysteme, wie das vegetative Nervensystem, das Hormon- und Immunsystem. Dieselbe Intelligenz ist auch Schaltstelle für die Selbstheilungskräfte des Körpers. Gibt es dann Sinn, sich vorzustellen, diese natürliche Intelligenz bzw. Selbstheilungskraft würde eine Situation herbeiführen, die zweck- und grundlos und für die Person als Ganzheit betrachtet sogar schädlich ist? Mag sie auch der Person in einem Teilbereich Schaden zufügen, so dürfen wir doch den Menschen als Ganzes nicht aus den Augen verlieren, wenn wir herausfinden wollen, was hier vor sich geht.

AKUPUNKTUR

Die Akupunktur ist ein der Homöopathie verwandtes Heilverfahren. Beide arbeiten auf einer energetischen bzw. dynamischen Ebene, die neben der physischen und materiellen Ebene besteht. Diese Energie wurde als das beschrieben, was den Unterschied zwischen einem toten und einem lebenden Körper ausmacht. Die physikalische und chemische Zusammensetzung beider ist identisch, doch wenn die Lebenskraft bzw. Lebensenergie den Körper verläßt, dann stellt er seine Funktion ein. Wird die Effektivität dieser Kraft gemindert, entsteht Krankheit. Durch Stärkung der Lebenskraft gelingt es dem Körper, seine physikalischen und chemischen Komponenten ins Gleichgewicht zu bringen und damit Gesundheit wiederzuerlangen. Ein Manipulieren an den chemischen Elementen kann keine Heilung bewirken, solange das Energiefeld, das sie zusammenhält, nicht auch repariert wird. Energiestörungen manifestieren sich physisch in Form von Symptomen. In der Akupunktur glaubt man, die Lebensenergie oder das *chi* fließe im Körper durch bestimmte Energiewege, die sogenannten Meridiane. Mit Hilfe von Nadeln versucht man, den Chi-Fluß nötigenfalls zu stimulieren oder zu dämpfen. Kunst und Fertigkeit der Homöopathie liegen darin, die subtilen Energiemuster der Arzneimittel mit denen des erkrankten Patienten genau abzustimmen.

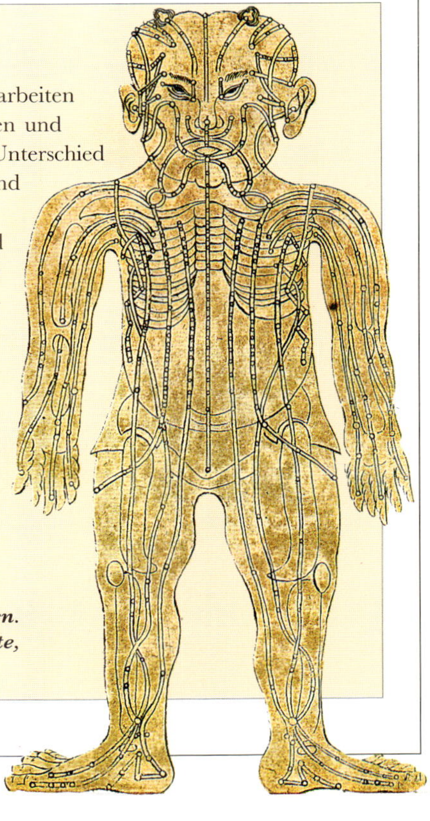

Die Akupunktur läßt sich bei vielen Beschwerden erfolgreich anwenden. Diese aus dem 17. Jahrhundert stammende Zeichnung zeigt die Punkte, an denen die Akupunkturnadeln anzusetzen sind.

Was uns die Symptome sagen

Für die Homöopathie spielen die psychischen Symptome, die oft charakteristisch für ein bestimmtes Mittel sind, eine genauso große Rolle wie die körperlichen.

Was aber ist dann Zweck der Krankheitssymptome? Kann es nicht sein, daß die Selbstheilungskräfte permanent versuchen, die Ordnung im Organismus aufrechtzuerhalten, dies aber, sobald der externe Streß ein bestimmtes Maß erreicht hat, nicht mehr länger auf »passive« Art und Weise tun können? Der bloße Versuch, das Gleichgewicht zu bewahren, ruft Symptome hervor, die wir im allgemeinen als unangenehm empfinden und deshalb Krankheit nennen, die im Grunde – so beschrieb es schon Hahnemann – nichts anderes ist als der andere Pol der Gesundheit. Diese Betrachtungsweise verleiht natürlich auch den Symptomen und Krankheitszeichen einen völlig anderen Aspekt. Sie sind nicht länger die lästigen, unerwünschten und überflüssigen »Heimsuchungen«, sondern vielmehr der äußere Beweis für den Versuch eines Menschen, die Ordnung und das Gleichgewicht in seinem Organismus zu bewahren. Sie sind das äußere Zeichen für den inneren Kampf um gesundheitliches Wohlergehen, Genesung und Heilung. Sie sind nicht Teil des Krankheitsprozesses – der im allgemeinen unerkannt schon vorher seinen Lauf genommen hat –, sondern in Wirklichkeit wichtiger Bestandteil des Heilungsprozesses.

Damit wird auch ein wenig klarer, warum es dem gesunden Kleinkind, bei dem die »Krankheit« ihre Funktion noch in ihrer einfachsten und natürlichsten Form erfüllt, nach einer akuten Erkrankung oft besser geht als zuvor. Verständlicher wird damit auch, warum Krankheiten oft unter starkem Streß und vor allem in Lebenskrisen wie bei Trauerfällen, Scheidung oder beruflichen Veränderungen auftreten. Es sind dies Zeiten, in denen es mehr zu heilen gibt, die Selbstheilungskräfte sind hier stärker gefordert. Oder, etwas anders ausgedrückt, Gleichgewicht und Harmonie lassen sich in dieser Situation nicht mehr ohne die Entwicklung von Krankheitssymptomen erhalten.

SCHNELL WIEDER AUF DEN BEINEN

Wenn kleine Kinder krank werden, treten ihre körperlichen und psychischen Symptome klar zutage.

Wenn kleine Kinder krank werden, geschieht dies meist überraschend schnell. Genauso schnell erholen sie sich aber auch wieder und sind bald schon auf den Beinen. Das kann daran liegen, daß ihr Energiespiegel hoch und ihre Lebenskraft ungebrochen ist. Recht einfach ist es auch, für ein Kind das richtige Medikament zu wählen. Das gilt vor allem für homöopathische Heilmittel, da das Krankheitsbild bei Kindern – vor allem bei solchen, die noch nicht sprechen können – ganz deutlich zu erkennen ist. Die Anamnese läßt sich ohne verbale Information erheben, indem man das Verhalten beobachtet: wie sie spielen, wie sie sitzen, ob sie weinerlich oder ruhig sind.

Schnell schon strotzen sie wieder vor Gesundheit.

Nun stellt sich aber eine zweite Frage: Wieso kommt es überhaupt zur Anfälligkeit für eine Krankheit? Damit ist auch die Frage verknüpft, warum manche Menschen schon mit einer anfälligen Gesundheit geboren werden, womit wir in den Bereich der Philosophie gelangen, den zu behandeln den Rahmen dieses Buches sprengen würde. Es genügt wohl zu sagen, daß manche Menschen einfach eine bessere Ausgangsbasis haben als andere. Sie verfügen über eine gesunde und starke Konstitution.

Der Schlüssel zur homöopathischen Behandlung

Wie paßt nun die Homöopathie in dieses Krankheitsbild? Versteht man Krankheitssymptome im Grunde als etwas Positives, da sie ein sehr charakteristisches äußeres Zeichen für den im Innern des Menschen stattfindenden Heilungs- und Harmonisierungsprozeß darstellen, dann gibt es auch Sinn, ein Arzneimittel zu verabreichen, das denselben Prozeß nachzuahmen und herbeizuführen in der Lage ist.

Der Schlüssel zur Homöopathie liegt darin, daß sie davon ausgeht, daß nie zwei Personen an derselben Krankheit leiden können. Wir haben alle unsere eigene, höchst individuelle Art und Weise, auf den Streß des Lebens zu reagieren und unsere innere Harmonie aufrechtzuerhalten. Zwar gibt es weitgehende Ähnlichkeiten, und es läßt sich eine gewisse Form der Kategorisierung vornehmen, bei eingehender Betrachtung jedoch kristallisieren sich immer wieder Unterschiede heraus. Nehmen wir als Beispiel zwanzig Menschen mit einfachen Halsschmerzen, deren Hals von den gleichen Bakterien besiedelt wird. Normalerweise geht man davon aus, daß alle an derselben Krankheit leiden; und doch ist klar ersichtlich, daß es deutliche Unterschiede in den Reaktionen der einzelnen Patienten gibt. So bringen dem einen warme Getränke Linderung, während ein anderer sich davon schlechter fühlt. Der eine kann Fieber und Schweißausbrüche entwickeln, während der andere ohne Temperatur bleibt.

Carbo vegetabilis kann bei Halsentzündungen, die sich aus einem Schnupfen entwickeln, helfen.

Lachesis kann das Mittel der Wahl sein, wenn der Hals zwar wund, aber nicht entzündet ist, und sich anfühlt, als steckte eine Gräte darin fest.

Diese Unterschiede zeigen, daß jeder einzelne seine ganz individuelle Art hat, auf seine jeweilige Lebenslage zu reagieren. Diese Reaktionen geben Aufschluß darüber, wie die Selbstheilungskräfte einer Person arbeiten.

Wird nun einer gesunden Person ein Mittel gegeben, auf das sie eine spezifische Reaktion zeigt, so ist dies die Heilungsreaktion, die eben dieses spezielle Mittel hervorruft. Anders ausgedrückt: Wenn wir berücksichtigen, daß Symptome Teil des Heilungs- und nicht des Krankheitsprozesses sind, dann rufen bestimmte Heilmittel jeweils spezifische Heilungsreaktionen, das heißt Symptome, hervor.

Auch wenn manche von uns krankheitsanfälliger zu sein scheinen als andere, ist es nie zu spät für ein ganzheitliches Gesundheitsverhalten.

Ähnliches mit Ähnlichem heilen

Es macht also einen Sinn, ein Arzneimittel zu geben, das in etwa dieselbe oder eine sehr ähnliche Heilungsreaktion, das heißt also Symptome hervorzubringen in der Lage ist, wie sie der Patient bereits aufweist. Und damit sind wir beim sogenannten Ähnlichkeitsprinzip. Dieses Prinzip sagt aus, daß »das, was eine Krankheit verursacht, sie auch heilt« oder daß »Ähnliches Ähnliches heilt«. Interessant ist, daß Beispiele für die Richtigkeit dieser Aussage in vielen verschiedenen Bereichen zu finden sind. So ist zum Beispiel im Bereich der Krebstherapie bekannt, daß Tumoren durch Strahlung entstehen können und diese sich eben auch mit Strahlentherapie behandeln lassen. Außerdem können viele der Arzneimittel, die in der Chemotherapie zur Tumorbehandlung angewandt werden, auch Tumoren verursachen. Digitoxin kann Herzrhythmusstörungen bzw. Arrhythmien verursachen, während sich gleichzeitig bestimmte Formen von Arrhythmie sehr effektiv damit behandeln lassen.

»Ähnliches mit Ähnlichem heilen. Jede Substanz, die fähig ist, eine Totalität von Symptomen beim Gesunden zu erzeugen, kann diese Totalität von Symptomen auch beim Kranken heilen.«

SAMUEL HAHNEMANN

Viele dieser scheinbar widersprüchlichen Eigenschaften von Wirkstoffen sind dosisabhängig. Je gesünder ein Mensch ist, um so höher muß auch die Dosis sein, um ihn aus dem Gleichgewicht zu bringen, was sich nach außen hin durch das Auftreten von Symptomen äußert. Bei bereits bestehender Erkrankung wird schon mit einem kleinen Stimulus eine Wirkung erzielt. Eine höhere Dosis oder eine, die nicht auf die Person abgestimmt wurde, führt zu einer Überreizung und verursacht Nebenwirkungen. Je stärker der Stimulus bzw. besser das Arzneimit-

DAS ÄHNLICHKEITSPRINZIP

Das Ähnlichkeitsprinzip war Hahnemanns zweiter, im Jahr 1796 formulierter Grundsatz. In seiner Niederschrift »Versuch über ein neues Prinzip zur Auffindung der Heilkräfte der Arzneisubstanzen nebst einigen Blicken auf die bisherigen« beschrieb er dieses Prinzip, das auf der Arzneimittelprüfung am Gesunden basierte.

HAHNEMANN KAM ZU DEM SCHLUSS:
»Man ... wende in der zu heilenden Krankheit dasjenige Arzneimittel an, welches eine andere, möglichst ähnliche, künstliche Krankheit zu erzeugen im Stande ist.«

Aus dem Ähnlichkeitsprinzip zog er eine Anweisung, die er in seinem *Organon der Heilkunst* unmißverständlich so definierte:
»Wähle, um sanft, schnell, gewiß und dauerhaft zu heilen, in jedem Krankheitsfall eine Arznei, welche ein ähnliches Leiden (homion pathos) *erregen kann, als sie heilen soll!«*

Die Symptome des Patienten wurden mit denen verglichen, die durch die Arzneimittelwirkung beim gesunden Menschen hervorgerufen werden. Wenn das Arzneimittelbild stimmte, wurde dieses Mittel gewählt.

Chamomilla wird aus wilder Kamille hergestellt. Es ist bei starker Übellaunigkeit, vor allem bei Kindern, angezeigt.

PASTEUR UND DIE IMPFUNG

Louis Pasteur (1822–1895) führte die Impfung zur Krankheitsprävention ein. Bei der Impfung wird der zu Impfende mit winzigen Mengen des tatsächlichen Krankheitserregers infiziert, während die Homöopathie mit Arzneimitteln arbeitet, um der Krankheit ähnliche Symptome zu erzeugen. Bei der Impfung bekommt jede Person dasselbe Mittel, ungeachtet ihrer individuellen Besonderheiten. Deshalb kann auch jeder anders auf eine Impfung reagieren. Mit der Homöopathie läßt sich den Nebenwirkungen der konventionellen Impfung recht wirkungsvoll begegnen, vor allem bei katarrhalischen Störungen und dem sogenannten »Leimohr«, der serösen Mittelohrentzündung, an der viele Kinder in Folge der routinemäßigen Dreierimpfung gegen Polio–Diphtherie–Tetanus leiden.

Louis Pasteur, der französische Chemiker und Bakteriologe, entwickelte eine Schutzimpfung gegen Milzbrand und Tollwut.

tel auf den Patienten abgestimmt ist, desto niedriger kann die Dosis sein. Unerwünschte Wirkungen, die ein Zeichen für mangelnde Übereinstimmung zwischen den Eigenschaften des Arzneimittels und denen der behandelten Person entweder im qualitativen – der Arzneimitteltyp selbst – oder im quantitativen Sinn – die verabreichte Dosis – sind, kommen seltener vor.

Silicea ist ein Arzneimittel, das aus Silizium, demselben Material, das man in der Elektronikbranche zur Produktion von Mikrochips benutzt, hergestellt wird. Silizium ist besonders reaktionsträge. Das Heilmittel Silicea ist indiziert bei Menschen mit mangelnder geistiger oder körperlicher Energie, die Trägheit jeder Aktion vorziehen.

Dies erklärt auch ein häufig in der Homöopathie auftretendes Phänomen: Oft kommt es nach der Gabe des passenden arzneilichen Simile zu einer kurzen und leichten Verschlimmerung der Symptome, auf die eine schrittweise Besserung folgt. Man spricht hier von der sogenannten Erstverschlimmerung, die dadurch entsteht, daß die Heilungskräfte auf den Stimulus des Arzneimittels reagieren. Im Prinzip dürfte es, wenn die Dosis wirklich exakt auf den Patienten und seine Bedürfnisse abgestimmt ist, zu keiner beobachtbaren Reaktion vor Einsetzen der Besserung und Heilung kommen. In der Praxis ist das allerdings selten der Fall, meist stellt sich doch eine milde Reaktion ein.

»Krankheit entsteht durch Einflüsse, die den Heilmitteln ähnlich wirken, und der Krankheitszustand wird beseitigt durch Mittel, die ihm ähnliche Erscheinungen hervorrufen.«

HIPPOKRATES

ARZNEIMITTELHERSTELLUNG

Zur Herstellung homöopathischer Arzneimittel werden alle Arten von Substanzen verwendet: pflanzliche, tierische, mineralische und sogar Krankheitsprodukte. Bis heute wurden über zweitausend verschiedene Mittel geprüft und ihr Arzneimittelbild aufgezeichnet.

Sulfur ist die Quelle eines sehr wichtigen Homöopathikums. Dieser alte Stich zeigt die Apparatur, mit der Rohsulfur mittels Destillation gereinigt wurde.

Die pflanzlichen Arzneien werden entweder aus der ganzen Pflanze oder nur aus einem Teil, wie etwa den Blüten oder dem Wurzelstock, hergestellt. Einige der Pflanzen, die zur Herstellung von Homöopathika dienen, finden auch in der Pflanzenheilkunde Anwendung, so etwa Hypericum und Calendula.

Bei den Mitteln tierischen Ursprungs sind es oft gerade die gefährlichsten Spezies, aus denen die wirksamsten Mittel hergestellt werden, so etwa die Tarantel oder die Buschmeisterschlange.

Aber auch die mineralischen Mittel, zu deren häufigst verordneten das gewöhnliche Salz gehört, und Metalle wie Gold, Eisen und Kupfer nehmen eine wichtige Stellung in der *Materia Medica* ein. Eine weitere Gruppe wird aus chemischen Verbindungen, den sogenannten Gewebesalzen, gewonnen.

Der erste Schritt jedes homöopathischen Produktionsprozesses ist die Herstellung der Urtinktur. Hierfür wird der Pflanzensaft extrahiert und zu gleichen Teilen mit Alkohol vermischt. Nach 24 Stunden haben sich feste Partikel abgesetzt, die Flüssigkeit wird vorsichtig abgegossen und vor Sonnenstrahlen geschützt aufbewahrt. Die organische Substanz kommt für Tage oder Wochen in Alkohol und wird zur weiteren Aufbewahrung in Gläser gefiltert.

Ist die Ausgangssubstanz nicht löslich, wie etwa Blei, arbeitet man mit

Mit Mörser und Stößel werden die unlöslichen oder anorganischen Arzneigrundsubstanzen so weit verrieben, daß sie in Alkohol löslich sind. Man bezeichnet dies als Trituration oder Verreibung.

STELLEN SIE IHR EIGENES MITTEL HER

NATRIUM MURIATICUM können Sie zu Hause selbst herstellen. Indem Sie es per Hand zubereiten, bereichern Sie es mit Ihrer eigenen subtilen Energie und damit um ein zusätzliches Element.

- Geben Sie in ein Weinglas 5 ml (1 TL) Steinsalz, und füllen Sie das Glas mit Quellwasser auf. Rühren Sie gut mit einem Plastiklöffel um, bis sich das Salz aufgelöst hat. Sie haben jetzt die Urtinktur.
- Geben Sie 5 ml (1 TL) Ihrer Urtinktur in eine Flasche mit Schraubverschluß, und fügen Sie dann 45 ml (3 TL) Quellwasser hinzu. Vergewissern Sie sich, daß die Flasche wirklich gut verschlossen ist, und klopfen Sie dann, die Flasche am Hals haltend, mit dem Flaschenboden 20mal fest auf ein dickes Buch oder eine harte Unterlage. Sie haben jetzt eine D1-Potenz.

NATRIUM MURIATICUM

SIE BRAUCHEN

- *Reines Steinsalz*
- *Quellwasser*
- *Plastiklöffel*
- *Kleine Flasche mit Schraubverschluß*
- *Alkohol (empfohlen wird Wodka)*

- Gießen Sie bis auf 5 ml (1 TL) der verbleibenden Flüssigkeit alles ab. Fügen Sie nun wieder 45 ml (3 TL) Quellwasser hinzu, und führen Sie erneut 20 Schüttelschläge aus. Sie haben jetzt eine D2-Potenz.
- Wiederholen Sie den Vorgang vier weitere Male, indem Sie jeweils 5 ml (3 TL) der Flüssigkeit zurückbehalten, 45 ml (3 TL) Quellwasser hinzufügen und 20mal verschütteln. Das Endergebnis ist Natrium muriaticum in einer D6-Potenz.
- Zur Lagerung mischen Sie Ihr Mittel in einem Verhältnis von 10 Prozent Ihres Mittels zu 90 Prozent Wodka und bewahren es dann in einer getönten Glasflasche auf. Da das Mittel ziemlich stark ist, geben Sie bei Gebrauch davon nur einen Tropfen auf ein Glas Wasser.

Getreideflocken enthalten Magnesiumphosphat, die Quelle von Magnesium phosphoricum, das zur Arzneimittelgruppe der Gewebesalze gehört.

NOSODEN

Nosoden sind homöopathische Arzneien, die aus pathologischen Körperprodukten hergestellt werden. Hahnemanns erste Nosode wurde aus Krätzebläschen gewonnen und Psorinum (vom Griechischen *psora* für Juckreiz) genannt. Spätere Homöopathen potenzierten weitere Nosoden, darunter *Tuberculinum* (aus Tuberkelgewebe), *Carcinosum* (eine Krebs-Nosode) und *Medorrhinum* (eine Tripper-Nosode). Nosoden werden als Konstitutionsmittel eingesetzt und sollten nur von einem ausgebildeten Therapeuten angewandt werden.

der sogenannten Trituration, der Verreibung. Hierbei wird ein Teil der Substanz zusammen mit Laktosepulver verrieben. Bei der Herstellung in großen Mengen und in sehr hohen Potenzen, wie sie in der Industrie erfolgt, übernehmen Maschinen diese schwere zeit- und arbeitsintensive Arbeit. Sobald die Substanz zu einer C3-Potenz verrieben ist, ist sie auch in Alkohol löslich.

Die homöopathischen Heilmittel werden in Form von Tinkturen, Globuli (Streukügelchen), Puder, Tabletten und in bestimmten Notfallmitteln auch als Salbe zur äußerlichen Anwendung verabreicht.

Es gibt auch heute noch einige Homöopathen, die die Mittel, die sie am häufigsten verschreiben, selbst herstellen. Manche Hinweise sprechen dafür, daß die manuell hergestellten Arzneien dynamischer sind, das heißt, daß sie auf energetischer Ebene wirksamer sind als die maschinell hergestellten Potenzen.

Das ist kein Ladenbesitzer vor seinen Regalen, sondern die Sammlung konservierter Organe des London Homeopathic Hospital!

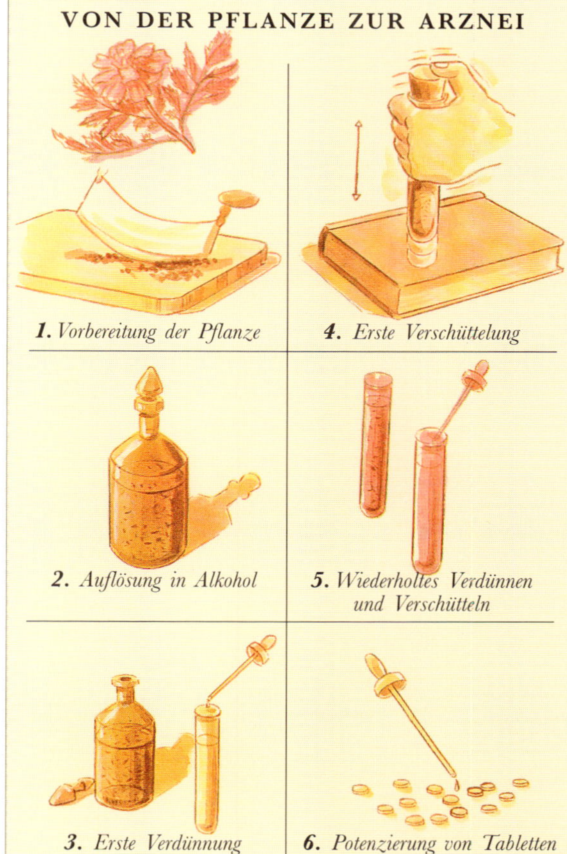

Dies ist eine vereinfachte Darstellung des Arzneimittelherstellungsprozesses.

Die heilende Energie freisetzen

Da sich die Homöopathie der Energie der Substanzen bedient und weniger ihrer chemischen Eigenschaften, mußte ein System entwickelt werden, das diese Energie freisetzen kann und sie für den Körper aufnahmefähig macht.

Dieses System, die sogenannte Potenzierung, ist das Ergebnis eines wiederholten Verdünnungs- und Verschüttelungsvorgangs, ausgehend von der Urtinktur. Dieser Prozeß kann so weit gehen, daß irgendwann kein Wirkstoffmolekühl mehr in dem potenzierten Homöopathikum nachweisbar ist. Das Energiemuster aber bleibt auch dann erhalten.

Der Potenziervorgang

Hahnemann entdeckte das Prinzip des Potenzierens – zentraler Bestandteil der Homöopathie –, als er zum Zweck der Arzneimittelprüfung klinische Studien durchführte. Natürlich konnte er zur Wirksamkeitsprüfung starke Gifte nicht in gefährlichen Dosen verabreichen, sondern versuchte statt dessen, die Mindestdosis zu ermitteln – ein Vorgehen, das mit seiner Forderung übereinstimmte, die Substanzen sollten kurativ in der kleinstmöglichen, eben noch wirksamen Menge verabreicht werden. Und tatsächlich stellte sich heraus, daß sich mit winzigen Mengen der geprüften Substanz noch effektive Ergebnisse erzielen lassen. Manche Prüfer verzeichneten sogar eine bessere Reaktion, wenn die Substanz äußerst stark verdünnt war.

Weniger ist mehr

In seiner ersten Prüfreihe verabreichte Hahnemann die Heilmittel in Form einer Tinktur. Schnell stellte sich heraus, daß die Arzneien in verdünnter Form wirksamer waren. Gibt man ein Teil der Tinktur zu 99 Teilen Alkohol, wird damit, so scheint es, ihre Arznei-, das heißt Heilkraft gefördert bzw. potenziert. Und so bezeichnet man diesen Verdünnungsvorgang auch als Potenzierung. Um sicherzustellen, daß die Tinktur während des Verdünnungsvorgangs auch tatsächlich gründlich durchmischt wird, wurde das Arzneifläschchen gut verschlossen, und starke Schüttelschläge wurden ausgeführt.

POTENZEN UND IHRE VERDÜNNUNGEN

DEZIMALSKALA		CENTESIMALSKALA	
VERDÜNNUNG	POTENZ	VERDÜNNUNG	POTENZ
$\frac{1}{10}$	D1	$\frac{1}{10}$	C1
$\frac{1}{10^2}$	D2	$\frac{1}{10^4}$	C2
$\frac{1}{10^3}$	D3	$\frac{1}{10^6}$	C3
$\frac{1}{10^6}$	D6	$\frac{1}{10^{12}}$	C6
$\frac{1}{10^9}$	D10	$\frac{1}{10^{18}}$	C9
$\frac{1}{10^{12}}$	D12	$\frac{1}{10^{24}}$	C12

DIESE TABELLE stellt die Dezimal- und Centesimalskala der Potenzen dar und zeigt, wie viele Verdünnungen für eine bestimmte Potenz notwendig sind. In der Dezimalskala wird ein Teil Urtinktur (und der jeweils nachfolgenden Verdünnungen) mit neun Teilen Alkohol oder Wasser angeschüttelt und verdünnt, die Potenzen werden also bei jedem Dynamisierungsschritt jeweils zehnmal verdünnt. In der Centesimalskala wird ein Teil Urtinktur (und der jeweils nachfolgenden Verdünnungen) mit 99 Teilen Alkohol oder Wasser angeschüttelt und verdünnt, die Potenzen werden also bei jedem Dynamisierungsschritt 100mal verdünnt. Die meisten klassischen Homöopathen in Deutschland arbeiten mit der Dezimalskala.

Durch dieses sogenannte Verschütteln, so erkannte Hahnemann, wird die Wirksamkeit des Arzneimittels noch verstärkt. Eine solche stufenweise erfolgende Verdünnung hat, chemisch betrachtet, zur Folge, daß im Endprodukt kein einziges Molekül der Originalsubstanz verbleibt. Nun könnte man annehmen, daß an diesem Punkt das Arzneimittel keinerlei Wirkung mehr habe. Tatsächlich aber scheint das Gegenteil der Fall zu sein: Wiederholt ver-

Arzneimittelzubereitung im Labor des London Homeopathic Hospital.

Quecksilbercyanid, die Quelle von Mercurius cyanatus, ist hochgiftig. In potenzierter Form jedoch wird seine Heilenergie freigesetzt, während es seine Giftigkeit verliert.

KENTs CENTESIMALSCHRITTE

C6, C12, C30, C200, M, M10, CM

Oben sehen Sie eine Centesimal-Potenzierskala nach Kent – James Tyler Kent war amerikanischer Homöopath und praktizierte im 19. Jahrhundert in Chicago. Kent gab diesen speziellen Potenzen den Vorzug vor der Hahnemannschen Centesimalskala. Innerhalb dieser Skala steht M für 1000 Verdünnungen und Verschüttelungen, M10 für 10000 und CM für 100000. Mit zunehmendem Verdünnungs- und Verschüttelungsgrad nimmt auch die Arznei- bzw. Heilkraft eines Arzneimittels zu. Gegen Ende seines Lebens entwickelte Hahnemann sogar eine Quinquagintamillesimalskala, bei der die Arzneien in jedem Potenzierschritt im Verhältnis 1:49999 verdünnt und verschüttelt wurden und so ausgesprochene Hochpotenzen zum Ergebnis hatten.

dünnte und verschüttelte Arzneien sind wirkungsvoller als die Urtinktur, aus der sie zubereitet wurden.

Potenzierskalen

Obwohl sich im Grunde jede beliebige Potenz herstellen ließe, arbeiten die Homöopathen im allgemeinen mit zwei Skalen, die, wie man herausfand, zu einem harmonischen Behandlungsverlauf führen. Am häufigsten arbeitet die Homöopathie mit der Centesimal- (C) und Dezimalskala (D). Im Verkauf werden die Potenzen stets klar ausgewiesen, so beispielsweise *Pulsatilla* D6 oder *Ant. crud.* C30.

Bei der Centesimalskala, die nach der lateinischen Bezeichnung für 100 benannt wurde, wird ein Teil Urtinktur mit 99 Teilen doppelt destilliertem Wasser oder Alkohol verdünnt und verschüttelt, um so die C1 zu erreichen. Verdünnt und verschüttelt man jetzt einen Teil dieser Verdünnung wiederum mit 99 Teilen Wasser oder Alkohol, erhält man die C2. Nach sechsmaliger Wiederholung dieses Potenziervorgangs erhält man die C6.

Bei der Potenzierung von festen Substanzen arbeitet man statt mit dem Verschütteln mit der Trituration, der Verreibung. Hierzu verreibt man einen Teil der Arzneisubstanz mit 99 Teilen Milchzuckerpulver und erhält so eine C1-Potenz. Für die C2 gibt man einen Teil des verbleibenden Pulvers zu nochmals 99 Teilen Milchzuckerpulver und verreibt dies wiederum. Ab der C3 ist die Substanz dann löslich, und alle weiteren Potenzierschritte können auf die übliche Art der Verdünnung und Verschüttelung vorgenommen werden.

Als Faustregel mag gelten, daß die niedrigeren Potenzen für Störungen mit vornehmlich körperlichen Symptomen geeignet sind, höhere Potenzen hingegen bei einem ausgeprägten geistigen und psychischen Krankheitsbild. Da höhere Potenzen tiefer auf das Individuum einwirken, ist es um so wichtiger, daß das arzneiliche Simile passend gewählt wird. Darüber hinaus wird die Arzneimittelgabe bei den höheren Potenzen nicht so häufig wiederholt wie bei den niedrigeren.

Beim Verschütteln wird eine Urtinktur mit einer neutralen Flüssigkeit vermischt, um so verschiedene Potenzgrade zu erhalten. Dieser mittlerweile maschinell durchgeführte rhythmische Schüttelvorgang kann bis zu zwölf Wochen dauern.

HOMÖOPATHIE UND TIERE

Bei einem 1984 durchgeführten Versuch an Schweinen konnte die Zahl von Totgeburten um zehn Prozent reduziert werden, indem man den Mutterschweinen ein homöopathisches Mittel gab. Auch viele Haustiere sprechen, das hat sich mittlerweile gezeigt, auf Homöopathika an.

Arzneimittelprüfung

Wie sieht das Arzneimittelbild aus, das über den jeweiligen Einsatz des Mittels bestimmt? Wie lassen sich Eigenarten und Arzneiwirkung der einzelnen Heilmittel feststellen? Ganz einfach, indem man das Mittel einer Gruppe gesunder freiwilliger Testpersonen nach einem sorgfältig kontrollierten und überwachten Plan gibt. Alle auftretenden Veränderungen und Symptome werden festgehalten und auf bestimmte charakteristische Muster und Häufungen hin untersucht. Dieser Vorgang, der als Arzneimittelprüfung bezeichnet wird, ist strengen Vorschriften unterworfen, um störende Einflußfaktoren auszuschalten. Eine korrekt durchgeführte Arzneimittelprüfung kann viele Monate dauern.

Nach Erhalt des kompletten Prüfungsbildes kann mit der praktischen Anwendung der Arznei begonnen werden. Kommt das Mittel beim kranken Menschen zum Einsatz, werden die

BRYONIA ALBUM

Bryonia war eines der ersten Arzneien, die Hahnemann prüfte. Die Ergebnisse dieser Arzneiprüfung wurden im zweiten Band seiner *Reinen Arzneimittellehre* veröffentlicht. Die weiße Zaunrübe hatte sich bereits in der Volksmedizin einen Namen gemacht und fand bereits Erwähnung bei dem Heilkräuterkundigen Nicolas Culpeper sowie Anwendung bei den griechischen Ärzten Dioskorides und Galen. Beim Gesunden verursacht Bryonia Trägheit, Schwindel, Stirnkopfschmerzen, Hitzegefühl in den Augen, die sich wie voller Staub anfühlen; Trockenheit in Nase und Hals, frühmorgens Durchfall, stechende, reißende Schmerzen in Brust, Rücken und Extremitäten. Besser durch kalte und kühle Getränke, schlimmer durch Wärme. Muskelanstrengung ist unmöglich, Liegen bringt Erleichterung. Der typische Bryonia-Patient findet Erleichterung in der Unbeweglichkeit und hält alles zurück. Mehr dazu auf Seite 52–53.

HYOSCYAMUS NIGER

Hyoscyamus wurde von Hahnemann geprüft, die Ergebnisse wurden im vierten Band seiner *Reinen Arzneimittellehre* veröffentlicht. Seine Arzneieigenschaften wurden bereits von Plinius festgehalten. Beim Gesunden verursacht Hyoscyamus Schwindel, Tinnitus und Sehstörungen, wobei vor den Augen Flecken auftauchen oder Gegenstände plötzlich riesig groß erscheinen, mit kleinen Flecken vor den Augen; einen trockenen Husten mit dicklichem Katarrh, berührungsschmerzhaften Bauch, Verstopfung, Krämpfe und einen unsicheren Gang. Schlimmer durch Liegen oder Angefaßtwerden. Besser durch Herumgehen oder Aufsetzen. Nachts verschlimmern sich die Symptome. Der typische Hyoscyamus-Patient kann an Wahnvorstellungen oder Halluzinationen leiden, er murmelt wirres Zeug, taumelt und zerrt zwanghaft an Bettzeug oder Kleidung herum. Mehr dazu auf Seite 78.

NATRIUM MURIATICUM

Natrium muriaticum wurde von Hahnemann geprüft, die Ergebnisse wurden in der ersten Auflage seines Werkes *Die chronischen Krankheiten* veröffentlicht. Beim gesunden Menschen verursacht Natrium muriaticum migräneähnliche Kopfschmerzen mit Übelkeit; ein Gefühl, als habe man Sandkörnchen im Auge; ein »Knakken« im Ohr beim Kauen; stets wiederkehrende Erkältungen; Engegefühl in der Brust; Mundulkus; Schmerzen im Lendenbereich; bleischwere Füße; Hautprobleme. Schlimmer durch extreme Wärme, heiße, stickige Räume und körperliche Anstrengung. Schlimmer während der Regelblutung. Besser durch Frischluft, Waschen mit kaltem Wasser und sanfte körperliche Betätigung. Der typische Natrium-muriaticum-Patient kann an exzessiven Stimmungsschwankungen und Überempfindlichkeit leiden und Anteilnahme abwehren. Mehr dazu auf Seite 95.

»..., wenn die Arzneien als Heilmittel wirken, sie ebenfalls nur durch diese ihre Kraft, das Befinden mittels Erzeugung eigentümlicher Symptome umzustimmen, ihr Heilvermögen ausüben können.«

SAMUEL HAHNEMANN

jetzt neu auftretenden Symptome, die während der Prüfphase nicht beobachtet wurden und jetzt durch das Mittel geheilt werden, notiert und, bei Wiederholung dieses Vorgangs, dem Arzneimittelbild hinzugefügt. Damit mehrt sich nach und nach das Wissen um die Heilkraft der Arznei, womit sie immer gezielter eingesetzt werden kann. Dieser Prüfvorgang setzt sich von einer Homöopathengeneration zur nächsten fort, so daß das gesammelte Wissen über die Arzneimittel, die sogenannte *Materia Medica*, immer wieder bereichert, weiterentwickelt und perfektioniert wurde.

NUX VOMICA

NUX VOMICA wurde von Hahnemann geprüft, die Ergebnisse wurden in der dritten Auflage der *Reinen Arzneimittellehre* veröffentlicht. Beim Gesunden verursacht die Brechnuß plötzliche Anfälle von Erschöpfung, schwere schmerzende Gliedmaßen, vorübergehende Blackouts, »Katerkopfschmerzen«, einen trockenen kitzelnden Husten, plötzliche Hitzewallungen beim Essen, Muskelspasmen und nächtliche Krämpfe. Schlimmer durch Kälte, trockenes Wetter, nach dem Essen und frühmorgens. Besser durch feuchtes Wetter, Hinlegen und nach Erbrechen. Der typische Nux-vomica-Patient verträgt Kälte nur schlecht, ist nervös und reizbar, angespannt und überängstlich und erliegt Anfällen von Streitlust. Der Abend ist seine beste Tageszeit. Mehr dazu auf Seite 98.

SEPIA

SEPIA wurde von Hahnemann geprüft, die Ergebnisse wurden in der ersten Auflage seines Werkes *Die chronischen Krankheiten* veröffentlicht. Beim Gesunden verursacht Sepia extreme Müdigkeit, eingeschlafene Glieder, kalte Füße oder Hände, Krämpfe und Hitzewallungen, Migräne, abgehackten Husten, Schwäche in den Gliedern (vor allem Knien), Schmerzen im Lendenwirbelbereich und juckenden Hautausschlag. Besser durch Wärme, anstrengende körperliche Betätigung und Essen. Schlimmer durch Kälte, trübes Wetter, Menstruation und abends. Der typische Sepia-Patient fühlt sich erschöpft und apathisch, den Dingen nicht gewachsen und ist traurig und weinerlich. Mehr dazu auf Seite 109.

SULFUR

SULFUR wurde von Hahnemann geprüft, die Ergebnisse wurden in der vierten Auflage seiner *Reinen Arzneimittellehre* veröffentlicht. Beim Gesunden verursacht Sulfur Schwindel, trockene Kopfhaut und Haarausfall, Migräne, einen klebrigen Ausfluß aus den Augen, äußerst scharfes Hören, einen trockenen, schmerzhaften Hals, Asthmaanfälle, Sodbrennen; Verdauungsstörungen; Nierenschmerzen; Rückenschmerzen, nächtliche Krämpfe, Hautjucken oder Ausschläge wie Furunkel. Schlimmer durch Wärme und starke Kälte, Stillstehen und eine gebeugte Haltung, Abneigung gegen Wasser. Der typische Sulfur-Patient verachtet seine Mitmenschen, ist rücksichtslos, egozentrisch und reizbar. Er kann auch hypochondrische Neigungen und Selbstmitleid entwickeln und immer hungrig sein. Mehr dazu auf Seite 114–115.

TEIL II

DIE MATERIA MEDICA

EINFÜHRUNG

Viele Heilmittel sind exotischen Ursprungs. Die spanische Tarantel wird erstickt und in Alkohol eingelegt. Das Ergebnis ist das Homöopathikum Tarantula hispanica, das bei vielen manischen Störungen und Hyperaktivität angezeigt ist.

Eine Materia Medica beschreibt die Wissenschaft und die Eigenschaft der in der Medizin – nicht nur in der Homöopathie – verwendeten Substanzen. Eine allopathische Materia Medica *allerdings zeichnet die Wirkungen auf, die gewisse Arzneimittel beim kranken Menschen auf bestimmte Störungen haben, während die homöopathische* Materia Medica *den Zustand skizziert, den potenzierte Arzneimittel beim gesunden Menschen hervorrufen.*

Alle durch das Arzneimittel erzeugten körperlichen, psychischen und ungewöhnlichen Symptome werden festgehalten. Dieser Prozeß ist nie endgültig abgeschlossen: Neu auftretende Symptome werden nicht als widersprüchlich angesehen und stellen die Wirksamkeit des Arzneimittels auch nicht in Frage. Bringen neue wissenschaftliche Untersuchungen oder Arzneimittelprüfungen neue oder abweichende Symptome hervor, dann werden sie einfach dem bereits bestehenden Arzneimittelbild hinzugefügt. Hahnemann, der Begründer der Homöopathie, veröffentlichte die Ergebnisse seiner Arzneimittelprüfungen in seiner insgesamt sechsbändigen Reinen Arzneimittellehre *(1825–1827) und in seinem fünfteiligen Werk* Die chronischen Krankheiten *(1828–1839).*

Der hochgiftige Fliegenpilz ist Ausgangsstoff von Agaricus muscarius.

Eines der erst neu geprüften Arzneimittel wird aus Schokolade gewonnen und soll gegen Heißhungerattacken auf diese Süßspeise helfen.

Aus der nordamerikanischen Klapperschlange wird *Crotalis horridus* gewonnen, ein Mittel, das bei septischen Zuständen mit Beeinträchtigung des Nervensystems hilfreich sein kann. Die Urtinktur wird aus dem Schlangengift hergestellt.

Die hier vorliegende Materia Medica *beschreibt alle in dem Buch behandelten Arzneien, mit Ausnahme einiger bei Stillstörungen eingesetzter Spezifika. Die Liste ist bei weitem nicht vollständig. Schließlich gibt es insgesamt zirka 2000 feststehende Homöopathika, die aus einer Vielzahl verschiedener Quellen stammen, und ständig werden neue geprüft.*

Die Arzneien sind alphabetisch aufgelistet, um das Nachschlagen zu erleichtern, wenn Sie das jeweils passende Arzneimittel gewählt haben. Für jedes Mittel werden die volle Arzneibezeichnung sowie etwaige gebräuchliche Abkürzungen angegeben. Unter der Überschrift ARZNEIMITTELBILD & INDIKATIONEN *werden die Hauptsymptome aufgelistet, und zwar im klassisch homöopathischen Stil vom Kopf abwärtsgehend; die wichtigsten Symptome werden halbfett hervorgehoben und die Hauptindikationsbereiche angegeben. Das Persönlichkeitsporträt jedes Arzneimittels wird in einem eigenen Abschnitt kurz behandelt; außerdem werden einige Informationen zur Arzneimittelherkunft gegeben. Der Text ist in einer Art Notiztechnik geschrieben, so, als würden Sie bei der Anamneseerhebung Ihre eigenen Beobachtungen flüchtig zu Papier bringen. Formelle und medizinische Begriffe werden so sparsam wie möglich benutzt und Fachbegriffe in einem Glossar auf Seite 248–251 erklärt.*

Gold ist die Quelle von *Aurum*. Das Mittel fand in den zwanziger Jahren beim großen Börsenkrach bei den von Selbstmordgedanken getriebenen Börsianern ein großes Anwendungsfeld.

Aconitum napellus

- **Akuter, plötzlicher und heftiger Krankheitsbeginn**
- **Nach Einwirkung von kaltem, vor allem sehr kaltem, trockenem Wetter noch am selben Tag krank**
- **Angst vor Überqueren der Straße**
- **Furcht**
- **Schreckliche Angst, seelische und körperliche Qual, große innere Unruhe**
- **Überempfindlichkeit und brennende Schmerzen**
- **Großer Durst auf kaltes Wasser**
- **Hellrot, entzündet**

EINFÜHRUNG

Ein akuter, plötzlicher und heftiger Krankheitsbeginn ist charakteristisch für Aconitum napellus. Ein vehementer Sturm, der plötzlich aufkommt und schnell wieder vorüber ist. Wenn die Störung andauert oder nicht besonders intensiv ist, ist es auch nicht Aconitum. Aconitum ist nicht schwach! Kraftvolle, robuste, gesunde ruppige Typen, die sich am liebsten im Freien aufhalten, und energiegeladene Kinder sind typisch für dieses Arzneimittel. Aconit *und* Acon. *sind gängige Abkürzungen für dieses Mittel.*

ARZNEIMITTELBILD & INDIKATIONEN

ARZNEIMITTELHERKUNFT

Aconitum napellus wird aus dem blauen Eisenhut, auch unter der Bezeichnung Sturmhut bekannt, hergestellt. Er wächst an feuchten, schattigen Stellen und in bergigem Gelände. Aconitum napellus ist hochgiftig und sollte weder angefaßt noch gegessen werden. Verwendet werden die frischen, zu Beginn der Blüte gesammelten oberirdischen Teile und Wurzelknollen.

Ein plötzlicher, heftiger Krankheitsausbruch mit stürmischem Fieber, der oft auf **Einwirkung von kaltem, vor allem sehr kaltem, trockenem Wetter folgt; die Krankheit bricht noch am selben Tag aus.** Gastrointestinale Störungen nach sehr heißem Wetter. Die Störungen können nach großer Angst und Schrecken auftreten, vor allem bei Kindern. **Große Angst vor Überqueren der Straße.** Bluthochdruck; ein voller, schneller Puls; große Nervosität und Aufregung ohne größere Delirien. **Schreckliche Angst, Furcht und Besorgnis, körperliche und seelische Qual, innere Unruhe** begleiten den **plötzlichen und heftigen Ausbruch** der Krankheit.

Ausgeprägter Blutandrang zum Kopf und starke Hitze. Wird oft gebraucht im ersten Stadium hochgradiger Entzündungs-, Fieber- und Stauungszustände mit großer Angst, Hitze und Ruhelosigkeit; wälzt sich hin und her, deckt sich auf. Haut und Sinne sind **überempfindlich, brennende** Schmerzen sind charakteristisch, möglich aber auch stechende, reißende, prickelnde und kribbelnde Schmerzen. **Heftige Schmerzen**, neuralgische Schmerzen, möchte nicht berührt werden; schlimmer nachts, vor allem am Abend.

Aconit, die Grundlage für Aconitum napellus. Es wurde erstmals von Hahnemann geprüft, die Ergebnisse sind im ersten Band seiner Reinen Arzneimittellehre *veröffentlicht.*

Große **Trockenheit** und **großer Durst auf kaltes Wasser.** Die Haut ist trocken und heiß, mit unterdrücktem Schweiß. Schlimmer im Warmen und unter warmen Decken, besser abgedeckt.

Heftige Kopfschmerzen, die durch die Einwirkung von trocken-kaltem Wind entstehen können.

Bei Fieber kann **Lichtscheu** mit schmalen zusammengezogenen Pupillen auftreten.

Aconitum steht für **hellrot und entzündet**, Blutandrang im Gesicht etc., beim Aufstehen kann das Gesicht jedoch totenbleich sein. Aconitum ist weder dunkel noch gesprenkelt und zeigt keine Folgen einer Entzündung und kein anhaltendes Fieber. Aconitum verschwindet in einer Nacht.

Alles mit Ausnahme von Wasser kann bitter schmecken. Verlangen nach bitteren Dingen. Prickelnder, brennender, stechender und trockener Hals mit starker Röte und gelegentlicher Schwellung.

Heftige, plötzliche Übelkeit und Erbrechen.

Schläfrigkeit. Der Rachen wird trocken, und der Patient wacht mit Spasmen im Hals und dem Gefühl, ersticken zu müssen, auf. Heiserer, trockener, kruppartiger Husten mit heiserem Bellen, der nach Verkühlung am Tag in der Nacht auftritt; starke fiebrige Erregtheit. Erstickender Husten. **Krupp nach Einwirkung von kalter, trockener Luft.** Trockene Schleimhäute. Ein kurzer trockener Husten, eventuell etwas wäßriger Schleim.

Andere Arzneien sind nötig, wenn *Aconitum* nicht ausreicht und die Störung sich weiter schleichend entwickelt oder länger als einen Tag dauert.

DIE ACONITUM-PERSÖNLICHKEIT

Der Aconitum-Patient leidet unter großer Furcht und Angst, Panik und Ungeduld. Er fürchtet den Tod, Menschenmengen oder hat unbestimmte Ängste. Der Aconitum-Zustand kann plötzlich durch eine echte Bedrohung hervorgerufen werden. Die Person ist schreckhaft und kann erregt sein. Große Abneigung gegen Berührung.

Allium cepa

- **Beschwerden oft durch naßkalten, durchdringenden Wind**
- **Kommt vor allem bei Erkältungen und Husten zur Anwendung**
- **Reichlicher, milder Tränenfluß**
- **Reichliche, wäßrige und extrem scharfe Nasenabsonderung, die die Haut wund macht**
- **Schlimmer durch Wärme und abends**

EINFÜHRUNG

Allium ist oft in dem frühen, noch »tränenden« Stadium einer Erkältung indiziert, wenn der Kranke so aussieht, als habe er gerade jede Menge Zwiebeln geschält. Nützlich ist dieses Heilmittel auch in einigen Fällen von Heuschnupfen. Allerdings ist eine sorgfältige Anamneseerhebung in allen Heuschnupfenfällen nötig, da es wesentlich effektiver ist, den exakten Auslöser für den Anfall herauszufinden und zu behandeln. Allium *und* All. c. *sind gängige Abkürzungen für dieses Mittel.*

ARZNEIMITTELBILD & INDIKATIONEN

Beschwerden oft durch naßkalten, durchdringenden Wind; **kommt vor allem bei Erkältungen und Husten zum Einsatz**.

Reichlicher, milder Tränenfluß, der eine wäßrige und extrem scharfe Absonderung aus der Nase zur Folge hat, die die Haut um die Nase herum und an der Oberlippe wund macht, sind starke Eigenheiten dieses Heilmittels. Die Erkältung wird in all ihren Phasen **schlimmer durch Wärme;** Ausnahme bildet das Kitzeln am Kehlkopf, das an kalter Luft stärker wird.

Schlimmer auch abends. Schnupfen mehr drinnen, besser an der frischen Luft.

Wunde Schleimhäute. Bei jedem Husten reißende Schmerzen im Kehlkopf. Die Nase läuft und brennt bei gleichzeitig wunder Oberlippe und wunden Nasenflügeln, rot und schmerzend. Wäßriger Nasenausfluß und Verstopfung verlagern sich vom linken zum rechten Nasenloch.

Viele **Stauungszustände**; oft starke Kopfschmerzen bei Blutandrang zum Kopf, Fülle in der Nase, kann pulsieren und brennen und manchmal Nasenbluten.

Dumpfer Kopfschmerz im Stirnbereich, Hinterhauptschmerz; Schmerzen im Kiefer, die zum Kopf ausstrahlen. Bei starken Kopfschmerzen manchmal Lichtempfindlichkeit der Augen. Reißende Kopfschmerzen zum Zerbersten und Klopfschmerz im Kopf. Kopfschmerzen schlimmer im warmen Raum, besser im Freien, dasselbe gilt für Schnupfen.

Husten mit reißenden Schmerzen im Kehlkopf, schlimmer durch kalte Luft oder im warmen Raum; stärker abends.

Krampfhafter, Krupp- oder Keuchhusten-ähnlicher Husten; heiserer, rauher, klingender Husten, der durch ständiges Kitzeln im Kehlkopf ausgelöst wird. Husten, der ein wundes Gefühl im Kehlkopf, als wäre er gespalten, erzeugt, das so stark ist, daß jeder Hustenversuch unterdrückt wird.

Erkältung schlägt sich mit starker Sekretbildung, Husten und schleimigem Rasseln auf die Brust.

ARZNEIMITTELHERKUNFT

Allium cepa wird aus der Küchenzwiebel hergestellt. Zwiebeln waren in der Medizin schon immer von Bedeutung und für ihre Wirksamkeit bei Erkältungen und Infektionen bekannt. Sie standen bei Hippokrates hoch im Ansehen.

DIE ALLIUM-CEPA-PERSÖNLICHKEIT

Da es sich hier um ein primär akutes Erkältungsmittel handelt, gibt es für Allium cepa kein ausgeprägtes Persönlichkeitsporträt. Es wird meist nur kurzfristig eingesetzt, so daß keine Notwendigkeit bestand, psychische Symptome langfristig zu beobachten und dem Arzneimittelbild hinzuzufügen. Möglich ist ein uncharakteristisches Verlangen nach dem Genuß roher Zwiebeln.

Die rote Zwiebel, die Grundlage für Allium cepa. Zwiebeln waren in der Volksmedizin als Mittel gegen praktisch alles, von der Blutreinigung bis zum Bienenstich, bekannt und boten sich von daher für die homöopathische Arzneimittelprüfung an.

Antimonium crudum

- **Nervös, gereizt**
- **Schwermütig, sentimental, romantisch**
- **Magenstörungen mit allen Beschwerden**
- **Heiß; kann Strahlungshitze nicht ertragen**
- **Kälteempfindlich**
- **Gefräßig, Überessen, Heißhunger auf Saures**
- **Weiß belegte Zunge**
- **Rauhe, schwielige, aufgesprungene Haut**
- **Sehr empfindliche Füße**

EINFÜHRUNG

Antimonium crudum geht oft mit einem gefräßigen Appetit einher, der Magen ist das Zentrum aller Störungen; unabhängig von den anderen Symptomen liegt doch immer auch eine Verdauungsstörung vor. Besonders nützlich ist dieses Heilmittel bei kleinen Kindern und alten Leuten. Ant. crud. *und* Ant. c. *sind die gängigen Abkürzungen für dieses Mittel.*

ARZNEIMITTELBILD & INDIKATIONEN

Schwarzes Antimontrisulfid, die Grundlage für Antimonium crudum. Es wurde zuerst von Hartlaub und Trinks geprüft, später dann von Hahnemann.

Ein Antimonium-crudum-Kind kann ähnlich wie bei Chamomilla **Reizbarkeit und Nervosität** an den Tag legen, doch während das Chamomilla-Kind fordernd ist und herumgetragen werden will, ist dieses Kind über jede Zuwendung verärgert. **Überessen führt zu Magenstörungen**, häufig Erbrechen. Der Kranke übergibt sich plötzlich ohne vorangehende Übelkeit. Das Erbrochene ist säuerlich, Babys erbrechen geronnene Milch, **Verlangen nach Saurem** und in Essig Eingelegtes.

Die Antimonium-crudum-**Zunge** ist unverwechselbar **dick weiß belegt**, als läge Schnee darauf.

In Langzeitfällen Fettleibigkeit, obwohl Antimonium gelegentlich auch mit Auszehrung und Ekel vor

Essen einhergehen kann. Antimonium kann auch im akuten Stadium bei Masern, Darmgrippe und Sonnenstich aufleben. Allgemein **schlimmer durch Sonne und Hitze**, vor allem **Strahlungshitze**. Beim Keuchhusten etwa kann das Sitzen vor einer Wärmequelle einen Hustenanfall auslösen. Obwohl ihm heiß ist, ist er **kälteempfindlich**, schlimmer bei **naß**kaltem Wetter. Antimonium crudum spiegelt das Symptombild einer Person wieder, die krank wird, nachdem sie bei heißem Wetter in kaltes Wasser gefallen ist. Sie besitzt wenig Temperaturtoleranz, und auch der Magen ist beeinträchtigt.

Körperabsonderungen sind von klumpiger Beschaffenheit, so das Erbrochene aus halbverdautem Essen oder der mit harten Klumpen vermischte Durchfall. Auch die **Haut** ist von klumpiger Beschaffenheit und **rauh, schwielig,** mit Krusten überzogen und aufgesprungen. Nasenflügel, Mundwinkel und Fußsohlen sind besonders empfindlich und werden schnell wund und rissig. Die **Füße können sehr empfindlich sein**, und das nicht nur durch Hühneraugen, Hautschrunden und verhornte Nägel, sondern auch durch Beschwerden wie Gicht, Ischias, rheumatische Schmerzen und Sehnenentzündungen – die alle mit einer Form von Verdauungsstörung einhergehen.

ARZNEIMITTELHERKUNFT

Antimonium crudum wird aus schwarzem Antimontrisulfid, das zum Beispiel im Erz vorkommt, hergestellt.

DIE ANTIMONIUM-CRUDUM-PERSÖNLICHKEIT

Die verdrießliche Reizbarkeit von Antimonium crudum ist **schwermütig** und düster und die Schwermütigkeit voller **Sentimentalität**. Eine typische Antimonium-crudum-Persönlichkeit wäre ein junges Mädchen mit Liebeskummer, das im Mondlicht schlechte Gedichte liest. Erwachsene fühlen sich sehr deprimiert, zeigen im Extremfall Selbstmordneigung und wollen allein gelassen werden. Sie essen oft mehr, als sie vertragen, da, gleichgültig wieviel sie essen, ihr Hunger unstillbar zu sein scheint.

HÜHNERAUGEN ADE

In niedrigen Potenzen verabreicht, kann Antimonium crudum langfristig zur Behandlung eines chronischen Kallus und von Hühneraugen eingesetzt werden.

Antimonium tartaricum

- **Brustbeschwerden und Magen-Darm-Störungen**
- **Gesicht blaß und kaltschweißig**
- **Schwach, kraftlos, oft Schläfrigkeit**
- **Schleimansammlung in den Atemwegen**
- **Rasselnde Atmung mit sehr wenig Auswurf**
- **Magenbeschwerden durch saure Speisen oder Getränke**
- **Starke Übelkeit**
- **Durstlosigkeit**
- **Schlimmer im Liegen oder im Warmen**
- **Besser durch aufrechtes Sitzen; Aufstoßen und Auswurf**
- **Furchtsam und verzweifelt**

EINFÜHRUNG

Diese Arznei wird meist zur Behandlung von Brustbeschwerden und Magen-Darm-Störungen eingesetzt. Das Gesicht kann blaß, verfallen und kaltschweißig sein, mit dunklen Ringen unter den Augen. Zustand der Erschlaffung und Schwäche mit wenig Fieber, Mangel an reaktiver Energie, kraftlos und schwach, oft große Schläfrigkeit. Ant. tart. *und* Ant. t. *sind die gängigen Abkürzungen für dieses Mittel.*

ARZNEIMITTELBILD & INDIKATIONEN

Jede Kälteperiode und naßes Wetter verursachen starkes Schleimrasseln in der Brust, **große Schleimansammlung in den Atemwegen** oder eine Erkältung nach der anderen. Den Patienten fehlt die Vitalität, diesen Zustand zu beenden; die Brust füllt sich beständig mit Schleim; **rasselnde Atmung, ist jedoch nicht im Stande, den Schleim auszuwerfen.** Kann schnell in diesen reaktionsschwachen Zustand geraten; erstickt an weißem Schleim; ist nicht im Stande, ihn auszuwerfen, obwohl es danach besser wäre. **Muß sich im Bett aufsetzen**, Atmung **fällt im Liegen schwerer**. Es muß manchmal Luft zugefächelt werden, aber nur ganz behutsam. **Schlimmer durch Wärme oder zuviel Kleidung**, gibt ihm das Gefühl zu ersticken.

Schleimhäute sind mit dicklich weißem Schleim überzogen. Dieser Schwäche- und Erschöpfungszustand **stellt sich nicht sofort zu Beginn einer Erkrankung ein,** sondern erst nach mehreren Tagen, meist bei Patienten mit **wenig Vitalität, eher gesundheitlich schwacher Konstitution,** die oft an katarrhalischen Erkrankungen leiden; wird meist beim alten Menschen und kleinen Kindern gebraucht.

Ekel vor Essen; sogar reines Wasser wird erbrochen. Durstlosigkeit, der Kranke ist gewöhnlich ärgerlich, wenn ihm Getränke angeboten werden; das Kind stöhnt nur. Starkes Verlangen nach sauren Getränken. Manchmal besteht Verlangen nach Kaltem, Saurem oder saurem Obst, die zu Erbrechen führen. **Magenstörungen durch saure Speisen oder Getränke** ist eine andere Situation, bei der dieses Mittel angezeigt erscheint. Widerwillen vor Milch, die erbrochen wird. Erbrechen, **starke Übelkeit, große Abgeschlagenheit mit Kälte, kalter Schweiß und Schläfrigkeit.** Zwischen den Anfällen von Schläfrigkeit kann Schwindel auftreten. Übelkeit besser nach Erbrechen, anders als bei Ipecacuanha.

ARZNEIMITTELHERKUNFT

Antimonium tartaricum wird aus *Tartarus emeticus*, auch unter der Bezeichnung Antimon-Kaliumtartrat bekannt, hergestellt. Es ist hochgiftig und ein sehr wirksames Emetikum. Es wurde zur Behandlung der Tropenkrankheit Kala-Azar eingesetzt, bis weniger invasive Antimonium-Formen zur Verfügung standen.

***Tartarus emeticus*, die Grundlage für Antimonium tartaricum. Hahnemann prüfte diese Arznei, es gibt jedoch keine komplette Beschreibung ihrer Wirkung.**

DIE ANTIMONIUM-TARTARICUM-PERSÖNLICHKEIT

Diese Person möchte nicht, daß man sich in ihrem Zustand mit ihr befaßt; alles ist eine Belastung. Reizbarkeit, Angst und Verzweiflung sind vorherrschend. Das kranke Kind will nicht angefaßt oder angeschaut, sondern allein gelassen werden. Babys können mitleiderregend weinen und jammern und reagieren sehr gereizt, wenn man sie stört. Sie können anhänglich sein und wollen herumgetragen werden.

Apis mellifica

- **Beschwerden treten relativ plötzlich auf**
- **Schlimmer durch Hitze oder in warmen Räumen**
- **Besser durch Kälte**
- **Stechende und brennende Schmerzen**
- **Ausgeprägtes und schnelles Anschwellen**
- **Durstlosigkeit**
- **Gesicht erhitzt, rot**
- **Spannungsgefühl im Bauch; Angst, es könne etwas platzen**
- **Spärlicher Urin**
- **Ausschlag fühlt sich rauh an**
- **Haut berührungsempfindlich**
- **Unruhe, Zappeligkeit**
- **Stimmungsschwankungen**

EINFÜHRUNG

Diese Arznei kann nötig werden nach Furcht, Zorn, Ärger, Eifersucht oder nach schlechten Nachrichten. Es kann nach dem Verschwinden bzw. Ausbleiben eines Ausschlags auftreten, wenn sich beispielsweise ein Masernausschlag nicht voll entwickelt hat oder sich gerade zu entwickeln beginnt, um schon wieder zu verschwinden. Apis *ist die gängige Abkürzung für dieses Mittel.*

ARZNEIMITTELBILD & INDIKATIONEN

Die Beschwerden treten relativ plötzlich auf wie bei Belladonna.

Schlimmer durch **Hitze oder in warmen Räumen. Besser durch Kälteeinwirkung** jeder Form wie kalte Luft, Kälteanwendungen etc.

Beschwerden fangen rechts an und wandern nach links. Charakteristisch sind **stechende und brennende Schmerzen**, die **im Kalten besser** werden; möglich ist aber jede Art von Schmerz.

Ebenfalls charakteristisch sind Schwellungen; die Schwellung tritt plötzlich auf und klingt schnell wieder ab. Die Schleimhäute sind geschwollen, als wären sie mit Wasser gefüllt. Ödeme an den Augen, Augenlidern, im Gesicht und an den Gliedmaßen. Häufig **Durstlosigkeit**.

Im Delirium verfällt der Patient in Stupor und wird sogar bewußtlos mit Zuckungen, manchmal nur einseitig; Kopfrollen; die Pupillen können zusammengezogen oder erweitert sein; rote Augen; **Gesicht erhitzt, rot**. Liegt wie erstarrt da. Kann totenbleich werden, wenn der Raum überhitzt ist; deckt sich ab, wenn er kann. Die Haut ist abwechselnd heiß und trocken oder schweißig.

Plötzliches schrilles Schreien und Auffahren beim hin- und herwankenden oder benommenen Kind.

Viele Augenbeschwerden mit brennenden Tränen, Schwellung und Röte. Brennender und stechender Augenausfluß wird schlimmer durch Hitze und besser durch Kälte.

Bei Schüttelfrost oder Fieber hat er das Gefühl, an der Strahlungshitze eines Feuers zu ersticken.

Übelkeit, Erbrechen oder Brechreiz, mit großer Angst. **Spannungsgefühl überall im Bauch** machen Husten oder Drücken unmöglich, aus **Angst, es könne etwas platzen** oder abreißen. Der Kranke nimmt oft eine vorgebeugte Haltung ein und beugt auch die Gliedmaßen, um dieses Spannungsgefühl zu lindern. Bauch bei Berührung schmerzhaft.

Häufig **spärlicher Urin.** Starker Harndrang, Schmerzen, Brennen und Stechen in den gesamten Harnwegen. Wird oft bei Zuständen mit Hautaffektion gebraucht. Der **Ausschlag** fühlt sich dick, oft **rauh** an; die Haut ist **berührungsempfindlich,** schmerzhaft. Urtikaria. Kann auch nach Schlafen oder Berührung schlimmer sein.

ARZNEIMITTELHERKUNFT

Apis mellifica wird aus der Honigbiene gewonnen. Das gesamte lebende Insekt einschließlich seines Gifts wird zur Herstellung des Mittels verwendet.

DIE APIS-PERSÖNLICHKEIT

Der typische Apis-Fall ist charakterisiert durch Zappeligkeit, Unruhe, seine Reaktionen lassen sich nicht vorhersagen, er reagiert emotional oft unangebracht. Die Person wünscht Gesellschaft, lehnt Zuneigung jedoch ab. Kochend vor Wut mit Eifersucht, bricht grundlos in Tränen aus. Angst vor körperlichem Verfall und sogar Tod ist charakteristisch.

Die Honigbiene, die Grundlage für Apis mellifica. Das Gift und die Tinktur aus dem gesamten Insekt wurden von der Central New York State Homeopathic Society geprüft.

Argentum nitricum

- **Reizbar, nervös, ängstlich, impulsiv und zittrig**
- **Schwindel**
- **Angst aufgrund von Vorahnungen**
- **Druckschmerz im Kopf**
- **Augenkatarrh**
- **Heftige, splitterartige Schmerzen**
- **Halsentzündung**
- **Geschwürbildung mit gelbem Eiter**
- **Verdauungsstörungen mit lauter Flatulenz und heftigen Durchfällen**
- **Besser durch kalte Luft, ein kaltes Bad, kalte Getränke**

EINFÜHRUNG

Argentum nitricum ist ein wertvolles Mittel für nervöse Personen oder für jeden, der an Examens- bzw. Prüfungsangst leidet. Hilfreich ist es auch bei Menschen, die viel geistig arbeiten – Schriftsteller, Künstler, Akademiker etc. Argentum, Arg. nit. *und* Arg. n. *sind die gängigen Abkürzungen für dieses Mittel.*

ARZNEIMITTELBILD & INDIKATIONEN

Druckschmerz im Kopf, Kopfschmerzen, die bei emotionaler oder geistiger Aufregung schlimmer werden; der Kopf fühlt sich groß an, besser durch festes Bandagieren.

Liegen **Augenbeschwerden vor**, sind **eitriger Augenausfluß** und geschwollene Lider möglich.

Die Schmerzen gehen tief, **splitterähnliche Schmerzen**, scharf und durchschießend; besser durch Hitze, schlimmer bei Kälte.

Halsentzündung mit scharfen Schmerzen und als bliebe beim Schlucken etwas stecken, mit Heiserkeit. Schlimmer durch Hitze, **besser durch kalte Getränke.** Der Hals ist rauh. Kehlkopf ist verstopft, mit dickem Schleim.

Geschwürbildung mit viel **goldgelbem, blutigem Eiter.** Die Geschwüre sind schmerzhaft, entzündet und tief mit harten Rändern.

ARZNEIMITTELHERKUNFT

Argentum nitricum wird aus Silbernitrat hergestellt ($AgNO_3$), das den Alchemisten des Mittelalters unter dem Namen Höllenstein bekannt war.

Mit diesem Arzneimittel gehen viele **Verdauungsstörungen** einher, die oft durch emotionale Störungen oder nach dem Genuß von Zucker, der gierig verschlungen, jedoch schlecht vertragen wird, ausgelöst werden. **Durchfälle,** oft im **Vorfeld eines wichtigen Vorhabens oder einer Prüfung**, können laut, heftig und grün sein und wie Spinatfetzen aussehen. Große geblähte Auftreibung des Bauchs mit **laut explodierender Flatulenz;** Gefühl, als sei man bis zum Bersten aufgeblasen. Alle Beschwerden werden schlimmer bei Hitze, und der Patient hat in warmen Räumen oder in der Menschenmenge Erstickungsgefühle.

DIE ARGENTUM-PERSÖNLICHKEIT

Argentum-Menschen sind impulsiv, ja ängstlich, besorgt, wie getrieben, ruhelos und haben Angst zu versagen. Zentralpunkt ist eine geistige Schwäche, die von einem emotionalen Zustand der Reiz- und Erregbarkeit begleitet wird. Diese nervösen Befürchtungen können sich in Form von Klaustrophobie, Angst vor Menschenmengen oder, sehr häufig, Schwindel und der zwanghaften Vorstellung, von einer Brücke springen zu müssen, oder der Angst, hohe Gebäude würden auf einen fallen, manifestieren.

Silbernitrat, die Grundlage für Argentum nitricum. Erschöpfend geprüft wurde es von dem Wiener J.O. Müller. Hahnemann prüfte es lediglich in seiner 15. Potenz.

Arnica montana

- **Notfallmittel**
- **Wundes, zerschlagenes Gefühl**
- **Stark entkräftet, schwach und erschöpft**
- **Fürchtet Berührung oder Annäherung**
- **Kopf und Gesicht heiß und rot, Extremitäten kalt**
- **Anhaltende Müdigkeit**
- **Schlimmer durch naßes Wetter**
- **Besser im Liegen mit Kopftieflage**

Bergwohlverleih, die Grundlage für Arnica. Sie wurde erstmals von Hahnemann geprüft und erscheint bereits im ersten Band seiner **Reinen Arzneimittellehre.**

EINFÜHRUNG

Das wunde, zerschlagene Gefühl am ganzen Körper ist charakteristisch für Arnica. Der Patient liegt still, dreht sich nur manchmal ein wenig, weil das Wundsein das Bett zu hart erscheinen läßt. Arnica ist das Mittel der Wahl bei Prellungen und traumatischen Verletzungen. Arnica *und* Arn. *sind die gängigen Abkürzungen für dieses Mittel.*

ARZNEIMITTELHERKUNFT

Arnica wird aus dem Bergwohlverleih hergestellt. Verwendet werden die getrockneten unterirdischen Teile von *Arnica montana.*

ARZNEIMITTELBILD & INDIKATIONEN

Bei Fieber **starke Entkräftung, Schwäche und Erschöpfung**, benommen, fast bewußtlos, läßt sich aber aufwecken und antwortet dann richtig, um danach wieder in diesen Erschöpfungszustand zu fallen. Behauptet, nicht krank zu sein, wenn er dies ganz offensichtlich ist; das liegt an seinem psychischen Zustand.

Kopf und Gesicht heiß und rot, Extremitäten und Rumpf kalt. Großer Durst bei Frösteln.

Es kommt schnell zu Blutungen und Prellungen; katarrhalische Beschwerden mit entzündeten Schleimhäuten, mit leichter Blutungsneigung.

Beim Scharlach kann es zu diesem Zustand kommen, wenn die Haut zwar dunkel aussieht und mit roten Flecken übersäht ist, das Exanthem sich aber nicht voll entwickelt (wie bei Antimonium tartaricum). Schmerzhafte und geschwollene Gelenke.

Aufstoßen, Atem, Flatus und Stuhl riechen übel – wie nach faulen Eiern (Baptisia tinctoria ist noch schlimmer).

Bei wundem wie zerschlagenem Gefühl zusammen mit Halsentzündung ist an Phytolacca decandra zu denken, bei dem auch ein heißes, rotes Gesicht und kalte Extremitäten und Rumpf vorliegen.

Stupor mit unwillentlichem Abgang von Stuhl und Urin. Bildung vieler kleiner schmerzhafter und entzündeter Abszesse.

DIE ARNICA-PERSÖNLICHKEIT

Menschen im Arnica-Zustand möchten allein gelassen werden; **fürchten Berührung oder Annäherung;** mürrisch, halsstarrig, reizbar, traurig, ängstlich, stumpfsinnig, Angst vor plötzlichem Tod, Alpträume, nächtlicher Schrecken.

NOTFALLMITTEL

Arnica gehört unbedingt zur homöopathischen Notfallausrüstung (siehe Seite 240–245). Es hilft bei jeder Art von Wunde oder Verletzung, wirkt zudem blutstillend, wundheilend und wirkt einem Schock und emotionalem Trauma entgegen. Als Salbe kann sie äußerlich, als Streukügelchen innerlich angewandt werden – besonders wirksam bei Prellungen.

Arsenicum album

- **Angst**
- **Ruhelosigkeit**
- **Schwäche, die in keinem Verhältnis zur Krankheit steht**
- **Durst auf eiskaltes Wasser, wenig und oft, nippt nur**
- **Brennende Schmerzen, besser durch Hitze**
- **Frostig**
- **Schlimmer durch Kälte**
- **Schlimmer vor und direkt nach Mitternacht**
- **Erbricht alles**
- **Alles was hinuntergeschluckt oder heraufgewürgt wird, brennt**
- **Durchfall mit Erschöpfung und Unruhe**

EINFÜHRUNG

Angst, Ruhelosigkeit, Schwäche, die in keinem Verhältnis zur Krankheit steht, brennende Schmerzen, die durch Hitze besser werden, fauliger Geruch, frostig, schlimmer vor und direkt nach Mitternacht – dies sind die charakteristischen Eigenarten dieses Mittels. Arsenicum *und* Ars. *sind die gängigen Abkürzungen.*

ARZNEIMITTELBILD & INDIKATIONEN

Schlimmer durch kalte Luft oder Kälteanwendungen; frostig und besser durch Zudecken, mit Ausnahme der Kopfschmerzen mit Blutandrang zum Kopf, besser durch kalte Luft. Die Haut ist oft blaß und naßkalt. Schlimmer durch Bewegung.

Angst oft mit Furcht verbunden, schlägt sich in **Rast- und Ruhelosigkeit** nieder. Der Patient wendet sich hin und her, steht auf und geht umher, wechselt ständig den Ort. Er wird zu schwach, um sich zu bewegen, kann aber nicht still sitzen bleiben.

Ein weiteres Charakteristikum ist **Durst auf eiskaltes Wasser; trinkt wenig und oft, nur kleine Schlückchen**. Er muß trinken, weil er so ausgetrocknet ist, da kaltes Wasser jedoch seinem Magen nicht bekommt, trinkt er es nur schlückchenweise. Bei Magenbeschwerden zieht er warme Dinge vor. Bei Fieber während des Schüttelfrosts Durst auf heiße Getränke, auf kleine Schlückchen während der Hitzephase und ein unstillbarer Durst während des Schweißausbruchs. Schwitzen bessert.

Schüttelfrost **mit dem Gefühl, als laufe eiskaltes Wasser durch die Blutgefäße**, was zu einem intensiven hohen Fieber mit dem Gefühl, es koche in den Blutgefäßen, führt. Darauf folgt ein Zustand äußerster Erschöpfung mit starkem Frösteln. **Brennende Schmerzen, die durch Hitze besser werden**, sind spezifisch für dieses Mittel, ebenso eine **Schwäche, die in keinem Verhältnis zur Krankheit steht.**

Blutandrang, Pulsieren und Brennen im Kopf, besser durch Kälte. Alle anderen brennenden Schmerzen andernorts besser durch Hitze.

Die Ausscheidungen sind scharf und beißend und verursachen Brennen; besser durch Hitze.

Ein trockener, abgehackter Husten; später werden große Mengen von wäßrigdünnem oder schaumigem Schleim ausgeworfen. Brennen in der Brust. Atembeschwerden, giemender Atem; muß sich zum Atmen aufsetzen; wird durch die kleinste Anstrengung schlimmer.

Erbricht alles mit Entkräftung und Angst; trockener Mund, brennende Schmerzen besser durch Hitze, besser durch warmes Wasser oder Milch. **Alles, was hinuntergeschluckt oder heraufgewürgt wird, brennt.** Magenschleimhautentzündung. Ein sehr empfindlicher Magen, besser durch Hitze. Gleichzeitig Durchfall und Erbrechen, schlimmer nach Essen oder Trinken. **Durchfall mit Erschöpfung und Unruhe**, besser durch Hitze; fauliger Geruch. Rektum und Anus brennen und werden wund.

Frostig, erkältet sich durch Wetteränderung. Der Katarrh wandert mit Heiserkeit zum Kehlkopf, mit Brennen, das bei Husten schlimmer wird, zur Luftröhre und mit Einschnürung und Husten zur Brust.

ARZNEIMITTELHERKUNFT

Arsenicum album wird aus Arsentrioxid bzw. arseniger Säure hergestellt, die bei den großen Giftmischern der Geschichte und den Mördern aus Kriminalromanen so beliebt war bzw. noch immer ist. In kleinen, bedachtsam verschriebenen Dosen sorgt das weiße Arsenik für glänzendes Haar, kräftige Zähne und Nägel.

DIE ARSENICUM-ALBUM-PERSÖNLICHKEIT

Der Arsenicum-album-Patient ist ruhelos und ängstlich, mutlos und verzweifelt, pedantisch, boshaft, selbstsüchtig und überempfindlich. Fürchtet die Nacht, das Alleinsein, daß etwas »falsch läuft« oder er jemanden beleidigt.

Arsentrioxid, die Grundlage für Arsenicum album. Es wurde erstmals von Hahnemann geprüft und erscheint im zweiten Band seiner Reinen Arzneimittellehre.

Baptisia tinctoria

- **Toxische, septische Zustände**
- **Große Schmerzempfindlichkeit**
- **Schnelle Entwicklung eines ernsthaften Zustands**
- **Dunkle und faulige Absonderungen**
- **Verwirrtheit, Konzentrationsschwäche**

EINFÜHRUNG

Die Baptisia-Symptome ähneln denen von Gelsemium, allerdings entwickelt der Patient hier schnell einen ernsthaften Zustand. Er ist ruhelos, aber gleichzeitig zu energielos, um herumzugehen oder auch nur die Lage zu ändern. Der Körper schmerzt, und das Bett fühlt sich so hart an, als läge man auf einem Brett. Baptisia *und* Bapt. *sind die gängigen Abkürzungen für dieses Mittel.*

ARZNEIMITTELBILD & INDIKATIONEN

Großer Erschöpfungszustand des Körpers, der gleichzeitig mit Ruhelosigkeit und wild umherschweifenden Gedanken gepaart ist. Der Kranke ist **verwirrt** und hat **Konzentrationsschwierigkeiten**, schläft mitten im Gespräch ein. Delirium mit unzusammenhängendem Gemurmel.

Das Gesicht hat einen schweren, berauschten Ausdruck, ist dunkel, aufgedunsen oder angeschwollen. Die Augenlider sind schwer, und die Augen sind, bei starken Kopfschmerzen, nur halb offen.

Lippen sehen blau aus oder sind aufgesprungen und blutig. **Mund und Atem riechen faulig,** ebenso die Zunge, die schmutzig gelblich-braun belegt ist, manchmal nur in einem Mittelstreifen. **Schmerzhafte Geschwüre** in Mund und Rachen. **Ohrinfektionen** werden schnell ernsthaft und treten häufiger rechts auf.

Atemschwierigkeiten mit starkem Verlangen nach Luft. Der Kranke wacht nach Luft ringend auf oder fürchtet das Einschlafen, aus Angst zu ersticken.

Er ist sehr durstig, muß jedoch häufig kleinere Mengen trinken, da große Mengen oder feste Nahrung Übelkeit und plötzliches Erbrechen hervorrufen. Trotz des großen Durstes nur spärlicher Urin.

Diese Arznei ist ein traditionelles Typhusmittel. Heute sind Baptisia-Zustände bei Blutvergiftung, Fehlgeburt, Magengrippe, schweren Infektionen und anderen, ähnlichen Zuständen zu finden.

Ein Patient, der Baptisia braucht, ist meist schwer krank und bedarf professioneller, ärztlicher Behandlung.

ARZNEIMITTELHERKUNFT

Baptisia tinctoria wird aus Wildem Indigo hergestellt, der unter der Bezeichnung Färberhülse bekannt ist. Er kommt in Nordamerika vor und fand früher als Basismittel für die Indigofärbung Anwendung.

DIE BAPTISIA-PERSÖNLICHKEIT

Da es sich hier in erster Linie um ein akutes Mittel für den Schwerstkranken handelt, gibt es für Baptisia tinctoria auch kein umfangreiches psychisches Bild. Zu beobachten sind große Unruhe, verworrene Gedanken, und die Person hat das Gefühl, der Körper läge zerstreut herum. Möglich ist auch Angst vor Nahrungsaufnahme und davor, vergiftet zu werden.

Wilder Indigo, die Grundlage für Baptisia tinctoria. Sie wurde im kleinen Rahmen, mit nur sieben freiwilligen Testpersonen geprüft. Die Ergebnisse erschienen im* The North American Journal of Homeopathy *(1857 und 1859).

Baryta carbonica

- **Langsames, unreifes Kind**
- **Frühe Senilität**
- **Scheu, unsicher, Angst vor Fremdem**
- **Frostig, schlimmer durch Kälte und Sonne**
- **Beschwerden entwickeln sich langsam**
- **Körperlich unterentwickelt**
- **Geschwollene Drüsen**
- **Halsentzündung**
- **Widerwillen gegen Süßes**
- **Anorexie**

EINFÜHRUNG

Dies ist ein nützliches Mittel für Kinder oder auch Erwachsene, die sich wie Kinder gebärden. Bei Kindern ist eine Unreife festzustellen, die auf eine, vor allem durch Krankheit bedingte, altersbezogene Entwicklungsretardierung zurückgeführt werden kann. Baryta carb. *und* Bar. c. *sind die gängigen Abkürzungen für dieses Mittel.*

ARZNEIMITTELBILD & INDIKATIONEN

Dem Kind fehlt jeglicher funkelnder Geist – das Gegenteil von frühreif – und ist **schüchtern und scheu.** Es versteckt sich vor Fremden oder klammert sich an die Mutter. Jede Änderung des Gewohnten oder jedes unvorhergesehene Ereignis regt es auf.

Das Kind lernt spät laufen, reden und fällt in der Schule zurück. Es erreicht die Pubertät erst spät, und selbst, wenn es erwachsen ist, behält es kindliche Gedanken und Verhaltensweisen bei und bleibt dabei **unreif** und scheu.

Das Bild ist in akuten Zuständen zu beobachten, wenn das Kind beispielsweise krank war. Wenn aber ein gesundes Kind sich von einer akuten Erkrankung, wie etwa Masern oder Windpocken, erholt, leitet dies oft einen Entwicklungsschub ein: Das Kind lernt plötzlich laufen oder lesen, was ihm vor der Erkrankung Schwierigkeiten bereitet hat. Beim Baryta-carb.-Kind bleibt dieser Energieschub jedoch aus, statt dessen kapselt es sich ab und scheint sich zurückzuentwickeln.

Beim älteren Menschen können sich Unsicherheit und Angst zum Zwangsverhalten entwickeln. Vorzeitiges Altern und **frühe Senilität** passen gut zu Baryta carb., wenn das Bild stimmt.

Der Patient ist **frostig und kälteempfindlich**, wobei **Sonne alles verschlimmert.** Die Symptome treten typischerweise einige Tage nach der Kälteeinwirkung auf. Die **Beschwerden stellen sich** im allgemeinen **nach und nach ein.**

Die **Unterentwicklung** zeigt sich im **körperlichen** wie auch im geistigen und im Verhaltensbereich. Möglicherweise entwickelt sich ein Körperteil nicht richtig mit; das betrifft vor allem die Hoden. Abmagerung, Hörschwäche, Karies und trübe Sicht sind mögliche Manifestationen dieser Entwicklung.

ARZNEIMITTELHERKUNFT

Baryta carbonica wird aus Bariumcarbonat ($BaCO_3$) hergestellt, ein lösliches Bariumsalz und giftige Schwererde.

Drüsen schwellen an und verhärten sich; an das Baryta-carb.-Bild muß beim Drüsenfieber gedacht werden. Große Anfälligkeit für Halsschmerzen und geschwollene Mandeln.

Obwohl auch Verlangen nach Süßem bestehen kann, kommt doch häufiger ein **Widerwille gegen Süßes** und Früchte vor; der Kranke lehnt heiße Mahlzeiten ab und zieht kalte Speisen vor. Im allgemeinen fühlt er sich schlechter durch Essen. *Baryta carb.* kann ein nützliches Mittel bei Anorexie, vor allem bei **Anorexia nervosa**, beim heranwachsenden Mädchen sein, das Probleme hat, seine Pubertät zu akzeptieren.

Barium, die Grundlage für Baryta carbonica. Sie wurde von Hahnemann geprüft und in der ersten Auflage seines Werks **Die chronischen Krankheiten** *veröffentlicht.*

DIE BARYTA-CARBONICA-PERSÖNLICHKEIT

Geistige Stumpfheit, Unaufmerksamkeit, Gedächtnismangel und Angst vor Belanglosem charakterisieren Baryta carbonica. Angst, ausgelacht zu werden, und das Gefühl, es hingen Spinnweben im Gesicht, die sich durch nichts wegwischen lassen.

Belladonna

- **Beschwerden kommen plötzlich und mit großer Heftigkeit**
- **Starke Hitze**
- **Röte – helle, glänzend rote Haut**
- **Intensives Brennen an den entzündeten Stellen**
- **Schwellung**
- **Sehr empfindlich gegen die Schmerzen, die plötzlich kommen und gehen**
- **Stauungszustand mit starkem Pulsieren**
- **Heißer Kopf und kalte Extremitäten**
- **Große Trockenheit der Schleimhäute**
- **Trockene Haut, doch oft mit Schweiß an den bedeckten Teilen**
- **Ruckartige Zuckungen im Fieber**
- **Schlimmer durch Bewegung**
- **Schlimmer um 15 Uhr und nachts**

EINFÜHRUNG

Genau wie Aconit ist auch Belladonna für plethorische, kraftvolle, gesunde Konstitutionen, robuste Kinder und Babys geeignet, wenn die Beschwerden plötzlich und mit großer Heftigkeit auftreten, um genauso plötzlich wieder zu verschwinden. Bell. *ist die gängige Abkürzung für dieses Mittel.*

ARZNEIMITTELBILD & INDIKATIONEN

Große Anfälligkeit für Erkältungen, empfindlich gegen Zug, vor allem am Kopf, ähnlich Hepar sulph. und Silicea.

Starke Hitze, so intensiv, daß das Hitzegefühl nach Berührung des Kranken in der Hand noch zu spüren ist.

Röte – helle, glänzend rote Haut, vor allem im Gesicht, der Schleimhäute etc.

Brennen – intensives Brennen der entzündeten Stellen.

Schwellung – die entzündeten Stellen schwellen schnell an und sind sehr berührungsempfindlich, mit einem Gefühl, als würden sie platzen, mit drückenden, stechenden, brennenden Schmerzen.

Sehr empfindlich gegen die Schmerzen, die **plötzlich kommen und gehen.**

Schlimmer durch Bewegung, Berührung, Erschütterung, Lärm, Luftzug, Hinlegen und nachmittags. Der Kranke möchte warm zugedeckt werden, anders als bei Apis.

Stauungszustand mit starkem Pulsieren und Brennen; Blutgefäße pulsieren und pochen; hämmernder Schmerz im Kopf bei Bewegung. Je stärker der Stauungszustand, desto größer die Erregbarkeit. Im Fieber fällt er ins **Delirium**.

Kopfschmerzen mit Blutandrang, schlimmer durch Vorbeugen, Hinlegen; möchte sich den Kopf bandagieren.

ARZNEIMITTELHERKUNFT

Belladonna wird aus *Atropa belladonna*, der Tollkirsche, einem tödlichen Nachtschattengewächs hergestellt. Zur Arzneimittelherstellung wird die ganze Pflanze verwandt.

Heißer Kopf und kalte Extremitäten; Blutandrang zum Kopf. Augen rot und blutunterlaufen. Brennende Trockenheit im Hals, fühlt sich zusammengeschnürt an. **Große Trockenheit der Schleimhäute,** mit starkem Durst oder Durstlosigkeit; verschlingt bei Fieber oft Zitronen oder -limonade. **Trockene Haut, doch oft mit Schweiß an den bedeckten Stellen.**

Zunge kann an den Rändern rot sein, mit weißem Belag in der Mitte. Übler, fauliger Geruch.

Ruckartige Zuckungen – häufiger im Fieber, manchmal sogar konvulsivisch. Unruhiger Schlaf, voller Träume, die von Gewalt handeln.

Trockenheit verursacht ein Kitzeln mit trockenem, bellendem Husten; heftiger Husten, möglicherweise etwas Blut im Schleim. Nach Auswurf des Schleims kurze Erleichterung und dann Wiederholung des Vorgangs. Brust fühlt sich sehr wund und zusammengeschnürt an, Kinder beginnen zu schreien, kurz bevor der Husten kommt. Kitzeln und Brennen im Kehlkopf mit heftigen Hustenanfällen. Kopfschmerzen, als wenn der Kopf beim Husten zerspringen wollte. Die meisten Beschwerden bessern sich bei Ruhe; häufig **schlimmer um 15 Uhr und nachts.**

DIE BELLADONNA-PERSÖNLICHKEIT

Das psychische Bild der Belladonna-Persönlichkeit ist charakterisiert durch größte Intensität, der Verstand ist in Aufruhr. Wenn es ihr gutgeht, ist sie noch lebhaft und charmant, wird sie krank, kann sie gewalttätig werden.

Die Tollkirsche, ein tödliches Nachtschattengewächs, ist die Grundlage für Belladonna. Sie wurde erstmals von Hahnemann geprüft und in der letzten Auflage seiner* Reinen Arzneimittellehre, *Band 1, veröffentlicht.

Bellis perennis

- **Verletzung oder Trauma im tieferen Gewebe**
- **Nach Bauchoperationen**
- **Wundes, gequetschtes Gefühl**
- **Wacht morgens um 3 Uhr auf**
- **Schlimmer durch Naßwerden**
- **Frisch oder länger zurückliegende Folgen einer Verletzung**

- **Müde und möchte sich hinlegen**
- **Fühlt sich wie mit Füßen getreten**

Gänseblümchen, die Grundlage für Bellis perennis, ist auch als Englisches Arnica bekannt.

EINFÜHRUNG

Bellis, das Gänseblümchen, ist auch unter der Bezeichnung Tausendschön oder Englisches Arnica bekannt. Sein Anwendungsgebiet ist ähnlich dem von Arnica, nur für Wunden, die tiefer im Körper lokalisiert sind, wie nach Bauch- oder Beckenoperationen. Bellis *und* Bell. p. *sind die gängigen Abkürzungen für dieses Mittel.*

ARZNEIMITTELHERKUNFT

Dieses Mittel wird aus dem gemeinen Gänseblümchen hergestellt. Man verwendet die ganze, frische, blühende Pflanze. Gänseblümchen werden auch in der Pflanzenheilkunde gegen Husten und katarrhalische Erkrankungen, Arthritis, Rheuma und Durchfall eingesetzt.

ARZNEIMITTELBILD & INDIKATIONEN

Es besteht insgesamt ein **wundes, gequetschtes Gefühl.** Schmerzen schlimmer durch Hitze und besser durch Kälte. *Bellis* ist hilfreich bei Schmerzen und Schwellungen, die durch eine **Verletzung oder ein Trauma im tieferen Gewebe** und nicht so sehr an der Körperoberfläche verursacht werden. Es ist nicht nur Mittel der Wahl nach größeren **chirurgischen Operationen** und bei **tief ins Gewebe reichenden Unfall- oder Krankheitsfolgen,** sondern auch besonders geeignet bei Verletzungen durch Stoß vor die Brust und bei Magenschmerzen nach dem Genuß eines eiskalten Getränks im überhitzten Zustand.

Wie *Arnica* kann auch *Bellis* sowohl bei **frischen als auch länger zurückliegenden Folgen einer Verletzung oder eines Traumas** angewendet werden. Als Faustregel mag gelten, daß lang andauernde, tiefsitzende Störungen einer Behandlung mit Hochpotenzen bedürfen und deshalb der Rat eines erfahrenen Homöopathen zu suchen ist.

Schlimmer durch Naßwerden. Bellis ist ein gutes Mittel für Verstauchungen und Prellungen durch Überarbeitung. Deshalb hat es sich auch einen Namen als hervorragendes Mittel bei Gärtnern gemacht. Oft ist es auch von großer Hilfe beim älteren Menschen, auf den dieses Bild paßt.

Der Kranke **wacht um 3 Uhr morgens auf** und kann nicht wieder einschlafen. Bei Vorliegen dieses Symptoms ist es ratsam, das Mittel nicht zur Schlafenszeit einzunehmen.

DIE BELLIS-PERSÖNLICHKEIT

Die Bellis-Persönlichkeit zeigt im allgemeinen nur wenige psychische Symptome, kann aber, genau wie bei Arnica, behaupten, ihr gehe es gut, auch wenn sie sehr krank ist. Fälle, in denen das allgemeine Zerschlagenheits- und Schmerzgefühl schon länger besteht, fühlen sich im Laufe der Zeit wie mit Füßen getreten oder zertreten – wie das Gänseblümchen im Gras! Sie sind müde und wollen sich hinlegen.

Bryonia album

- **Beschwerden entwickeln sich langsam, sind anhaltend und remittierend**
- **Viel schlimmer durch Bewegung**
- **Schlimmer durch heiße und stickige Räume**
- **Besser durch Druck**
- **Extreme Reizbarkeit**
- **Ein schwerfälliger Geist**
- **Kopfschmerzen begleiten praktisch alle anderen Beschwerden**
- **Stechende Schmerzen, liegt auf der schmerzenden Seite**
- **Brust schmerzhaft und wird beim Husten gehalten**
- **Trockenheit der Schleimhäute**
- **Großer Durst auf große Mengen kaltes Wasser**

***Weiße Zaunrübe, die Grundlage für Bryonia album. Sie war eine der ersten Pflanzen, die Hahnemann prüfte, und erscheint im zweiten Band seiner* Reinen Arzneimittellehre.**

EINFÜHRUNG

Bryonia ist ein sehr wichtiges homöopathisches Heilmittel, und seine Grundlage, die Weiße Zaunrübe, wurde schon lange als Heilmittel verwendet. Es war eines der ersten Arzneien, die von Hahnemann geprüft wurden, und man setzte es für Beschwerden im Bereich der Lungen, des Verdauungstrakts und für arthritische Störungen ein. Bryonia *und* Bry. *sind die gängigen Abkürzungen für dieses Mittel.*

ARZNEIMITTELBILD & INDIKATIONEN

Die Beschwerden treten einen oder mehrere Tage, nachdem der Patient sich erkältet hat, auf, vor allem wenn er überhitzt war oder der Schweiß durch kalte Luft oder Wasser unterdrückt wurde, ebenso durch Einwirkung von trokkenem, kaltem Wind. Möglicherweise sind sie auch Folge einer Kränkung oder eines Gefühls von Verletztsein.

Die Beschwerden beginnen oft morgens, können sich einige Tage lang ankündigen – der Kranke fühlt sich erschöpft, unkonzentriert – und stufenweise an Intensität zunehmen. **Die Beschwerden entwickeln sich langsam, sind anhaltend und remittierend.**

Viel schlimmer durch Bewegung. Der Patient möchte sich am liebsten gar nicht bewegen. Besser durch **Druck**, der die erkrankten Partien ruhig hält. **Extreme Reizbarkeit**; möchte nicht sprechen oder gestört werden und kann später wie betäubt sein, ein Zustand der Benommenheit, der an Bewußtlosigkeit grenzt. **Ein schwerfälliger Geist**, nicht leicht erregbar; bei Erwachen aus der Benommenheit ist er verwirrt, will nach Hause gehen, eine milde Form von Delirium, die **nicht** zu vergleichen ist mit der aufflammenden wilden Erregtheit von Belladonna. Das Delirium kann um 9 Uhr abends beginnen und über Nacht anhalten. Fröstelndes Gefühl ebenfalls um 21 Uhr.

Er ist unentschlossen und weiß nicht, was er will. Manchmal zwingen ihn Angst und Unbehagen, sich zu bewegen, wie Arsenicum, und obwohl die Schmerzen dadurch schlimmer werden, kann er nicht stillhalten; oder die Schmerzen werden so heftig, daß er sich deshalb bewegen muß, was die Schmerzen aber nur noch verstärkt.

Schlimmer durch Hitze, besser durch Kälte. Gemüts- und Stauungszustand verschlimmern sich durch Hitze, bessern sich durch Kälte (wie Apis, Pulsatilla etc.). Einige rheumatische Beschwerden bessern sich jedoch durch Hitze.

Kopfschmerzen bestehen allein oder **gehen anderen Beschwerden voraus; begleiten fast alle anderen Störungen.** Geistige Stumpfheit und Ver-

ARZNEIMITTELHERKUNFT

Bryonia wird aus der Zaunrübe, die zur Gattung der Kürbisgewächse gehört, hergestellt. Es gibt zwei Spezies, *Bryonia dioica* und *Bryonia alba*. Hahnemann stellte seine Arzneimittelprüfung mit *Bryonia alba* an, passend aber sind beide Pflanzen. Verarbeitet wird die frische, vor der Blütezeit geerntete Wurzel. Die Zaunrübe ist sehr giftig, weshalb die Franzosen sie Teufelsrübe nennen.

wirrtheit mit rasenden Kopfschmerzen; gewöhnlich besser durch starken Druck. Kopfschmerzen mit Übelkeit und Schwäche. Ein spaltender, heftiger Kopfschmerz mit Blutandrang zum Kopf, ein Druckschmerz; Schmerzen, als wollte der Kopf bersten. Schlimmer durch Bewegung, allein schon durch Augenzwinkern; körperliche Anstrengung ist unmöglich, er bleibt absolut ruhig und im Dunkeln, weil Licht den Zustand verschlimmert. Schlimmer durch **heiße und stickige Räume,** vornübergebeugte Haltung, Aufsetzen nach Liegen, Husten. Sieht oft betrunken aus, mit einem bläulichroten, aufgedunsenen Gesicht, jedoch ohne Ödeme.

Stechende Schmerzen (wie Kal. carb.), aber **Liegen auf der schmerzenden Seite bringt Besserung** (anders als Belladonna oder Kal. carb.); besser durch Stilliegen und Druck. Hält den Kopf beim Husten wegen der berstenden Kopfschmerzen fest umfaßt.

Viele Beschwerden beginnen in der Nase: mit Niesen, Schnupfen mit roten Augen und Kopfschmerzen. Kann sich zum Rachen, Kehlkopf und zur Brust weiterentwickeln. Brennen und Kitzeln in der Brust. Der ganze Körper tut weh, fühlt sich schlaff und zerschlagen an (mehr noch Arnica). **Die Brust schmerzt und wird beim Husten festgehalten;** er liegt auf der schmerzenden Seite, um sie stillzuhalten und Druck auszuüben. Kältegefühl mit Schmerzen in der Brust, einem kurzen, harten, quälenden, trockenen Husten mit wenig oder rostfarbenem Sputum. Kurze, schnelle Atemzüge wegen der Schmerzen beim tieferen Einatmen; Pleuritis. Anfälligkeit der rechten Seite mit Schmerzen und Pneumonie. Ein heftiger Husten quält den Körper manchmal mit Kopfschmerzen und viel Schleim. Husten schlimmer nach Essen, Bewegung, Wechsel von kalter zu warmer Luft. **Trockenheit der Schleimhäute**, von den Lippen bis zum Anus. Lippen sehr trocken, Kinder zupfen oft daran herum; trockener Mund.

Großer Durst auf große Mengen kaltes Wasser in großen Zeitabständen.

Zahnschmerzen besser durch Kälte und Druck. Geschmacksverlust oder -beeinträchtigung mit einer trockenen braunbelegten Zunge und, selten allerdings, Durstlosigkeit. Trockener, wunder Hals mit Durst; kalte Getränke jedoch verursachen wieder Husten und Schmerzen. Magenbeschwerden besser durch warme Getränke.

Dick weiß belegte Zunge. Schmerzender Hals mit aphthöser Geschwürbildung.

Heißhungerattacken, wird aber vom Magen nicht vertragen; unentschlossen. Aufsetzen verursacht Übelkeit und Schwäche. **Verdauungsstörung mit Magendrücken wie von einem Stein** (wie Nux vomica, Pulsatilla etc.). Bitterer Geschmack im Mund (wie Pulsatilla, Nux vomica ist sauer). Übelkeit und Erbrechen schlimmer durch Bewegung. Beschwerden nach Ernährungsfehlern, vor allem zu Beginn einer Warmwetterperiode nach kaltem Wetter. **Verstopfung mit trockenen, harten Stühlen sind äußerst charakteristisch**, aber auch Durchfälle sind möglich, diese sind schlimmer morgens, nach Bewegung und durch Überessen.

Alle Beschwerden bessern sich gewöhnlich durch Schwitzen. Im allgemeinen schlimmer nach Essen, um 21 Uhr. Schmerzen, mit Ausnahme der am Bauch, bessern sich durch Druck.

DIE BRYONIA-PERSÖNLICHKEIT

Die typische Bryonia-Persönlichkeit ist ein Steuerberater, Versicherungsvertreter oder Bankmanager. Berechnend, vorsichtig, methodisch, um Sicherheit besorgt, davon überzeugt, daß seine Methode die richtige ist; Angst vor Armut und darüber beunruhigt, daß die Zukunft nicht in seiner Hand liegt. Ihre Furchtsamkeit kann sie lähmen, macht es ihnen schwer, sich zu bewegen und zu sprechen. Sie möchten am liebsten allein gelassen werden.

Die Blüten der Weißen Zaunrübe, eine Kletterpflanze, die im Frühsommer blüht.

Calcarea carbonica

- **Beschwerden können auf den Kontakt mit kaltem Wasser folgen**
- **Voller Stauungszustände**
- **Ein frostiger Patient; empfindlich gegen kalte Luft**
- **Kälte mit Schwitzen**
- **Schwitzt stellenweise**
- **Gewebe und Blutgefäße entspannt**
- **Schwäche**
- **Drüsen, vor allem die Lymphdrüsen, sind hart, entzündet und schmerzhaft**
- **Sauerkeit**
- **Schwitzen am Kopf bei der geringsten Anstrengung**

EINFÜHRUNG

Calcarea carbonica ist ein sehr wichtiges Heilmittel in der Homöopathie. Es wird vornehmlich zum Ausgleich des Kalziumhaushalts oder zur Korrektur von Fehlfunktionen im Kalziumstoffwechsel eingesetzt. Kalziummalabsorptionen, ein Kalziummangel oder -überschuß können Störungen verursachen. Calc. *und* Calc. carb. *sind die gängigen Abkürzungen für dieses Mittel.*

ARZNEIMITTELBILD & INDIKATIONEN

Voller Stauungszustände. Kalte Füße und heißer Kopf. **Ein frostiger Patient; empfindlich gegen kalte Luft**, rauhe Winde, Zug und Sturm. Erkältet sich schnell. Kälte vor allem an Unterschenkeln und Füßen. Schlimmer durch kalte Luft, nach Treppen- oder Bergsteigen oder körperlicher Anstrengung.

Kälte mit Schwitzen. Schwitzt stellenweise, an Kopf, Stirn, Nacken, Brust, Füßen. Wenn er ins Schwitzen gerät und dann zu schnell zu Ruhe kommt, hört das Schwitzen zu rasch auf, und er erkältet sich oder bekommt Kopfschmerzen.

Gewebe und Blutgefäße entspannt, Krampfadern, Hämorrhoiden etc., Krampfadern können brennen.

ARZNEIMITTELHERKUNFT

Dieses wichtige Homöopathikum ist auch unter dem Namen *Calcarea ostrearum* bekannt. Es stammt aus den natürlichen Absonderungen der europäischen Auster, *Ostrea edulis*, und wird aus der feinen kristallenen Kalziumkarbonatschicht der Austernschale hergestellt.

Schwäche, schlimmer nach Anstrengung, atemlos. Fieber oder Kopfschmerzen durch Anstrengung.

Drüsen, vor allem Lymphdrüsen, werden **hart, entzündet und schmerzhaft**. Abszesse tief im Gewebe.

Sauerkeit; Erbrechen, Durchfall, Körpergeruch, Atem etc., alles sauer. Schlaffe Darmtätigkeit, schlimmer nachmittags.

Körperlich und geistig müde und erschöpft; bricht in Schweiß aus und ist erregt und reizbar.

Die europäische Auster, die Grundlage für Calcarea carbonica.

Kopfschmerzen sind betäubend und lähmend und führen zu Verwirrtheit. Kopfschmerzen durch unterdrückten Schnupfen. Pulsierende Kopfschmerzen, wenn stark ausgeprägt.

Je stärker ausgeprägt der Stauungszustand in den inneren Organen, desto kälter wird die Oberfläche.

Dicke, gelbliche Absonderung aus Ohren **oder Nase** nach kaltem Wetter.

Chronische Halsentzündungen mit einem stets trockenen Erstickungsgefühl und Schmerzen beim Schlucken. Schmerzhafte Halsentzündungen, schlimmer morgens.

Erkältungen beginnen in der Brust, starke Müdigkeit; Auswurf von dickem gelblichem Schleim, sauer, übelriechend. Husten besser durch Kälte, Nässe, Wind.

Rheumatische Gelenke, Steifigkeit beim Aufstehen vom Stuhl.

ERSTE ARZNEIMITTELPRÜFUNG

Calcarea carbonica wurde erstmals von Samuel Hahnemann geprüft und erscheint in der ersten, 1828 herausgebrachten Auflage seines Werkes *Die chronischen Krankheiten.*

DIE CALC.-CARB.-PERSÖNLICHKEIT

Die Calcarea-carbonica-Persönlichkeit zeigt einen reizbaren, halsstarrigen, unentschlossenen Menschen, der geistige Anstrengung als sehr belastend empfindet und dem es praktisch unmöglich ist, Entscheidungen zu treffen. Hoffnungslosigkeit und eine insgesamt angstbestimmte Haltung behindern jeden Fortschritt. Er fühlt sich träge und immobil. Er zieht sich von seiner Umwelt zurück und erscheint gleichgültig oder wird überempfindlich.

Calc. fluorica

- **Erweiterte Venen**
- **Vergrößerte, harte Drüsen**
- **Schlechte Zähne**
- **Schwellungen um die Gelenke herum**
- **Gastritis mit grünlichen Ausscheidungen**

Kalziumfluorid, die Grundlage für Calcarea fluorica.

EINFÜHRUNG

Dieses Gewebesalz hat eine spezifische Beziehung zum Bindehautgewebe und ist deshalb hilfreich bei Störungen in diesem Bereich, wie erweiterte Venen und vergrößerte Drüsen. Calc. fluor. *und* Calc. f. *sind gängige Abkürzungen für dieses Mittel.*

ARZNEIMITTELBILD & INDIKATIONEN

ARZNEIMITTELHERKUNFT

Calcarea fluorica wird aus Flußspat bzw. Kalziumfluorid hergestellt. Es ist ein Gewebesalz, das natürlich in Knochen, Haut und Zähnen vorkommt.

Allgemeine Schwerfälligkeit und Schwäche. Bei lang anhaltendem Calcarea-fluorica-Zustand wird der Körper schwammig und schlaff. *Calc. fluor.* wird bei **Schwellungen um Gelenke** und Sehnen herum sowie generalisierter Steifigkeit, Schwäche und schwachem Muskeltonus in diesen Bereichen, eventuell auch nach Verletzungen eingesetzt. **Vergrößerte Drüsen,** Krampfadern, blutende Hämorrhoiden sowie harte Knoten in der Brust oder den Hoden.

Dieses Mittel hilft bei **schlechtem Zahnschmelz** bzw. Karies und beim Zahnen.

Gastrische Beschwerden mit Erbrechen und/oder wäßrigem Durchfall, die eine **grasgrüne** Farbe haben können. Akute Verdauungsstörungen durch Überanstrengung, vor allem geistiger Art.

Es kann bei Herzerkrankungen, die auf eine Schwäche der Blutgefäße zurückgehen, unterstützend wirken.

DIE CALCAREA-FLUORICA-PERSÖNLICHKEIT

Calcarea fluorica ist ein Gewebesalz, das direkt auf zellulärer Ebene der Körperreparatur arbeitet und deshalb auch kein fest umrissenes psychisches Profil hat. Es kann aber die zwanghafte und unbegründete Furcht vor finanziellem Ruin bestehen.

Calc. phosphorica

- **Findet oft im Wachstum Anwendung**
- **Kopfschmerzen bei Schulkindern**
- **Wachstumsschmerzen**
- **Nackenschmerzen**
- **Beschwerden durch Trauer und schlechte Nachrichten**
- **Nützlich in der Pubertät**
- **Unterstützt das Knochenwachstum**

EINFÜHRUNG

Dieses Mittel eignet sich hervorragend für Probleme in der Adoleszenz und während der Wachstumsphase, doch auch alte Menschen können es nutzen. Calc. phos. *und* Calc. p. *sind die gängigen Abkürzungen.*

ARZNEIMITTELBILD & INDIKATIONEN

ARZNEIMITTEL-HERKUNFT

Das Mittel wird aus phosphorsaurem Kalk hergestellt, indem mit Kalkwasser verdünnte Phosphorsäure zugesetzt wird.

Während der Wachstumsphase brauchen viele Kinder dieses Mittel. Wenn sich ein Kind nicht so recht entwickeln will, langsam laufen lernt, mit schwachen Beinen und langsamer, schmerzhafter Zahnung, bei **Wachstumsschmerzen, Kopfschmerzen durch Lernen.** Beschwerden beim Zahnen, verspäteter Zahnung und weichen Zähnen, die schnell kariös werden; wäßrig-grüner Durchfall während des Zahnens. Das Mittel **unterstützt die Knochenheilung;** hilfreich auch bei Kindern mit Milchunverträglichkeit.

Nach einem Wachstumsschub können Kinder Schmerzen haben und energielos sein. **Nützlich in der Pubertät**. Heißhunger auf geräuchertes Fleisch. **Nackenschmerzen durch Zug,** der Nacken wirkt schwach und dünn; der Kopf wackelt hin und her. Taubes und kribbelndes Gefühl auf der Haut. **Leiden durch Kummer** und unerwiderte Liebe.

Kalziumphosphat, die Quelle von Calcarea phosphorica.

DIE CALCAREA-PHOSPHORICA-PERSÖNLICHKEIT

Diese Menschen sind unzufrieden und ruhelos, wissen nicht, was sie wollen, sind oft emotional gleichgültig und haben kein Durchhaltevermögen. Geistige Arbeit fällt ihnen schwer.

Calendula officinalis

- **Notfallmittel**
- **Schnitte und offene Wunden**
- **Nach der Entbindung**
- **Starke Blutungen nach Zahnextraktion**
- **Starke, in keinem Verhältnis zur Verletzung stehende Schmerzen**

EINFÜHRUNG

Calendula ist ein sehr hilfreiches Notfallmittel, das in keinem Haushalt fehlen darf. Es wird in erster Linie bei Schnitt- und Schürfwunden, oberflächlichen und Brandwunden eingesetzt. Calendula *und* Calen. *sind die gängigen Abkürzungen für dieses Mittel.*

ARZNEIMITTELBILD & INDIKATIONEN

Calendula hat eine spezifische Beziehung zu Störungen des Weichteilgewebes. Außerordentlich starke Schmerzen sind charakteristisch. Es unterstützt die Blutgerinnung und hält Wunden sauber.

Es wird häufig als Notfallmittel für Schnitt- und Schürfwunden sowie kleinere Brand- und **offene Wunden** eingesetzt. Meist findet es in Form von Salben, Verreibungen oder flüssiger Verdünnung Anwendung. Folgt gut auf *Arnica*. *Arnica* ist zuerst beim Verletzungstrauma selbst einzusetzen, danach folgt *Calendula* zur Unterstützung der Wundheilung. Achten Sie bei tiefen Schnittwunden darauf, daß die Wunde sauber ist, bevor Sie *Calendula* anwenden, damit keine Schmutzpartikelchen, Keime oder Fremdkörper in der Haut bleiben.

Nicht bei Stichwunden oder sehr tiefen Schnittwunden anwenden, da es die Wundheilung so schnell vorantreibt, daß die Infektion im Innern der Wunde verschlossen wird.

Die Verletzung wird von großen Schmerzen begleitet; der Schmerz scheint in keinem Verhältnis zur Verletzung zu stehen.

Nützlich **nach der Entbindung.** Die *Calendula*-Lösung kann als Badezusatz verwendet oder direkt mit einem warmen, feuchten Schwamm aufgetragen werden.

Nützlich **nach Zahnextraktionen** mit starker Blutung. Die Lösung sollte mit kaltem, gekochtem Wasser zum Spülen verdünnt werden. Das Mittel kann auch in Form von Tabletten oder Globuli eingenommen werden.

Calendula-Personen können äußerst nervös und leicht erschreckt sein – psychische Symptome müssen aber im akuten Fall nicht in Erscheinung treten.

ARZNEIMITTELHERKUNFT

Calendula wird aus der Gartenringelblume gewonnen. Die Extrakte dieser anspruchslosen Pflanze haben große Heilkraft, indem sie entzündungshemmend und antimikrobiell wirken. Die Gartenringelblume ist auch in der Pflanzenheilkunde ein wichtiges Mittel zur Behandlung von Hautbeschwerden sowie innerer und äußerer Pilzinfektionen.

DIE CALENDULA-PERSÖNLICHKEIT

Da es sich hier in erster Linie um ein Notfallmittel bei kleineren Verletzungen handelt, gibt es für Calendula auch kein umfangreiches, detailliertes Persönlichkeitsporträt. *Calendula* hilft und fördert die Heilung jeder kleineren Wunde. Da es meist in akuten Situationen eingesetzt wird, gab es keine Möglichkeit und auch keine Notwendigkeit, langfristige psychische Symptome zu beobachten und dem Arzneimittelbild hinzuzufügen.

GARTENRINGELBLUME

Die Gartenringelblume ist eine buschige, harte, einjährige Pflanze, die im Mittelmeerraum vorkommt und bis zu 60 Zentimeter hoch werden kann. Sie hat lange, schmale, hellgrüne Blätter und leuchtend orange oder gelbe Gänseblümchen-ähnliche Blüten. Die Blätter und der Stengel riechen durchdringend. Die Gartenringelblume läßt sich leicht aus Samen ziehen und entwickelt sich selbst in kargem Boden und unter schlechten Bedingungen. Die Blütezeit beginnt spät im Frühling.

Die Gartenringelblume – Grundlage für Calendula officinalis. Verwendet werden die frischen Blütenstände.

Camphora officinarum

- **Erkältungen**
- **Fieber**
- **Konvulsionen**
- **Kollaps- und Schockzustände**
- **Blasenentzündung**
- **Krämpfe**

EINFÜHRUNG

Kälte, Krämpfe und Konvulsionen mit starken Schmerzen. Charakteristisch ist, daß der Patient trotz der Eiseskälte seines Körpers nicht zugedeckt werden will. Personen, die Kampfer brauchen, können von einer extremen geistigen Erregtheit und Heftigkeit zu völliger Entkräftung und Erschöpfung überwechseln. Camphora, Camph. *und* Kampfer *sind die gängigen Abkürzungen für dieses Mittel.*

ARZNEIMITTELBILD & INDIKATIONEN

Dieses Mittel ist nützlich im ersten Stadium einer **Erkältung,** mit Frösteln und Niesen und wenn der Patient nicht zugedeckt werden will.

Das Kampferfieber manifestiert sich als Schüttelfrost mit kalter Haut; besser im unbedeckten Zustand. Der Patient verlangt nach kalter Luft und offenen Fenstern, bekommt plötzlich Hitzewallungen und möchte zugedeckt und mit Wärmflaschen gewärmt werden, um dann plötzlich wieder eiskalt zu werden und unbedeckt sein zu wollen. Es kann plötzliches, ernsthaftes Entzündungs**fieber** mit schnellem Wechsel von heiß und kalt, auf die eine schnelle Entkräftung folgt, auftreten.

In Extremfällen fällt der Patient in einen **Kollapszustand** mit kalter Körperoberfläche und blaßem Gesicht mit blauen Lippen; möchte auch hier nicht zugedeckt werden, besser unbedeckt. Brennen im Magen mit brennendem Durst. Plötzliche Brechattacken, Durchfall mit reiswasserähnlichen Stühlen. Nase kalt, Zunge blau, Haut und Atem kalt und besser unbedeckt.

Es kann eine **Blasenentzündung** vorliegen. Fühlt sich gereizt, außer sich, sehr kalt, verlangt aber nach kalter Luft, offenen Fenstern und erträgt es nicht, bedeckt zu sein. Bei Fieber können Hitzewallungen mit dem Wunsch, gewärmt zu werden, auftreten, danach kehrt die Kälte und der Wunsch, unbedeckt zu sein, zurück. Brennende Schmerzen in der Blase und heftige Spasmen der Blase, Harnverhalten.

Krämpfe mit einem Zustand der Kälte, Muskelzucken und Zittern. Wadenkrämpfe. Taubheit, Kribbeln und Kälte; Knacken in den Gelenken, eiskalte Füße und Schmerz wie bei einer Verstauchung.

Besser durch Trinken von kaltem Wasser, durch Absonderungen und indem man an den Schmerz denkt; schlechter durch kalten Zug, nach Schock und nächtlichem Harnverhalten.

ARZNEIMITTELHERKUNFT

Kampfer wird aus dem Holz des reifen Kampferbaums, der zur Familie der *Lauraceae* gehört, hergestellt. Kampfer wurde schon immer wegen seiner heilkräftigen Wirkungen geschätzt. Früher glaubte man, ein Stück Kampferrinde um den Hals zu tragen, schütze vor Infektionen.

DIE KAMPFER-PERSÖNLICHKEIT

Personen, die dieses Mittel brauchen, zeichnen sich durch Kälte aus. Sie sind ängstlich, haben im Dunkeln Angst vor Menschen, fühlen sich isoliert und verlassen – im Kalten stehengelassen! – und können einen schrecklichen Zorn auf andere haben. Sie fühlen sich zurückgewiesen, verletzt und glauben, von keinem getröstet oder gewärmt werden zu können. Sie fühlen sich oft besser, wenn sie an ihre Schmerzen denken.

Kampferrinde, die Quelle von Camphora officinarum.

Cantharis

- Blasenentzündung mit großen Schmerzen
- Starke Entzündung
- Brennende Schmerzen
- Unruhe, Erregtheit, Manie
- Großer Durst, doch Abneigung gegen Wasser
- Brennen und Hautausschlag, der wie Verbrennungen aussieht
- Spärlicher Urin
- Stechende Kopfschmerzen
- Kann kein helles Licht ertragen
- Insektenstiche
- Wütend und erregt

EINFÜHRUNG

Dieses Mittel hat eine spezifische Beziehung zum Harntrakt und wird häufig zur Behandlung einer Blasenentzündung, vor allem bei schweren Fällen mit starken Symptomen, eingesetzt. Canth. *ist die gängige Abkürzung für dieses Mittel.*

ARZNEIMITTELBILD & INDIKATIONEN

Die **Entzündung** der Harnwege **tritt plötzlich und heftig auf.** Es ist ein **brennender Schmerz,** und der Kranke hat wegen der starken Schmerzen Angst, Wasser zu lassen. Die Schmerzen wurden beschrieben als »Tropfen geschmolzenen Bleis« in der Harnröhre.

Ständiger Harndrang, doch der Urin ist nur spärlich oder wird verhalten, es werden jeweils nur geringe Mengen entleert.

Der Patient ist **wütend und erregt,** in Extremfällen **manisch. Ruhelosigkeit,** die jedoch durch Ruhe und Wärme besser wird.

Das Mittel steht in Verbindung mit Hydrophobie. Dem Patienten geht es **schlechter durch Trinken** von Wasser, schon wenn er es nur sieht oder hört. Er kann den Gedanken an Wasser nicht ertragen, selbst wenn er brennenden Durst hat. Dieses Symptom kann sich in einer Abneigung gegen alles Flüssige mit Schluckbeschwerden manifestieren.

Die Spanische Fliege bzw. der Blasenkäfer ist die Grundlage für Cantharis. Es wurde von Hahnemann geprüft und erscheint in seinen Kleinen medicinischen Schriften.

Der Kranke kann kein strahlend helles Licht ertragen, vor allem wenn die Augen entzündet sind und brennen. Stark stechende Kopfschmerzen.

Cantharis hilft auch bei Verbrennungen. **Verbrennungen der Haut**, einschließlich Sonnenbrand oder Bläschenbildung oder **Ausschlag, der wie eine Verbrennung aussieht.** Ist auch in Fällen von Insektenstichen angezeigt, auf die das Cantharis-Bild großer Schmerzen und Erregtheit zutrifft.

Der Zustand von Cantharis-Patienten kann sich schnell verschlechtern und ernsthaft werden. Hautsymptome können sich zu Gangränen entwickeln, schwere Fälle von Zystitis zu Nieren- und Harnröhrenschädigung. Wenn die Symptome nicht innerhalb eines angemessenen Zeitraums verschwinden oder sich zumindest stark bessern, sollte ärztliche Hilfe in Anspruch genommen werden.

DIE CANTHARIS-PERSÖNLICHKEIT

Eine Person, die *Cantharis* braucht, ist verwirrt und unfähig, sich zu konzentrieren; sie kann manisch sein, rasend vor Wut, sich in einem mit Lust vermischten rasenden Delirium befinden oder plötzlich das Bewußtsein verlieren; hat großen Durst, aber Schluckbeschwerden. Sie ist appetitlos und hat einen ausgeprägten Widerwillen gegen jegliche Nahrung.

ARZNEIMITTELHERKUNFT

Cantharis wird aus dem Plaster- oder Blasenkäfer, besser bekannt als Spanische Fliege, die im ungerechtfertigten Ruf steht, ein Aphrodisiakum zu sein, hergestellt. Das Insekt lebt auf Olivenbäumen und Geißblättern überall in Südeuropa und in Westasien. Das gesamte, getrocknete und zu Pulver verarbeitete Insekt wird zur Arzneimittelherstellung verwendet.

Carbo vegetabilis

- **Kälte**
- **Träge Durchblutung**
- **Völlegefühl und Aufstoßen**
- **Muß frische Luft haben und angefächelt werden**
- **Starker Husten**

EINFÜHRUNG

Carbo vegetabilis wird gemeinhin bei Verdauungsstörungen eingesetzt. Starke Gasansammlung, vor allem im oberen Teil des Magens, und häufiges Aufstoßen, das Erleichterung bringt.

Es ist oft das passende Simile für Fälle mit Verdauungsschwäche und allgemein schlechter gesundheitlicher Konstitution. Das Carbo-vegetabilis-Bild kann nach dem übermäßigen Genuß schwerer Nahrung zu beobachten sein. Dieser Patient ernährt sich typischerweise von Fast food und ißt wenig Nährstoffreiches, Leichtverdauliches. Er hat Heißhunger auf Salziges, Süßes und Kaffee und kann Verlangen nach Alkohol haben, obwohl er ihm nicht bekommt. Fette Speisen und vor allem Milch verursachen exzessive Blähungen. Carbo veg. *und* Carb. v. *sind die gängigen Abkürzungen für dieses Mittel.*

ARZNEIMITTELHERKUNFT

Carbo vegetabilis wird aus Holzkohle hergestellt. Hahnemann arbeitete mit der Kohle von Birkenholz, heute nimmt man aber auch Buchenholz.

ARZNEIMITTELBILD & INDIKATIONEN

Der Magen fühlt sich schwer und voll an, als wenn er auf das Zwerchfell drücken würde. Schluckauf und Ohnmachtsanfälle. Dieses Bild manifestiert sich häufig in der Schwangerschaft bei ansonsten gesunden Frauen, bei denen das Kind von unten gegen den Magen drückt.

Das Mittel **paßt oft auf ältere Menschen** mit daniederliegender, schwacher und träger Konstitution. Ein ähnliches Carbo-vegetabilis-Bild kann jedoch auch plötzlich bei einer gesunden Person, die einen schweren Schock oder Unfall erlitten hat, auftreten.

Holzkohle, die Grundlage für Carbo vegetabilis. Eine Arzneimittelprüfung ist im sechsten Band von Hahnemanns* Reiner Arzneimittellehre *veröffentlicht.

Carbo vegetabilis hat auch eine Affinität zur Brust, mit einer im allgemeinen im unteren Brustbereich spürbaren Wirkung. Erkältungen schlagen auf die Brust, mit **heftigem** und krampfhaftem **Husten**.

Erstickungsgefühl und **großes Verlangen nach Luft**. Dem Patienten **muß Luft zugefächelt werden**. Ein nützliches Mittel bei Keuchhustenfällen, auf die dieses Bild zutrifft.

Die **Durchblutung** ist im allgemeinen **träge**. Der Patient ist frostig, die Extremitäten sind kalt und blau; Schweiß und sogar Atem fühlen sich kalt an. Schlechte Hautbeschaffenheit – seltener in milderen oder akuten Fällen.

DIE CARBO-VEGETABILIS-PERSÖNLICHKEIT

Die Carbo-vegetabilis-Persönlichkeit ist des Lebens müde, mutlos, hoffnungslos, lustlos, schlaff, träge, für nichts zu interessieren, mit allerdings schnellen Stimmungsschwankungen hin zu Erregbarkeit und Reizbarkeit. Angst vor Dunkelheit, davor, die Augen zu schließen, und nächtliche Gespensterfurcht. Eingeschränkter, langsamer Gedankengang, Kurzzeitgedächtnis ist schwerfällig, möglich ist auch Selbstmordneigung.

Causticum

- **Der Causticum-Husten**
- **Brennender Durst mit Abneigung zu trinken**
- **Tagsüber Schläfrigkeit, nachts Schlaflosigkeit**
- **Nachts Syndrom der unruhigen Beine**
- **Plötzlicher emotionaler Streß**
- **Langanhaltender Kummer**
- **Knacken in den Gelenken, vor allem den Knien**
- **Besser durch feuchtwarmes Wetter**

EINFÜHRUNG

Dieses Mittel wird bei Störungen des neuromuskulären Systems eingesetzt (Schwäche, Steifigkeit, Krämpfe, Konvulsionen, Neuralgie) sowie bei Gelenk- und Sehnenschmerzen. Als sogenanntes Pflegermittel hilft es Personen, die einen konvaleszenten oder chronisch kranken Verwandten pflegen und viele lange und aufreibende Nächte »im Dienst« sind. Caus. *ist die gängige Abkürzung für dieses Mittel.*

DER CAUSTICUM-HUSTEN

Dieses Mittel hat ein bekanntes Symptombild, das als **Causticum-Husten** bekannt ist: *Rauhheit und Kribbeln* im Rachen, mit einem trockenen Husten. Trocken, rauh, heiser bis zum kompletten Stimmverlust; Heiserkeit morgens schlimmer.

Harter, trockener Husten, der in der ganzen Brust schmerzt. Luftröhrenreizung – Wundheitsgefühl auf einem nach unten führenden Streifen im oberen Brustbereich.

Die Brust scheint voller Schleim zu sein: wenn er nur etwas tiefer husten könnte, so hätte der Patient das Gefühl, den Schleim wenigstens auswerfen zu können. Müht sich ab und hustet, bis er erschöpft ist oder das Gefühl hat, ein kaltes Getränk könnte Erleichterung bringen.

Husten schlimmer beim Ausatmen. Tropfenweiser Abgang von Urin beim Husten. Wundheitsgefühl in der Brust beim Husten.

Unfähig auszuwerfen; muß Sputum und Schleim schlucken; schmieriger Geschmack.

Trockener Husten mit Schmerzen in der Hüfte, unwillkürlicher Harnabgang.

ARZNEIMITTELBILD & INDIKATIONEN

Frostig, liebt weder extreme Hitze noch Kälte. Appetitlos beim Anblick von Speisen; **Verlangen nach Würzigem** und **kalten, sprudelnden Getränken, obwohl er nicht immer trinken kann.**

Zustand kann durch kalten, trockenen Wind, Schlafmangel, chronische Krankheit oder die Folgen einer vorhergehenden Erkrankung entstehen.

Die Symptome entwickeln sich langsam.

Reißende und ziehende Schmerzen; schlimmer durch kaltes, windiges Wetter und beim Denken an die Beschwerden; besser durch Regen. Möglich ist eine lokale Paralyse. Die Symptome können bei Vollmond auftreten.

Übelkeit verursachende Kopfschmerzen; gespannte Kopfhaut oder die Empfindung von einem leeren Raum zwischen Stirn und Gehirn. Besser durch Wärme.

Ohrenschmerzen mit Tinnitus und Taubheit.

Zahnschmerzen schlimmer durch kalte Luft.

Zwickende, schneidende Koliken, besser durch Hinlegen oder Zusammenkrümmen.

Unwillkürlicher Harnabgang beim Husten, Niesen oder emotionaler Erregtheit; häufiger Harndrang, Abgang von großen Mengen.

Ziehende und reißende Schmerzen in den Gliedern; **Gelenke** steif und **knacken**; Überbeanspruchung der Muskeln mit vorübergehender partieller Paralyse; Akne auf Wangen und Stirn oder hinter den Ohren. Warzen auf den Händen und im Gesicht. Schmerzen von alten Narben.

Beschwerden schlimmer bei trockenem, kaltem Wetter, nach Zug, durch Naßwerden, Bewegung nachts und frühmorgens. **Besser durch feuchtwarmes Wetter** und Bettwärme.

ARZNEIMITTELHERKUNFT

Dieses Mittel ist eine Mischung aus gelöschtem Kalk (Kalziumhydroxid, $Ca(OH)_2$) und Kaliumbisulfat ($K_2(SO)_3$), die nach Hahnemanns sorgfältigen Untersuchungen hergestellt wird.

DIE CAUSTICUM-PERSÖNLICHKEIT

Personen, die *Causticum* brauchen, sind gewöhnlich psychisch und körperlich erschöpft. Sie sind weinerlich, ängstlich und überempfindlich. Große Angst, ärgerliche und reizbare Stimmung, hyperkritisch. Starkes Mitgefühl für das Leiden anderer ist charakteristisch für dieses Bild.

Gelöschter Kalk und Kaliumbisulfat, die Grundlage für Causticum. Eine Arzneimittelprüfung ist in der zweiten Auflage von Hahnemanns* Reinen Arzneimittellehre, *Band 2, zu finden.

Chamomilla

- **Extreme Empfindlichkeit, vor allem für Schmerz**
- **Starke Reizbarkeit und Überempfindlichkeit**
- **Zornig, schreit wütend; heult jämmerlich**
- **Zahnen**

Feldkamille, die Grundlage von Chamomilla. Eine Arzneimittelprüfung ist in der zweiten Auflage von Hahnemanns* Reiner Arzneimittellehre, *Band 3, zu finden.

EINFÜHRUNG

Chamomilla ist ein wichtiges Mittel bei nervösen oder psychischen Beschwerden und indiziert, wenn die Schmerzen in keinem Verhältnis zu ihrem offensichtlichen Grund stehen. Ein gutes Mittel für Menschen, die nur wenig Schmerztoleranz aufweisen und keine geistigen Strategien kennen, um mit ihren Beschwerden umzugehen. Es ist von besonders großem Nutzen bei Neugeborenen und bei Zahnungsbeschwerden. Cham. *ist die gängige Abkürzung für dieses Mittel.*

ARZNEIMITTELBILD & INDIKATIONEN

Extreme Empfindlichkeit, vor allem für Schmerz, auch für Eindrücke, die Umgebung und Personen. **Große Reizbarkeit und Überempfindlichkeit**. Verdrießlich, bösartig, boshaft und schnippisch. Dieser Zustand kann durch Ärger, Zorn, durch Wiederworte, das Gefühl, gedemütigt worden zu sein, oder durch körperliche Schmerzen selbst entstehen.

Zornig, schreit wütend, heult jämmerlich. Dieser Zustand ist oft beim Kind anzutreffen – und es ist dieses emotionale Bild, das das Mittel angezeigt erscheinen läßt. Die Schmerzen treiben den Kranken zur Raserei, bei der er jede Rücksichtnahme auf andere vergißt; zänkisch, streitsüchtig und unhöflich. Kinder sind oft schnippisch, wollen nicht berührt werden. Ein reizbarer, verdrießlicher Zustand, der mit Entzündungen einhergehen kann. Sie weinen und schreien, nörgeln an allem herum; wissen nicht, was sie wollen, und sind ewig unzufrieden, verlangen **launenhaft** dies und jenes, weisen es zurück und stoßen es von sich, wenn es ihnen gereicht wird. Manchmal besser, wenn das Kind herumgetragen wird; Ohrenschmerzen bei Kindern mit gellendem Schreien, die Schmerzen lassen es nicht stillhalten und regen es extrem auf. Ohrenschmerzen reagieren sehr empfindlich auf Kälte. **Sehr schmerzempfindlich**, machen den Kranken verrückt, er kann die Schmerzen nicht ertragen, Schmerzen von Schweißausbrüchen begleitet. Schmerzen mit Taubheitsgefühl. Durst auf kaltes Wasser. Hohes Fieber mit Schweiß, vor allem am Kopf, eine Wange ist rot, die andere blaß.

Sehr nützlich beim **Zahnen**, wenn das Kind überempfindlich und launenhaft ist, das Zahnen durch Hitze und nachts schlimmer, durch Kälteanwendung besser wird. Zahnen mit grünem, wäßrigem Durchfall und dem Geruch nach faulen Eiern, kolikartigen Schmerzen und Aufgetriebensein.

Die meisten Beschwerden treten abends oder nachts auf und klingen gegen Mitternacht wieder ab. Schlimmer um etwa 9 Uhr morgens. Oft verstärkt durch Hitze, im allgemeinen aber auch nicht besser durch Kälte (anders als Pulsatilla und Apis). Kälte verursacht die meisten Beschwerden.

ARZNEIMITTELHERKUNFT

Chamomilla wird aus *Matricaria chamomilla* hergestellt, der Echten oder Feldkamille, und gehört zur Familie der Gänseblümchen.

DIE CHAMOMILLA-PERSÖNLICHKEIT

Wer *Chamomilla* braucht – meist ein Kind –, ist unruhig, reizbar und überempfindlich, kann es nicht ertragen, berührt oder auch nur angesprochen oder angesehen zu werden. Jeder Schmerz wird als unerträglich beschrieben. Nichts gefällt oder kann diesen Zustand lindern; der Patient ist oft beleidigt, launisch und weigert sich, mit jedem zu sprechen.

Cimicifuga racemosa

- **Große Schmerzen**
- **Geistig und körperlich überempfindlich**
- **Tiefe Depression**
- **Postnatale und menopausale Depression**
- **Schmerzhaftes Rheuma sowie Rücken- und Gelenkbeschwerden**
- **Schockähnliche Schmerzen**
- **Langsam vorangehende Entbindung**
- **Starke, schmerzhafte Regelblutung**

EINFÜHRUNG

Dieses Mittel hat eine spezifische Beziehung zum Nervensystem sowie zur Beckenregion und den Genitalorganen. Es ist nützlich, wenn die Symptome vom psychischen in den körperlichen Bereich übergehen und wieder zurückkommen und sich die psychischen Symptome bessern, sobald die körperlichen Beschwerden schlimmer werden. Die Symptome treten vornehmlich auf der linken Seite auf.

Da vor allem die Nerven betroffen sind, befindet sich der Cimicifuga-Patient in einem sensitiven Zustand mit sehr starken Schmerzen; er ist sehr frostig. Cimicifuga *und* Cimic. *sind die gängigen Abkürzungen für dieses Mittel.*

ARZNEIMITTELBILD & INDIKATIONEN

Arthritis, **Rheuma**, Lumbago und ähnliche Gelenkbeschwerden gehen mit **großen Schmerzen** einher. Rheuma kann sich mit geistigen Störungen abwechseln – wenn die Depression nachläßt, werden die **Gelenkschmerzen** schlimmer.

Alle Arten von **Rückenschmerzen**, Nackensteifigkeit, Schulterschmerzen, Schmerzen zwischen den Rippen und die Oberschenkelrückseite hinunter. Bei Kopfschmerzen kann der Schmerz die Wirbelsäule hinunterschießen; Erleichterung durch Zurückbeugen des Kopfes und indem auf der Nackenrückseite Druck ausgeübt wird; auch kalte, frische Luft hilft.

Angina spricht gut auf das Mittel an, wenn die charakteristischen starken, **schockähnlichen** Schmerzen und das Cimicifuga-Bild einer Depression und Hyperempfindlichkeit vorgelegen haben.

Alle Arten von **Gebärmutter- und Eierstockbeschwerden** liegen beim Cimicifuga-Bild vor, einschließlich Gebärmuttervorfall und **starke, schmerzhafte Regelblutungen.** Es findet auch Anwendung bei der **Geburt** und bei Fehlgeburten in der Frühschwangerschaft, falls starke Schmerzen und Empfindlichkeit zu beobachten sind.

ARZNEIMITTELHERKUNFT

Cimicifuga racemosa wird aus *Cimicifuga racemosa,* auch bekannt unter *Actaea racemosa,* dem amerikanischen Wanzenkraut, hergestellt. Diese winterharte Pflanze ist in Nordamerika heimisch. Verwendet wird der frische Wurzelstock mit den anhängenden Wurzeln. Die Ureinwohner Amerikas wendeten diese Pflanze bei Rheuma, Schlangenbissen und gynäkologischen Beschwerden an.

DIE CIMICIFUGA-PERSÖNLICHKEIT

Der Cimicifuga-Patient ist emotional überempfindlich, braust gereizt auf und wirkt ruhelos und äußerst angespannt. Er redet viel, spricht mit hoher Stimme und springt permanent von einem Thema zum andern. In schweren Fällen wird er hysterisch und hat sogar Halluzinationen.

Er befindet sich in einem depressiven Zustand, so, als schwebte eine schwere, schwarze Wolke über ihm. Dieser Zustand entsteht in der Schwangerschaft, nach der Entbindung oder in der Menopause, möglicherweise auch nach einem Unfall oder Trauma.

Amerikanisches Wanzenkraut, die Grundlage von Cimicifuga racemosa. Sie wurde in Amerika geprüft, die Ergebnisse sind im dritten Band des North American Journal of Homeopathy *veröffentlicht.*

Cinchona officinalis

- **Überempfindlichkeit der Sinne**
- **Schmerzen schlimmer durch die leichteste Berührung, besser durch starken Druck**
- **Beschwerden oft durch den Verlust von Körperflüssigkeiten**
- **Beschwerden kehren stets zur selben Tages- oder Jahreszeit wieder**
- **Fieber**
- **Kopfschmerzen**
- **Aufgetriebener Bauch**

***Die Blätter des Chinarindenbaums, aus dessen getrockneter Rinde Chinchona officinalis hergestellt wird. Geprüft wurde es von Hahnemann selbst in seiner ersten homöopathischen Arzneimittelprüfung. Die Ergebnisse seiner Beobachtungen untermauern die Theorie der Homöopathie. Eine Übersicht über die Prüfung erscheint in der letzten Auflage, Band 3, von Hahnemanns* Reiner Arzneimittellehre.**

EINFÜHRUNG

Im 17. Jahrhundert wurde die Rinde von Cinchona officinalis von Jesuiten, die sie in Südamerika gefunden hatten, in Europa eingeführt. Sie wurde als Jesuitenpulver oder einfach »die Rinde« bekannt, und man fand heraus, daß sie »das Wechselfieber«, die Malaria, heilte. Hahnemann prüfte dieses Mittel – in einer Art Geburtsstunde der Homöopathie – an sich selbst. China *ist die gängige Abkürzung für dieses Mittel.*

ARZNEIMITTELBILD & INDIKATIONEN

Extreme Berührungsempfindlichkeit, überempfindliches Gewebe. Auch große Empfindlichkeit für alle äußeren Eindrücke wie Bewegung, Lärm, kalte Luft, Zug, Rauch. Der Kranke ist leicht erregt, nervös und überreizt, voller innerer Unruhe.

Schwäche und **Entkräftung durch den Verlust von Körperflüssigkeiten** wie eine Hämorrhagie, Durchfall, exzessives Stillen, eiternde Wunden. Der Patient ist schwach, überempfindlich, nervös, mit zuckenden Gliedern, fühlt sich schwach und ist schlaflos.

Die Beschwerden kehren häufig jeden zweiten Tag oder **regelmäßig zur selben Jahreszeit wieder.**

Kopfschmerzen, als wollte der Schädel bersten, Pochen im Kopf, schlimmer durch Sonne und im Sitzen oder Liegen; muß umhergehen. Der Schmerz ist schlimmer in den Schläfen und wandert vom Hinterkopf her über den gesamten Kopf, die Kopfhaut ist sehr empfindlich.

Fieber. Anhaltende Schwäche nach Grippe; oft sehr frostig; Phasen von Schüttelfrost, Hitze und Schweißausbrüchen. Schüttelfrost, dann Durst, dann Hitze, dann Durst. Rotes, heißes Gesicht, kalte Hände, durchnäßender Nachtschweiß; Tropenfieber, intermittierendes Fieber. Frost beginnt in der Brust.

Der Bauch ist aufgetrieben und zum Platzen gespannt, mit permanentem lautem Aufstoßen, das allerdings keine Erleichterung bringt. Die Eingeweide schmerzen, lautes Aufstoßen; das Gefühl, sich nicht bewegen zu können. Reichliche, schmerzlose Durchfälle, schlimmer nachts oder nach dem Genuß von Fisch, Früchten oder Wein. Häufig Schluckauf und Übelkeit sowie Erbrechen mit bitterem Aufstoßen. Schlimmer nachts und nach dem Essen. **Besser durch starken Druck,** Zusammenkrümmen und im Liegen.

ARZNEIMITTELHERKUNFT

China wird aus *Cinchona officinalis*, dem Chinarindenbaum, gewonnen, dessen Heimat die Osthänge der Anden sind. Er ist auch die Grundlage für das allopathische Heilmittel Chinin.

DIE CHINA-PERSÖNLICHKEIT

Wer *China* braucht, lebt oft an der Grenze seiner nervlichen Belastungsfähigkeit. Er hat eine starke Einbildungskraft und liebt es, sich in Tagträumen wunderbare Dinge vorzustellen. Er liebt keinen oberflächlichen Austausch mit anderen und ist reizbar, frostig, erregt und leicht beleidigt. Er benimmt sich anderen gegenüber verächtlich und verletzt ihre Gefühle, während er selbst jedoch überempfindlich ist. Hat oft Angst vor Tieren.

Cocculus indicus

- **Reisekrankheit**
- **Angst, Besorgnis**
- **Abneigung gegen Essen**
- **Übelkeit, Erbrechen**
- **Schwindel**
- **Schlimme Folgen von Schlaflosigkeit**
- **Schweißhände**

Anamirta cocculus, *die Grundlage für Cocculus indicus. Das Mittel wurde von Hahnemann geprüft und erscheint im dritten Band seiner* **Reinen Arzneimittellehre.**

EINFÜHRUNG

Das Homöopathikum der Wahl bei Reisekrankheit. Darüber hinaus kann das Cocculus-Bild auch nach einer Phase von Schlafmangel auftauchen. Alle körperlichen und psychischen Symptome gehen mit ausgeprägter Reizbarkeit einher. Cocculus *und* Cocc. *sind die gängigen Abkürzungen für dieses Mittel.*

ARZNEIMITTELBILD & INDIKATIONEN

Kopfschmerzen mit **Schwindel**, Übelkeit, Taubheitsgefühl und schwankendem Gang; schlimmer durch Aufstehen, Bewegung oder Fixieren sich bewegender Gegenstände, nach dem Schlafen, Essen und Trinken; besser durch Hinlegen. Die Nackenmuskeln fühlen sich zu schwach an, um den Kopf halten zu können. Augen fühlen sich gequetscht an; Trübsichtigkeit mit Flecken vor den Augen.

DAS MITTEL BEI REISEKRANKHEIT

Das bekannteste Indikationsgebiet von Cocculus ist die Vorbeugung und Behandlung von Reisekrankheit bei Erwachsenen und Kindern.

Vor der Reise eingenommen, verhindert es, daß überhaupt Symptome auftreten. Nachher eingenommen, läßt es schnell alle Symptome einer Reisekrankheit verschwinden.

Der Cocculus-Patient hat Angst vor dem Reisen, vor allem Panik vor Flugreisen. Die Nachwirkungen dieser Angst lassen ihn schwach und zitternd zurück. Er scheint völlig von seinen inneren Gedanken und Ängsten absorbiert zu sein und verliert jedes Zeitgefühl.

Schwindel und Übelkeit mit Herzklopfen und Zusammenziehen der Brust, ein trockener Hals, schweißige Handflächen, ein gerötetes Gesicht und häufiger Harndrang. Viel Speichel und metallener oder bitterer Geschmack im Mund. Erbrechen, allein schon beim Anblick von Speisen.

Saurer Geruch; trockener Hals, undeutliche Aussprache; stechender Schmerz in der Brust und Brustbeklemmung.

Übelkeit und Erbrechen, ausgelöst durch Essen oder den Gedanken an Essen; viel Speichel vor dem Erbrechen. Leber- und Bauchschmerzen; Windkoliken spät in der Nacht, das Gefühl von »etwas Lebendigem« im Magen. Verstopfung; Durchfall nach Wassertrinken; häufiger Harndrang.

Steife, schwere Gliedmaßen, sehr schmerzhaft bei Bewegung; zittern häufig; taube Hände mit Kribbeln in den Fingerspitzen. Juckender Ausschlag, vor allem abends.

ARZNEIMITTELHERKUNFT

Cocculus wird aus den reifen, getrockneten Früchten der *Anamirta cocculus*, die in Indien und Sri Lanka wächst, gewonnen. Bekannt ist das Mittel auch unter den Namen Kockelskörner, Kockelsamen oder Fischtötender Mondsame. Die Früchte enthalten eine stark narkotisierende Droge; wirft man sie ins Wasser, entwickeln sie genug Wirkung, um einen Fisch zu betäuben.

DIE COCCULUS-PERSÖNLICHKEIT

Der Cocculus-Patient wirkt betäubt und benommen, unfähig, einen Satz oder einen Gedankengang zu Ende zu führen; er kann aber auch geschwätzig und scherzhaft sein und singen wollen. Er ist melancholisch und schnell verärgert. Der Cocculus-Zustand kann durch Ärger oder Traurigkeit herbeigeführt werden, ist meist aber Folge von Reisekrankheit.

Coffea cruda

- **Reizbar und überempfindlich**
- **Geistig überreizt**
- **Sinnesschärfe**
- **Rastlosigkeit, Schlaflosigkeit**
- **Gliederzittern**
- **Zahnschmerzen**

EINFÜHRUNG

Viele gesunde Menschen haben bereits einen »Selbstversuch« mit Kaffee gemacht, indem sie zuviel oder zu starken Kaffee getrunken und dabei das typische Bild von Coffea entwickelt haben. Entsteht durch eine Krankheit oder andere Gesundheitsstörungen – vielleicht Zahnschmerzen oder das prämenstruelle Syndrom (PMS) – ein ähnliches Bild, und reagiert der Patient dann gut auf Coffea, dann demonstriert dies in anschaulicher Weise, wie die Homöopathie funktioniert. Coffea *und* Coff. *sind die gängigen Abkürzungen für dieses Mittel.*

ARZNEIMITTELBILD & INDIKATIONEN

Die Nerven sind **überempfindlich** und **übererregt. Geist** und Körper sind ruhelos und **hyperaktiv.** Die Symptome können das Ergebnis eines Traumas, wie große Furcht, große Müdigkeit oder eine unglückliche Liebe sein.

Lacht und weint schnell, ein Zustand löst den anderen in rascher Folge ab. Der Geist ist aktiv und ruhelos, so daß der Patient **keinen Schlaf findet.**

Alle Sinne sind geschärft – Gerüche, Berührung sind kaum zu ertragen.

Zahnschmerzen treten entweder allein oder in Verbindung mit anderen Störungen oder Zuständen, wie etwa während der Periode, auf.

Die Hände zittern, die **Gliedmaßen zucken.** Die Haut ist empfindlich und juckt. Im allgemeinen wird der Patient durch seine Beschwerden zur Verzweiflung getrieben.

Dieses Mittel hilft bei Fällen mit akuten prämenstruellen Symptomen, auf die dieses Bild zutrifft. Dauerhaftes PMS oder Regelbeschwerden erfordern eine tiefergehende, langfristige Konstitutionsbehandlung.

ARZNEIMITTELHERKUNFT

Coffea wird aus den von der Silberhaut befreiten reifen, getrockneten und ungerösteten Samen des Kaffeebaums hergestellt.

DIE COFFEA-PERSÖNLICHKEIT

Die Coffea-cruda-Persönlichkeit ist charakterisiert durch die klassischen Symptome eines »Kaffeerausches«. Der Geist ist hyperaktiv, voller Ideen, das Gedächtnis phänomenal, es können ganze Gedichte oder Statistiken aufgesagt werden. Genauso schnell stürzt die Person dann aber auch in Trübsinn und Verzweiflung mit einer Neigung, so hart zu arbeiten, daß es zum »Burn-out«, dem Erschöpfungssyndrom, kommt.

Die Kaffeebeere, aus der Coffea cruda hergestellt wird. Das Mittel wurde von Hahnemann selbst und vier weiteren Personen geprüft.

Colocynthis

- **Beschwerden durch Ärger und Unwillen**
- **Starke krampfartige Bauchschmerzen**
- **Anfallsartige Schmerzen**
- **Starker Gesichtsschmerz**
- **Schwindel**
- **Ischias**
- **Neuralgische Augenschmerzen**

Blätter der **Cucumis colocynthis,** *der Kürbisgewächsart, aus der* **Colocynthis** *hergestellt wird. Eine Arzneimittelprüfung findet sich in Band 6 von Hahnemanns* **Reiner Arzneimittellehre.**

EINFÜHRUNG

Colocynthis war in der arabischen und griechischen Medizin als Purgativum (Abführmittel) wohlbekannt. In der Homöopathie ist es ein wichtiges Mittel für starke krampfartige Koliken. Coloc. *ist die gängige Abkürzung für dieses Mittel.*

ARZNEIMITTELBILD & INDIKATIONEN

Die Schmerzen sind stark und treten anfallsartig auf; reißende und neuralgische Schmerzen in Gesicht, Bauch und entlang der Nervenbahnen. Plötzliche **heftige, krampfartige Schmerzen im Bauch**, Gefühl, als würden dort Steine gegeneinandergedrückt und dann bersten. Schneidende, krampfende, reißende neuralgische Schmerzen, die wellenartig einschießen, an Intensität zunehmen und so heftig sind, daß der Patient sich windet und vor Schmerzen schreit. Er ist so gepeinigt, daß er sich über Stuhllehnen beugt oder den Bauch gegen Bettpfosten drückt. Besser durch Zusammenkrümmen, starken Druck und Hitze.

ARZNEIMITTELHERKUNFT

Colocynthis wird aus einem Kürbisgewächs, der *Cucumis colocynthis*, auch als Echte Zitrulle bekannt, gewonnen. Sie wächst in Nordafrika, Südarabien und Vorderasien. Die Frucht ist bitter und giftig.

Nur wenn die Schmerzen intensiv werden, tritt auch Übelkeit auf, und der Patient erbricht. Starke **Spasmen**, dabei Ausscheiden gallertartiger Stühle; exzessiver Stuhldrang, besser durch Flatulenz.

Die Zunge ist belegt, der Patient ist schwach und ruhelos, wenn er Schmerzen hat. Kleinkinder schreien bei Kolikschmerzen, besser durch Liegen auf dem Bauch.

Starker neuralgischer **Gesichtsschmerz**, fühlt sich an, als würde sich heißer Draht in Wellen über das Gesicht ausbreiten; gewöhnlich auf der linken Seite; besser durch Druck, Hitze und Ärger.

Schwindel bei schneller Kopfbewegung, vor allem zur linken Seite hin. Krampfartige **Ischiasschmerzen** in der Hüfte, so, als würde sie in einen Schraubstock gespannt. Besser durch Druck, liegt deshalb auf der kranken Seite; besser durch Hitze, schlimmer durch Bewegung.

Starke brennende, schneidende und stechende Schmerzen in den Augen, besser durch Druck; Gefühl, als fielen die Augen beim Vornüberbeugen aus dem Kopf.

Kopfschmerzen mit reißenden Schmerzen in der Kopfhaut, starker nagender Schmerz im Kopf, der Patient schreit auf. Schlimmer durch Bewegung der Augen und Ärger oder Emotionen, besser durch Druck und Hitze.

DIE COLOCYNTHIS-PERSÖNLICHKEIT

Personen, die dieses Mittel brauchen, sind oft überheblich und leicht beleidigt, verdrießlich, schnell verärgert und entrüstet, und oft treten ihre Beschwerden nach Ärger und Entrüstung auf. Sie sind ruhelos und extrem ängstlich und schwach, wenn sie Schmerzen haben; sie reagieren auf jedermann gereizt und wollen allein gelassen werden.

Conium maculatum

- **Kälte**
- **Lähmung**
- **Verhärtung**
- **Kloßgefühl**
- **Progressiv fortschreitende Erkrankung**
- **Besser durch Hitze und Sonne**
- **Für den älteren Menschen geeignet**

EINFÜHRUNG

Conium maculatum ist ein Mittel, das besonders für den älteren Menschen geeignet ist. Es wird gewöhnlich gegeben, nachdem bereits ein Mittel zur Behandlung akuter Störungen verschrieben worden ist. Conium *und* Con. *sind die gängigen Abkürzungen für dieses Mittel.*

ARZNEIMITTELBILD & INDIKATIONEN

Das Bild eines Patienten, der *Conium* braucht, beinhaltet dasselbe Gefühl von **Kälte und langsamer Lähmung**, wie Sokrates es empfunden haben soll, als er starb. Es wird oft bei schweren Erkrankungen wie Krebs, der nach und nach vom Körper Besitz ergriffen hat, eingesetzt. Es ist geeignet für langsame, **progressiv fortschreitende Störungen,** vor allem der Nerven, wie beispielsweise multiple Sklerose.

Der Kranke kann einerseits menschenscheu sein, hat andererseits jedoch Angst vor dem Alleinsein.

DER BERÜHMTE SCHIERLINGSBECHER

Der Gefleckte Schierling wurde im antiken Griechenland und Rom zur Vollstreckung von Hinrichtungen verwendet.

Zu Berühmtheit gelangte er durch den sogenannten Schierlingsbecher, dessen Inhalt – ein Schierlingssprossensaft enthaltender Trank – Sokrates gezwungen wurde zu trinken, um damit die Todesstrafe zu vollziehen.

Er ist sehr frostig; schlimmer durch Kälteeinwirkung, **braucht Wärme** und liebt es, sich in der Sonne aufzuwärmen.

Der **Verhärtungsprozeß** tritt auf allen Ebenen auf und zeigt sich häufig in Form verhärteter Drüsen oder Geschwulsten nach einer Verletzung. Bei Conium kommen grauer Star und Knoten in der Brust vor; wenn diese Störungen zusammen mit einer allgemeinen Langsamkeit und Schwäche einhergehen, wird deutlich, daß es ein **nützliches Mittel für den älteren Menschen ist**.

Manchmal hat der Patient das **Gefühl von einem Kloß im Hals,** etwa bei einer Entzündung des Halses.

Magenerkrankungen wie Geschwürbildung oder Krebs; die Schmerzen werden besser, wenn der Patient sich mit fest an die Brust gezogenen Knien aufsetzt oder hinlegt. Auch Essen lindert die Schmerzen, allerdings nur für ein paar Stunden. Verlangen nach Kaffee, salzigen und sauren Dingen; Milch und manchmal auch Brot werden nicht vertragen, und Alkohol, selbst in kleinsten Mengen, entkräftet sie völlig.

Verstopfung und sehr schwieriges Entleeren der Blase sind auf eine allgemeine Lähmung und Verhärtung in diesem Bereich zurückzuführen, wie etwa bei der Prostatastörung mit Harntröpfeln.

ARZNEIMITTELHERKUNFT

Conium maculatum wird aus dem Gefleckten Schierling oder Würgling hergestellt und sieht Petersilie verblüffend ähnlich – eine Verwechslung aber könnte tödlich sein. Das Heilmittel wird aus dem frischen blühenden Kraut hergestellt.

DIE CONIUM-MACULATUM-PERSÖNLICHKEIT

Der Geist ist langsam und müde – eine emotionale Apathie.

Er kann seine Gedanken nicht konzentrieren, hat seine eigenen Vorstellungen, ist starrsinnig und reagiert deshalb gereizt und streitsüchtig, wenn ihm widersprochen wird.

***Schierling, die Grundlage von Conium maculatum. Eine Arzneimittelprüfung erscheint im vierten Band von Hahnemanns* Reiner Arzneimittellehre.**

Cuprum metallicum

- **Spasmen und Krämpfe**
- **Besser durch Handauflegen**
- **Angespannt und nervös**
- **Schlimmer durch unterdrückte Ausscheidung von Körperflüssigkeiten**
- **Menopausale Probleme**
- **Schlimmer durch heißes Wetter und Sonne**
- **Schwindel**
- **Krampfartige Bauchschmerzen**

EINFÜHRUNG

Ein Mittel der extremen Kontraste: heftige Symptome, auf die völlige Erschöpfung folgt; Heißhunger, auf den Anorexie folgt; tiefer Schlaf, der durch wildes Rucken und Zucken der Muskeln unterbrochen wird.

Die Spasmen und heftigen Krämpfe weisen dem Mittel einen wichtigen Platz in der Behandlung und Kontrolle der Epilepsie zu. Die Konvulsionen steigen aufwärts und beginnen manchmal in den Zehen oder Fingern. Cuprum, Cuprum met. *und* Cupr. *sind die gängigen Abkürzungen für dieses Mittel.*

ARZNEIMITTELBILD & INDIKATIONEN

Zu den **krampf**ähnlichen Zuständen gehören Nachwehen nach der Entbindung sowie Verschlingen und **Zucken** der Gliedmaßen. **Legt ein Dritter seine Hände auf die kranken Körperteile**, kann dies entspannend wirken und die schmerzhaften **Spasmen** lindern. Hilfreich ist alles, was einen Zustand der Entspannung herbeiführt.

Geistige und emotionale Symptome zeigen sich bei Personen, die insgesamt angespannt und nervös sind und unter nervlicher Hochspannung stehen. Diese Person kann sowohl sehr gesprächig als auch äußerst schweigsam sein, Wutausbrüche haben oder zwischen hysterischen Wein- und unmotivierten Lachanfällen hin- und herschwanken.

Cuprum kann beim prämenstruellen Syndrom helfen, wenn das Bild paßt. Charakteristisch für dieses Mittel ist, daß die Symptome **schlimmer werden, wenn die Ausscheidung von Körperflüssigkeiten unterdrückt wird** – so kann PMS schlimmer werden, wenn die Periode spät eintritt. Hilfreich auch in den **Wechseljahren,** wenn die Periode ausbleibt.

Schwindel und Kopfschmerzen, krampfartige Schmerzen im Magen und Hautausschläge, die keine typischen Symptome entwickeln. Der Patient fühlt **sich insgesamt schlechter bei heißem Wetter und vor allem in der Sonne**.

ARZNEIMITTELHERKUNFT

Cuprum metallicum wird aus getrocknetem pulverisiertem Kupfer gewonnen. Kupfer ist ein Spurenelement, das für die Aufrechterhaltung der Körperfunktionen unerläßlich ist.

DIE CUPRUM-METALLICUM-PERSÖNLICHKEIT

Die Cuprum-metallicum-Person ist ein wahrer Ausbund gegensätzlicher Stimmungen: einerseits schweigsam und verdrossen, andererseits geschwätzig; schalkhaft und durchtrieben, wankelmütig; sie neigt dazu, unvermittelt »hochzugehen«; möchte weglaufen. Sie kann in manischen Wahn oder einen Trancezustand verfallen oder zwischen beiden Zuständen hin- und herwechseln.

***Kupfer, die Grundsubstanz von Cuprum metallicum. Geprüft wurde es von Hahnemann und erscheint in der dritten Auflage seines Werks* Die chronischen Krankheiten.**

Dioscorea villosa

- **Starke Darmkoliken**
- **Flatulenz**
- **Gallenkolik**
- **Schmerzen verlagern sich plötzlich**
- **Besser durch Ausstrecken**
- **Nierenkolik**
- **Periodenschmerzen**

Blätter der zottigen Yamswurzel, der Grundlage für Dioscorea villosa.

EINFÜHRUNG

Dieses Mittel wird bei vielen Arten von Schmerzen und Koliken angewendet. Es ist besonders nützlich bei starken, unerträglichen, scharfen, schneidenden und greifenden Schmerzen, die ausstrahlen und sich in andere Körperteile verlagern. Die Schmerzen sind anfallsartig und können an verschiedenen Stellen aufhören und einsetzen. Sie bessern sich beim Ausstrecken und verschlimmern sich beim Zusammenkrümmen, völlig im Gegensatz zur Kolik beim Colocynthis-Bild. Dioscorea *und* Dios. *sind die gängigen Abkürzungen für dieses Mittel.*

ARZNEIMITTELBILD & INDIKATIONEN

Kolikartige Schmerzen mit greifenden, schneidenden Schmerzen in der Nabelgegend. Starke Koliken treten anfallsartig auf oder so, als ergreife jemand die Eingeweide und verdrehe sie. Die Schmerzen können sich plötzlich in andere Körperregionen, häufig in Finger und Zehen, verlagern. Die Schmerzen strahlen vom Bauch zum Rücken, zur Brust und zu den Armen aus. Lautes Darmkollern mit **Flatulenz** (Blähungen) und starker Stuhldrang, der die Kolik nicht lindert. Schlimmer durch Tee und Zusammenkrümmen, besser durch Ausstrecken, Zurückbeugen, Bewegung im Freien. Morgens gelblicher Durchfall, der aus dem Bett treibt. **Gallenkolik** mit schneidenden, scharfen Schmerzen, die von der Gallenblase zu Brust, in Rücken und Anus ausstrahlen; die Schmerzen verlagern sich. **Besser durch** Aufstoßen, **Strecken**, Zurückbeugen; schlimmer durch Zusammenkrümmen.

Nierenkolik. Schmerzen im Rücken, die die Beine hinunterschießen; Flatulenz mit naßkaltem Schweiß, besser durch Stehen.

Starke **Periodenschmerzen**, die von der Gebärmutter ausstrahlen und sich mit Krämpfen in Fingern und Zehen abwechseln. Die Frau kann lebhafte Träume haben; Schmerzen besser durch Zurückbeugen und Ausstrecken, schlimmer durch Zusammenkrümmen.

DIE DIOSCOREA-PERSÖNLICHKEIT

Wer dieses Arzneimittel braucht, ist leicht nervös und verwirrt. Er benennt Dinge mit den falschen Namen und hat eine schwache Verdauung.

ARZNEIMITTELHERKUNFT

Dioscorea wird aus *Dioscorea villosa*, der zottigen Yams- oder Brotwurzel, einer tropischen Pflanze, die in Westafrika vorkommt, hergestellt. Diese Pflanze war das Ausgangsmaterial für das erste orale Verhütungsmittel.

Drosera rotundifolia

- **Schlimmer durch Hinlegen und nach Mitternacht**
- **Ein trockener, kitzelnder Husten**
- **Krampfartiger Husten**
- **Stechende Schmerzen in der Brust**
- **Besser durch Bewegung**

EINFÜHRUNG

Dieses Mittel hat eine spezifische Beziehung zu den Atmungsorganen und den Röhrenknochen und ist bei tuberkulösen Beschwerden indiziert. Es ist ein Hauptmittel für Keuchhusten und für andere krampfartige, konstriktorische und erschöpfende Hustenzustände. Drosera *und* Dros. *sind die gängigen Abkürzungen für dieses Mittel.*

Der Rundblättrige Sonnentau, die Grundlage für Drosera rotundifolia. Geprüft wurde Drosera von Hahnemann und erscheint im vierten Band seiner Reinen Arzneimittellehre.

ARZNEIMITTELBILD & INDIKATIONEN

Schlimmer durch Hinlegen und nach Mitternacht, durch Trinken und Essen. Zahnschmerzen nach dem Trinken heißer Flüssigkeiten.

Schmerzen in der Brust besser durch Druck.

Ein kitzelnder Husten, der alle paar Stunden mit zunehmender Intensität auftritt. Kann zu Erbrechen oder Blutungen führen. Kitzeln oder Kribbeln im Kehlkopf verursacht Husten und macht wach.

Zusammenziehen des Halses, des Kehlkopfs oder der Brust bei krampfartigem Husten, kann kaum atmen; Erstickungsgefühl bei den Krampfbeschwerden in der Brust und im Kehlkopf und den andauernden Hustenanfällen; **schlimmer durch Hinlegen.** Durch das Zusammenziehen Schluckbeschwerden. Ein greifendes, krampfendes, brennendes Gefühl im Kehlkopf. Sehr tiefer und heiserer Husten; zäher und trockener Schleim.

Hustenkrämpfe alle zwei bis drei Stunden, schlimmer durch Hinlegen und bis drei Uhr früh.

Stechende Schmerzen in der Brust, schlimmer durch Husten und besser durch Druck; hält sich die Brust wie Bryonia. Schmerzen im Oberbauch, besser durch Festhalten beim Husten.

Frostigkeit und Fieber schlimmer nach Mitternacht; kalter, reichlich fließender Schweiß; heißer Kopf und kalte Extremitäten; kein Durst.

Schüttelfrost im Ruhezustand, **besser durch Bewegung.**

Der Kranke fühlt sich generell besser an der frischen Luft.

ARZNEIMITTELHERKUNFT

Drosera wird aus *Drosera rotundifolia*, einer fleischfressenden Sumpfpflanze, hergestellt. Sie ist auch unter den Namen Rundblättriger Sonnentau oder Hergottslöffel bekannt. Verwendet werden die ganzen, frischen, bei Beginn der Blüte gesammelten Pflanzen. Die Pflanze wird in der Pflanzenheilkunde zur Behandlung von Bronchitis und Keuchhusten eingesetzt.

DIE DROSERA-PERSÖNLICHKEIT

Die Person, die *Drosera* braucht, ist stark und schweigsam, regt sich aber über Kleinigkeiten auf. Sie hat Angst vor dem Alleinsein, fühlt sich aber gleichzeitig von anderen belästigt. Angst vor der Nacht. Die Person kann sehr kalt sein, selbst im Bett, und viel frösteln. Durch Schnarchen gestörter Schlaf. Abneigung gegen Saures und Schweinefleisch.

Dulcamara

- **Hat eine spezifische Beziehung zu katarrhalischen Zuständen der Schleimhäute**
- **Entsteht durch Wetterwechsel, vor allem von warm zu kalt**
- **Entsteht durch unterdrückten Schweiß**
- **Katarrh durch Erkältung**
- **Schlimmer durch naßkaltes Wetter**

EINFÜHRUNG

Dieses Mittel hat eine spezifische Beziehung zu katarrhalischen Zuständen der Schleimhäute.

Die Symptome wechseln sich häufig ab; auf asthmatische Zustände folgen Hautausschlag oder Gelenkschmerzen und dann wieder asthmatische Störungen. Die Schmerzen bessern sich durch Bewegung. Dulc. *ist die gängige Abkürzung für dieses Mittel.*

ARZNEIMITTELBILD & INDIKATIONEN

ARZNEIMITTELHERKUNFT

Dulcamara wird aus *Solanum dulcamara*, einem Nachtschattengewächs, das mit Belladonna verwandt ist, hergestellt. Es ist auch unter der Bezeichnung Amardulcis oder Bittersüß bekannt. Verwendet werden die frischen, vor der Blüte gesammelten jungen Triebe mit Blättern.

Das Dulcamara-Bild wird oft durch **Wetterwechsel, vor allem von warm zu kalt, durch unterdrückten Schweiß**, vor allem bei Hitze**, durch eine Erkältung und durch naßkaltes Wetter** ausgelöst.

Schlimmer durch naßkaltes Wetter, im Herbst, abends und nachts und bei Ruhe. Besser durch gleichbleibend trockenes Wetter, durch Bewegung, durch Aufstehen aus dem Sitzen, durch Wärme.

Entspricht in ihren Symptomen den Folgezuständen von Durchfall, der an heißen Tagen und in kalten Nächten mit veränderlicher Stuhlbeschaffenheit (wie bei Pulsatilla) auftritt. Ebenso sommerliche Diarrhö bei Kleinkindern.

Der Stuhl ist gelb oder gelbgrün, schleimig und mit unverdauten Speiseresten. Häufig große Mengen schleimiger Substanz. Durchfall nach Erkältung.

Rücken- und Nackenschmerzen und -steifigkeit durch Nässe und Kälte.

Fieber durch Gehen in kalter Luft bei innerer Hitze; mit Zittern, Muskel- und Gliederschmerzen; der Patient ist verwirrt, kann sich nicht erinnern.

Schmerzender Katarrh der Augenbindehaut.

Die Schleimhäute neigen zu Geschwürbildung, die sich gerne ausbreitet.

Halsentzündung nach dem Einatmen von kalter Luft bei Überhitzung, vor allem bei naßkalter Luft.

Harndrang bei Verkühlung.

Trockener Reizhusten im Winter; trockener, rauher und heiserer Husten oder ein lockerer Husten mit reichlich Schleimauswurf. Schlimmer durch Liegen, im warmen Zimmer, besser an der frischen Luft.

Herpes an der Lippe oder an den Genitalien.

EIN PFLANZENHEILMITTEL

Solanum dulcamara kommt auch eine wichtige Rolle in der Pflanzenheilkunde zu, wo es im allgemeinen Bittersüß genannt wird. Als Salbe wird es zur Behandlung von Psoriasis, Ekzemen und Geschwüren verwendet, als Tinktur und Aufguß bei Durchfall und rheumatischen Störungen.

DIE DULCAMARA-PERSÖNLICHKEIT

Sie ist geistig verwirrt und ruhelos, mit dem Zwang, sich in Bewegung zu halten. Zeigt sich Dingen gegenüber, die sie zuvor ungeduldig verlangt hat, später gleichgültig. Dulcamara-Patienten sind hungrig, ohne Appetit zu haben. Sie sind tagsüber schläfrig, haben nachts aber einen unruhigen Schlaf.

***Das Nachtschattengewächs Bittersüß, die Grundlage für Dulcamara. Geprüft wurde es von Hahnemann und erscheint in seiner* Reinen Arzneimittellehre.**

Eupatorium perfoliatum

- **Glieder schmerzen, als wären sie zerbrochen**
- **Wintererkältungen mit Niesen, Schnupfen und Kopfschmerzen, als wollte der Kopf bersten**
- **Frostigkeit zwischen 7 und 9 Uhr früh, starke Gliederschmerzen vor dem Frost**
- **Schlimmer durch Bewegung**

EINFÜHRUNG

Gliederschmerzen, als seien die Knochen gebrochen, ist das Hauptcharakteristikum für dieses Mittel und begleitet alle anderen Beschwerden. Ansonsten ist es Bryonia sehr ähnlich. Eupatorium *und* Eup. per. *sind die gängigen Abkürzungen für dieses Mittel.*

ARZNEIMITTELBILD & INDIKATIONEN

Wintererkältungen mit Niesen, Schnupfen und Kopfschmerzen, als wollte der Kopf bersten, die sich durch Bewegung verschlimmern, bei einer Person, die frostig ist, warm eingehüllt werden möchte und starke Gliederschmerzen hat. Fieber, Durst und Verschlimmerung der Beschwerden durch Bewegung. Nach ein paar Tagen schlägt es sich auf die Brust oder auf die Leber und verursacht ein Gallenfieber und sogar Gelbsucht.

Der Anfall beginnt mit dem Gefühl, als würde der Rücken zerbrechen, starkem Schüttelfrost und Kopfschmerzen mit Blutandrang zum Kopf sowie Gesichtsröte. Starkes Fieber; Erbrechen von Galle und Gliederschmerzen. Magenschmerzen nach dem Essen. Der Patient möchte stillsitzen, die Schmerzen aber können so stark sein, daß er sich bewegen muß, so daß er manchmal ruhelos erscheint.

Ein trockener, quälender, scharrender Reizhusten in der Brust, der schmerzhaft ist und sich durch Bewegung verschlimmert; ähnlich wie Bryonia und Phosphorus. Heiserkeit am Morgen, mit einer wunden, schmerzhaften Brust.

Sehr empfindlich gegen kalte Luft, so stark wie bei Nux vomica, zu dessen Bild auch die Gliederschmerzen und das Verlangen nach Bedeckung und einem sehr warmen Zimmer gehören. Bei Nux vomica jedoch ist eine große Reizbarkeit zu beobachten, bei Eupatorium dagegen überwältigende Traurigkeit.

Frostigkeit gegen 7 und 9 Uhr früh. Starke Gliederschmerzen vor dem Frost. Der Patient hat oft Durst, während der Frostigkeit verschlimmert kaltes Wasser häufig die Beschwerden. Erbrechen von Galle zwischen dem Frost- und Hitzestadium. Im Hitzestadium scheint der ganze Körper wie Feuer zu brennen, das Hitzegefühl ist intensiver, als es der Temperatur entspricht. Charakteristisch ist spärlicher Schweiß. Starke Kopfschmerzen während des Frostes; schlimmer durch Schwitzen. Das Fieber tritt jeden dritten Tag auf.

ARZNEIMITTELHERKUNFT

Dieses Mittel wird aus *Eupatorium perfoliatum*, dem Purpur-Wasserhanf, einer Gattung aus der Familie der Korbblütler hergestellt. Es findet auch in der Pflanzenheilkunde zur Behandlung von Verdauungsstörungen, Zystitis und Halsentzündungen Anwendung.

DIE EUPATORIUM-PERFOLIATUM-PERSÖNLICHKEIT

Das Persönlichkeitsporträt von Eupatorium perfoliatum ist durch große Traurigkeit, beunruhigende Angstzustände und Lustlosigkeit gekennzeichnet. Menschen, auf die dieses Mittel paßt, sitzen in charakteristischer Weise mit auf die Knie gelegten Händen und hochgezogenen Schultern da – in dem Versuch, die Brust bei der nur mühsamen und schmerzhaften Atmung zu stützen.

Wasserhanf, die Grundlage für Eupatorium perfoliatum.

Euphrasia officinalis

- **Im Fieber herrscht Frost vor**
- **Katarrh; katarrhalische Kopfschmerzen**
- **Reichliche, wäßrige, wundmachende Absonderung aus den Augen und ein milder Fließschnupfen aus der Nase**
- **Spezifische Beziehung zu den Augen**
- **Schlimmer tagsüber**
- **Besser durch Hinlegen**
- **Nachts kein Husten**

EINFÜHRUNG

Euphrasia ist ein Mittel für katarrhalische Beschwerden, hat aber auch eine spezifische Beziehung zu den Augen. Euphrasia *und* Euph. *sind die gängigen Abkürzungen für dieses Mittel.*

ARZNEIMITTELBILD & INDIKATIONEN

Eine frostige Person, der es nicht warm werden will. Im Fieber **herrscht der Frost vor**, die Fieberhitze kommt meist untertags; gerötetes Gesicht mit kalten Händen. Schweiß besonders auf dem Oberkörper.

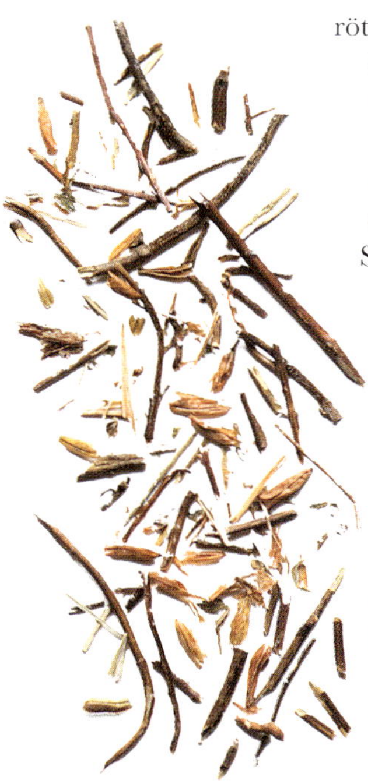

Augentrost, die Grundlage für Euphrasia officinalis. Das Bild zeigt die getrocknete Pflanze.

Katarrhalische Kopfschmerzen; Kopfschmerzen oft mit Augenbeschwerden oder Schnupfen; Schmerz, als wollte der Kopf bersten und wie von einer Quetschung; wird durch helles Licht geblendet; Kopfschmerzen abends.

Der Katarrh kann mit oder ohne Fieber einhergehen. Klebriger Schleim auf der Hornhaut, wird durch Zwinkern entfernt.

Reichliche, wäßrige, wundmachende Absonderung aus den Augen und ein milder Fließschnupfen aus der Nase.

Trockener, brennender, stechender Druck in den Augen, wie durch Staub verursacht, mit Jucken. Geschwollene Schleimhäute, rote und erweiterte Blutgefäße; Entzündung aller Gewebe des Auges. Engstellung der Pupillen. Eitriger Augenausfluß. Starker Tränenfluß bei kalter Luft und windigem Wetter. Die Lider sind sehr empfindlich und geschwollen; die Lidränder jucken und brennen; Lidentzündung. Ein feiner Ausschlag um die Augen herum. Die Schmerzen in den Augen verschlimmern sich durch frische Luft und Licht. Starker Tränenfluß.

Niesen mit reichlichem mildem Fließschnupfen; die Nasenschleimhaut ist geschwollen; nach ein, zwei Tagen Fließschnupfen tritt eine Kehlkopfentzündung mit hartem Husten ein.

Schnupfen schlimmer nachts beim Liegen, an der frischen Luft und bei windigem Wetter.

Husten schlimmer am Tag, besser durch Liegen. Husten stellt sich zuweilen im Freien ein. Heiserkeit morgens; Kehlkopfreizung, die zum Husten zwingt, gefolgt von Druck hinter dem Sternum. Reichliche Absonderungen aus den Bronchien, mit losem Husten und Rasseln in der Brust; reichlicher Auswurf während oder nach einem Schnupfen. Erschwerte Atmung, besser nachts im Liegen und schlimmer morgens, mit sehr starkem Auswurf. **Nachts kein Husten**, wie bei Bryonia. Der Husten ist gewöhnlich locker, manchmal aber auch trocken.

ARZNEIMITTELHERKUNFT

Dieses Mittel wird aus *Euphrasia officinalis* hergestellt, besser bekannt unter dem Namen Augentrost. Es ist auch in der Pflanzenheilkunde eine beliebte Arznei und wird dort zur Behandlung von Bindehaut- und Lidentzündungen verwendet.

DIE EUPHRASIA-PERSÖNLICHKEIT

Da es in erster Linie ein akutes und meist nur kurzfristig angewandtes Mittel für Augenbeschwerden ist, ist das psychische Profil von Euphrasia officinalis nicht sehr herausragend, und auch das Arzneimittelbild mußte bislang noch um keine langfristigen psychischen Symptome ergänzt werden.

Die kultivierte Pflanze, Augentrost, ist auch ein Pflanzenheilmittel für Augenleiden.

Ferrum phosphoricum

- **Die Beschwerden entstehen oft durch Überanstrengung**
- **Die frühen Stadien vieler Erkrankungen**
- **Große Schwäche und der Wunsch, sich hinzulegen**
- **Hämorrhagische Beschwerden**
- **Nasenbluten**
- **Schlimmer an der frischen Luft**
- **Besser durch sanfte Bewegung**

EINFÜHRUNG

Ferrum phosphoricum beginnt nicht ganz so plötzlich und heftig wie Belladonna oder Aconit, aber auch nicht ganz so träge und langsam wie Gelsemium. Die Beschwerden entstehen oft durch Überanstrengung. Ferr. p. *ist die gängige Abkürzung für dieses Mittel.*

ARZNEIMITTELBILD & INDIKATIONEN

Große Schwäche und der Wunsch, sich hinzulegen, sowie **hämorrhagische Beschwerden** mit Blutungen aus jeder beliebigen Körperöffnung sind Hauptcharakteristika dieses Mittels. Der Patient hat Schwächeanfälle, doch ist er lebhafter als bei Belladonna. Stauungszustände und Blutfülle in den Gefäßen, mit pulsierendem und wallendem Blut. Gerötetes Gesicht und Hitzewallungen zum Kopf – *Plethora falsa* (falsche Blutüberfüllung), die sich oft auf klar umschriebene kreisförmige Flecken auf den Wangen beschränkt. Nervosität nachts, Gliederzittern, obwohl nicht so ängstlich wie Aconit. Manchmal ist der Kranke gesprächig und heiter, wenn er krank ist, oft aber verwirrt beim Versuch nachzudenken. Er ist unfähig, sich zu konzentrieren, und wird vergeßlich; er ist stumpfsinnig und gleichgültig, wenn er müde wird; besser durch Waschen des Gesichts mit kaltem Wasser.

Empfindlich gegen frische Luft, die verschlimmert; erkältet sich oft.

Die Schmerzen im Körper verschlimmern sich durch Erschütterung und Herumgehen. Viele Beschwerden schlimmer durch Liegen im Bett und Ruhe, besser durch langsame Bewegung; die große Erschöpfung jedoch zwingt zum Hinlegen. Nachts ist er sehr erregt, mit Fieber, wirft sich hin und her.

Taubheitsgefühl des kranken Körperteils, stechende, reißende Schmerzen, und der Kranke ist überempfindlich gegen Schmerzen.

Ohrenentzündung mit eitriger Absonderung, Jucken und Geräusche in den Ohren; Katarrh der Eustachischen Röhre.

Beißender Schnupfen mit eitrigen und blutigen Absonderungen. **Nasenbluten** bei Schnupfen, während Fieber oder Kopfschmerzen und wenn im Kopf Hitze und Völlegefühl bestehen.

Trockene Lippen mit Hitzewallungen im Gesicht. Trockener Husten, schlimmer durch Kälte, Essen und tiefes Atmen. Schleim aller Art.

Rückenschmerzen, steifer Nacken, Schiefhals. Frostigkeit nachmittags und nachts, Schüttelfrost. Fieber mit trockener Hitze und Durst, Hitzewallungen und Schweiß.

Kalte Extremitäten oder insgesamt heiß.

Verlangen nach Saurem, Beschwerden verschlimmern sich jedoch durch Essen oder Trinken von Saurem.

Schlimmer an der frischen Luft; durch körperliche Betätigung, nach dem Essen; kalte Getränke, saure Speisen; Stehen.

Besser durch sanfte Bewegung, wie bei Pulsatilla.

ARZNEIMITTELHERKUNFT

Ferrum phosphoricum wird aus Eisen, einem sehr wichtigen Spurenelement, hergestellt.

Eisenphosphat ($Fe_3(PO_4)_2$), die Grundsubstanz für Ferrum phosphoricum. Es gehört zu den zwölf Gewebe- oder Mineralsalzen, die von Wilhelm Schüssler (1821–1898) identifiziert wurden.

DIE FERRUM-PHOSPHORICUM-PERSÖNLICHKEIT

Als Gewebesalz wirkt *Ferrum phosphoricum* auf Zellebene direkt auf den Körper ein – damit gibt es wenig herausragende psychische Symptome im Persönlichkeitsporträt. Alle auftretenden Symptome gehen gewöhnlich auf die schwankende Sauerstoffkonzentration im Blut zurück.

Gelsemium sempervirens

- **Die Beschwerden werden häufig durch Angst, Schreck, Verlegenheitsgefühl oder Furcht hervorgerufen**
- **Schleichende Entwicklung**
- **Langsame Beschwerden und Kopfschmerzen kongestiver Natur**
- **Blutandrang zum Kopf ist äußerst ausgeprägt**
- **Gesicht purpurrot**
- **Fleckige Haut**
- **Kalte Extremitäten**
- **Sensibilitätsstörungen**
- **Schließmuskellähmung**
- **Oberlidlähmung**

EINFÜHRUNG

Die Beschwerden werden häufig durch Angst, Schreck, Verlegenheitsgefühl oder Furcht hervorgerufen. Sie entwickeln sich langsam und schleichend einige Tage nach dem auslösenden Ereignis. Erkältungen und Fieberzustände sind nicht stark ausgeprägt und nicht heftig. Langsam auftretende Beschwerden und Kopfschmerzen kongestiver Natur. Der Blutandrang zum Kopf ist äußerst ausgeprägt. Das Mittel ist für warmes Klima und milde Winter geeignet. Gelsemium *und* Gels. *sind die gängigen Abkürzungen.*

Giftjasmin, die Grundlage für Gelsemium sempervirens. Er wurde erstmals 1852 von Hale in das homöopathische Verzeichnis aufgenommen.

ARZNEIMITTELBILD & INDIKATIONEN

Kopfschmerz mit Blutandrang zum Kopf, mit heftigen Schmerzen im Hinterkopf, manchmal hämmernder, pulsierender Schmerz und so heftig, daß der Patient nicht aufstehen kann. Oft besser durch Stilliegen und Hochlagerung des Kopfes. Besser durch Druck und Alkohol; wirkt stimulierend; schlimmer durch geistige Anstrengung, Rauchen, Liegen mit Tieflagern des Kopfes, Sonnenhitze. **Das Gesicht ist purpurrot**, der Geist verwirrt, die Augen sind glasig, die Pupillen weit, kalte Extremitäten, **fleckige Haut**, spärlicher Urin, Krämpfe in Fingern, Zehen und Rücken. Schwindel mit Verschwommen- und Doppeltsehen.

Kalte Extremitäten mit heißem Kopf und Rücken; Gesicht purpurrot bei Blutandrang zum Kopf, hohes Fieber. Großes Kältegefühl und Kälteschauer, die den Rücken hinauf- und hinunterlaufen; auch die Schmerzen ziehen sich den Rücken hoch. Klappern mit den Zähnen und Zittern mit Kältegefühl. Hohes Fieber nachmittags kann sich zu anhaltendem Fieber mit **wenig Durst** und ausgeprägten Kopfsymptomen, Benommenheit etc. entwickeln. Der Patient liegt genauso still wie ein Bryonia-Fall, allerdings nur, weil er so müde und erschöpft ist, und nicht wegen der Schmerzen, außerdem mehr Kopfkongestionen als bei Bryonia.

Reichlicher, erschöpfender Schweiß, zu schwach zum Bewegen.

Schnupfen mit Niesen und wäßriger Absonderung, kalte Extremitäten. Entwickelt sich zur Halsentzündung mit Röte und Schwellung, geschwollenen Mandeln, heißem Gesicht, Blutandrang zum Gesicht, Schweregefühl in den Gliedern; schrittweise Entwicklung der Symptome.

Reißende Nervenschmerzen, Ischias, Taubheitsgefühl, **Sensibilitätsstörungen**. Sehstörungen vor den Anfällen; Doppeltsehen, Verzerrt- und Schleiersehen oder Augenzittern. Herzklopfen bei Fieber, Schwäche- und Vernichtungsgefühl in der Herzgegend, das bis zur Magengegend ausstrahlt und ein Hungergefühl verursacht. Der Puls ist schwach, weich und unregelmäßig (anders als bei Aconit, Belladonna etc.).

Lähmung der Schließmuskeln – unfreiwilliger Stuhl- und Harnabgang. Schwäche der Extremitäten oder einfach unbeholfen und linkisch. **Oberlidlähmung**.

Durchfall durch plötzliche Aufregung oder Überraschung, Furcht, Verlegenheitsgefühl, durch Schreck oder schlechte Nachrichten.

DIE GELSEMIUM-PERSÖNLICHKEIT

Charakteristisch ist ein Gefühl großer Schwäche und Müdigkeit. Zittern beim Versuch, sich zu bewegen. Im Fieber haben Kinder Angst zu fallen und halten sich fest. Der Kranke ist erregt, wenn er aufwacht. Er ist benommen und spricht unzusammenhängende Worte. Vergeßlich; schlimmer durch geistige Anstrengung; will nicht sprechen, will allein gelassen werden; zu müde, um sich zu unterhalten.

ARZNEIMITTELHERKUNFT

Gelsemium wird aus *Gelsemium sempervirens* oder *Gelsemium nitidum* hergestellt; er ist auch als Gelber Jasmin oder Giftjasmin bekannt und kommt in Nordamerika vor. Verwendet werden die frischen unterirdischen Teile der Pflanze.

Glonoinum

- **Heftige Symptome**
- **Kreislaufstörungen**
- **Kopfschmerzen und Migräne**
- **Schlimmer durch Wärme, künstliches Licht**

EINFÜHRUNG

Daß sich die Symptome des Glonoinum-Bildes durch die Attribute schnell und heftig, berstend und ausdehnend auszeichnen, ist nicht weiter erstaunlich – schließlich handelt es sich bei diesem wahrlich explosiven Mittel ja um potenziertes Nitroglyzerin.

Nitroglyzerin wird in der Allopathie zur Behandlung von Herzleiden eingesetzt und hat in der Homöopathie eine spezifische Beziehung zu Blut und Kreislauf. Pulsieren, Pochen, Klopfen und Herzschmerzen sind heftig. Glon. *ist die gängige Abkürzung für dieses Mittel.*

ARZNEIMITTELBILD & INDIKATIONEN

ARZNEIMITTELHERKUNFT

Glonoinum wird aus Nitroglyzerin, einer höchst instabilen chemischen Verbindung ($C_3H_5(ONO_2)_3$) hergestellt. Es ist ein dickes Öl, das bei der Behandlung von Glyzerin mit Salpeter und Schwefelsäure entsteht. Es ist der explosive Bestandteil von Dynamit.

Glonoinum kann in den Fällen, in denen das Bild paßt, bei starken **Kopfschmerzen und Migräne** sehr nützlich sein. Ein Gefühl von Blutüberfüllung in den Gefäßen, Übelkeit und Erbrechen, der Kopf fühlt sich heiß an. Jede Art von **Hitze verschlimmert die Beschwerden**, vor allem Sonneneinwirkung; frische Luft und Kälteanwendungen bessern dagegen. Der Kopf muß hochgehalten werden, der leichteste Druck jedoch, sogar das Tragen eines Hutes, sind unerträglich.

Die Augen fühlen sich heiß und trocken an, sehen wild aus und treten hervor. Sehstörungen, **verschlimmert durch künstliches Licht**.

Der Patient fühlt sich besser nach einem langen, guten Schlaf, ist beim Aufwachen jedoch schwindlig und benommen.

Das Glonoinum-Beschwerdebild ist auch vor oder während der Regelblutung oder in den Wechseljahren mit Hitzewallungen zu beobachten.

DIE GLONOINUM-PERSÖNLICHKEIT

Da es sich hierbei in erster Linie um ein akutes Mittel zur Behandlung eines Sonnenstichs handelt, ist das psychische Bild von Glonoinum nicht sehr herausragend. Da es meist kurzfristig angewandt wird, ergab sich nicht die Notwendigkeit, dem Arzneimittelbild langfristige psychische Symptome hinzuzufügen. Die Schmerzen allerdings können als so unerträglich empfunden werden, daß der Patient den Wunsch verspürt, aus dem Fenster zu springen.

DAS SCHRIFTSETZER-MITTEL

Glonoinum wurde in der Viktorianischen Zeit zur Behandlung der Kopfschmerzen von Schriftsetzern, die bei Hitzeeinwirkung unter Gaslicht ihrer Beschäftigung nachgehen mußten, erfolgreich angewandt. Glonoinum-Patienten ertragen keine Hitze auf dem Kopf oder am Hinterkopf.

Nitroglyzerin, die Grundlage von Glonoinum. Findet auch in der Allopathie zur Behandlung von Herzerkrankungen Anwendung.

Hepar sulphuris calcareum

- **Frostig, reizbar und überempfindlich**
- **Durch Einwirkung kalter, trockener Winde**
- **Bereits das Unbedecktsein von Hand oder Fuß kann Frostigkeit oder Husten verursachen**
- **Überempfindlichkeit gegen äußere Eindrücke, Berührung, die Umgebung, Kälte und Schmerzen**
- **Streitsüchtig, ist mit nichts zufrieden, alles ärgert ihn**
- **Katarrhalische Zustände**
- **Schwitzt während der Nacht, ohne Erleichterung**
- **Schlimmer durch Kälte**
- **Besser durch Wärme und feuchtes Wetter**

EINFÜHRUNG

Dieses Mittel hat eine spezifische Beziehung zum Nervensystem, den Atmungsorganen, der Haut sowie den Schleimhäuten von Mund und Rachen. Hep., Hepar *und* Hepar sulph. *sind die gängigen Abkürzungen für dieses Mittel.*

ARZNEIMITTELBILD & INDIKATIONEN

Das Symptombild wird **durch kalten, trockenen Wind** oder durch das vorzeitige Verschwinden von Ausschlag verursacht.

Alle Beschwerden werden **schlimmer durch Kälte. Bereits das Unbedecktsein von Hand oder Fuß kann Frostigkeit** oder Husten verursachen.

Überempfindlichkeit gegen äußere Eindrücke, Berührung, Umgebung, Kälte und Schmerzen. Die Schmerzen sind stark, scharf und stechend; sehr empfindliche Entzündungen und Geschwüre. Schmerzen wie von einem Splitter im Hals beim Schlucken. Der Kranke kann vor Schmerzen ohnmächtig werden.

Neigung zur Eiterbildung. Katarrhalische Zustände; Fließschnupfen mit viel Niesen und verstopfter Nase durch kalten Wind. Zuerst wäßriger, später dicke, gelbe und übelriechende Absonderungen, die oft wie zersetzter Käse riechen. Dieser und saurer Geruch sind hier charakteristisch für alle Absonderungen.

ARZNEIMITTELHERKUNFT

Hepar sulphuris calcareum besteht aus Kalkschwefelleber, einer Form von Kalziumsulfit. Hahnemann verlangte, daß man es zu gleichen Teilen aus Austernschalenkalk und Schwefelblüten herstellt.

Starker Katarrh von Hals und Rachen mit massenhafter Absonderung, Splitterschmerzen, extrem berührungsempfindlich; Schluckschmerzen.

Stimmverlust und trockener, heiserer Bellhusten, vor allem morgens und abends, schlimmer durch kalte und trockene Winde und Unbedecktsein.

Hervorragendes Mittel für empfindliche Kinder, die kalte Luft eingeatmet haben und kaltem, trockenem Wind ausgesetzt waren und am nächsten Morgen Krupp entwickeln; schlimmer morgens und abends. Es kann nach *Aconit* gegeben werden, wenn dieses nicht ausreicht und es am nächsten Morgen wieder zu einem Anfall kommt. Je mehr Rasselgeräusch in der Brust, desto mehr spricht das Bild für Hepar. Tagsüber ist der Husten locker, abends und nachts trocken und krampfartig. Der katarrhalische Zustand sitzt zuweilen tief in der Luftröhre, die durch das tage- und wochenlange Husten extrem wund ist; schlimmer morgens und abends, ein rasselnder, giemender, bellender Husten beim überempfindlichen, frostigen Patienten. Er hustet und schwitzt; die ganze Nacht viel Schweiß, ohne daß dies Erleichterung bringt.

***Schwefelblüten, ein Bestandteil von Hepar sulphuris calcareum. Eine Arzneimittelprüfung findet sich im vierten Band von Hahnemanns* Reiner Arzneimittellehre.**

Schwitzt viel die ganze Nacht, ohne Erleichterung; begleitet viele Leiden beim Hepar-Bild. Schwitzt leicht.

Ohrinfektionen mit blutiger, eitriger, käsig riechender Absonderung und stechenden Schmerzen. Auch übelriechende, dicke Augenabsonderungen.

Widerwillen gegen Fett und Verlangen nach Saurem, Weinsäure und Würzigem.

Besser durch Hitze und feuchtes Wetter. Schlimmer durch Liegen auf der schmerzenden Seite, Berührung, Druck, Bewegung, Anstrengung.

DIE HEPAR-PERSÖNLICHKEIT

Hepar paßt für Kranke, die als zart bezeichnet werden sowie zu Überempfindlichkeit und Reizbarkeit neigen. Sie sind ärgerlich, aufwallend und jähzornig, zänkisch, mit nichts zufrieden, alles ärgert sie. Sie verlangen ständig nach Abwechslung.

Hyoscyamus niger

- **Verwirrtheit, tiefer Stupor**
- **Plötzliche, kurze Ausbrüche**
- **Zuckungen und Zittern**
- **Hohes Fieber**
- **Fährt aus dem Schlaf hoch**
- **Schlimmer durch Zudecken**
- **Besser durch Wärme**
- **Husten besser im Sitzen**
- **Lichtempfindliche Augen**

EINFÜHRUNG

Da Hyoscyamus zur selben botanischen Familie wie Belladonna gehört, gibt es auch bestimmte Ähnlichkeiten zwischen den homöopathischen Bildern dieser beiden Arzneimittel. Bei beiden zeigen sich Störungen des Gehirns und hohes Fieber. Hyoscyamus ist jedoch im allgemeinen passiver in seinen Reaktionen, der Patient ist zu schwach, um so aktiv und heftig zu reagieren wie bei Belladonna. Damit ist dieses Mittel oft beim älteren Menschen indiziert. Hyoscyamus *und* Hyosc. *sind die gängigen Abkürzungen für dieses Mittel.*

ARZNEIMITTELBILD – INDIKATIONEN

Verwirrtheit und sogar Delirium, der Patient murmelt und plappert vor sich hin und ist von der Wirklichkeit völlig losgelöst. Jeder Tobsuchtsanfall wird schnell beigelegt und durch **tiefen Stupor** abgelöst. Auf der körperlichen Ebene ist zuwenig Energie, als daß sich Symptome voll entwickeln könnten. Dort, wo Krankheit stark unterdrückt wurde, kann dieses Symptombild durchbrechen. Wer zum Beispiel versucht hat, sich mit Medika-

menten »zu dopen« und damit in Gang zu halten, kann irgendwann schließlich zusammenbrechen und eine *Hyosc.*-Grippe entwickeln.

Zuckungen und Zittern. Der Patient fährt aus dem Schlaf hoch, setzt sich im Bett auf, um sich dann wieder hinzulegen, oder er schluchzt und schreit im Schlaf auf, ohne wach zu werden. Er kann die Berührung von Kleidung auf seiner Haut nicht ertragen und **möchte nicht zugedeckt sein**, obwohl die Beschwerden sich **durch Wärme bessern**. Die **Augen sind lichtempfindlich,** und Sehstörungen bleiben bestehen, nachdem andere Symptome bereits abgeklungen sind. **Der Husten ist trocken** und **schlimmer im Liegen** – unmittelbar nach dem Aufsetzen hört er auf.

ARZNEIMITTELHERKUNFT

Dieses Mittel wird aus *Hyoscyamus niger*, dem Schwarzen Bilsenkraut, hergestellt. Es wächst auf Müllhalden oder schlecht gepflegten Friedhöfen und ist extrem giftig. Das Mittel wird aus der ganzen, frischen, blühenden Pflanze gewonnen.

DIE HYOSCYAMUS-PERSÖNLICHKEIT

Insgesamt besteht beim Hyoscyamus-Patient ein Mangel an Selbstausdruck, der sich darin zeigen kann, daß er mit imaginären Personen spricht, mißtrauisch anderen gegenüber ist und Zwangsvorstellungen hat. Halluzinationen und Wahnvorstellungen aller Art können vorkommen. Es besteht der Zwang, Dinge zu zählen – er liegt beispielsweise im Bett und zählt die Blumen auf dem Tapetenmuster.

Bilsenkraut, die Grundlage von Hyosycamus niger. Es wurde von Hahnemann geprüft und ist im vierten Band seiner* Reinen Arzneimittellehre *zu finden.

Hypericum perforatum

- **Notfallmittel**
- **Verletzung von Regionen, die stark mit Nerven durchzogen sind**
- **Schmerz schießt die Nervenbahn entlang**
- **Klaffende Wunden**
- **Schmerzen schlimmer durch Bewegung und Druck**
- **Verletzungen der Wirbelsäule**

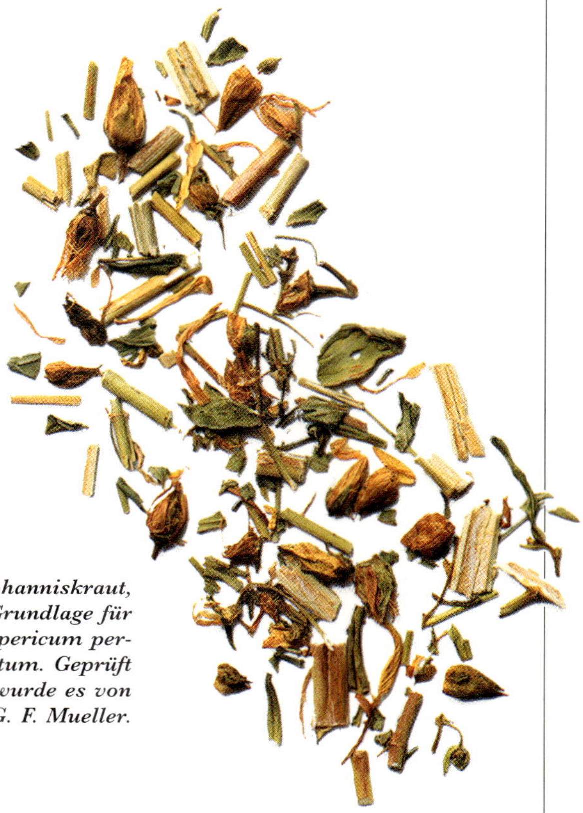

Johanniskraut, die Grundlage für Hypericum perforatum. Geprüft wurde es von G. F. Mueller.

EINFÜHRUNG

Hypericum hat eine spezifische Beziehung zum Nervensystem, vor allem zu den Nervenscheiden und den Gehirnhäuten. Es ist besonders empfehlenswert für Verletzungen mit Nervenbeteiligung und kann bei durch Tierbisse verursachten punktförmigen Wunden nach Ledum gegeben werden. Es ist außerdem indiziert bei Verletzungen des Kopfes (Erschütterungen), der Wirbelsäule und des Steißbeins. Hypericum *und* Hyper. *sind die gängigen Abkürzungen für dieses Mittel.*

ARZNEIMITTELBILD & INDIKATIONEN

Hypericum wird hauptsächlich als **Notfallmittel** dort eingesetzt, wo **Körperteile verletzt sind, die stark mit Nerven durchzogen sind,** wie Finger, Nägel, Lippen.

Hypericum eignet sich vor allem bei **Verletzungen der Wirbelsäule,** wie bei einem Schlag gegen den Kopf oder einen Stoß gegen das Steißbein, die zu einer Erschütterung der Wirbelsäule führen. Es ist auch nützlich nach einer Lumbalpunktion oder einer Injektion in die Wirbelsäule.

Zum Symptombild gehören starke Schmerzen. Der **Schmerz schießt typischerweise die Nervenbahn entlang**, von einer verletzten Hand oder einem verletzten Fuß den Arm bzw. das Bein hoch. Der schmerzende Körperteil fühlt sich viel **schlimmer an, wenn er bewegt oder berührt wird**; Zahnschmerzen bessern sich durch Stillhalten und Liegen auf der schmerzenden Seite.

Der Hypericum-Patient ist nervös und schreit vor Schmerzen auf. *Hypericum* behandelt den Verletzungsschock; bei Traumata wie einem Unfall oder nach Zahnextraktion kann jedoch zuerst *Arnica* gegegeben werden.

Hypericum ist nützlich bei **klaffenden Wunden** mit Nervenschädigung und starken Schmerzen. Im Unterschied dazu ist *Calendula* bei oberflächlichen Schnittwunden besser geeignet.

Eignet sich auch für alte Narben, die noch immer schmerzen.

ARZNEIMITTELHERKUNFT

Hypericum wird aus *Hypericum perforatum*, dem Johanniskraut, hergestellt, einem wichtigen Mittel nicht nur in der Homöopathie, sondern auch in der Pflanzenheilkunde und Schulmedizin. In der Pflanzenheilkunde wird es zur Wundbehandlung eingesetzt. Verwendet wird die ganze, frische blühende Pflanze.

DIE HYPERICUM-PERSÖNLICHKEIT

Bei diesen Notfallmittel ist das mentale Symptombild gewöhnlich durch starke Depressionen in Folge einer Verletzung mit Nervenschädigung charakterisiert. Das Gedächtnis kann beeinträchtigt sein.

EIN HEILIGEN-MITTEL

Das Johanniskraut wurde nach Johannes dem Täufer benannt. Die schwarzen »Perforations«-stellen auf den Blättern wurden als Symbol für die Enthauptung Johannes' auf Befehl Salomes, Herodes' Tochter, angesehen. Im Mittelalter deuteten die Kräuterheilkundigen diese Stellen als Stichwunden und setzten das Heilkraut zur Behandlung von Schnittverletzungen ein.

Ignatia amara

- **Empfindung wie von einem Kloß im Hals**
- **Husten und Halsentzündung**
- **Appetitlosigkeit oder Überessen**
- **Schlaflosigkeit**
- **Kummer, Trauer, Folgen unglücklicher Liebe**
- **Seufzt und weint viel**

EINFÜHRUNG

Ignatia folgt auf Kummer oder emotionale Aufregung. Dieses Mittel hat ein starkes geistiges und emotionales Symptombild und kann einer Person, die unglücklich ist, ohne dabei unbedingt körperliche Symptome aufzuweisen, sehr gut helfen. Ignatia *und* Ign. *sind die gängigen Abkürzungen für dieses Mittel.*

ARZNEIMITTELBILD & INDIKATIONEN

Oft ist der Hals beteiligt. Die **Empfindung wie von einem Kloß im Hals;** die Schmerzen werden durch Schlucken fester Nahrung gelindert. Gefühl nach einem emotionalen Schock, als zöge sich der Hals zusammen. **Husten** verstärkt den Hustenreiz. Dadurch Erstickungsgefühl; tiefes Atemholen.

Schwerhörigkeit und Geräusche im Ohr, der Patient hält sich am liebsten an lauten Orten auf oder macht Musik, da sich dadurch seine Hörstörungen zu bessern scheinen.

Ist Appetit da, ist er wahrscheinlich unstillbar. Er verschlingt rohe Nahrungsmittel und Unverdauliches, zieht kaltes Essen einer warmen Mahlzeit vor, mag aber kein Obst. Ignatia hilft oft bei **Eßstörungen wie Anorexie und Bulimie** mit stark emotionaler Komponente. In Fällen langandauernder Eßstörungen ist es unerläßlich, neben die homöopathische Konstitutionstherapie eine ärztliche, psycho- und ernährungstherapeutische Behandlung zu stellen.

Ignatiusbohne, die Grundlage für Ignatia amara. Sie wurde zuerst von Hahnemann geprüft und ist in der dritten Auflage, Band 2, seiner Reinen Arzneimittellehre *beschrieben.*

Fieber ohne Durst, doch Frost mit Durst. Zu den Verdauungssymptomen gehören Schluckauf, Flatulenz und schmerzende Hämorrhoiden, besser durch Umhergehen.

Das Herz liegt auf allen Ebenen im Zentrum der Beschwerden. Emotionale Herzschmerzen können mit Angstzuständen und Herzklopfen einhergehen oder durch sie ersetzt werden. Gähnen und Seufzen zeigen den Wunsch, tief in diese Region einzuatmen.

Ignatia ist eng verwandt mit *Natrium mur.*, und manchmal fällt die Entscheidung zwischen beiden schwer. *Ignatia* spricht normalerweise auf der emotionalen Ebene auf Kummer an. *Natrium mur.* dagegen neigt eher dazu, den emotionalen Kummer zu überdecken und körperliche Symptome zu produzieren. *Ignatia* paßt im allgemeinen für frischen und *Natrium mur.* für mehr langfristigen Kummer.

ARZNEIMITTELHERKUNFT

Ignatia amara wird aus den Früchten von *Strychnos ignatia*, auch bekannt als Ignatiusbohne, hergestellt. Verwendet werden die getrockneten, reifen Samen, die in dem bitteren Fruchtfleisch der Pflanze sitzen.

Schlaf kann unmöglich sein oder ist sehr leicht. Schlechte Träume und Schlafwandeln treten als Folge von emotionalem Streß auf.

DIE IGNATIA-PERSÖNLICHKEIT

Die Ignatia-Person seufzt viel und möchte allein gelassen werden, um zu grübeln und zu weinen. Wenn man sie fragt, was los ist, beginnt sie zu weinen und bricht in hysterisches Schluchzen aus.

Sie kann auch hysterisch lachen, zeigt also auf allen Ebenen widersprüchliche Symptome, die (ähnlich Pulsatilla) schnell wechseln; so kann sie die Nahrungsaufnahme verweigern oder sich in ihrem Kummer überessen, sich sehr schmerzempfindlich oder bei offensichtlich Schmerzhaftem völlig ungerührt zeigen.

Sie ist nervös und ängstlich besorgt. Ein zuvor noch strahlendes Kind bricht plötzlich in Tränen aus, weil es Angst vor einer anstehenden Klassenarbeit hat.

Der Patient entwickelt oft nervöse Kopfschmerzen mit dem Gefühl, als würde ihm ein Nagel in die Schläfen getrieben. Er kann auch an nervösen Lähmungserscheinungen, Spasmen oder Zuckungen leiden.

Ipecacuanha

- **Beschwerden setzen innerhalb weniger Stunden ein**
- **Schwäche kommt anfallsartig**
- **Dauernde Übelkeit und Erbrechen ziehen sich durch das ganze Arzneibild**
- **Erbrechen bessert Übelkeit nicht**
- **Bronchitis bei Kindern mit grobem Rasseln, Husten, Würgen und Erstickungsgefühl**
- **Großes Verlangen nach frischer Luft**

EINFÜHRUNG

Übelkeit und Erbrechen begleiten das gesamte Beschwerdebild bei Ipecacuanha, vor allem wenn die Übelkeit durch Erbrechen nicht gebessert wird. Oft beginnen akute Beschwerden mit Übelkeit und Erbrechen mit unbelegter Zunge. Magen und Eingeweide sind so entspannt, als wenn sie schlaff herabhingen. Ip. *ist die gängige Abkürzung für dieses Mittel.*

ARZNEIMITTELBILD & INDIKATIONEN

Die Schwäche kommt anfallsartig, anders als bei Arsenicum, wo sie dauerhafter Natur ist.

Die Beschwerden können durch unterdrückte Emotionen oder Ärger entstehen. Übelkeit durch den Genuß schweren Essens, ähnlich Pulsatilla, und nach Völlerei.

Starkes Frostgefühl mit hell- oder blaurotem Gesicht.

Erkältungen mit Schnupfen, die Nase ist nachts verstopft, mit viel Niesen und Ausschneuzen von Schleim, häufig auch Blut; Nasenbluten bei jeder Erkältung. Die Erkältungen verlegen sich nach weiter unten und verursachen Heiserkeit mit Wundheitsgefühl in der Luftröhre, dann zur Brust mit Erstickungsgefühl und starker Schleimansammlung und heftigen Hustenattacken, anders als bei Antimonium tartaricum.

Trockener, abgehackter, quälender Husten mit Erstickungsgefühl. Es schnürt die Kehle zusammen, der Patient würgt und wird rot im Gesicht. Blutiger Auswurf. Wie Keuchhusten oder sogar Asthma.

Bronchitis bei Kindern mit **grobem Rasseln, Husten, Würgen und einem Erstickungsgefühl,** Schwere- und Angstgefühl in der Brust nach schnellem Auftreten. Das Kind sieht krank aus, abgespannt und blaß; dieser Zustand hat sich schnell entwickelt. Die Brust scheint voller Schleim zu sein, der sich aber nicht abhusten läßt; Rasseln und Giemen.

Giemen schlimmer durch feuchtwarmes Wetter, besser durch Aufsetzen und frische Luft. Oft **haben sie großes Verlangen nach frischer Luft.** Husten mit Brechneigung ohne Übelkeit; gewöhnlich aber stark ausgeprägte Übelkeit.

Im allgemeinen Durstlosigkeit, außer im Fieber, das langanhaltend ist und mit Übelkeit einhergeht.

Kopfschmerzen, als wenn die Schädelknochen zerschlagen oder zerquetscht wären, der Schmerz strahlt zu den Zähnen und zur Zungenwurzel aus, verbunden mit Übelkeit. Übelkeit kann den Kopfschmerzen vorausgehen.

Durchfallähnliche Ruhr mit andauerndem Stuhldrang; Ausscheiden von Blut und grünlichem Schleim. Andauernde Übelkeit; erbricht Galle; behält nichts bei sich, mit großer Schwäche und Bläße. Beim Kind viel Weinen und Drücken beim Stuhlgang. Kolik mit Übelkeit und grünlichem Stuhl; fermentierte und schaumige Stühle.

Schlimmer durch feuchtwarmes Wetter, Überessen. Besser durch frische Luft, Ruhe.

ARZNEIMITTELHERKUNFT

Ipecacuanha wird aus *Cephaelis ipecacuanha,* einer winterharten, in Brasilien angesiedelten Pflanze, die auch unter der Bezeichnung Brechwurz bekannt ist, gewonnen. Verwendet werden die getrockneten, unterirdischen Teile der Pflanze. Im 17. Jahrhundert wurde Ipecacuanha in Brasilien und Frankreich zur Behandlung von Ruhr eingesetzt und erfreute sich später bei einer ganzen Reihe von Beschwerden großer Beliebtheit. Zusammen mit Opium und Kaliumsulfat vermischt, wurde es als eine Art Allheilmittel gehandelt.

Cephaelis, ***die Grundlage für Ipecacuanha. Eine Arzneimittelprüfung findet sich im dritten Band von Hahnemanns*** **Reiner Arzneimittellehre.**

DIE IPECACUANHA-PERSÖNLICHKEIT

Der Ipecacuanha-Patient ist unzufrieden, ungeduldig und voller unbestimmter, unbefriedigter Wünsche; er ist schnell eingeschnappt, gerät rasch in Wut und benimmt sich anderen gegenüber verächtlich. Ihm wird von allem übel.

Iris versicolor

- **Brennende Schmerzen**
- **Reichlicher Harnabgang**
- **Reichliches wäßriges Erbrechen und Durchfall**
- **Schlimmer durch Wärme und bei heißem Wetter**
- **Regelmäßigkeit**
- **Migräne**

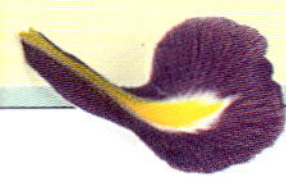

EINFÜHRUNG

Iris ist bei starken, brennenden Schmerzen mit rascher und reichlicher Ausscheidung ein nützliches Mittel. Es paßt für stark ausgeprägte Symptome; in solchen Fällen sollte vielleicht professionelle Hilfe in Anspruch genommen werden. Iris *und* Iris v. *sind die gängigen Abkürzungen für dieses Mittel.*

ARZNEIMITTELBILD & INDIKATIONEN

Bei Magenbeschwerden brennt der gesamte Verdauungstrakt. Anhaltende Übelkeit, plötzliches Erbrechen mit **großen Mengen wäßrig-saurem Erbrochenen. Durchfall ist ebenfalls wäßrig und brennt am Anus;** bei Zystitis brennt die gesamte Harnröhre nach dem Urinieren.

Diese gastrischen Beschwerden können mit migräneartigen Kopfschmerzen einhergehen und mit auffallender **Regelmäßigkeit** auftreten, das heißt in regelmäßigen Abständen.

Die Symptome können um etwa 2 Uhr morgens auftreten oder schlimmer werden und **verschlimmern sich durch Hitze oder bei warmem Wetter.**

ARZNEIMITTEL-HERKUNFT

Iris wird aus *Iris versicolor* hergestellt.

DIE IRIS-PERSÖNLICHKEIT

Die psychischen Symptome müssen nicht stark ausgeprägt sein; ein Iris-Patient ist aber oft träge und schwer von Begriff.

Iris, *die Grundlage für* Iris versicolor, *die unter den vielen verschiedenen Mitgliedern der* Iris-*Familie am häufigsten zur Arzneimittelherstellung verwendet wird.*

Jaborandi

- **Augenbeschwerden mit starkem Tränenfluß**
- **Reichlicher Speichelfluß**
- **Übermäßiges Schwitzen**
- **Trockene Haut**
- **Nützlich bei Mumps**
- **Prämenstruelles Mittel**

EINFÜHRUNG

Jaborandi ist ein besonders nützliches Mittel bei Drüsenbeschwerden, hat aber kein besonders weites Anwendungsspektrum. Seine Grundlage, Pilocarpus jaborandi, *wird zur Herstellung des allopathischen Mittels Pilocarpin verwendet.* Jab. *ist die gängige Abkürzung für dieses Mittel.*

ARZNEIMITTELBILD & INDIKATIONEN

Pilocarpus ist ein kräftiges Drüsenstimulans und hat eine spezifische Beziehung zu den Augen. Zucken, Brennen und alle Arten von **Sehstörungen**, die mit **starkem Tränenfluß** einhergehen.

Reichlicher Speichelfluß, sogar wenn sich der Hals trocken anfühlt. Ähnlich auch **übermäßiges Schwitzen**, selbst wenn die **Haut trocken** und manchmal rot ist. Beim Husten reichlicher, dünner Auswurf.

Der Jaborandi-Zustand kann prämenstruell eintreten und von Hitzewallungen begleitet sein.

Als Drüsenmittel eignet es sich bei **Mumps,** wenn das Bild paßt.

ARZNEIMITTELHERKUNFT

Jaborandi wird aus *Pilocarpus jaborandi*, einem Rautengewächs aus Brasilien, hergestellt.

DIE JABORANDI-PERSÖNLICHKEIT

Nervöse Erregtheit, der Patient ist aber nicht redselig. Verschiedene Arzneimittelprüfungen von *Jaborandi* brachten das mentale Symptom »hat die fixe Idee, die ganze Familie mit dem Beil umbringen zu wollen« hervor. Dieses Symptom kommt zwar nur selten vor – in einem solchen Fall aber suchen Sie unbedingt sofort professionelle Hilfe auf!

Kalium bichromicum

- **Mittel für katarrhalische Zustände**
- **Reichliche, zähflüssige schleimige Absonderungen auf allen Schleimhäuten**
- **Wandernde Schmerzen und sehr starke Schmerzen in kleinen Bereichen**
- **Immer mit Schnupfen**
- **Besser durch Wärme**
- **Schlimmer morgens**

EINFÜHRUNG

Dieses Mittel hat eine spezifische Beziehung zur Haut und zu den Schleimhäuten. Dicker, zähflüssiger Schleim ist charakteristisch. Die Symptome können sich in schneller Folge abwechseln; so klingen beispielsweise die katarrhalischen Symptome ab und werden durch Durchfall abgelöst. Kal. bich. *und* Kal. bi. *sind die gängigen Abkürzungen für dieses Mittel.*

ARZNEIMITTELHERKUNFT

Kalium bichromicum wird aus Kaliumdichromat, einem Derivat aus Chromeisenerz, hergestellt.

ARZNEIMITTELBILD & INDIKATIONEN

Reichliche, zähflüssige schleimige Absonderungen auf allen Schleimhäuten.

Die katarrhalischen Symptome können sich im Winter mit Gelenkbeschwerden und rheumatischen Schmerzen abwechseln. Im Sommer wechselt sich Durchfall mit rheumatischen Beschwerden ab.

Wandernde Schmerzen (ähnlich Pulsatilla) **und sehr starke Schmerzen in kleinen Bereichen** sind charakteristisch, ebenfalls scharfe, stechende Schmerzen; treten oft schnell auf, um genauso schnell wieder zu verschwinden (ähnlich Belladonna).

Eine frostige Person, vor allem im Nacken. Schmerzen und Husten besser durch Wärme oder im warmen Bett.

Immer mit Schnupfen; Druckschmerz an der Nasenwurzel mit chronischem Schnupfen, bei Kälte trocknet der Nasenkatarrh aus, es setzen Kopfschmerzen ein (ähnlich Kalium carbonicum), die oft mit einer Sehtrübung beginnen. Die Schmerzen können pulsieren, schießen, brennen; besser durch Wärme und Druck. Oft werden die Kopfschmerzen von Würgen und Erbrechen, manchmal von Schwindel begleitet; schlimmer morgens, nachts, durch Bewegung und gebeugte Haltung.

Der Rachen ist sehr rot und entzündet mit geschwollenen Mandeln, der ganze Hals ist geschwollen, sogar mit Eiterbildung; die Schmerzen ziehen bis in die Ohren. Ein trockenes, brennendes Gefühl; ein trockener Mund, fadenziehender Schleim, Geschwüre im Mund. Das Zäpfchen ist ödematös. Starke Schmerzen an der Zungenwurzel oder das Gefühl eines Haars auf der Zunge. Der Zungengrund ist gelb belegt oder eine trockene, glatte, glasige, rissige Zunge.

Reichliche, dicke, zähflüssige schleimige Absonderung vom Kehlkopf; Heiserkeit, rauhe Stimme, trockener Husten. Husten schlimmer durch Atmen, schlimmer bei feuchtkaltem Wetter und besser nachts im warmen Bett. Stechende Schmerzen beim Husten. Keuchender Atem und Engegefühl in der Brustmitte. Schmerz breitet sich beim Husten und beim Katarrh vom Sternum zum Rücken aus. Ein kitzelnder, trockener, harter Husten; starkes Wundheitsgefühl in der Brust beim Husten und bei tiefer Atmung. Harter Husten beim Aufwachen, besser im Liegen, durch Bettwärme; schlimmer durch kalte Luft, beim Entkleiden, durch tiefe Atmung. Zähflüssiger, gelber oder grüner Schleim mit Rasseln in der Brust.

Die ganze Verdauung scheint zu stocken; Völlegefühl mit Oberbauchbeschwerden direkt nach dem Essen. Viel übelriechendes Aufstoßen. Abneigung gegen Fleisch, jedoch Verlangen nach Bier, das Erbrechen und Durchfall verursacht.

Schlimmer gegen 2 bis 3 Uhr früh, morgens, durch Bewegung.

Die Schleimhautgeschwüre gehen tief und sehen aus wie ausgestanzt.

DIE KALIUM-BICHROMICUM-PERSÖNLICHKEIT

Der Kalium-bichromicum-Patient ist lustlos und matt; Mißtrauen gegen Fremde oder sogar Misanthropie. Ein schlechtes Gedächtnis und Abneigung gegen geistige und körperliche Arbeit. Unverträglichkeit gegenüber Kohlenhydrathaltigem.

Kaliumdichromat, die Grundlage für Kalium bichromicum. Geprüft wurde es in England von Drysdale, der 1846 die Prüfungsergebnisse im* British Journal of Homoeopathie *veröffentlichte.

Kalium carbonicum

- **Empfindlich gegen Zug oder Luftbewegung**
- **Stechende Schmerzen**
- **Fliegende Schmerzen**
- **Schlimmer zwischen 3 und 5 Uhr morgens**
- **Trockener, hackender Brüllhusten in kalter Luft**
- **Anschwellung zwischen Lidern und Augenbrauen**

Pottasche, die Grundlage für Kalium carbonicum. Es wurde von Hahnemann geprüft und findet sich in der ersten Auflage seines Werkes Die chronischen Krankheiten.

EINFÜHRUNG

Dieses Mittel ist indiziert, wenn die empfindliche Kalium-Natrium-Bilanz des Körpers aus dem Gleichgewicht geraten ist. Kalium ist unerläßlich für die Übermittlung von Impulsen zum zentralen Nervensystem; eine Fehlfunktion wird als stechender Schmerz empfunden, der für dieses Mittel charakteristisch ist. Kal. carb. *und* Kal. c. *sind die gängigen Abkürzungen für dieses Mittel.*

ARZNEIMITTELBILD & INDIKATIONEN

ARZNEIMITTELHERKUNFT

Kalium carbonicum wird aus Pottasche (K_2O), Kaliumkarbonat, hergestellt. Pottasche ist ein wichtiges Gewebesalz in der Zellstruktur des Körpers.

Dem Kal.-carb.-Patient geht es schlechter bei nassem und kaltem Wetter Empfindlich gegen jeden Wetterwechsel. **Empfindlich gegen jede Zugluft oder Luftbewegung**. Empfindlich gegen Kälte, er friert immer. Nervenschmerzen bei Kälte; wird der befallene Körperteil warm gehalten, wandern die Schmerzen zu einer anderen unbedeckten Körperpartie. **Stechende Schmerzen,** brennende, reißende Schmerzen. **Fliegende Schmerzen.**

Schlimmer zwischen 3 und 5 Uhr morgens.

Katarrhalische Kopfschmerzen und Schmerzen mit Blutandrang zum Kopf durch kalte Luft, die die Nase frei macht, dafür aber Kopfschmerzen verursacht (ähnlich Kal. bich.). Im warmen Zimmer, verstopft sich die Nase und sondert Sekret ab, wodurch sich die Kopfschmerzen bessern; eine dicke, fließende, gelbe Absonderung.

Erkältungen schlagen auf die Brust.

Trockener Husten tagsüber, mit Erbrechen von Nahrung und etwas Schleim, schlimmer nach dem Essen und Trinken und abends.

Chronische Bronchitis. Trockenheit, ein **trockener, hackender Brüllhusten in kalter Luft;** reichlicher Schleimauswurf in warmer Luft, dadurch große Erleichterung. Übelriechender, zäher, klumpiger, blutiger oder wie dicker, gelber oder gelb-grüner Eiter aussehender Auswurf, oft mit einem beißenden, käsigen Geschmack. Meist ein trockener, hackender Husten mit morgendlichem Auswurf, der sich zu einem äußerst heftigen, würgenden Husten mit Erbrechen und dem Gefühl, als würde der Kopf in Stücke zerspringen, steigert. Beim Husten schwillt das Gesicht an, die Augen treten hervor, und es entwickeln sich sackartige **Ödeme zwischen Augenlidern und -brauen.**

Die giemende Atmung ist am schlimmsten zwischen 3 und 5 Uhr früh, besser durch Vorbeugen oder Hin- und Herwiegen wie Arsenicum; mit Rasseln in der Brust, rasselndem Husten und Stichen in der Brust beim Atmen wie Bryonia oder während zwei Atemzügen. Kleiner runder, klumpiger Auswurf. Schmerzen unten rechts in der Brust, die bis hinten in den Rücken ziehen wie Mercurius, schlimmer durch Liegen auf der schmerzenden Seite, anders als Bryonia.

Alles, was er ißt, verursacht Blähungen.

DIE KALIUM-CARBONICUM-PERSÖNLICHKEIT

Der Kal.-carb.-Patient zeichnet sich durch hochgradige Reizbarkeit aus; er will nicht allein sein, kommt aber auch mit keinem aus. Er ist sehr geräuschempfindlich und beklagt sich über alles. Er hat Angst vor der Zukunft, Angst zu sterben oder sogar Angst vor Gespenstern.

Kalium muriaticum

- **Dicke weiße Absonderungen**
- **Eitrige Halsentzündung**
- **Verlegte Nebenhöhlen**
- **Bläschenähnlicher Ausschlag**
- **Schlimmer durch Essen**
- **Dunkles Menstruationsblut**
- **Verstopfung**
- **Gewebesalz**

EINFÜHRUNG

Dieses Mittel gehört zu den Gewebesalzen und ist in niedrigen Potenzen und bei akuten Zuständen gut wirksam. Es ist besonders nützlich bei Ohrenschmerzen mit einer Verstopfung der Eustachischen Röhre und Verdauungsstörungen sowie Durchfall durch übermäßigen Genuß fettreichen und schweren Essens. Wirksam ist es auch in den Spätstadien von Entzündungserkrankungen. Kal. mur. *und* Kal. m. *sind die gängigen Abkürzungen für dieses Mittel.*

ARZNEIMITTELHERKUNFT

Kalium muriaticum wird aus Kaliumchlorid (KCl) gewonnen. Es gehört zu den zwölf von Wilhelm Schüssler (1821–1898) isolierten Gewebe- oder Mineralsalzen.

ARZNEIMITTELBILD & INDIKATIONEN

Die Körpersekrete sind dicker als beim wäßrigen Natrium muriaticum, sie sind milchig, gräulich-weiß und klebrig-zäh. Bei Erkältungen und Grippe fühlen sich Ohren, Nasen und **Nebenhöhlen** geschwollen und **verlegt** an; Katarrh mit dicker Absonderung. Schlimmer nachts im Bett. Der **Hals ist entzündet und eitrig**, die Mandeln sind geschwollen, Geschwüre im Mund. Nützlich auch bei Zuständen wie Windpocken, wenn der Ausschlag bereits ausgebrochen ist und **ein Bläschenausschlag** auf der Haut zu sehen ist.

Besser durch kalte Getränke, **keinen Appetit auf Essen**, da Essen Verdauungsstörungen und Übelkeit verursacht. Schlimmer in der frischen Luft, bei Zug und Feuchtigkeit, jedoch nicht besser durch Liegen im warmen Bett.

Kalium muriaticum ist hilfreich während der **Periode**, wenn die **Blutung dunkel** und klumpig ist. Weitere Symptome sind ein aufgetriebener Bauch, **Verstopfung** und schmerzhafte Brüste. Eine **dicke, milchig-weiße Absonderung** zwischen den Regelblutungen kann ebenfalls gut auf *Kalium muriaticum* ansprechen.

DIE KALIUM-MURIATICUM-PERSÖNLICHKEIT

Als Gewebesalz ist *Kalium muriaticum* ein Mittel, das direkt auf der Zellebene des Körpers arbeitet. Damit gibt es auch kein herausstechendes psychisches Profil. Sinnvoller ist es, sorgfältige Notizen von der geistigen Verfassung des Patienten zu machen und nach einem hier passenden Mittel zu suchen.

EINE KOMBINATIONSTHERAPIE

Nach Schüsslers Biochemie werden die zwölf anorganischen bzw. Gewebesalze, die auch Schüssler-Salze genannt werden, in Kombinationen zur Behandlung spezieller Störungen eingesetzt. Kalium muriaticum ist Bestandteil sechs solcher Kombinationen. Das Kombinationsmittel D beispielsweise (mit Kalium muriaticum, Kalium sulphuricum, Calcarea sulphurica und Silicea) hilft bei kleineren Hautausschlägen, das Kombinationsmittel S (mit Kalium muriaticum, Natrium phosphoricum und Natrium sulphuricum) ist gut bei Übelkeit und verdorbenem Magen.

Kaliumchlorid, die Grundlage von Kalium muriaticum.

Kalium phosphoricum

- **Septische Zustände**
- **Schlaflosigkeit**
- **Müdigkeit**
- **Nervöse Erregbarkeit**
- **Trockenheit in Nase und Mund mit übelriechender Absonderung**
- **Schlimmer durch Anstrengung, besser durch Ruhe**
- **Gewebesalz**

EINFÜHRUNG

Kalium phosphoricum ist ein Gewebesalz und wirkt gut in niedriger Dosierung. Es hat die nervöse Erregung von Phosphorus, wird aber bei septischen Zuständen im Körper und bei gelblichen und fauligen Absonderungen angewendet. Es ist auch dann nützlich, wenn keine körperlichen Symptome vorliegen, das Gehirn jedoch hypo- oder hyperaktiv wirkt. Kal. phos. *und* Kal. p. *sind die gängigen Abkürzungen für dieses Mittel.*

ARZNEIMITTELBILD & INDIKATIONEN

Der Kranke ist extrem **müde** und fühlt sich schwach und deprimiert, vor allem bei Überarbeitung und zuviel Streß. Er hat Schlafstörungen – *Kalium phosphoricum* ist ein hervorragendes Mittel bei **Schlaflosigkeit**. Postnatale Depression paßt ebenfalls in dieses Bild.

ARZNEIMITTELHERKUNFT

Kalium phosphoricum wird aus Kaliumphosphat (K_2PHO_4) hergestellt. Es gehört zu den zwölf von Wilhelm Schüssler (1821–1898) isolierten Gewebe- bzw. Mineralsalzen.

Der Patient ist schlaflos vor Sorgen oder nach einem Schreck oder schlechten Nachrichten, die ihn ruhelos machen. Das Mittel ist auch nützlich bei hyperaktiven Kindern und solchen, die aufgrund ihrer **nervösen Erregbarkeit** Alpträume haben oder schlafwandeln. Hilft auch bei Nervenschmerzen, Neuralgien und Zahnschmerzen.

Obwohl sich Kopfschmerzen durch frische Luft bessern, werden sie im allgemeinen schlimmer draußen im Kalten; der Patient möchte im Dunklen liegen.

Eine **trockene, juckende Nase mit übelriechender Absonderung** bei Erkältung und Heuschnupfen. Der **Mund ist** ähnlich **trocken mit widerwärtigem Atem.** *Kalium phosphoricum* lindert nervöses Asthma, auf das das Bild zutrifft, und kann in Verbindung mit stärker wirksamen Konstitutionsmitteln, vor allem *Pulsatilla* oder *Carcinosin* (eine Nosode aus kanzerösem Gewebe), auch beim akuten Asthmaanfall nützlich sein.

Großes Verlangen nach kalten Getränken und Süßem; Kinder verlangen Eis am Stiel und verweigern jegliche andere Nahrung (das Phosphorus-Kind zieht Eiscreme vor).

Im allgemeinen werden die Beschwerden **schlimmer durch jede Form von Anstrengung,** Streß und Angst, **besser durch Wärme** und **Ruhe**.

DIE KALIUM-PHOSPHORICUM-PERSÖNLICHKEIT

Als Gewebesalz wirkt *Kalium phosphoricum* direkt auf Zellebene des Körpers. Damit gibt es auch kein herausragendes psychisches Profil, auch wenn das Phosphorus-Element durch Schlaflosigkeit, Mangel an Nervenkraft und geistige Abgeschlagenheit charakterisiert ist.

STUDIENHILFE

In Kombination mit Calcarea phosphorica und Natrium phosphoricum ist Kalium phosphoricum ein exzellentes Mittel zur Beruhigung von strapazierten Examensnerven und ängstlichen Studenten, die sich zuviel abverlangen.

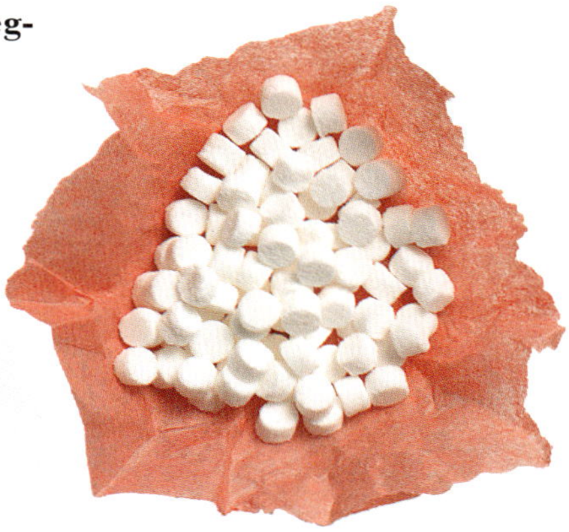

Kaliumphosphat, die Grundlage für Kalium phosphoricum.

Kreosotum

- **Sehr rascher Zerfall der Zähne mit fauligem Geruch**
- **Durchfall, Erbrechen, Zahnen**
- **Menstruationsbeschwerden**
- **Nächtliches Bettnässen bei Kindern**
- **Reichliche Blutung aus kleinen Wunden**
- **Übelriechende, scharfe Absonderungen**

Buchenholzteer, die Grundlage für Kreosotum. Geprüft wurde es von Wahle.

EINFÜHRUNG

Kreosotum *wird oft bei Fäulniszuständen eingesetzt. Seine Hauptcharakteristika sind scharfe Absonderungen, Pulsationen am ganzen Körper, starke Blutungen aus kleinen Wunden sowie schlechte Zähne und entzündliches Zahnfleisch.* Kreos. *ist die gängige Abkürzung für dieses Mittel.*

ARZNEIMITTELBILD & INDIKATIONEN

ARZNEIMITTELHERKUNFT

Kreos. ist ein durch Destillation aus Buchenholzteer gewonnenes Gemisch aus Guajacol, Kreosol und Kresolen.

Das Zahnfleisch von Kindern ist sehr schmerzhaft, die Lippen sind geschwollen, rot und bluten. Die Mundwinkel sind rauh und wund. Außerdem hat das Kind oft breiige, ätzende Durchfälle, die Umgebung des Afters ist rot und wund.

Erwachsene verspüren nach dem Essen einen brennenden Schmerz im Magen, ein Völlegefühl und **Übelkeit,** die in Erbrechen von saurer und scharfer Flüssigkeit übergeht. Schlimmer durch Kaltes, besser durch warmes Essen und Getränke.

Sehr rascher Zerfall der Zähne, mit schwammigem, blutendem Zahnfleisch, fauliger Geruch und bitterer Geschmack. Die Zähne haben schwarze Flecken; sie brechen bereits fleckig und kariös durch.

Kreosotum wird oft bei **Menstruationsbeschwerden** eingesetzt. Schlimmer im Liegen und beim Urinieren, besser im Sitzen oder beim Umhergehen. Bei Beginn der Menstruation klagt die Patientin über Schwellung und Wundsein der Genitalien, die Blutung ist reichlich, klumpig, zeitweise schwarz, sehr übelriechend und wundmachend; heftiges Jucken der Vagina. Oft ist die Patientin aufgeregt, ruhelos, mit Kopfschmerzen und permanentem Summen und Brummen in den Ohren mit erschwertem Hören. Die Menstruationsblutung hört auf und setzt dann von neuem ein, ist klumpig und reichlich. Oft indiziert bei starkem Ausfluß, der sehr übelriechend und scharf ist und stark juckt; sieht aus wie blutiges Wasser, ist gelb gefärbt und riecht wie frische Kornähren.

Bettnässen im ersten Teil der Nacht, das Kind träumt vom Wasserlassen und kommt nicht schnell genug aus dem Bett. Übelriechender Urin.

Selbst Nadelstiche bluten stark, reichliches Nasenbluten. Dunkle, anhaltende Blutungen aus Nase, Augen, Gebärmutter, Anus, Brust. Die Schleimhäute sind rauh und wund.

Übelriechende Körperabsonderungen, blutig, scharf und sehr faulig.

Besser durch warmes Essen, Bewegung und Sitzen.

REIMREGEL ZU KREOSOTUM

Das Kreosot gewinnt man aus den Buchen;
Und wenn wir nach den Leitsymptomen suchen,
So ist es scharfes, stinkendes Sekret zumeist,
Das auf das Kreosot hinweist.

Auch lasse man den Punkt nicht außer acht,
Daß Ruhe sowie Kälte schlimmer macht.
Als weit're wicht'ge Zeichen ich erwähne
Das wunde Zahnfleisch und die schlechten Zähne.

Saures Erbrechen, lange nach dem Essen,
Auch Gliederschmerzen seien nicht vergessen,
Bei Lungenschwindsucht wird, wie allbekannt,
Das Kreosot seit alter Zeit verwandt.

DIE KREOSOTUM-PERSÖNLICHKEIT

Der Kreosotum-Patient ist reizbar, er hat viele Wünsche, ist aber mit allem unzufrieden. Die leichteste Erregung löst Tränen aus. Dabei bestehen Herzklopfen und Pulsation im ganzen Körper. Das Kreosotum-Kind ist sehr reizbar, weiß nicht, was es will; es weint die ganze Nacht durch und muß in den Armen der Eltern in den Schlaf gewiegt werden.

Lac caninum

- **Wandernde, die Seite wechselnde Schmerzen**
- **Halsentzündungen**
- **Menstruations-beschwerden**
- **Mastitis**
- **Rheuma**

EINFÜHRUNG

In früheren Zeiten behandelte man Gebärmuttererkrankungen mit Hundemilch. 1888 wurde sie als Homöopathikum neu belebt. Es ist ein sehr wertvolles Mittel bei Halsentzündungen, Diphtherie, Rheuma und Menstruations- und Stillbeschwerden. Äußerst charakteristisch für dieses Mittel sind wandernde, die Seite wechselnde Schmerzen. Es besteht Verlangen nach Salz. Lac.c. *ist die gängige Abkürzung für dieses Mittel.*

ARZNEIMITTELBILD & INDIKATIONEN

Kopfschmerzen. Gefühl, in der Luft zu schweben. **Wandernde, die Seite wechselnde Kopfschmerzen.** Hinterkopfschmerzen, die sich bis zur Stirn ausdehnen. Verschwommenes Sehen sowie Übelkeit und Erbrechen auf dem Höhepunkt des Anfalls. Schlimmer durch Geräusche, besser durch Stille. Gefühl, als würde das Gehirn abwechselnd zusammengezogen und losgelassen.

ARZNEIMITTELHERKUNFT

Verwendet wird die frische Milch vom Haushund.

Halsentzündung. Schwieriges und schmerzhaftes Schlucken. Halsentzündung beginnt mit einem kitzelnden Gefühl, das Husten verursacht, dann das Gefühl von einem Kloß auf einer Seite. Der Zustand klingt nur langsam ab, um sich auf der anderen Seite zu wiederholen, dann wechselseitig. Halsentzündung vom Beginn bis zum Ende der Menstruation. Beginnt oft an der linken Halsseite und dehnt sich zu den Ohren aus. Rachen glänzend, glasiert. Entzündete Mandeln, wund, rot und glänzend. Bei Diphtherie sieht die Schleimhaut silbrigweiß oder wie reines weißes Porzellan aus. Schlimmer durch Schlucken fester Nahrung, Berührung und Vorstrecken des Halses; besser durch kalte Getränke.

Zu den **Frauenleiden** gehören starke Schmerzen in der rechten Eierstockgegend, die dann auf die linke Seite wandern und sich wechselseitig wiederholen. Besser bei Eintreten der Menstruation; Entweichen von Luft aus der Vagina, Regelfluß zu früh, reichlich.

Mastitis und Brustprobleme. Brüste entzündet, schmerzhaft, müssen beim Treppensteigen gehalten werden. Die Schmerzen wechseln von einer Seite zur anderen. Schlimmer durch Bewegung und Hitze, besser durch Kälte.

Rheumatismus mit Anschwellen der unteren Extremitäten, wobei abwechselnd beide Seiten betroffen sind. Die Glieder fühlen sich zerschlagen an. Gelenksteifigkeit und -schwellung sowie Überempfindlichkeit der Finger. Die Schmerzen wechseln von einer Seite zur anderen. Schlimmer durch Bewegung und Hitze, besser durch Kälte.

Menstruation besser an der frischen Luft, durch Kälte, kalte Getränke; schlimmer durch Berührung und Erschütterung, Druck.

DIE LAC-CANINUM-PERSÖNLICHKEIT

Die geistige Verfassung des Lac-caninum-Patienten zeichnet sich durch Überempfindlichkeit aller Sinne aus. Geringes Selbstwertgefühl, allgemeine Furcht und Ängste, die durch schreckliche Visionen und Wahnvorstellungen ausgelöst werden. Verzweifelt, geistesabwesend, ruhelos, nervös und erschöpft durch Visionen von Schlangen und Ungeziefer.

Hundemilch, die Grundlage für Lac caninum. Das Mittel wurde in New York als Homöopathikum neu belebt; Arzneimittelprüfungen erschienen 1888 in der **Materia Medica der Nosoden und Krankheitsprodukte**.

Lachesis

- **Schlimmer beim Erwachen**
- **Verschlimmerung während des Schlafens**
- **Schlimmer im Frühling oder beim Übergang von kalt zu warm, beim Warmwerden**
- **Besser bei Auftreten von Absonderungen**
- **Wellenartiger Schmerz**
- **Blutandrang im Gesicht, Gesicht ist purpurrot, gefleckt, geschwollen und aufgedunsen**
- **Beschwerden auf der linken Seite oder von links nach rechts wandernd**
- **Der Hals ist sehr berührungsempfindlich**

EINFÜHRUNG

Dieses Mittel hat eine spezifische Beziehung zum Blut und zum zentralen Nervensystem. Es ist indiziert bei Halsbeschwerden und menopausalen Störungen und wurde auch zur Behandlung der physischen Folgen von Alkoholismus eingesetzt. Lach. *ist die gängige Abkürzung für dieses Mittel.*

ARZNEIMITTELBILD & INDIKATIONEN

Die Modalitäten sind äußerst wichtige Hinweise auf dieses Mittel: Die Beschwerden werden **schlimmer beim Erwachen** und **während des Schlafens.**

Schlimmer durch leichteste Berührung oder Druck. **Schlimmer im Frühling oder beim Übergang von kalt zu warm.**

Besser bei Auftreten von Absonderungen, etwa bei Regelfluß oder Schnupfen.

Wellenartiger Schmerz und **Blutandrang im Gesicht**, **Gesicht ist purpurrot, gefleckt und aufgedunsen.** Augenlider und Gesicht geschwollen. Die entzündeten Regionen haben eine purpurne Färbung. Der Patient kann keine Einschnürung am Hals oder Bauch ertragen.

Die Beschwerden sind charakteristischerweise auf der **linken Seite oder wandern von links nach rechts.**

Kopfschmerzen beim Erwachen, mit sehr blaßem Gesicht. Wellenartiger Schmerz schlimmer nach Bewegung. Pulsierender Kopfschmerz, zum Zerspringen. **Druck und Brennen am Scheitel,** die Sinne sind überreizt; schlimmer durch Geräusche, kann die Berührung seiner Kleidung, vor allem am Hals, nicht ertragen. Mit den Kopfschmerzen trübe Sicht und Augenflackern und ein sehr blaßes Gesicht, eventuell auch Schwindel. Beschwerdelinderung durch Auftreten von Absonderungen wie dem Regelfluß oder katarrhalischen Absonderungen aus der Nase.

Die Buschmeisterschlange, die Grundlage für Lachesis. Das Mittel wurde 1837 bei wissenschaftlichen Forschungen im Amazonasdschungel zufällig von Constantin Hering geprüft, als er vergeblich versuchte, Schlangengift zu extrahieren.

Atemnot; wacht mit einem Erstickungsgefühl auf; Gefühl von Ersticken und Strangulieren beim Liegen; **Hals ist sehr berührungsempfindlich.** Erwacht mit dem Gefühl, ersticken zu müssen.

Der **Husten ist trocken, Erstickungsanfälle** ähnlich Spongia, und kitzelnd. Wenig Sekretion und große Empfindlichkeit, schlimmer durch Druck auf den Kehlkopf; Kehlkopf ist berührungsschmerzhaft. Husten schlimmer nach Schlaf, ähnlich Spongia; hustet früh im Schlaf um etwa 23 Uhr.

Halsbeschwerden schlimmer durch Leerschlucken oder Schlucken von Flüssigkeiten. Feste Nahrung rutscht normalerweise problemloser. Die Halsschmerzen gehen zu den Ohren und verschlimmern sich durch heiße Getränke (anders als Lycopodium). Schmerzhaftes Aushusten von Schleim. Wandern von der linken zur rechten Seite. Purpurne Färbung des entzündeten Bereichs. Hals und Nacken empfindlich gegen die leichteste Berührung.

ARZNEIMITTELHERKUNFT

Lachesis wird aus dem frischen Gift der Buschmeisterschlange, *Lachesis muta*, die in den tropischen Wäldern Südamerikas lebt und deren Gift tödlich sein kann, gewonnen.

DIE LACHESIS-PERSÖNLICHKEIT

Das Persönlichkeitsprofil von Lachesis ist durch eine wenig anziehende Selbstbezogenheit charakterisiert. Der Lachesis-Patient hat keine Empathie mit anderen, ist labil, verschlagen, selbstsüchtig, eifersüchtig und setzt sich gern in Pose. Er ist schwermütig, wortkarg oder geschwätzig und voller Pläne, ohne jedoch irgend etwas zu erreichen.

Ledum palustre

- **Notfallmittel**
- **Stichwunden**
- **Gelenkrheuma**
- **Frostig, kann jedoch Wärme nicht vertragen**
- **Durst auf kaltes Wasser**
- **Träumt schlecht**

EINFÜHRUNG

Ledum ist oft das Mittel der Wahl bei Atemwegs- und rheumatischen Beschwerden. Hahnemann vertrat die Ansicht, das Mittel »sei in erster Linie nur passend bei chronischen Erkrankungen, bei denen Kälte und ein allgemeiner Mangel an Lebenswärme vorherrschen«. Ledum ist ein nützliches Notfallmittel bei Stichwunden, etwa bei den durch einen Nagel, Dorn, Biß oder Stich verursachten. Die Wunde blutet wenig, sieht aber aufgedunsen und geschwollen aus. Ledum *und* Led. *sind die gängigen Abkürzungen für dieses Mittel.*

ARZNEIMITTELBILD & INDIKATIONEN

Bei traumatischen Verletzungen kann es angebracht sein, zuerst *Arnica* zu geben. Bei klaffenden oder stark blutenden Wunden sollten *Hypericum* oder *Calendula* in Betracht gezogen werden.

Bei **Stichwunden**, vor allem durch Gartengeräte oder verschmutzte Instrumente, sollte sofort professioneller Rat gesucht werden, um Tetanus vorzubeugen.

Augenverletzungen, vor allem durch einen Schlag, Quetschwunden. Der Bereich ist blutunterlaufen, mit Bluterguß; das Auge kann tränen.

Ledum ist auch bei **Gelenkschmerzen** nützlich, vor allem bei Schmerzen in Füßen und Knöcheln. Die Ferse fühlt sich entzündet an, und die Sohlen sind so schmerzhaft, daß der Patient kaum auftreten kann; verstaucht sich leicht den Knöchel.

Heftiger Durst auf kaltes Wasser.

Schmerzen bessern sich durch Kälte und Eintauchen in kaltes Wasser. Obwohl der Patient **frostig** ist und sich sein Körper kalt anfühlt, **verschlimmert** jede Form von **Wärme die Symptome**, einschließlich Bettwärme oder warme Räume. Wirft die Decken ab oder steigt aus dem Bett, um sich abzukühlen. Unruhiger Schlaf, der durch **schlechte Träume** gestört wird.

ARZNEIMITTELHERKUNFT

Ledum wird aus *Ledum palustre*, einer Sumpfpflanze, die auch als Wilder Rosmarin bekannt ist und in Nordeuropa und Kanada vorkommt, hergestellt. Verwendet werden die getrockneten Zweigspitzen.

DIE LEDUM-PERSÖNLICHKEIT

Die Ledum-Persönlichkeit zeichnet sich durch Selbstmitleid und Unzufriedenheit aus. Ihre geistige Verfassung wurde mit der eines Trinkers, der »trocken« ist, verglichen. Nach Auffassung des amerikanischen Homöopathen James Tyler Kent kann *Ledum* eingesetzt werden, um »den Folgen von Whisky entgegenzuwirken und bis zu einem gewissen Grad auch das Verlangen danach zu beheben«.

Wilder Rosmarin, die Grundlage für Ledum palustre. Es wurde von Hahnemann geprüft und findet sich im vierten Band seiner **Reinen Arzneimittellehre.**

Lycopodium clavatum

- **Beschwerden auf der rechten Seite, von rechts nach links, von oben nach unten**
- **Ein frostiger Patient, Schmerzen besser durch Wärme, außer den Kopfbeschwerden, die sich durch Kälte bessern und im warmen Raum verschlimmern**
- **Oft schlimmer zwischen 16 und 20 Uhr**
- **Halsentzündungen besser durch warme Getränke**
- **Starke Flatulenz und Aufstoßen**
- **Das Essen noch so kleiner Mengen verursacht Völlegefühl und Aufgeblähtsein**

EINFÜHRUNG

Lycopodium soll »auf den gesamten Organismus einwirken«. Es ist oft Mittel der Wahl bei chronischen Krankheiten. Der Lycopodium-Patient ist häufig körperlich schwach oder durch chronische Krankheit geschwächt. Es gibt viele körperliche Symptome. Lycopodium *und* Lyc. *sind die gängigen Abkürzungen für dieses Mittel.*

ARZNEIMITTELHERKUNFT

Lycopodium wird aus *Lycopodium clavatum* hergestellt, das auch unter den Bezeichnungen Gemeiner Bärlapp, Bärlappensporen, Kolbenbärlappen oder Schlangenmoos bekannt ist und auf Gebirgsweiden und in der Heide wächst. Verwendet werden die zerkleinerten, reifen Sporen der Pflanze.

ARZNEIMITTELBILD & INDIKATIONEN

Die Beschwerden sind auf der **rechten Seite lokalisiert, gehen von rechts nach links oder von oben nach unten.**

Ein **frostiger** Patient mit **Schmerzen besser durch Wärme,** außer den **Kopfbeschwerden,** die sich **durch Kälte bessern und im warmen Raum verschlimmern.**

Oft schlimmer zwischen 16 und 20 Uhr. Ausgeprägte nervöse Erregung.

Kopfschmerzen besser durch kalte Luft und Bewegung; schlimmer im Liegen, warm zugedeckt und durch Geräusche. Klopfender, drückender, reißender Kopfschmerz. Periodische Kopfschmerzen und Kopfschmerzen mit Magenbeschwerden. Oft besser durch Essen; Kopfschmerzen mit großem Hunger.

Kopfschmerzen durch unterdrückte Nasenabsonderung. Wenn anstelle einer chronischen, dickgelben Absonderung ein akuter, wäßriger Fließschnupfen mit Niesen tritt, treten Kopfschmerzen auf, die mit Wiederkehr der dick-gelben Absonderung abklingen.

Dicke, gelbe, übelriechende Absonderungen aus den Ohren mit Taubheit und trockenem Husten. Ohrinfektion mit Ekzemen um und hinter den Ohren. Erkältungen schlagen auf die Nase und wandern zur Brust, mit pfeifendem Atem, Schleimrasseln und Dyspnoe, schlimmer durch Anstrengung. Ein trockener, quälender Husten. Klopfender, brennender Schmerz in der Brust, kitzelnder Husten.

***Bärlapp, die Grundlage für Lycopodium clavatum. Er wurde von Hahnemann geprüft und findet sich in der ersten Auflage seines Werks* Die chronischen Krankheiten.**

Halsentzündungen besser durch warme Getränke, vor allem wenn sie auf der rechten Seite beginnen und nach links ziehen.

Kalte Extremitäten und ein heißer Kopf; kann keine Kopfbedeckung vertragen.

Starke Flatulenz und Aufstoßen. Alles bläht ihn, und **das Essen noch so kleiner Mengen verursacht Völlegefühl und Aufgeblähtsein;** Aufstoßen verschafft Linderung. Nagende Schmerzen und Brennen mit Gastritis und Magengeschwüren. Besser durch warme Getränke. Magenknurren. Durchfall jeder Art. Starkes Verlangen nach Süßem.

Roter Sand oder Grieß im Urin. Kopfschmerzen setzen ein, nachdem der Harngrieß verschwunden ist. Der Patient ist nach dem Aufwachen reizbar.

DIE LYCOPODIUM-PERSÖNLICHKEIT

Der Lycopodium-Patient ist schüchtern, gewissenhaft, peinlich genau, doch unsicher, hat Angst vor der Zukunft und zu versagen. Er hat Furcht vor der Öffentlichkeit, ist schnell beleidigt und hegt Groll gegen andere. Unhaltbare Zornes- und Wutausbrüche sind ebenso häufig wie dunkle Stimmung und Mutlosigkeit.

Magnesium phosphoricum

- **Starke krampfartige Schmerzen**
- **Bauchkrämpfe**
- **Säuglingskoliken**
- **Rechtsseitige Schmerzen**
- **Menstruationsschmerzen**
- **Schreibkrampf**

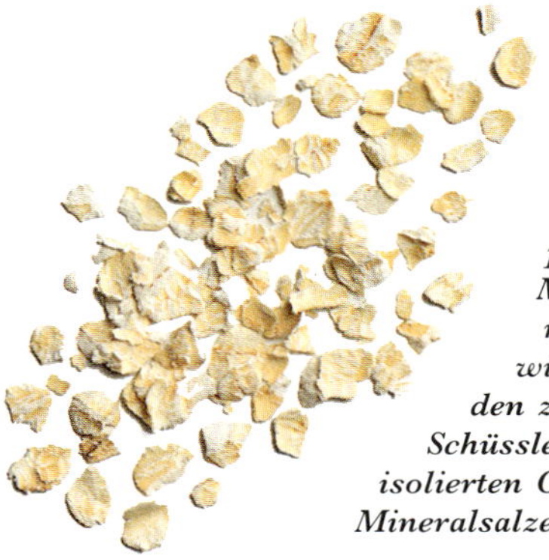

Getreideflocken, eine reiche Quelle von Magnesiumphosphat, aus dem Magnesium phosphoricum hergestellt wird. Es gehört zu den zwölf von Wilhelm Schüssler (1821–1898) isolierten Gewebe- oder Mineralsalzen.

EINFÜHRUNG

Magnesium phosphoricum ist ein ausgezeichnetes spasmolytisches Mittel, wenn sich die Schmerzen durch Hitze bessern. Es ist das Mittel, das wahrscheinlich am häufigsten bei Menstruationskrämpfen indiziert ist. Mag. phos. *und* Mag. p. *sind die gängigen Abkürzungen für dieses Mittel.*

ARZNEIMITTELBILD & INDIKATIONEN

Krampfartige Schmerzen, die in alle Richtungen ziehen, so stark, daß sich der Patient zusammenkrümmen muß. Besser durch Hitze, durch Wärmeanwendungen und harten Druck. Rückenschmerzen können die Schmerzen begleiten, die Zunge ist nicht belegt. Schlimmer unbedeckt und durch kalten Zug.

Bauchkrämpfe, scharfe, schneidende, kneifende, reißende, starke Krämpfe, die ausstrahlen; die Schmerzen kommen und gehen, schießen wie ein Blitz hin und her.

Die Schmerzen sind rechtsseitig, und die Person hat eine unbelegte Zunge. **Säuglingskolik** läßt das Baby die Beine anziehen; besser durch Drücken mit der warmen Hand gegen den Bauch; geht mit Durchfall einher, Baby schreit vor Schmerzen.

Die Modalitäten von Mag. phos. ähneln denen von Colocynthis, die Colocynthis-Schmerzen jedoch werden oft durch Zorn und Entrüstung verursacht und sprechen nicht so gut auf Hitze an. Schmerzen, als würde ein Band fest um den Bauch geschnürt.

Klopfende Kopfschmerzen mit rotem Gesicht. Plötzlich auftretende Schmerzen, die kommen und gehen; breiten sich vom Hinterkopf über den Kopf aus. Besser durch ein fest anliegendes Tuch um den Kopf, im warmen Zimmer; schlimmer durch Kälte, Zug und nachts.

Spasmen und Zuckungen in der Umgebung der Augen mit Schielen, vor allem rechts. Steifigkeit, Taubheitsgefühl und Hautprickeln bei fortgesetzter Überanstrengung. Das Mittel läßt sich gut anwenden bei **Schreibkrampf** und anderen Krämpfen, die sich nach vielstündiger Arbeit mit den Fingern einstellen, wie beispielsweise bei Klavierspielern, Harfisten oder Tischlern. Besser durch Hitze und Druck.

Zahnschmerzen schlimmer durch kalten Zug und Berührung; besser durch Zusammenkrümmen, Wärme, Wärmeanwendung, harten Druck.

ARZNEIMITTELHERKUNFT

Magnesium phosphoricum wird aus Magnesiumphosphat gewonnen, einem Gewebesalz, das sich in verschiedenen Teilen des Körpers findet. Es kommt auch in Getreideflocken vor.

DIE MAGNESIUM-PHOSPHORICUM-PERSÖNLICHKEIT

Der typische Mag.-phos.-Patient ist ein empfindsamer und künstlerisch begabter Intellektueller, der nervös, heftig und ruhelos ist und an Krämpfen und Koliken leidet. Er ist extrovertiert, impulsiv, sehr schlank, schwach und empfindlich, träge, vergeßlich, geistiger Anstrengung abgeneigt, stottert und klagt über Kälte in der Wirbelsäule. Er hat Heißhunger auf Zucker, mag aber keinen Kaffee.

Mercurius

- **Empfindlich gegen Hitze und Kälte**
- **Unangenehmer Geruch von Atem, Schweiß, Absonderungen, Stuhl etc.**
- **Drüsenbeteiligung; entzündet und geschwollen**
- **Geschwürbildung der Schleimhäute**
- **Tendenz zur Eiterbildung**
- **Katarrhe der Schleimhäute**
- **Vermehrte Speichelsekretion; oft mit einem metallenen Geschmack**

EINFÜHRUNG

Mercurius, auch bekannt als Mercurius vivus, ist ein Vertreter der Quecksilberfamilie. Es ist indiziert, wenn die geringste Anstrengung unverhältnismäßig starke Erschöpfung verursacht. Merc. *und* Merc. v. *sind die Abkürzungen für dieses Mittel.*

***Quecksilber die Grundlage von Mercurius. Es wurde von Hahnemann geprüft und findet sich in Band 5 der letzten Auflage seiner* Reinen Arzneimittellehre.**

ARZNEIMITTELBILD & INDIKATIONEN

Empfindlich gegen Hitze und Kälte oder frische Luft.

Unangenehmer Geruch von Atem, Schweiß, Absonderungen, Stuhl etc.

Schlimmer nachts; Schmerzen in den Gelenken und Entzündungen, die verhärten. Schlimmer durch Bettwärme.

Drüsenbeteiligung, entzündet und geschwollen.

Geschwürbildung der Schleimhäute.

Tendenz zur Eiterbildung, tritt schnell mit Brennen und Stechen auf (ähnlich Apis).

Katarrhe der Schleimhäute; Absonderungen anfangs dünn und scharf, später dicker und milder.

Rheumatische Beschwerden.

Beschwerden mit Schwitzen, Schweiß ist übelriechend und reichlich, erleichtert jedoch nicht, kann sogar verschlimmern.

Vermehrte Speichelsekretion; oft mit **metallenem Geschmack,** süßlich oder salzig, ein Gefühl der Trockenheit mit starkem Durst.

Zittern.

Delirium bei akuter Krankheit. Viele Beschwerden schlimmer durch Liegen auf der rechten Seite.

ARZNEIMITTELHERKUNFT

Verwendet wird ein Gemisch, das im wesentlichen aus Quecksilberamidonitrat und metallischem Quecksilber besteht. Im 15. Jahrhundert wurde Medizin auf Quecksilberbasis zur Behandlung von Syphilis verwendet.

Wiederholte Anschwellung und Abszeßbildung ohne jegliche Hitze, der Patient schwitzt am ganzen Körper und magert langsam ab. Der Abszeß eitert immer weiter ohne Heilungstendenz.

Beim Kind: nach Scharlachfieber oder unterdrücktem Ohrausfluß mit Kopfschweiß, weiten Pupillen, Kopfrollen; schlimmer nachts. Bei solch schleichend fiebrigen Zuständen kann *Mercurius* angezeigt sein.

Bei Fieber friert der Patient schon, bevor Schüttelfrost auftritt; schauderndes Frösteln abends mit Höhepunkt in der Nacht; sehr empfindlich gegen Zug; kalte Hände und Füße; viel und übelriechender Schweiß, der die Beschwerden im allgemeinen noch verschlimmert.

Beim chronischen Katarrh mit dickem unterdrücktem Ausfluß, möglicherweise durch eine Erkältung. Es manifestieren sich starke Kopfschmerzen in Stirn, Gesicht, Ohren. Kopfschmerzen immer mit viel Hitze im Kopf; Gefühl, als wollte der Kopf bersten, zusammenziehender Schmerz.

Augenkatarrh schlimmer durch Sitzen an einer Wärmequelle; jede Erkältung schlägt sich bei rheumatischen Patienten auf die Augen. Die Erkältung kann zur Brust wandern und dort bleiben.

Ohren und Nase produzieren eine ekelhafte klebrige, grüne Absonderung; Ohrinfektion mit geplatztem Trommelfell und Eiterung.

Die Zunge ist geschwollen, schlaff, schwammig, mit Zahneindrücken, belegt, fauliger Mundgeruch bei besonders viel Speichelfluß. Das Zahnfleisch ist geschwollen, blutet leicht.

Halsentzündung mit schwammiger, allgemeiner Schwellung, mit sich flach ausbreitenden Geschwüren; Gefühl großer Trockenheit. Schmerzen und Schluckbeschwerden; Mandelentzündung.

Magensäure mit viel Luft, Sodbrennen, Rückfluß, Übelkeit; Nahrung belastet; bitterer Geschmack im Mund. Milchunverträglichkeit.

Schmerzhafter Drang und Durchfall.

Schmerzen im unteren rechten Brustbereich mit Stichen zum Rücken (ähnlich Kal. carb.).

DIE MERCURIUS-PERSÖNLICHKEIT

Der Mercurius-Patient ist ruhelos und ängstlich, hat Schuldgefühle, ist von Zweifeln geplagt und fürchtet sich vor banalen Dingen. Er leidet an Gedächtnis- und Willensschwäche; ist gleichgültig, denkt an Selbstmord und kann handgreiflich werden.

Mercurius cyanatus

- **Halsinfektion**
- **Mandelentzündung**
- **Gesprächig**
- **Schwäche und Erschöpfung**
- **Schlimmer nachts**

EINFÜHRUNG

Mercurius cyanatus ähnelt in vielen Dingen den anderen Mercurius-Mitteln. Merc. cyan. *ist die gängige Abkürzung für dieses Mittel.*

ARZNEIMITTELBILD & INDIKATIONEN

Mercurius cyanatus hat die Instabilität von Quecksilber, ist aber besonders nützlich in Fällen von Toxämie und schweren Infektionen. Große Erfolge erzielt es in der Behandlung der Diphtherie.

Da das Mittel eine spezifische Beziehung zur Mund- und Halsregion hat, ist es besonders nützlich bei **Hals- und Mandelentzündungen**. Trotz der Halsschmerzen ist der Patient **gesprächig,** mit großer Erregung und Anfällen von Jähzorn.

Das Hauptcharakteristikum ist große **Schwäche und Erschöpfung**. Wie bei allen *Mercurius*-Mitteln scheint alles die Symptome zu verschlimmern – Hitze, Kälte, Ruhe, Bewegung etc. – und nichts wirklich Erleichterung zu bringen.

Die Symptome sind **nachts schlimmer,** vor allem die Kopfschmerzen, die sehr stark sein können. Reichlicher Speichelfluß, vor allem nachts, kann während des Schlafens aus dem Mund rinnen.

Mercurius cyanatus hat viel gemein mit *Lachesis* in seiner Affinität zum Hals und seinen toxischen Zuständen. Es braucht aber mehr Stabilität, so würde zuviel frische Luft Mercurius cyanatus beispielsweise erschöpfen, Lachesis dagegen beleben.

ARZNEIMITTEL-HERKUNFT

Mercurius cyanatus wird aus Quecksilbercyanid ($HgCN_2$) hergestellt.

DIE MERCURIUS-CYANATUS-PERSÖNLICHKEIT

Ähnlich Mercurius vivus ist die Mercurius-cyanatus-Persönlichkeit gekennzeichnet durch den Zwang, ein Gleichgewicht zu finden, während sie das Gefühl hat, daß ihr alles entgleitet.

Quecksilber ist auch Grundlage für Quecksilbercyanid, aus dem Mercurius cyanatus hergestellt wird – nach Mercurius vivus einer der bekanntesten Vertreter der Quecksilberfamilie.

UNFREIWILLIGE ARZNEIMITTELPRÜFUNG

Im Februar 1899 wurde bei Henry C. Barrett aus New York, der systematisch mit Quecksilber(II)-cyanid vergiftet wurde, Diphtherie diagnostiziert und damit eine nicht ganz beabsichtigte Arzneimittelprüfung abgeschlossen. Barrett erholte sich wieder.

Natrium muriaticum

- **Die Beschwerden folgen auf einen Verlust, Kummer, auf eine Zurückweisung, eine unerwiderte Liebe oder eine Maßregelung**
- **Oft schlimmer zwischen 10 und 11 Uhr**
- **Absonderung der Schleimhäute ist wäßrig oder dick-weißlich wie Eiweiß**
- **Schreckliche, berstende Kopfschmerzen**
- **Ständiger Durst auf kalte Getränke**
- **Trockene Schleimhäute**

EINFÜHRUNG

Dies ist ein großartiges Heilmittel mit doch so alltäglicher Herkunft. Es empfiehlt sich nicht für akute Zustände. Natrium mur., Nat. mur. *und* Nat. m. *sind die Abkürzungen für dieses Mittel.*

ARZNEIMITTELBILD & INDIKATIONEN

Die Beschwerden treten nach einem **Verlust, nach Trauer, einer Zurückweisung, unerwiderter Liebe oder Maßregelung** auf. Der Natrium-muriaticum-Patient hält seine Gefühle im Zaum und würde nie vor anderen weinen. Er reagiert empfindlich auf Klimawechsel. Schwäche, nervöse Erschöpfung, nervöse Reizbarkeit und der Wunsch, allein zu sein, wenn er krank ist; Trost verschlimmert. Er ist erregbar und handelt emotional. Das ganze Nervensystem ist in einem Reizzustand, schlimmer durch plötzlichen Lärm, fühlt sich schwach und krank danach.

ARZNEIMITTELHERKUNFT

Natrium muriaticum wird aus Natriumchlorid (NaCl), dem gewöhnlichen Kochsalz, hergestellt. Meist wird Meer- oder Steinsalz verwendet.

Schlimmer zwischen 10 und 11 Uhr. Schlimmer im Liegen. Stechende und einschießende Schmerzen, wie von elektrischen Schlägen.

Der Patient erkältet sich leicht beim Schwitzen oder bei Zugluft, fühlt sich besser im Freien, jedoch schlechter bei Anstrengung und Überhitzung.

Absonderung der Schleimhäute ist wäßrig oder dick-weißlich wie Eiweiß.

Starke, berstende Kopfschmerzen, so, als würde der Schädel in einem Schraubstock zerquetscht; hämmernde und klopfende Schmerzen; Schmerzen morgens beim Aufwachen. Große Nervosität. Kopfschmerzen zwischen 10 und 11 Uhr. Periodisch auftretende Kopfschmerzen.

Berstende Kopfschmerzen in Verbindung mit Frost und Fieber, mit starkem Durst und Besserung durch Schwitzen; die anderen Kopfschmerzen werden durch Schwitzen nicht gelindert.

Meersalz, eine Quelle von Natrium muriaticum. Eine Arzneimittelprüfung erscheint in der ersten Auflage von Hahnemanns Werk Die chronischen Krankheiten. *Es gehört zu den zwölf von Wilhelm Schüssler (1821–1898) isolierten Gewebe- oder Mineralsalzen.*

Kopfschmerzen durch die Unfähigkeit der Augen zu akkomodieren, durch Überanstrengung der Augen.

Frostigkeitsgefühl zwischen 10 und 11 Uhr; beginnt in den Extremitäten mit klopfenden Kopfschmerzen und gerötetem Gesicht. **Ständiger Durst auf kalte Getränke**. Wenn der Patient friert, erleichtern weder Wärme noch warmes Einhüllen; er verlangt nach kalten Getränken, obwohl er mit den Zähnen klappert; er wirft sich hin und her. Im Fieber ist er sehr heiß. Später fällt er in einen kongestiven Schlaf oder Stupor.

Die Schleimhäute sind trocken; die Lippen sind trocken und rissig, tiefer Riß in der Mitte der Unterlippe; Lippenherpes, trockener Hals, rot, Gefühl, als säße ein Splitter darin. Chronische Trockenheit mit Geschwürbildung. Reichliche katarrhalische Absonderung mit Trockenheit, Gefühl großer Trockenheit, ohne daß dies tatsächlich zuträfe, ähnlich Mercurius. Bitterer Geschmack.

Essen wird nicht vertragen, Klumpengefühl im Magen. Die Därme sind aufgetrieben. Der Stuhl ist hart und erschwert. Stechende, reißende Schmerzen in der Leber, mit Völlegefühl.

Husten von einem Kitzeln in der Magengrube, mit berstenden Schmerzen in der Stirn. Stiche über der ganzen Brust.

DIE NATRIUM-MURIATICUM-PERSÖNLICHKEIT

Die Natrium-mur.-Persönlichkeit ist emotional sehr empfindsam, kann völlig unangemessen reagieren. Sie kann keine Hektik, keinen Trost und kein Mitgefühl ertragen, ist unabhängig und unberechenbar; nimmt Kränkungen schweigend hin.

Natrium sulfuricum

- **Gewebesalz**
- **Gelblichgrünes katarrhalisches Sekret**
- **Schmutzig-grünlichbraun belegte Zunge**
- **Gallebrechen**
- **Traurigkeit**
- **Starker Durst und Harndrang**
- **Diabetes**
- **Schlimmer durch feuchtes Wetter oder Feuchtigkeit**
- **Plötzlich auftretende heftige Symptome**
- **Hautleiden mit Eiter**

EINFÜHRUNG

Natrium sulfuricum ist ein Gewebesalz, dessen Hauptanwendung darin besteht, die Ausscheidung von Toxinen aus dem Körper zu unterstützen. Dieses Mittel ist durch eine Unverträglichkeit von Meerluft und eßbaren Pflanzen, die nahe am Wasser wachsen, charakterisiert. Die Symptome können durch emotionalen Streß herbeigeführt werden. Natrium sulf., Nat. sulf. *und* Nat. s. *sind die gängigen Abkürzungen für dieses Mittel.*

ARZNEIMITTELBILD & INDIKATIONEN

Bei Erkältungen und Grippe ein **dickes, gelblichgrünes Sekret**, das aus der Nase läuft, vor allem nachts, oder den Rachen hinunterläuft. Brennendes und schleimiges Gefühl im Mund, vor allem auf der **Zunge, die schmutzig-grünlichbraun belegt ist.**

Brennende Zahn- und Ohrenschmerzen.

Bei den Magenbeschwerden haben die Natrium-sulfuricum-Symptome eine **Gallenkomponente** mit gelblichgrünem Erbrechen, Durchfall und brennenden Schmerzen.

Die Leber ist entzündet, mit Leberstauung und leichtem Fieber.

Häufiges Wasserlassen, oft kombiniert mit **großem Durst** nach kaltem Wasser. *Natrium sulfuricum* ist ein wichtiges Mittel, an das bei Diabetes gedacht werden muß.

Diese Gleichgewichtsstörung im Flüssigkeitshaushalt des Körpers zeigt sich in der **Unverträglichkeit von Feuchtigkeit**. Es ist nützlich bei Erkrankungen, die bei feuchtem Wetter auftreten, bei Wohnen in feuchten Häusern oder in der Nähe von Flüssen oder anderen Gewässern. Obst und Gemüse mit hohem Wassergehalt werden nicht vertragen, auch keine kalten Getränke, obwohl Durst danach besteht.

ARZNEIMITTELHERKUNFT

Natrium sulfuricum wird aus Natriumsulfat ($NaSO_3$) hergestellt, das auch als Glaubersalz bekannt ist. Es ist eines der Salze, die im Mineralwasser enthalten sind.

Wo *Natrium mur.* mit seiner Trockenheit Flüssigkeit im Körper absorbiert, ist *Natrium sulf.* das ausgleichende Mittel, das für die Ausscheidung sorgt.

Natrium sulf. kann nützlich sein bei Hautleiden oder -verletzungen mit wäßrig-gelblichgrüner Eiteransammlung, etwa bei Nagelgeschwüren oder Akne.

Akute Zustände treten plötzlich und heftig auf und können auf Stürze oder Kopfverletzungen folgen. Eine solche Verletzung kann auch schwere psychische Störungen, sogar Manie, hervorrufen. Das allgemeine Psychogramm der Natrium-sulfuricum-Persönlichkeit zeichnet sich jedoch durch melancholische Traurigkeit aus.

Natriumsulfat, die Grundlage für Natrium sulfuricum. Geprüft wurde es von Schieler und Nenning; die Prüfergebnisse wurden in Herings Kurzgefaßter Arzneimittellehre *veröffentlicht. Es gehört zu den zwölf von Wilhelm Schüssler (1821–1898) isolierten Gewebe- oder Mineralsalzen.*

DIE NATRIUM-SULFURICUM-PERSÖNLICHKEIT

Der Natrium-sulfuricum-Patient ist ruhelos und mit seinem Leben unzufrieden, er denkt sogar an Selbstmord; er hat Haßgefühle und trägt sich mit Rachegedanken. Die Depression ist morgens schlimmer; der Patient hat das Gefühl, nie mehr ganz gesund zu werden.

Nitricum acidum

- **Kopfschmerzen**
- **Erkältungen im Winter**
- **Geschwüre im Mund**
- **Halsentzündungen mit scharfen, stechenden Schmerzen wie von einem Splitter**
- **Warzen am After**
- **Hautschrunden und Fissuren**
- **Scharfe, stechende, splitterähnliche Schmerzen**
- **Übelriechende Absonderungen**
- **Schlimmer durch Berührung, Erschütterung, kalte Luft, morgens nach Milch**
- **Besser durch gleitende Bewegung, mildes Wetter, Wärme, Druck**

EINFÜHRUNG

Nitricum acidum ist ein besonders gutes Mittel bei Hautschrunden und -fissuren, Warzen am After mit brennenden, stechenden Schmerzen sowie brennenden, stechenden Hämorrhoiden. Es ist sehr effektiv, wenn die Absonderungen Schleimhautfetzen enthalten (Nase, Mund, Anus, Harnröhre, Genitalien), bei Warzen und Wucherungen mit charakteristischen stechenden Splitterschmerzen, die sich durch Berührung verschlimmern; nützlich auch bei akuter Akne. Nit. ac. *ist die gängige Abkürzung für dieses Mittel.*

ARZNEIMITTELBILD & INDIKATIONEN

Kopfschmerzen. Schmerz wie in einer Zwinge, **schlimmer durch Druck** vom Huttragen, Lärm, **Stöße und Rütteln.** Gefühl wie von einem Band um den Kopf. Kopfhaut ist sehr empfindlich; **besser durch gleitende Bewegung**, beim Fahren im Wagen oder in der Eisenbahn.

ARZNEIMITTELHERKUNFT

Nitricum acidum wird aus Salpetersäure (HNO_3) hergestellt, einer stark ätzenden Säure, die auch unter der Bezeichnung *Aqua fortis* bzw. starkes Wasser bekannt ist.

Erkältungen im Winter. Taubheit und Katarrh der Eustachischen Röhre, schlimmer durch Lärm. Anfällig für Wintererkältungen mit chronischem, übelriechendem Nasenkatarrh mit **wundmachender Absonderung.** Die Nase ist nachts verstopft, morgens schneuzt der Kranke grüne Krusten aus. Schnupfen durch kalte Luft, Nasenbluten; **schlimmer durch Kälte** und **kalte Luft.**

Geschwüre im Mund auf der Zunge, am **Gaumensegel**, mit scharfen Schmerzen wie von einem Splitter, schlimmer durch Schlucken, Schmerzen sind scharf, erstrecken sich beim Schlucken bis zu den Ohren. Dicker Schleim im Rachen, den der Patient permanent heraufzuräuspern versucht. Geschwollenes Zahnfleisch, fauliger Atem und vermehrter Speichelfluß; Mundwinkel sind sehr wund.

Das Mittel der Wahl bei **Fissuren** im Rektum mit quälend scharfen, schneidenden Splitterschmerzen; Rektum fühlt sich wie zerrissen an, reißende Schmerzen während des Stuhlgangs, die noch Stunden danach anhalten. Große Anstrengung und Pressen beim Stuhlgang, starke Schmerzen danach. Verstopfung mit schmerzenden, blutenden Hämorrhoiden. Übelkeit und zuweilen Erbrechen; **schlimmer durch Milch**, starkes Verlangen nach Fett und Salz. Sehr nützliches Mittel bei **Warzen am After** mit brennenden, stechenden Schmerzen, auch brennende, stechende Hämorrhoiden, die beim Stuhlgang heftig schmerzen und bluten. Stark riechender Urin, der beim Urinieren als kalt empfunden wird; übelriechender Urin, Atem und Stuhl, übelriechender Weißfluß, fauliger Schweiß- und Körpergeruch.

Warzen auf den Händen, sind meist groß, nässen und bluten. Herpes zwischen den Fingern. Gelbe, gekrümmte Nägel, Splittergefühl unter den Nägeln, verwachsene Nägel, Hautschrunden und -fissuren und Geschwüre mit **scharfen Splitterschmerzen; schlimmer durch Berührung.**

DIE NITRICUM-ACIDUM-PERSÖNLICHKEIT

Der Nit.-ac.-Patient ist reizbar (vor allem morgens), vielleicht auch rachsüchtig und haßerfüllt. Er zittert vor Wut, ist voller Sorge um seine Gesundheit und hat Furcht vor dem Tod. Äußerste Empfindlichkeit, leicht erschreckt. Er ist unglücklich, unzufrieden, nachtragend. Er ist so mit sich selbst beschäftigt, daß er keine Zeit für andere Dinge hat. Er ist immer frostig, liebt Fett und Salz.

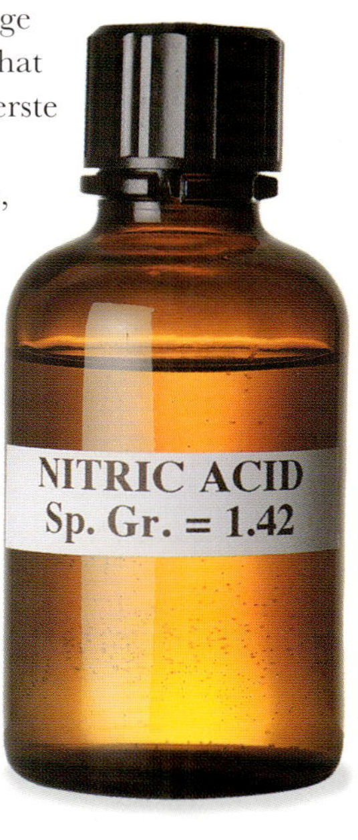

***Salpetersäure, die Grundlage für Nitricum acidum. Sie wurde von Hahnemann geprüft und erscheint in der zweiten Auflage seines Werkes* Die chronischen Krankheiten.**

Nux vomica

- **Beschwerden entstehen durch den übermäßigen Genuß von Essen, Getränken, herzhaften, gewürzten Nahrungsmitteln, Genußmitteln aller Art oder durch geistige Überanstrengung**
- **Beschwerden treten nach Einwirkung von kalten, trockenen Winden auf**
- **Verdauungsstörung**
- **Ausgeprägte Überempfindlichkeit**
- **Starke Frostigkeit bei Fieber**
- **Erbrechen mit viel Würgen und großer Anstrengung**
- **Wenig Stuhl trotz großer Anstrengung**
- **Schlimmer durch Kälte**

EINFÜHRUNG

Nux vomica ist wahrscheinlich das beste Mittel gegen Kater, eignet sich aber auch für den Städter mit übermäßigem Arzneimittelverbrauch und vor allem für Menschen mit hauptsächlich sitzender Lebensweise, die mit dem Kopf arbeiten und damit eher an geistiger und psychischer Überanstrengung leiden als an körperlicher Erschöpfung. Nux vom. *und* Nux v. *sind die gängigen Abkürzungen für dieses Mittel.*

Brechnuß, die Grundlage für Nux vomica. Sie wurde erstmals von Hahnemann geprüft und findet sich im ersten Band der dritten Auflage seiner Reinen Arzneimittellehre.

ARZNEIMITTELBILD & INDIKATIONEN

Die Beschwerden entstehen durch **übermäßigen Genuß von Essen, Getränken, herzhaften, gewürzten Speisen und Genußmitteln** oder durch geistige Überarbeitung. Sie treten **nach Einwirkung von kalten, trockenen Winden auf und** gehen oft mit **Verdauungsstörungen** einher (ähnlich Pulsatilla).

Ausgeprägte Überempfindlichkeit; reizbar, möchte nicht berührt werden, nie zufrieden. Streitsüchtig, jedes harmlose Wort beleidigt. Er fühlt sich gehetzt und getrieben, kritisch und neigt dazu, anderen Vorwürfe zu machen. Er möchte allein gelassen werden und haßt es, von anderen abhängig zu sein, die weniger kompetent sind als er. Schlaflos durch einen überaktiven Geist und empfindlich gegen leise Geräusche.

Eine frostige Person, empfindlich gegen Zug. Schwitzt leicht. Erkältet sich leicht, die Erkältung breitet sich von der Nase, dem Rachen und den Ohren zur Brust aus. Der Schnupfen wird im warmen Raum schlimmer, bevor das Fieber zum Ausbruch kommt; nach dem Fieber braucht er Hitze.

Starke Frostigkeit im Fieber; der Patient wird nicht warm und kann es nicht ertragen, nicht zugedeckt zu sein. Ein hochrotes Gesicht im Fieber.

Neuralgische Kopfschmerzen, stechend und reißend, brennend und beißend; vor allem ziehende Schmerzen; Spannungsgefühl in den Muskeln.

Kopfschmerzen schlimmer durch geistige Anstrengung, Ärger, frische Luft, beim Aufwachen, nach dem Genuß von Essen, Kaffee, Alkohol, durch Sonne, Licht, Geräusche, gekrümmte Haltung, Bewegung, stürmisches Wetter. Kopfschmerzen mit Blutandrang zum Kopf und saurem Aufstoßen. Schwache Verdauung und Unverträglichkeit vieler Nahrungsmittel, und doch verlangt er nach anregenden, scharfen, bitteren, saftigen Speisen, nach Stärkungsmitteln oder Milch. Fleisch verursacht Übelkeit. Erbrechen **unter gewaltiger Anstrengung mit viel Würgen.** Patient **strengt sich gewaltig an,** doch kommt nur **wenig Stuhl.** Die krampf- und kolikartigen Bauchschmerzen verschlimmern sich durch Bewegung und bessern sich durch Hitze. Nux vomica **verschlimmert sich durch Essen** und leidet an Sodbrennen, Übelkeit, Völlegefühl, Verstopfung, Aufgedunsensein und Blähungen. Druckgefühl nach dem Essen. **Rückenschmerzen** schlimmer im Liegen, muß aufstehen und umhergehen.

ARZNEIMITTELHERKUNFT

Nux vomica wird aus *Strychnos nux vomica*, der Brechnuß, hergestellt, die von Malaysia bis Nordaustralien heimisch ist. Es werden die getrockneten, reifen Samen der Pflanze verwendet.

Trockener, kitzelnder Husten mit Wundheitsgefühl in der Brust. Krampfartiger Husten mit Brechreiz; schlimmer bei kaltem, trockenem, windigem Wetter; verursacht Kopfschmerzen.

Schlimmer durch Kälte; nicht zugedeckt; durch Essen und Überessen, Genußmittel morgens; durch Ärger, geistige Anstrengung. **Besser abends, durch Ruhe,** bei naßem Wetter, nach Stuhlgang.

DIE NUX-VOMICA-PERSÖNLICHKEIT

Der Nux-vomica-Patient ist angespannt, reizbar und ängstlich, neigt zu Wutausbrüchen. Pedantisch, intolerant, unfähig, Kritik zu ertragen, übernimmt sich. Es kann Furcht vor Messern bestehen.

Petroleum

- **Kopfschmerzen**
- **Ohrenbeschwerden**
- **Entzündung der Schleimhäute**
- **Reisekrankheit**
- **Hautleiden**
- **Schlimmer durch Bewegung, im Winter, während eines Gewitters**
- **Besser bei warmem, trockenem Wetter**
- **Gefühl der Selbstverdoppelung**

EINFÜHRUNG

Petroleum ist ein sehr nützliches Mittel bei Hautleiden, vor allem trockener Haut mit Schrundenbildung. Hilfreich auch bei katarrhalischen Zuständen der Schleimhäute und bei Magensäure. Es hilft bei Frostbeulen, die jucken, brennen und sich blaurot verfärben; bei Ekzemen und Herpes sowie Rissen und Schrunden in der Haut, die nicht heilen wollen. Petr. *ist die gängige Abkürzung für dieses Mittel.*

ARZNEIMITTELBILD & INDIKATIONEN

Alle Beschwerden **verschlimmern sich im Winter.**

Kopfschmerzen. Schwindel beim Aufstehen; Hinterkopf schwer wie Blei. Kopfhaut ist schmerzhaft bei Berührung und taub; schlimmer durch Husten, muß sich die Schläfen halten, um den Schmerz zu lindern. Taubheit.

Ohrenbeschwerden. Trockene Ohren; blutiger und eitriger Ausfluß aus den Ohren. Jucken tief in den Ohren, Klingen im Ohr, Fissuren im äußeren Gehörgang.

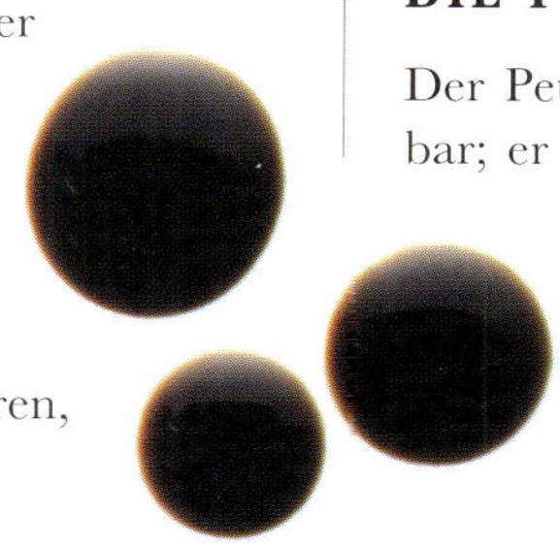

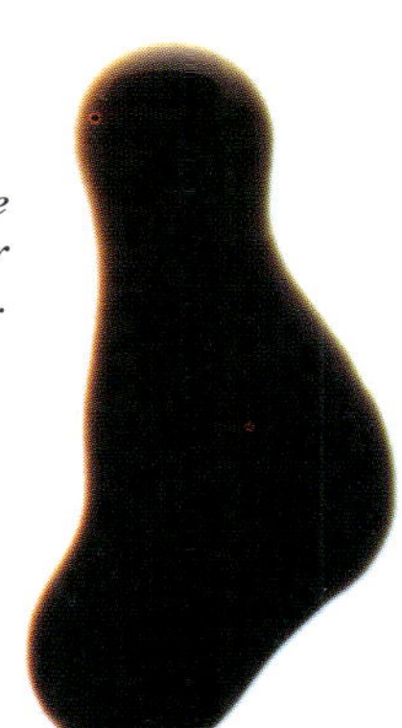

Steinöl, die Grundlage für Petroleum.

Entzündung aller Schleimhäute, wäßrige, gelbe Absonderungen. Nase, Brust, Augen mit katarrhalischen Beschwerden, Beschwerden auch durch Magen- und Darmkatarrh. Trockener, hackender Husten, schlimmer nachts. Sehr hungrig, kann aber nur unter Schmerzen essen; Durchfall schlimmer tagsüber oder überhaupt nur tagsüber; schlimmer nach Kohl, der einen wäßrigen, schwallartigen Durchfall verursacht.

Reisekrankheit (Schiff oder Wagen), Kopfschmerzen mit Schwindel, nagendes Hungergefühl, das den Patienten zum Essen treibt; Übelkeit schlimmer an Bord eines Schiffes, durch Fahren mit dem Wagen oder Zug.

Hautleiden mit Trockenheit, die Haut ist trocken, zusammengezogen, sehr empfindlich. Tiefe Risse in den Falten hinter den Ohren und an den Fingerspitzen; tiefe, blutende Risse, die heftig jucken. Die Haut ist rauh und lederartig. Der Ausschlag hat dicke gelbgrünliche Krusten, die am Hinterkopf und an den Genitalien rauh sind. Der Hautausschlag juckt so stark, daß gekratzt wird, bis es blutet; nach dem Kratzen wird die Region kalt, schlimmer in den Hautfalten.

ARZNEIMITTELHERKUNFT

Petroleum wird aus Steinöl hergestellt.

Besser bei warmem, trockenem Wetter. Schlimmer während Gewitter.

DIE PETROLEUM-PERSÖNLICHKEIT

Der Petroleum-Patient ist leicht beleidigt und reizbar; er ärgert sich schnell und ist furchtsam; Neigung zu schelten, wünscht keine Gesellschaft. Gefühl der Selbstverdoppelung, als ob ein Glied doppelt sei oder eine Person neben ihm läge. Tiefe geistige Verwirrtheit mit plötzlicher Orientierungslosigkeit.

Phosphorus

- **Empfindlich gegen äußere Eindrücke; Gerüche, Berührung, Geräusche, Kälte etc.**
- **Hitzewallungen**
- **Hämorrhagien**
- **Klopfende Kopfschmerzen mit Blutandrang zum Kopf**
- **Hunger**
- **Starker Durst auf eiskalte und erfrischende Getränke**
- **Erbrechen von warmen Getränken**
- **Heiserkeit schlimmer abends**
- **Brustbeklemmung und Einschnürungsgefühl der Brust**

***Knochenasche, die Grundlage von gelbem Phosphor, aus dem Phosphorus hergestellt wird. Eine Arzneimittelprüfung erscheint in der ersten Auflage von Hahnemanns Werk* Die chronischen Krankheiten.**

EINFÜHRUNG

Phosphorus ist ein sehr nützliches Mittel bei vielen Beschwerden, die auf eine Funktionsstörung des Zell- oder Gewebestoffwechsels zurückgehen. Es wird oft als Konstitutionsmittel eingesetzt und ist besonders hilfreich bei jungen Menschen mit starker Erschöpfung nach schnellen Wachstumsschüben. Es ist auch indiziert für Heranwachsende, die an Prüfungsangst oder an geistiger Überarbeitung nach einer Prüfung leiden. Phos. *ist die gängige Abkürzung für dieses Mittel.*

ARZNEIMITTELHERKUNF

Phosphorus wird aus gelbem Phosphor hergestellt. Phosphor ist im Körper für den Energietransport zwischen den Zellen verantwortlich.

ARZNEIMITTELBILD & INDIKATIONEN

Die Beschwerden können durch elektrische Veränderungen der Atmosphäre auftreten.

Hitzewallungen bei Menschen mit Herzklopfen, Klopfen im ganzen Körper und Blutandrang zum Kopf.

Hämorrhagien; Blutarmut und Muskelerschlaffung. Brennende, reißende Schmerzen. Starkes, den Rücken hinaufziehendes Hitzegefühl.

Immer müde, möchte sich ausruhen. Geistige oder körperliche Erschöpfung nach jeder Anstrengung. Zittern bei der geringsten Anstrengung; starke Erregbarkeit, ruhelos und nervös.

Schwindel und Benommenheit.

Klopfende Kopfschmerzen mit Blutandrang zum Kopf; besser durch Kälte und Ruhe; schlimmer durch Hitze, Bewegung und im Liegen; muß sich aufsetzen und Druck auf den Kopf ausüben. Der Kopfschmerz ist häufig von **Hungergefühl** begleitet oder geht ihm voraus.

Schnupfen; schmerzhafte Trockenheit in der Nase, blutige Absonderungen. Gelbgrünlicher Schleim. Geschwollene Drüsen bei erschöpften Menschen.

Heftiger Durst auf eiskalte Getränke; trockener Mund und Hals. Große Trockenheit, Rauheit und Wundheit und blutende Abschürfungen im Mund. Geschwollene Mandeln; Schluckstörung und Speiseröhrenverengung.

Heftiger Hunger. Der Kranke muß während des Frostgefühls essen; Wolfshunger bei Kopfschmerzen. Muß essen, um nicht ohnmächtig zu werden. **Erbrechen von warmen Getränken** bei Magenverstimmung. Verlangen nach kalten, sauren, würzigen Dingen.

Kehlkopfentzündung mit **Heiserkeit, schlimmer abends;** Sprechen schmerzt zu sehr; sehr empfindlich gegen Berührung und kalte Luft. Heftiges Kitzeln im Kehlkopf und hinter dem Brustbein. Durch Wetterwechsel können sich Erkältungen auf den Kehlkopf schlagen. Ein harter, trockener, kratzender Husten; erschöpfend, so schmerzhaft, daß der Patient den Husten unterdrückt. Angst, Schwäche, **Brustbeklemmung und Einschnürungsgefühl in der Brust;** Schweregefühl auf der Brust. Engegefühl. Gefühl, als **schösse Blut die Brust hoch; Hitzewallungen** in der Brust, die nach oben steigen. Auswurf von blutigem Speichel, salzig, sauer und gelb. Erstickungs- und Einschnürungsgefühl besser durch Druck. Berstende Kopfschmerzen beim Husten. Husten schlimmer durch frische Luft, beim Wechsel von warmer zu kalter Luft oder umgekehrt; besser im Liegen auf der rechten Seite. **Heftiges Herzklopfen,** schlimmer durch Bewegung und beim Linksliegen. Morgensteifigkeit.

DIE PHOSPHORUS-PERSÖNLICHKEIT

Der Phosphorus-Patient ist ein intelligenter, kooperativer Mensch, der sich nach Zuneigung sehnt und sie auch zurückgibt. Er ist schnell erschöpft und fällt leicht in Apathie oder wird reizbar.

Phytolacca decandra

- **Kopfschmerzen**
- **Zahnen**
- **Halsentzündung**
- **Mastitis**
- **Steifer Hals**
- **Schlimmer durch Kälte, Zug, Bewegung, heiße Getränke, Regelfluß**
- **Besser durch trockenes Wetter, Liegen auf dem Bauch**

EINFÜHRUNG

Phytolacca decandra wird häufig bei Halsentzündung verschrieben. Es ist besonders nützlich bei Beschwerden im Nacken-, Hals- und Brustbereich. Hilfreich auch bei Diphtherie, Peritonsillitis und Mumps. Phytolacca *und* Phyt. *sind die gängigen Abkürzungen für dieses Mittel.*

ARZNEIMITTELBILD & INDIKATIONEN

Kopfschmerzen mit Schwindel beim Aufstehen, wehes Gefühl in Kopf und Gehirn, wie zerschlagen; Schmerzen treten auf, wenn es regnet, und verschlimmern sich durch Essen.

ARZNEIMITTELHERKUNFT

Phytolacca decandra wird aus *Phytolacca americana*, der Kermesbeere, hergestellt – eine ganzjährige Pflanze, die in Nordamerika, Nordafrika und China heimisch ist. Verwendet werden die frischen, im Herbst gesammelten Wurzeln.

Zahnen. Unwiderstehliches Verlangen, Zähne und Zahnfleisch zusammenzubeißen.

Halsentzündung. Der Hals ist dunkelrot oder bläulich-rot. Schmerz an der Zungenwurzel, der zum Ohr ausstrahlt. Schlimmer durch Schlucken. Beim Schlucken Kloßgefühl im Hals. Der Hals fühlt sich rauh und trocken an, mit heißen splitterähnlichen Schmerzen. Die Mandeln sind geschwollen, der Kranke fühlt sich frostig und möchte zugedeckt werden. Schmerzen beim Schlucken; **schlimmer durch heiße Getränke** nachts und beim Schlucken. Dicker Schleim im Hals und zuweilen auch Geschwürbildung. Die Drüsen sind geschwollen und hart (unterhalb des Oberkiefers und neben dem Ohr).

Nützlich bei Diphtherie, Peritonsillitis und Mumps. Schmerzen im ganzen Körper und Ruhelosigkeit können mit der Halsentzündung einhergehen. Herausstrecken der Zunge verursacht scharfe Schmerzen an der Zungenwurzel; kann nicht einmal Wasser schlucken; Gefühl der Fülle im Hals, wie erstickt.

Mastitis. Die Brüste sind schwer, hart und sehr empfindlich. Knoten in der Brust, Drüsentumoren, die hart werden. Die Brust ist hart, schmerzhaft und weist eine purpurne Verfärbung auf. Brustdrüsenabszeß; die Brustwarzen sind rissig und überempfindlich. Mastitis mit Rücken- und Knochenschmerzen sowie Schüttelfrost. Brüste sind vor und während der Menstruation reizempfindlich. Nützlich bei wäßrig-blutiger Absonderung aus den Brustwarzen.

Steifer Hals. Schmerzen bei Bewegung, **schlimmer durch Kälte und Zugluft.** Anhaltende Schmerzen im Lendenwirbel- und Kreuzbeinbereich. Schmerzen und Steifigkeit in der rechten Schulter, mit der Unfähigkeit, den Arm zu heben. Schmerzen wie elektrische Schläge. Schmerzen in den Fersen, besser durch Anheben der Füße.

DIE PHYTOLACCA-PERSÖNLICHKEIT

Der Phytolacca-Patient schaut düster in die Zukunft, ist gleichgültig und kann eine völlige Schamlosigkeit zeigen. Ruhelosigkeit und Erschöpfung, der ganze Körper schmerzt; Schwindel beim Aufstehen. Unwiderstehliches Verlangen, Zähne und Zahnfleisch zusammenzubeißen. Interessante Körperempfindungen, wie das Gefühl von Sand unter den Augenlidern; fühlt sich innen und außen völlig zerschlagen, schuppige Zunge. Der Patient fühlt sich schwach und müde und möchte sich hinlegen.

***Amerikanische Kermesbeere, die Grundlage für Phytolacca decandra. Sie wurde erstmals in Amerika geprüft; die Prüfungsergebnisse finden sich im zweiten Band der* Transactions of the American Institute of Homeopathy.**

Podophyllum

- **Galleüberschuß**
- **Durchfall**
- **Schlimmer bei heißem Wetter**
- **Besser durch Liegen auf dem Bauch**
- **Besser durch Massieren der Leberregion**
- **Kopfschmerzen im Wechsel mit Durchfall**
- **Schmerzen im rechten Eierstock**

Podophyllum peltatum, *die Grundlage für* ***Podophyllum.***

EINFÜHRUNG

Das Haupteinsatzgebiet von Podophyllum sind Gallebeschwerden im unteren Verdauungstrakt. Podo. *ist die gängige Abkürzung für dieses Mittel.*

ARZNEIMITTELBILD & INDIKATIONEN

Die Beschwerden sind **schlimmer bei heißem Wetter**. Mittel der Wahl bei Sommer**durchfall**, besonders nach dem Genuß von Obst oder während der Schwangerschaft.

Kopfschmerzen stehen in Wechselbeziehung zu **Durchfall;** beide Symptome wechseln sich ab, oder die Kopfschmerzen bessern sich mit dem Einsetzen von Durchfall. Zahnschmerzen und Zahnen sprechen auf dieses Mittel an, wenn gleichzeitig auch die Darmstörung vorliegt.

Bitterer Geschmack und Heißhunger auf Saures, auch wenn dies den **Galleüberschuß** verstärkt. Die Leberregion ist schmerzhaft; Reiben oder Massieren bringt Erleichterung, oft in Form von Durchfall. Schmerzender Mastdarm.

Bei Frauen können die Symptome in der Schwangerschaft oder während der Menstruation auftreten. **Eierstockschmerzen** meist rechtsseitig. Bei Männern Prostataprobleme.

Besser durch Liegen auf dem Bauch.

ARZNEIMITTELHERKUNFT

Dieses Mittel wird aus *Podophyllum peltatum*, dem sogenannten Maiapfel, hergestellt. Wurzeln und Wurzelstöcke sind giftig. Verwendet werden die frischen unterirdischen Teile.

DIE PODOPHYLLLUM-PERSÖNLICHKEIT

Podophyllum hat kein ausgeprägtes psychisches Bild, es besteht jedoch eine Neigung zur Geschwätzigkeit.

Pulsatilla

- **Eine sanfte, milde, nachgiebige Person, die Aufmerksamkeit verlangt**
- **Launisch**
- **Anhängliches, weinerliches Kind, das liebkost und umsorgt werden will**
- **Wünscht Gesellschaft und Trost, die bessern**
- **Schlimmer durch Hitze, verlangt nach kalter, frischer Luft**
- **Gesichtsröte**
- **Besser durch langsame, sanfte Bewegung**
- **Durstlosigkeit**
- **Ausgeprägte Wechselhaftigkeit**
- **Dicker, gelblichgrüner und milder Katarrh**
- **Verdauungsbeschwerden begleiten häufig jede Erkrankung**
- **Schlimmer durch schweres, fettes Essen**
- **Verdauungsbeschwerden schlimmer morgens, mentale Beschwerden schlimmer abends**
- **Beschwerden einseitig**
- **Viele katarrhalische Beschwerden an Auge, Ohr und Nase**

EINFÜHRUNG

Pulsatilla wird oft für Kinder gewählt oder für Beschwerden, die im Pubertätsalter einsetzen. Das Temperament und der Gemütszustand sind die wichtigsten Leitsymptome für die Wahl von Pulsatilla. Es hat eine spezifische Beziehung zu den Schleimhäuten. Pulsatilla *und* Puls. *sind die gängigen Abkürzungen für dieses Mittel.*

ARZNEIMITTELBILD & INDIKATIONEN

Beschwerden treten oft auf, nachdem die Füße naß geworden sind; Nahrungsmittelunverträglichkeit, vor allem bei schwerem Essen, das Magenbeschwerden verursacht.

Ausgeprägte Verschlimmerung durch Hitze; verlangt nach kalter, frischer Luft. Die Haut fühlt sich heiß an, ohne daß Fieber besteht. **Gesichtsröte.**

Besser durch langsame, sanfte Bewegung; beides beruhigt den Patienten allgemein und seine spezifischen Beschwerden: Schmerzen, Kopfschmerzen usw.

Durstlosigkeit besteht gewöhnlich auch bei Fieber, oder trockener Mund ohne Durst.

Ausgeprägte Wechselhaftigkeit, selbst auf körperlicher Ebene: Beim Durchfall ist kein Stuhl wie der andere, die Schmerzen wandern, die Symptome ändern sich. Die Schmerzen treten plötzlich auf und klingen nur langsam ab.

Katarrhalische Beschwerden an allen Schleimhäuten, die entzündet sind und purpurfarben aussehen. Die Absonderungen sind **dick, gelblichgrün** und mild.

Bei chronischem oder länger anhaltendem Nasenkatarrh Geruchs- oder Geschmacksverlust.

Verdauungsbeschwerden begleiten häufig jede Erkrankung; aufgetrieben und empfindlich, schlimmer vor allem nach dem Essen. Zieht kalte Dinge vor, **Verschlimmerung durch schweres, fettes Essen**, Eiscreme, Schweinefleisch, Obst, Kaltes; ißt gierig, wodurch es ihm schlechter geht. **Belegte Zunge**, schlechter Geschmack im Mund, vor allem frühmorgens.

Verdauungsbeschwerden sind schlimmer morgens, die geistigen Beschwerden schlimmer abends.

Schlimmer durch Ruhe; wird hektisch. Besser durch Liegen auf der schmerzenden Seite. Kann nicht auf der linken Seite liegen wegen Herzklopfen und Erstickungsgefühl.

Beschwerden einseitig; Fieber, Kopfschmerzen, Schweiß, Frostigkeit etc.

Klopfende Kopfschmerzen mit Blutandrang zum Kopf, besser durch Kälte, Druck und mäßige Bewegung. Schlimmer abends und durch Bücken. Schmerzen in den Schläfen und Seitenpartien. Kopfschmerzen vor der Menstruation, die oft spärlich ist.

Viele katarrhalische Beschwerden an Auge, Ohr und Nase. Juckende Augenlider; Gerstenkörner bessern sich durch Kälte, verschlimmern sich durch Hitze, mit den typischen Absonderungen. Die Nase verstopft abends und im warmen Zimmer. Morgens steht der Patient mit verstopfter Nase auf, kann sie aber leicht ausschneuzen. Häufig Nasenbluten.

Frostigkeit beginnt in den Händen und Füßen mit Schmerzen in den Gliedern, einseitig; Taubheitsgefühl; Fieber. Durst vor der Frostigkeit. Reichliches Schwitzen am ganzen Körper oder einseitig. Hitze mit erweiterten Blutgefäßen. Zuweilen Erbrechen von Schleim im Fieber.

Trockener Husten nachts, schlimmer durch Liegen, und lockerer Husten morgens. Dicker gelblichgrüner Schleim.

Husten durch Kitzelreiz im Kehlkopf, trockener Reizhusten; wünscht frische Luft. Husten beim Einatmen; schlimmer abends und im warmen Raum.

DIE PULSATILLA-PERSÖNLICHKEIT

Eine sanfte, milde, nachgiebige Person, die Aufmerksamkeit verlangt. Nervös, zappelig, launenhaft, leicht zu führen. Ein anhängliches, weinerliches Kind, das liebkost werden will. Hektisch und reizbar, aber nicht wie die Wutanfälle von Chamomilla oder die Empfindlichkeit von Hepar. Wünscht Gesellschaft und Trost, die seinen Zustand bessern. Schnelle Stimmungsschwankungen von Lachen zu Traurigkeit; weint leicht, allein schon beim Gedanken an Schmerz. Pulsatilla ist lieb und zärtlich, wenn es ihr gutgeht, vergeht jedoch vor Selbstmitleid, wenn sie krank ist. Unentschlossen. Sie muß nicht krank aussehen.

ARZNEIMITTELHERKUNFT

Pulsatilla wird aus *Pulsatilla pratensis* hergestellt, die auch als Kuhschelle, Küchenschelle oder Feldanemone, die zur Gattung der Hahnenfußgewächse gehört, bekannt ist. Sie wächst in Europa auf kalkigem Gelände. Verwendet wird die zur Blütezeit gesammelte, frische, ganze Pflanze.

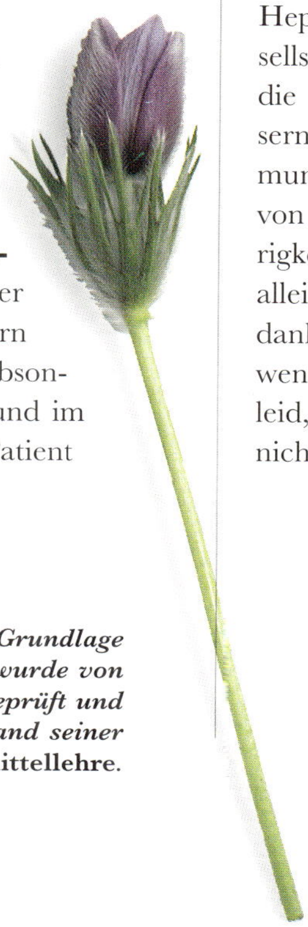

***Feldanemone, die Grundlage für Pulsatilla. Sie wurde von Hahnemann geprüft und erscheint im zweiten Band seiner* Reinen Arzneimittellehre.**

Pyrogenium

- **Septisches Fieber**
- **Wochenbettfieber**
- **Krampfadergeschwüre**
- **Septische Wunden**
- **Schlimmer durch Kälte und Feuchtigkeit**
- **Besser durch Bewegung, Hitze, heißes Baden, Druck**

EINFÜHRUNG

Pyrogenium ist eine Nosode, eine Arznei aus Krankheitsprodukten. Es ist ein hervorragendes Mittel für septische Zustände mit stark ausgeprägter Ruhelosigkeit. Der Pyrogenium-Patient ist normalweise schwer krank und leidet an Septikämie. Er bedarf dringend ärztlicher Hilfe. Pyrogenium ist häufig indiziert bei septischem Fieber, Wochenbettfieber, rezidivierenden Abszessen und Typhus. Nützlich bei hartnäckigen, übelriechenden Krampfadergeschwüren beim älteren Menschen. Pyrogen. *und* Pyrog. *sind die gängigen Abkürzungen für dieses Mittel.*

ARZNEIMITTELBILD & INDIKATIONEN

Septischer Zustand mit stark ausgeprägter Ruhelosigkeit; der Puls wird schwach, die Muskeln schmerzen; **besser durch Bewegung und Hitze.** Der Patient fühlt sich wie zerschlagen; er muß sich bewegen, um sich Erleichterung zu verschaffen. **Schlimmer durch Kälte.** Die Körperabsonderungen sind äußerst übelriechend; hat einen extrem schnellen Puls und hohes Fieber, doch Temperaturanstieg und Pulsbeschleunigung korrelieren nicht in der üblichen Weise. Gereiztheit, Delirium und Verwirrtheitszustände. Erschöpfung, muß sich jedoch bewegen, obwohl dem Patienten alles weh tut. Klopfende Kopfschmerzen, wirft den Kopf hin und her, fühlt sich besser, wenn man ihn fest bandagiert. Kalter Schweiß auf der Stirn, Nasenflügelatmung. Niest, wenn die Hände unter der Decke hervorschauen.

ARZNEIMITTELHERKUNFT

Pyrogenium oder Pyrogen wird aus zersetztem, magerem Rindfleisch hergestellt. Es wurde um etwa 1870 von englischen Homöopathen eingeführt.

Übelriechender Atem und Übelkeit; kaffeesatzartiges Erbrechen oder Erbrechen von fauligen Massen, fauliger Geschmack im Mund; die Zunge ist belegt und braun. Wäßriger, reichlicher und fauliger Durchfall. Spärlicher Harn.

Septisches Fieber. Der Patient ist kalt und frostig, die Frostigkeit beginnt im Rücken, die Temperatur steigt schnell. Große Hitze und Schweiß ohne Temperaturrückgang.

Oft ist der Patient nie wieder vollständig von einem früheren septischen Zustand wie Typhus oder einer infizierten Wunde genesen. Herzklopfen und abnorm schneller Puls. Starke Gliederschmerzen; muß sich bewegen, um sich Linderung zu verschaffen. Alle Körpersekrete sind faulig.

Wochenbettfieber. Fieber bei jeder Regelblutung. Regelfluß ist sehr übelriechend; Beckenentzündung, Septikämie nach Fehlgeburt.

Septische Wunden, übelriechende Krampfadergeschwüre. Kleine Schnittwunden oder Verletzungen schwellen an oder entzünden sich und werden septisch. Schmerzhafte Krampfadergeschwüre mit fauliger Absonderung, heilen nur langsam.

DIE PYROGENIUM-PERSÖNLICHKEIT

Der Geist des Pyrogenium-Patienten ist sehr aktiv, voller Angst und verrückter Vorstellungen. Denkt, er sei sehr reich. Sehr geschwätzig, spricht schnell. Hat das Gefühl, von vielen Armen und Beinen umgeben zu sein. Zustand der Reizbarkeit und Delirium.

Rohes Rindfleisch, die Grundlage von Pyrogenium. Es wurde von Drysdale, Wyborn und anderen geprüft; die Ergebnisse sind in der **Materia Medica der Nosoden** *veröffentlicht worden.*

Rhus toxicodendron

- **Gelenk-, Bänder-, Sehnen- und Hautbeschwerden**
- **Schlimmer durch Kälte**
- **Besser durch Hitze und Bewegung**
- **Ruhelosigkeit, Angst**
- **Wundheits- und Zerschlagenheitsgefühl, reißende Schmerzen**
- **Betäubende Kopfschmerzen**
- **Dreieckige rote Zungenspitze**
- **Roter, juckender, oft bläschenartiger Ausschlag**

EINFÜHRUNG

Dieses Mittel ist indiziert bei Symptomen, die nach Naßwerden, Überanstrengung oder nach einem operativen Eingriff auftreten. Es hat ein großes Anwendungsfeld und hilft bei niedrigem, jedoch hartnäckigem Fieber, das von Frostigkeit begleitet ist. Das Mittel wirkt besonders auf Gelenke, Bänder, Sehnen und die Haut. Rhus. tox *und* Rhus t. *sind die gängigen Abkürzungen.*

ARZNEIMITTELHERKUNFT

Rhus toxicodendron wird aus den frischen jungen Trieben von *Toxicodendron quercifolium*, dem Giftsumach, hergestellt. Die Pflanze wächst in Nordamerika und Kanada.

ARZNEIMITTELBILD & INDIKATIONEN

Beschwerden durch **kaltes und feuchtes Wetter, nach Naßwerden der Füße oder Naßwerden beim Schwitzen, Überanstrengung, Muskelzerrungen.** Beschwerden beginnen oft nachts. Alle Beschwerden **schlimmer durch Kälte,** Entblößen, abends und nachts, Überanstrengung, Naßwerden.

Besser durch Hitze, Bewegung, Druck, Reiben, Schwitzen.

Bewegung verschlimmert erst, anhaltende Bewegung bessert durch Warmwerden.

Ruhelosigkeit, Angst, Wundheits- und Zerschlagenheitsgefühl. Schmerzen oft mit Taubheitsgefühl und Gliederschwäche.

Die **Kopfschmerzen** wie bei Fieber; Gefühl, als wäre das Gehirn locker; **betäubend** mit Sausen in den Ohren. Gefühl, als ob das Gehirn zusammengepreßt würde. Die Kopfmuskeln schmerzen, Knochenhaut des Schädels ist berührungsempfindlich. Hinterkopfschmerzen besser durch Zurückhalten des Kopfes; bei diesen Rhus-Symptomen bestehen gleichzeitig Unruhe und Knochenschmerzen; schlimmer durch Bewegung. Kopfschmerzen schlimmer durch Naßwerden der Haare.

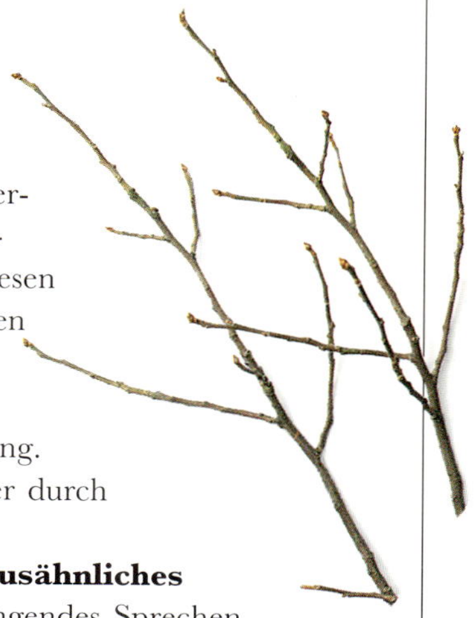

Giftsumach, die Grundlage für Rhus toxicodendron. Das Mittel wurde von Hahnemann geprüft und findet sich im zweiten Band seiner **Reinen Arzneimittellehre.**

Schleichendes, typhusähnliches Fieber. Unzusammenhängendes Sprechen, antwortet hastig; Angst und leichtes Delirium, alles schlimmer nachts. Mildes, persistierendes Delirium, Ruhelosigkeit mit Träumen von großer Anstrengung.

Erkältungen setzen sich im ganzen Körper und den Gliedern fest.

Starker Schwindel. Heftiger Schnupfen. Wunde Nasenflügel. Übelriechende Absonderung.

Erkältung kann sich auf den Kehlkopf schlagen und Heiserkeit verursachen, besser durch Gebrauch der Stimme. Halsentzündungen mit geschwollenen Drüsen und Nackensteifigkeit.

Gewöhnlich starker Durst, Schlucken fester Nahrung ist durch das Einschnürungsgefühl im Hals erschwert. Trockene Schleimhäute; trockene oder belegte Zunge mit **dreieckig roter Spitze.** Kalte Getränke verursachen Frostigkeitsgefühl oder Husten.

Trockener, harter Kitzelhusten vor oder während des Frostanfalls; quälender Husten. Husten während des Schlafs; Lungen- oder Rippenfellentzündung mit scharfen, stechenden Schmerzen in der Brust, viel Fieber, Knochenschmerzen, Ruhelosigkeit. Im allgemeinen besser durch Bewegung, es folgt jedoch Erschöpfung; starker Durst und Fieber. Fieber und *Herpes labialis.*

Zuweilen Hungergefühl ohne Appetit.

Steifer, lahmer Rücken, besser durch Liegen auf harter Unterlage; Gelenkschmerzen und reißende Schmerzen durch die Glieder hindurch.

Roter, juckender und oft bläschenähnlicher Ausschlag. Nesselausschlag bei Fieber.

DIE RHUS-TOX.-PERSÖNLICHKEIT

Dieser Patient ist ruhelos, vor allem nachts, deprimiert und besorgt und von unangenehmen Gedanken gequält. Er kann so mißtrauisch sein, daß er fürchtet, seine Medizin könne vergiftet sein.

Rumex crispus

- **Haupteinsatzgebiet sind die Atemwegssymptome**
- **Ein heiserer, bellender Husten anfallsartig jede Nacht um 23 Uhr und zwischen 2 und 5 Uhr morgens**
- **Husten durch das Einatmen der geringsten Kaltluft**
- **Husten schlimmer durch Hinlegen**
- **Sehr empfindlich gegen kalte Luft**
- **Bewegungsloses Dasitzen**

EINFÜHRUNG

Rumex crispus hat weder die fiebrigen Symptome von Bryonia, Rhus tox. und Aconitum noch die allgemeine Beeinträchtigung, die Gliederschmerzen, das allgemeine Wundheitsgefühl, das Fieber und den Durst. Die Atemwegssymptome sind sein Haupteinsatzgebiet. Rumex *ist die gängige Abkürzung für dieses Mittel.*

ARZNEIMITTELHERKUNFT

Rumex wird aus *Rumex crispus* hergestellt, dem Krausen Ampfer. Verwendet werden die frischen unterirdischen Teile der Pflanze. Der Krause Ampfer wird auch in der Pflanzenheilkunde zur Behandlung von chronischen Hautleiden eingesetzt.

ARZNEIMITTELBILD & INDIKATIONEN

Ein heiserer, bellender Husten, anfallsartig jede Nacht um 23 Uhr und zwischen 2 und 3 Uhr morgens auftretend. Husten mit Schmerzen hinter der Mitte des Brustbeins. Husten schlimmer durch Hinlegen, wodurch es kurze Zeit später zu einem überaus heftigen Hustenanfall kommt. **Husten durch das Einatmen der geringsten Kaltluft,** ähnlich Phosphorus und Spongia, bei Wechsel von warm zu kalt. **Sehr empfindlich gegen kalte Luft**, muß den Mund bedecken, um ihn vor Kaltluft zu schützen.

Ausräuspern reichlichen, dünnen, schaumigen, weißen Schleims. Manchmal findet man zuerst auch einen harten, trockenen, krampfartigen Husten. Wäßriger Auswurf, der später dick, gelb, zäh und fadenartig wird. Begleitet werden diese Symptome durch einen braunen Morgendurchfall. Husten mit unfreiwilligem Abgang von etwas Urin (ähnlich Causticum).

Extreme Rauhheit in Kehlkopf und Luftröhre, Brennen und Schmerzen. Druckempfindlichkeit der Kehlgrube. Kitzeln in der Kehlgrube oder von der Brustmitte hinunter zum Magen verursacht Husten und eventuell Kopfschmerzen mit Blutandrang zum Kopf und brennenden, schießenden Schmerz in der rechten Brust.

Bewegungsloses Dasitzen: Der Patient kann nicht tief Luft holen, weil das Brennen durch tiefe Atmung verstärkt wird. Husten durch Temperaturveränderung.

Lachesis-Kinder husten zwar auch in ihrem frühen Schlaf um 23 Uhr, sie husten jedoch nicht, wenn sie wach bleiben. Rumex-Kinder dagegen husten in jedem Fall.

Empfindlich gegen frische Luft und manchmal ein Gefühl der Luftknappheit, als wäre er draußen rasch gegangen.

Heftiges Jucken der Haut beim Entkleiden, um ins Bett zu gehen.

DIE RUMEX-CRISPUS-PERSÖNLICHKEIT

Da es in erster Linie ein akutes Mittel für Atemwegsstörungen ist, hat Rumex crispus auch kein umfangreiches psychisches Symptombild. Bekannt sind Traurigkeit, Kleinmütigkeit, Abneigung gegen geistige Arbeit, Reizbarkeit und geistige Erregbarkeit.

EIN URALTES HAUSMITTEL

Ampferblätter werden seit ewigen Zeiten in der Volksmedizin zur Linderung von Hautaffektionen durch Brennesseln eingesetzt.

Krauser Ampfer, die Quelle von Rumex crispus.

Ruta graveolens

- **Notfallmittel**
- **Überanstrengung von Bändern und Sehnen**
- **Schmerzhaftigkeit und Zerschlagenheitsgefühl**
- **Ruhelosigkeit**
- **Schwäche und Mattigkeit**

EINFÜHRUNG

Ruta graveolens ist ein Notfallmittel bei Beschwerden durch Überanstrengung, besonders der Beugesehnen. Es wirkt auf Periost und Knorpel, Augen und Gebärmutter, bei Verstauchungen, und verletzten, »zerschlagenen« Knochen. Besonders nützlich ist es bei Überanstrengung von Handgelenk, Knie und Knöchel. Ruta *ist die gängige Abkürzung für dieses Mittel.*

ARZNEIMITTELBILD & INDIKATIONEN

Ganz besonders die Oberschenkel sind schwach und schmerzhaft und geben beim Aufstehen vom Stuhl nach. Rückenschmerzen besser durch Liegen auf dem Rücken.

Ruta ist nützlich bei Überanstrengung der Augen, wenn sich die Augen heiß, wie zerschlagen und schmerzhaft anfühlen und die Sehkraft nachläßt.

Ein **Zerschlagenheitsgefühl und Schmerzhaftigkeit** des ganzen Körpers, Schmerzen mit **Schwäche.**

Die Symptome sind schlimmer im Liegen oder beim Stillsitzen; der Körperteil, auf dem man liegt, fühlt sich wie zerschlagen an, deshalb auch ausgeprägte **Ruhelosigkeit** (dennoch normalerweise nicht so ruhelos wie Rhus toxicodendron).

Die Schmerzen verschlimmern sich durch Kälte und Feuchtigkeit, vor allem bei naßem, windigem Wetter. Jede **Anstrengung** ist schmerzhaft und **erschöpfend**; Treppensteigen fällt besonders schwer.

Bei den langfristigeren Fällen von Gelenk- und Gewebsschäden, wie Rheuma, zeigt das Ruta-Bild andere Aspekte. Dazu gehören plötzliche Übelkeit und Erbrechen beim Essen, großer Durst auf kaltes Wasser und ein anhaltender Harndrang.

ARZNEIMITTELHERKUNFT

Ruta wird aus *Ruta graveolens* hergestellt, die als Garten- oder Weinraute bekannt ist. Verwendet werden die frischen, zu Beginn der Blüte gesammelten oberirdischen Teile der Pflanze. Die Gartenraute hat als Heilpflanze bereits Tradition: Krieger bestrichen ihre Schwertklinge mit ihr und glaubten sich dadurch unverwundbar; auch als Gegengift wurde sie verwendet. Im Mittelalter setzte man sie zur Seuchenbekämpfung ein.

DIE RUTA-PERSÖNLICHKEIT

Der Ruta-Patient ist geistig abgespannt. Er wird streitsüchtig und unzufrieden und fühlt sich, trotz der Ruhelosigkeit, kraftlos und verzweifelt.

TYPHUS

Die Gartenraute wurde im 16. und 17. Jahrhundert büschelweise auf den Böden der Gerichtssäle verteilt, um die Verbreitung von Typhus zu verhindern – eine Krankheit, die durch Läuse übertragen wird. Die Gartenraute galt als höchst wirksam gegen Läuse und Flöhe.

Gartenraute, die Grundlage von Ruta graveolens. Eine Arzneimittelprüfung findet sich im vierten Band von Hahnemanns **Reiner Arzneimittellehre.**

Sanguinaria

- **Hitzewallungen**
- **Brennende Hitze**
- **Kopfschmerzen über dem rechten Auge**
- **Schlimmer durch Sonne**
- **Starke Menstruation**
- **Schmerzen in der rechten Schulter**
- **Wechseljahrsbeschwerden**

EINFÜHRUNG

Sanguinaria hat eine spezifische Beziehung zum Kreislauf, zu den Schleimhäuten und zur Gebärmutter. Es ist hilfreich bei Husten und grippebedingten Atemwegserkrankungen. Sang. *ist die gängige Abkürzung für dieses Mittel.*

***Blutwurz, die Grundlage für Sanguinaria. Geprüft wurde es in Amerika. Die Prüfergebnisse finden sich in der* Materia Medica of American Provings.**

ARZNEIMITTELBILD & INDIKATIONEN

Die charakteristischen **Hitzewallungen** machen Sang. zu einem nützlichen Mittel in den Wechseljahren.

Die **brennenden Empfindungen** treten in verschiedenen Regionen auf. Diese Blutstauung führt zu **Kopfschmerzen** mit aufsteigenden Schmerzen, die sich **über dem rechten Auge festsetzen.** Die Symptome können **durch Sonne verschlimmert** oder überhaupt ausgelöst werden, treten aber auch nachts auf. Besser durch kalte Luft.

Die Menstruation ist stark, oft wegen Uteruspolypen, die Brüste schmerzen. Zwischen der Regelblutung brennender Ausfluß, vor allem zum Zeitpunkt der **Menopause.**

Alle Formen von Brustbeschwerden, einschließlich Asthma und trockener Husten.

Sanguinara ist bei der rheumatoiden Arthritis des **rechten Schultergelenks** von besonderem Nutzen.

DIE SANG.-PERSÖNLICHKEIT

Das psychische Sanguinaria-Bild zeichnet sich durch große Angst und Widerwillen gegen körperliche oder geistige Anstrengung aus.

ARZNEIMITTELHERKUNFT

Sanguinaria wird aus *Sanguinaria canadensis*, einem Mitglied der Mohnfamilie, hergestellt und ist in Nordamerika heimisch. Volkstümlich wird es als Kanadische Blutwurz oder Kanadisches Blutkraut bezeichnet. Verwendet werden die getrockneten unterirdischen Teile der Pflanze.

Sarsaparilla

- **Blasenentzündung**
- **Schmerzhaftes Urinieren**
- **Blut und Eiter im Urin**
- **Koliken und Rückenschmerzen**
- **Alt aussehende Haut**

Blätter der Sarsaparillawurzel, der Grundlage für Sarsaparilla.

EINFÜHRUNG

Sarsaparilla ist als Blutreinigungsmittel bekannt, hat aber darüber hinaus eine spezifische Beziehung zum Urogenitaltrakt. Früher wurde es in der Allopathie bei Syphilis eingesetzt, um den Nebenwirkungen der Quecksilberbehandlung entgegenzuwirken. Sars. *ist die gängige Abkürzung für dieses Mittel.*

ARZNEIMITTELBILD & INDIKATIONEN

Nützliches Mittel bei **Blasenentzündung, mit Schmerzen beim Wasserlassen.** Die letzten Urintropfen können besonders schmerzhaft sein und **Blut oder Eiter** enthalten.

Manchmal fällt das Wasserlassen schwer, vor allem tagsüber, im Stehen läuft der Harn ungehindert.

Die Blasenentzündung begleitende Symptome sind **Koliken, Rückenschmerzen** und Verstopfung.

Die Haut ist aufgesprungen, fleckig oder juckt. In chronischen Fällen **sieht sie welk und runzlig aus.**

ARZNEIMITTELHERKUNFT

Sarsaparilla wird aus *Smilax officinalis* hergestellt, einem Klettergewächs, das in den südamerikanischen Tropen heimisch ist. Verwendet werden die getrockneten, unterirdischen Teile der Pflanze. In der Pflanzenheilkunde wird sie zur Behandlung von Hautleiden und Rheuma eingesetzt.

DIE SARSAPARILLA-PERSÖNLICHKEIT

Sarsaparilla hat kein herausragendes psychisches Bild, wenngleich Niedergeschlagenheit und Müdigkeit vorliegen können.

Sepia

- **Verlust von Gefühlen**
- **Gefühl des Herunterziehens**
- **Menstruations- und Wechseljahrs-beschwerden**
- **Fahle Haut**
- **Übelriechender Schweiß**
- **Frostigkeit, besser durch Wärme und Sonne**
- **Heißhunger auf Süßes, Essig, Saures und sauer Eingelegtes**
- **Übelkeit und morgendliche Übelkeit in der Schwangerschaft**

EINFÜHRUNG

Sepia gilt allgemein als Frauenmittel, das oft in Fällen von Menstruations- oder Wechseljahrsbeschwerden von Nutzen ist. Hilfreich ist es auch bei leicht ermüdenden Kindern. Sep. *ist die gängige Abkürzung für dieses Mittel.*

ARZNEIMITTELBILD & INDIKATIONEN

Es besteht auf körperlicher wie emotionaler Ebene ein Gefühl des »Herabgezogenwerdens« und »Abwärtsdrängens«. Dieses Senkungsgefühl kann sich in der Haltung widerspiegeln und im klassischen Sepia-Gefühl eines Gewichts im Bauch, das die Patientin dazu veranlaßt, die Beine zu überkreuzen, »damit nicht alles herausfällt«.

Sepia-Zustände treten typischerweise während oder nach der Schwangerschaft (vor allem bei mehreren Schwangerschaften), vor oder während der **Periode** und in den **Wechseljahren** auf. Hervorrufen kann sie im Grunde aber jede Situation, aus der die Patientin erschöpft, ermattet, niedergeschlagen und unfähig, Freude oder Gefühle zu empfinden, hervorgeht.

Das Aussehen von Sepia verkörpert insgesamt Schlaffheit: schlaff herunterhängende Augenlider, hängende Schultern, ein aufgetriebener Bauch.

Die Haut sieht **fahl** aus, vor allem der sogenannte »Sepiasattel«, eine gelblich-blasse Verfärbung an Nase und Wangen. Er kann als relativ sicherer Hinweis für den Einsatz von *Sepia* gelten.

ARZNEIMITTELHERKUNFT

Sepia wird aus dem getrockneten Inhalt des Tintenbeutels des Tintenfisches *Sepia officinalis* hergestellt. Hahnemann soll auf dieses Mittel erstmals gestoßen sein, als er einen Künstler wegen Depressionen und Apathie behandelte – er hatte an seinen Pinseln mit Sepiafarbe, die aus Tintenfischtinte hergestellt worden waren, gesaugt.

Das Haar fühlt sich rauh an, eventuell viel Körperbehaarung. Reichlich **übelriechender Schweiß,** vor allem in den Achselhöhlen und im Genitalbereich. Die Unterlippe kann geschwollen sein.

Die Patientin ist **frostig** und fühlt sich **besser durch Wärme;** Kälte und Zugluft verschlimmern.

Der Geruch oder manchmal nur der Gedanke an Essen verursacht Übelkeit, damit ist *Sepia* oft während der **Schwangerschaft**, vor allem bei **morgendlichem Erbrechen**, indiziert.

Plötzliche Heißhungerattacken auf bestimmte Nahrungsmittel, vor allem **Süßes und Saures oder sauer Eingelegtes**.

Verstopfung, Hämorrhoiden und Mastdarmprolaps und Prolaps von Gebärmutter und Vagina gehören zum Sepia-Bild.

Obwohl *Sepia* oft hilfreich bei kleineren Schwangerschaftsbeschwerden wie **Übelkeit** ist, sollte es in dieser Zeit nicht in hohen Potenzen und auch nicht in häufig wiederholten Gaben verabreicht werden, wenn nicht ärztlich verordnet. Erfahrene Homöopathen setzen *Sepia* in der Schwangerschaft manchmal bei bestimmten Zuständen ein, so zum Beispiel bei *Placenta praevia.*

DIE SEPIA-PERSÖNLICHKEIT

Die Sepia-Frau wirkt gleichgültig, distanziert und emotionslos; sie kann aber auch in plötzliche Weinkrämpfe ausbrechen, ohne zu wissen, warum. Männer, die sich für einen emotionslosen Lebensstil entscheiden, können ebenfalls ein Sepia-Bild zeigen.

***Der Tintenfisch, Grundlage für Sepiatinte, aus der Sepia hergestellt wird. Sie wurde erstmals von Hahnemann geprüft und findet sich in der ersten Auflage seines Werkes* Die chronischen Krankheiten.**

Silicea

- **Beschwerden treten nach Naßwerden der Füße auf; durch unterdrückte Absonderungen oder Schweiß**
- **Katarrhe mit dicker, gelblicher Absonderung**
- **Lymphknoten sind vergrößert und werden hart**
- **Schlimmer in warmen Räumen und durch Hitze**
- **Schweiß am Oberkörper oder Kopf**
- **Kopfschmerzen ziehen vom Hinterkopf zur Stirn**

EINFÜHRUNG

Silicea hat eine spezifische Beziehung zum Verdauungstrakt, der Nahrung nur unvollständig assimiliert. Es ist besonders hilfreich bei chronischen Erkrankungen. Eine bemerkenswerte Eigenschaft von Silicea ist seine Fähigkeit, die Ausscheidung von Fremdkörpern – Splitter, Glasscherben, Dornen – zu fördern. Personen mit Implantaten sollten auf dieses Mittel verzichten. Sil. *ist die gängige Abkürzung für dieses Mittel.*

ARZNEIMITTELBILD & INDIKATIONEN

ARZNEIMITTELHERKUNFT

Silicea wird aus Siliciumdioxid (SiO_2) hergestellt, das in Quarz, Feuer- und Sandstein natürlich vorkommt.

Die Symptome treten oft bei naßkaltem Wetter auf und können sich bei kaltem, trockenem Wetter bessern.

Die Beschwerden entstehen nach **Naßwerden der Füße** (wie Pulsatilla), durch **unterdrückte Absonderungen oder Schweiß. Katarrhe mit dicker, gelblicher Absonderung.**

Die Lymphknoten sind vergrößert und verhärten sich, vor allem die am Hals; entzündete Drüsen.

Akute Erkrankungen werden schlimmer in warmen Räumen und durch Hitze; Silicea ist normalerweise frostig und schlimmer durch Zugluft.

Silicium, die Grundlage für Silicea. Es wurde von Hahnemann geprüft und findet sich in der ersten Auflage seines Werkes **Die chronischen Krankheiten.** ***Es ist eines der zwölf von Wilhelm Schüssler (1821–1898) isolierten Gewebesalze.***

Übelriechender Schweiß am Oberkörper oder Kopf.

Kopfschmerzen, die vom Hinterkopf zur Stirn ziehen. Schlimmer nachts, durch Geräusche, kalte Luft; besser durch Hitze und Druck.

Eiterbildung an den Augenlidrändern mit Stechen, Brennen und Rötung. Ausgeprägte Lichtscheu. Augenentzündung durch Trauma oder die Entfernung von Fremdkörpern.

Chronischer Ohrfluß, übelriechend, dick, gelb; Pfeifen und Brausen in den Ohren; Katarrh der Eustachischen Röhre.

Das Gehör kehrt mit einer Art Einschnappen zurück. Besser durch Gähnen oder Schlucken.

Harte Krusten in der Nase. Verlust von Geschmacks- und Geruchsvermögen. Nasenbluten.

Aufgesprungene, sich abschälende und rauhe Lippen, mit Krustenbildung an den Schleimhauträndern; Krustenbildung im Ohr.

Übelkeit, Erbrechen und Schluckauf, mit Abneigung gegen warme Speisen und Verlangen nach kalten Getränken. Heiße Getränke verursachen Schweißausbrüche und Hitzewallungen im Gesicht und am Kopf. Milch verschlimmert und verursacht Durchfall und Erbrechen. Saures Erbrechen.

Koliken, Magen ist berührungsempfindlich; der Patient fühlt sich schlimmer nach dem Essen und besser durch Hitze und Hitzeanwendungen.

DIE SILICEA-PERSÖNLICHKEIT

Der Silicea-Patient ist eigensinnig, hat jedoch kein Selbstvertrauen. Er ist chronisch müde und möchte nur untätig dasitzen. Er reagiert unwillig, wird er auf seine Antriebsarmut angesprochen, und fühlt sich zu geistiger Anstrengung unfähig.

Spigelia anthelmia

- **Starke, schießende, brennende, reißende, stechende, neuralgische Schmerzen**
- **Schmerzen von morgens bis Sonnenuntergang, aber mittags schlimmer**
- **Schlimmer durch Bewegung**
- **Kopfschmerzen sind oft einseitig, beginnen im Hinterkopf, breiten sich nach vorn aus, um sich über dem linken Auge festzusetzen**
- **Neuralgien**

EINFÜHRUNG

Dieses Mittel hat eine spezifische Beziehung zu Gehirn und Rückenmark. Im Arzneibild von Spigelia treten die Schmerzen besonders hervor, und es ist nützlich bei Trigeminusneuralgie. Hilfreich ist es auch bei Herzerkrankungen. Spigelia *und* Spig. *sind die gängigen Abkürzungen für dieses Mittel.*

ARZNEIMITTELBILD & INDIKATIONEN

Dieses Mittel ist wegen seiner Schmerzen bekannt.

Die Körperteile fühlen sich kalt an, senden Schauer durch den ganzen Körper, damit verbundene Schmerzen. Schießende, brennende, stechende, reißende, neuralgische Schmerzen. **Intensive Schmerzen.**

Schmerzen von morgens bis Sonnenuntergang, aber mittags schlimmer (ähnlich Natrium mur.).

Schlimmer durch Bewegung; geistige Anstrengung verschlimmert.

Schlimmer durch Essen, morgens, durch Geräusche, naßkaltes, regnerisches Wetter.

Besser durch Ruhe und trockene Luft.

Schmerzen in Nacken und Schultern besser durch Hitze; kann sich vor Schmerzen nicht bewegen.

Schmerzen in der Augengegend besser durch Kälte.

Kopfschmerzen bessern sich durch Hitze und sind vorübergehend besser durch Kälteanwendungen.

Trigeminusneuralgie, vor allem auf der linken Seite.

Die schmerzenden Partien können rot, entzündet und empfindlich werden. Pulsierende und stechende Kopfschmerzen werden manchmal durch Hochlagern des Kopfes besser, schlimmer durch Bewegung, Vorbeugen, Lärm.

Schmerzen in den Extremitäten wie heiße Drähte, gewöhnlich besser durch Stillhalten; tut so weh, daß jede Erschütterung kaum auszuhalten ist. Schwindel beim nach unten Schauen, deshalb sitzt der Spigelia-Patient da und starrt geradeaus.

ARZNEIMITTELHERKUNFT

Spigelia wird aus *Spigelia anthelmia* hergestellt, die auch als Wurmkraut oder Wurmgras bekannt ist und in Westindien und Südamerika wächst. Verwendet werden die getrockneten, oberirdischen Teile der Pflanze.

Die Kopfschmerzen sind oft einseitig, beginnen im Hinterkopf, breiten sich nach vorn aus, um sich über dem linken Auge festzusetzen (rechts ist Sanguinaria, Silicea etc.). Das Auge auf der schmerzbefallenen Seite kann tränen. Abneigung gegen Kaffee und Tabakrauch. Kein Appetit, aber heftiger Durst.

***Wurmkraut, die Grundlage von Spigelia anthelmia. Das Mittel wurde von Hahnemann geprüft und erscheint im fünften Band seiner* Reinen Arzneimittellehre.**

LES POUDRES DE SUCCESSION

Das Wurmkraut ist hochgiftig und besitzt dieselben fatalen Eigenschaften wie Strychnin. So bildete es auch die Grundlage für *Les poudres de succession* – ein »die Erbfolge sicherndes« giftiges Pulver, das die berühmte Madame de Brinvilliers und viele andere im Frankreich des 17. Jahrhunderts eingesetzt haben, um sich politischer Feinde und unliebsamer, aber reicher Verwandter zu entledigen.

DIE SPIGELIA-PERSÖNLICHKEIT

Die psychische Verfassung von Spigelia zeichnet sich durch Überempfindlichkeit und Unduldsamkeit aus. Der Patient ist ruhelos, leicht reizbar und ängstlich. Es besteht eine auffallende Furcht vor scharfen, spitzen Gegenständen wie Heftzwecken, Nadeln etc.

Spongia tosta

- **Ähnlich Aconit, ohne jedoch dessen fieberhafte Erregung zu haben, und langsamer in seiner Entwicklung**
- **Schlimmer in warmen Räumen und durch Hitze, besser jedoch durch warme Getränke**
- **Kruppmittel**
- **Beschwerden entstehen nach trockenen, kalten Winden**
- **Rauheit und Trockenheit der Schleimhäute**
- **Trockener Husten ohne Rasselgeräusche**

EINFÜHRUNG

Spongia hat enge Beziehungen zu Aconit, weist jedoch nicht dessen fieberhafte Erregung auf und entwickelt sich auch langsamer, es dauert mehrere Tage, bis es zum Ausbruch kommt, und beginnt oft abends. Mittel mit spezifischer Beziehung zu den Atemwegen. Spongia *und* Spong. *sind die gängigen Abkürzungen für dieses Mittel.*

ARZNEIMITTELBILD & INDIKATIONEN

Schlimmer im warmen Raum und durch Hitze, doch **besser durch warme Getränke.**

Eines der wichtigsten **Mittel bei Krupp.** Zuerst **Rauheit und Trockenheit der Schleimhäute** mit Niesen; Krupp tritt vor Mitternacht mit einem trockenen, heiseren, bellenden Husten, sägender Atmung und Trockenheit der Luftwege auf. Je mehr Schleimrasseln, desto mehr kommt *Hepar sulfur* in Betracht, vor allem bei Verschlimmerung nach Mitternacht oder in den Morgenstunden, und desto weniger scheint *Spongia* das Mittel der Wahl zu sein. **Trockenheit der Luftwege ohne Rasseln** ist Spongia, und es kann auf Aconit folgen, wenn der Krupp auch nach Mitternacht und am nächsten Tag anhält. Schreckt mit Erstickungsgefühl, Atemnot, Angst und einem lauten Husten aus dem Schlaf auf, ähnlich Lachesis. Später bildet sich zäher Schleim, der sich nur schwer aushusten läßt.

Meerschwamm, die Grundlage für Spongia tosta. Er wurde erstmals von Hahnemann geprüft und erscheint im sechsten Band seiner Reinen Arzneimittellehre.

Dyspnoe ist schlimmer im Liegen, mit niedrig gelagertem Kopf; besser durch warme Speisen. Husten ist besser durch warme Speisen und Getränke, schlimmer durch Sprechen, Singen, Schlucken. Heiserkeit mit Stimmverlust, große Trockenheit des Kehlkopfs infolge Erkältung; Schnupfen, Niesen, die gesamte Brust, die Nase ist sehr trocken, die Stimme ist trocken und zischend wie bei Krupp.

Nach Erkältung Rauheit von Kehlkopf und Luftröhre, mit Kehlkopfspasmen beim Zubettgehen. Der Kehlkopf ist berührungsempfindlich ähnlich Phosphorus. Wenn die Symptome jeden Abend wiederkehren oder immer kruppartiger werden, kann *Phosphorus* indiziert sein.

Heftige Basiskopfschmerzen, schlimmer im Liegen; muß sich aufsetzen und stillhalten.

Das Mittel ist bei Kehlkopfentzündung und Bronchitis im Erwachsenenalter ebenso nützlich wie bei Krupp im Kindesalter. Große Heiserkeit, Wundheitsgefühl und Brennen; der Husten ist schlimmer beim Sprechen, Lesen, Singen, Schlucken.

Husten schlimmer durch kalte Luft, abends und morgens, besser durch Trinken und warme Speisen.

Dieses Mittelbild kann zum Ausbruch kommen, nachdem eine Belladonna-Halsentzündung sich auf die Brust geschlagen hat.

ARZNEIMITTELHERKUNFT

Spongia wird aus dem Meerschwamm, *Euspongia officinalis*, hergestellt, nachdem er geröstet und pulverisiert wurde. Im 14. Jahrhundert wurde der Schwamm zur Behandlung von Schilddrüsenstörungen verwendet.

DIE SPONGIA-PERSÖNLICHKEIT

Es kann große Angst, sogar Todesangst und Angst zu ersticken bestehen. Herzklopfen und Unwohlsein in der Herzgegend; Schmerzen und ein Gefühl von Völle und Steifigkeit in der Herzregion oder Brust. Der Patient schreckt mit großer Furcht, Erregtheit und Angst und einem Erstickungsgefühl aus dem Schlaf auf, ähnlich Lachesis.

Staphysagria

- **Beschwerden durch Ärger, Zorn, Entrüstung, Kummer**
- **Kopfschmerzen**
- **Gerstenkorn**
- **Zahnschmerzen**
- **Verletzungen durch ein scharfes Instrument**
- **Nach Operationen**
- **Chronischer Durchfall**
- **Harnwegsstörungen**
- **Blasenentzündung**
- **Ekzem**
- **Kopfläuse**
- **Schlimmer durch Emotionen, Berührung, kalte Getränke, Tabak**
- **Besser durch Wärme, Ruhe, Frühstücken**

EINFÜHRUNG

Staphysagria wurde zur Zeit Hippokrates als Emetikum, das heißt als Brechmittel eingesetzt. Es ist ein gutes Mittel gegen Kopfläuse, auch bei stechenden Schmerzen in Operationswunden mit sauberem Schnitt. Es ist auch eine verläßliche Arznei bei Reizblase bei jungverheirateten Frauen und nützlich bei Prostatabeschwerden, Eileiterentzündung und Amenorrhö durch Aufregung. Staph. *ist die gängige Abkürzung für dieses Mittel.*

ARZNEIMITTELBILD & INDIKATIONEN

Nervöse Niedergeschlagenheit mit Zittern. Zittert am ganzen Körper vor Entrüstung, fühlt einen Herzanfall nahen. Überempfindlich gegen Berührung, Lärm, Gerüche; **besser durch Wärme und Ruhe.**

Drückender, betäubender **Kopfschmerz**, das Gehirn fühlt sich an, wie in Stücke gerissen oder zusammengedrückt. Gefühl, als ob eine schwere Kugel in der Stirn säße, besser durch Gähnen, schlimmer durch Emotionen (Ärger, Wut). Feuchter, juckender, übelriechender Ausschlag am Kopf. Die Augen fühlen sich trocken an und sind tiefliegend; **Gerstenkörner** können auf dieses Mittel gut ansprechen.

Samen des gefiederten Rittersporns, der Grundlage für Staphysagria. Sie wurde von Hahnemann geprüft und erscheint im vierten Band seiner **Reinen Arzneimittellehre.**

Bei den Staphysagria-**Zahnschmerzen** können die Zähne locker und schwarz sein. Das Zahnfleisch ist blaß und blutet. Die Zahnschmerzen werden schlimmer während der Menstruation, die Zähne empfindlich nach dem Füllen mit einer Plombe. Milchzähne sind schon beim Durchbrechen kariös. Zahnschmerzen schlimmer bei der leichtesten Berührung und durch Getränke.

Stechende Schmerzen in Operationswunden mit sauberem Schnitt, vor allem im Bauchraum. Ebenfalls bei **Verletzungen durch scharfe Instrumente.** Starke Schmerzen **nach Bauchoperationen.**

Kolikschmerzen im Bauch, Durchfall durch Trinken kalten Wassers, schlimmer durch Speisen oder Getränke und Ärger; Blähungen riechen wie faule Eier. Reizblase bei jungverheirateten Frauen mit schmerzhaftem Urindrang, auch in der Schwangerschaft. Häufiger Harndrang mit spärlich oder reichlich fließendem wäßrigem Urin, der tröpfchenweise abgeht. Brennen während und nach dem Urinlassen schlimmer durch Gehen, besser durch Urinlassen. Nützlich bei Prostatabeschwerden, Eileiterentzündung oder Amenorrhö durch emotionale Erregung.

Ekzeme an Kopf, Ohren sowie Gesicht und Körper mit dicken, trockenen und heftig juckenden Krusten. Arthritische Knötchen in den Fingergelenken und Taubheitsgefühl in den Fingerspitzen.

ARZNEIMITTELHERKUNFT

Staphysagria wird aus *Delphinium staphisagria*, auch als Stephanskörner oder Rittersporn bekannt, hergestellt. Es ist eine zweijährige Pflanze, die von Beginn des Frühlings bis zum Spätsommer blüht. Verwendet werden die Samen aus der Frucht dieser Pflanze.

DIE STAPHYSAGRIA-PERSÖNLICHKEIT

Der Patient leidet still und verbirgt seine Gefühle. Nach außen hin nachgiebig und mild, schüchtern und empfindlich mit einer übertriebenen Achtung vor Respektspersonen. Er will gefallen und unterdrückt allen Ärger, wenn er von anderen ungerecht behandelt wird. Dieser unterdrückte Zorn zeigt sich nach außen oft als Zittern, stumme Wut; er ist reizbar, höchst erregbar, nervös und beleidigt. Die Meinung anderer ist ihm viel zu wichtig.

Sulfur

- **Gesunde, emotional dickfellige Menschen**
- **Brennen – Schmerzen, Ausschlag, Empfindungen und Absonderungen**
- **Aufdringlicher, übler Geruch – Schweiß, Absonderungen**
- **Waschunlust**
- **Trockene, schuppige Haut**
- **Sehr durstig**
- **Hitzegefühl am Scheitel; Füße brennen nachts im Bett; aufsteigende Hitzewallungen**
- **Stauungszustände**
- **Schlimmer durch Hitze, Stehen, nachts, 12 Uhr oder Mitternacht**
- **Hunger um 11 Uhr; fühlt sich schwach, ihm ist übel**
- **Katarrhe, vor allem schleichende Katarrhe**

EINFÜHRUNG

Sulfur ist ein sehr wichtiges, umfassendes homöopathisches Mittel, das tiefsitzende Toxine ausleiten soll. Es gibt 89 Zustände, bei denen Sulfur indiziert sein kann; es ist auch nützlich, wenn das ausgewählte Mittel nicht so wirksam ist, wie erwartet, oder das Arzneimittelbild unklar. Sulfur läßt sich sowohl als akutes als auch als chronisches Mittel einsetzen. Oft brauchen es robuste, gesunde, dickfellige Menschen. Sulf. *ist die gängige Abkürzung für dieses Mittel.*

ARZNEIMITTELBILD & INDIKATIONEN

Brennen begleitet **Schmerzen, Ausschlag, Empfindungen und Absonderungen.** Füße, Augen, Ohren, Nase, Rachen, Scheitel, Magen, Brust – alles brennt.

Aufringlicher Geruch – Schweiß, Absonderungen; der Patient selbst merkt nicht, wie er riecht.

Waschunlust, Haut schlimmer durch Waschen; schlimmer durch Wasser und Baden. Gewöhnlich **sehr durstig.**

Hitze am Scheitel; Füße brennen nachts im Bett; aufsteigende Hitzewallungen. Stauungszustände: Der Patient hat solche Beklemmungsgefühle, daß er das Fenster immer offen haben möchte, vor allem nachts. **Schlimmer durch Hitze**. Der Ausschlag juckt und brennt. Bettwärme wird schlecht vertragen.

Schlimmer mittags oder Mitternacht.

Schlimmer nachts, mit Schwächegefühl und Erschöpfung.

Schlimmer im Stehen, durch Baden. Besser im Sitzen, Liegen.

Hunger um 11 Uhr; fühlt sich schwach, ihm wird übel.

Katarrhe aller Schleimhäute; Eiterung mit brennenden Absonderungen; Geschwürbildung; scharfe Absonderungen.

Brennender, stechender, juckender Ausschlag, schlimmer durch Hitze. Entzündung durch Druck, kann verhärten. Die Haut scheint leicht atmosphärischen Einflüssen zu unterliegen, wird rot von Wind und Kälte; Hitzewallungen beginnen in der Brust und steigen auf; dunkelrot bei der geringsten Reizung. Hautjucken schlimmer durch Hitze, besser durch Kratzen, geht aber in Brennen über.

Gerötetes, bläulichrotes Aussehen, abwechselnd mit Blässe und Hitzewallungen. Bläulichroter Rachen, Rötung und venöses Aussehen.

ARZNEIMITTELHERKUNFT

Sulfur wird aus Schwefel hergestellt, dem in der Medizin schon immer große Bedeutung zukam.

***Schwefel, die Grundlage für Sulfur. Es wurde von Hahnemann geprüft und findet sich im vierten Band seiner* Reinen Arzneimittellehre.**

Schlaflosigkeit, doch Beschwerden schlimmer bei zuviel Schlaf; extreme Lethargie.

Durchfall, der den Patienten morgens aus dem Bett treibt, schlimmer um 5 Uhr morgens.

Dyspnoe, vor allem bei Anstrengung, profuser Schweiß mit Erschöpfung. Rasseln in der Brust; jede Erkältung schlägt sich auf Brust oder Nase, der Katarrh bleibt längere Zeit bestehen. Der Patient genest nicht, klagt, daß er sich nur langsam erholt. Fortdauernder Husten nach Brustinfektion.

Wenn sich Beschwerden vorübergehend bessern, um dann ungebremst wiederzukehren, und das zuvor noch wirksame Mittel plötzlich unwirksam ist, kann die Gabe von ein, zwei Dosen *Sulfur* die Störung entweder beheben oder aber bewirken, daß das zuvor indizierte Mittel wieder wirkt.

Rote Lippen, rote Augenlider und Röte im Bereich der Körperöffnungen.

Ein heftiger, hackender Husten bei Bronchitis. Erstickungsgefühl; der Patient wünscht nachts Türen und Fenster geöffnet. Nächtlicher Husten. Husten mit Blutandrang zum Kopf. Brennen in der Brust.

Ein häufig verschriebenes Mittel bei Masern, vor allem wenn der Ausschlag nicht voll zur Entwicklung gekommen oder wieder verschwunden ist und sich der Zustand des Patienten verschlechtert.

Der Sulfur-Patient ist bei akuten Erkrankungen ungeduldig, immer geschäftig und aufbrausend.

DIE SULFUR-PERSÖNLICHKEIT

Der Sulfur-Patient ist selbstsüchtig, egozentrisch und hält sich für den Besten, obwohl alle Tatsachen dagegen sprechen. Sulfur ist aufbrausend, schnell beleidigt und mit einer Sternschnuppe zu vergleichen – ein Geistesblitz, der schnell wieder verglüht. Er kann hypochondrisch sein, voller Selbstmitleid und sich Sorgen um seine Zukunft machen. Es besteht eine Abneigung gegen Wasser, und er ist sehr geruchsempfindlich.

Symphytum

- **Knochenbrüche**
- **Knorpelverletzungen**
- **Rückenschmerzen**
- **Augenverletzungen**

EINFÜHRUNG

Symphytum, der Beinwell, wird zur Behandlung von Knochenbrüchen oder geschädigtem Knochengewebe in pflanzlicher Darreichungsform ebenso häufig eingesetzt wie als homöopathische Potenz. Symph. *ist die gängige Abkürzung für dieses Mittel.*

ARZNEIMITTELBILD & INDIKATIONEN

Nach einem Unfall kann *Arnica* zur Erstbehandlung des Traumas nützlich sein. Nach Richten des **Knochenbruchs** kann *Symphytum* folgen, um den Heilungsprozeß zu beschleunigen.

ARZNEIMITTELHERKUNFT

Symphytum wird aus *Symphytum officinale* hergestellt, das in der Pflanzenheilkunde schon immer zur Beschleunigung der Wundheilung Verwendung fand. Der volkstümliche Name Beinwell bzw. Beinheil weist auf seine Knochenbruch-heilende Eigenschaft hin.

Symphytum ist hilfreich bei Gelenkschmerzen, etwa bei **Knorpelschädigung** im Knie oder Ischias aufgrund von Problemen mit dem Hüftgelenk; bei Verletzungen oder Überanstrengung der **Wirbelsäule,** wenn eine Gewebsauflösung vorliegt. Ein weiteres Einsatzgebiet sind **Augenverletzungen** durch einen Schlag mit einem stumpfen Gegenstand. *Symphytum*-Tinktur kann bei Schwellungen äußerlich angewendet werden.

Beinwell, die Grundlage für Symphytum.

DIE SYMPHYTUM-PERSÖNLICHKEIT

Da es sich bei *Symphytum* in erster Linie um ein Notfallmittel mit Kurzzeitanwendung handelt, sind weder herausragende psychische Symptome bekannt, noch konnten langfristige psychische Symptome dem Arzneimittelbild hinzugefügt werden.

Tabacum

- **Seekrankheit**
- **Übelkeit, Erbrechen, Schwindel**
- **Herzklopfen**
- **Bläße und Schwitzen**

EINFÜHRUNG

Die Hauptindikation von Tabacum ist die Reisekrankheit. Ein wertvolles Mittel für Reisende, denen jede Beförderungsform, vor allem aber eine Schiffahrt, Übelkeit bereitet und die viel frische Luft benötigen, extreme Temperaturen dagegen meiden müssen. Tab. *ist die gängige Abkürzung für dieses Mittel.*

ARZNEIMITTELBILD & INDIKATIONEN

Der Tabacum-Patient leidet an starker **Übelkeit** und **Erbrechen** mit extremem **Schwindel** mit kaltem **Schweiß.** Der Mund füllt sich mit Speichel, und **das Gesicht wird sehr blaß**, eine Wange kann dabei rot und heiß werden.

ARZNEIMITTELHERKUNFT

Tabacum wird aus der Tabakpflanze *Nicotiana tabacum* hergestellt. Verwendet werden die getrockneten, unfermentierten Blätter. Dieselbe Pflanze wird auch zur kommerziellen Tabakherstellung verwendet.

Heftiges **Herzklopfen** und Hautjucken.

Dieses in erster Linie bei Seekrankheit zu findende Bild kann auch in der Schwangerschaft, bei der Menière-Krankheit oder einer Herzerkrankung auftreten.

DIE TABACUM-PERSÖNLICHKEIT

Bei diesem Notfallmittel für Reisekrankheit ist das psychische Symptombild auch nicht sehr stark ausgeprägt. Zu finden sind eine Störung der geistigen Fähigkeiten, körperliche Trägheit und Benommenheit mit Zittern.

Die Tabakpflanze, Grundlage für Tabacum.

Urtica urens

- **Notfallmittel**
- **Stechen und Brennen**
- **Hautausschlag**
- **Bienenstiche**
- **Schmerzhafte Brüste**
- **Blasenentzündung**
- **Gicht**

***Brennessel, die Grundlage für Urtica urens. Es wurde erstmals von Hahnemann geprüft und erscheint im ersten Band seiner* Reinen Arzneimittellehre.**

EINFÜHRUNG

Urtica urens ist indiziert bei nesselsuchtartigen Ausschlägen (weiße Zeichen auf roter Haut), die durch psychische Störungen verursacht worden sind. Der griechische Arzt Dioskorides verwendete die Brennnessel, die Grundlage von Urtica, als Abführ- und Entgiftungsmittel. Urtica *und* Urt. u. *sind die gängigen Abkürzungen für dieses Mittel.*

ARZNEIMITTELBILD & INDIKATIONEN

Die Schmerzen bei Urtica sind **stechend und brennend,** die Haut entwickelt einen quaddeligen Ausschlag. Dieses Mittel ist nützlich bei Allergien, auf die dieses Arzneibild zutrifft, etwa bei Ausschlag nach dem Verzehr von Meeresfrüchten. Auch bei Verbrennungen oder **Bienenstichen** mit passendem Symptombild kann dieses Mittel helfen.

ARZNEIMITTELHERKUNFT

Urtica urens wird aus der Brennessel *Urtica dioica* hergestellt, mit der auch in der Pflanzenheilkunde Hautleiden behandelt werden.

Es besteht eine spezifische Beziehung zu den Brustdrüsen; Urtica ist hilfreich bei **schmerzhaften Brüsten**, wenn die Milchsekretion unterdrückt ist.

Es hat ebenfalls Einfluß auf den Urogenitaltrakt mit Stechen, Brennen und Jucken der Genitalien und beim Wasserlassen. **Harnsäureüberschuß** und **Gicht** können gut auf das Mittel ansprechen.

DIE URTICA-PERSÖNLICHKEIT

Urtica urens hat zwar kein herausragendes psychisches Bild, da es aber ein Gichtmittel ist, kann Ungeduld und Reizbarkeit vorliegen.

Veratrum album

- **Plötzlich auftretende, heftige Symptome**
- **Extreme Kälte**
- **Ohnmacht**
- **Kollaps**
- **Dehydratation**
- **Keuchhusten**
- **Erbrechen und Übelkeit**
- **Ängstlich und unruhig**

EINFÜHRUNG

Dieses Mittel ist bei wirklich starken Symptomen indiziert: unerträgliche Schmerzen, extreme Erschöpfung, eisige Kälte, profuser Schweiß. Es ist nützlich beim jungen und sehr alten Menschen und bei psychischen Beschwerden während der Menstruation. Es sollte jedoch nur nach Rücksprache mit einem Homöopathen bzw. auf Verschreibung genommen werden. Verat. alb. *und* Ver. *sind die gängigen Abkürzungen für dieses Mittel.*

ARZNEIMITTELBILD & INDIKATIONEN

Bei Veratrum album **treten die Symptome plötzlich auf** und sind **stark ausgeprägt.** Der Patient wird **eiskalt** und bricht in kalten Schweiß, vor allem am Kopf, aus.

Veratrum album ist vielleicht das erste Mittel, an das man bei **Ohnmacht** denken sollte, wenn das Symptombild paßt. In allen Fällen besteht ein **Kollapszustand** oder große Erschöpfung, und die Schwäche wird immer schlimmer.

Obwohl er so frostig ist, verlangt es den Patienten nach eiskaltem Wasser, das er jedoch unverzüglich wieder erbricht.

***Weiße Nieswurz, die Grundlage für Veratrum album. Es wurde von Hahnemann geprüft und findet sich im dritten Band seiner* Reinen Arzneimittellehre.**

Erbrechen und **Durchfall** wie bei Cholera; ein ähnliches Bild ist bei der Magengrippe zu beobachten. Erbrechen und Durchfall sind heftig und erschöpfend.

Das Veratrum-album-Bild kann durch Hysterie mit Neigung zu religiösem Wahn ausgelöst werden. In schweren Fällen können Delirium, Manie und Furcht vor dem Tod vorliegen. In anderen Fällen zeichnet sich die geistige Verfassung durch dumpfes Vorsichhinbrüten oder **ängstliche Unruhe** aus. Der Anamnese ist hier besondere Aufmerksamkeit zu schenken, da der Veratrum-album-Patient dazu neigt, nicht die Wahrheit zu sagen.

ARZNEIMITTELHERKUNFT

Veratrum album wird aus der Weißen Nieswurz, einer ganzjährigen Pflanze, die in Mittel- und Südeuropa heimisch ist, hergestellt. Sie ist hochgiftig. Die alten Römer benutzten getrocknetes Nieswurzpulver, um ihre Dolch- und Pfeilspitzen tödlicher zu machen.

Bei Mitbeteiligung der Brust liegt ein heftiger Husten vor, der *Veratrum album* zu einem nützlichen Mittel bei **Keuchhusten** macht, wenn das Krankheitsbild von Kälte, Erschöpfung und plötzlichem Auftreten **heftiger Symptome** zutrifft.

DIE VERATRUM-ALBUM-PERSÖNLICHKEIT

Das Veratrum-album-Bild zeigt eine extreme Ruhelosigkeit. Der Patient muß immer geschäftig sein; vorliegen können auch manisches Geschwätz, schalkhafte, witzige Bemerkungen oder schmollendes Schweigen. Der Patient fühlt sich gekränkt oder ausgenutzt und erzählt Lügen. Viele Formen von Halluzinationen.

Veratrum album ist ein weiteres Mittel, dessen Symptombild einen Patienten mit starken Krankheitszeichen zeigt, der sich in ärztliche Behandlung begeben sollte.

TEIL III

PRAKTISCHE HOMÖOPATHIE

EINFÜHRUNG

Weinraute,
die Grundlage
für Ruta graveolens.

Im wesentlichen geht es in der Homöopathie darum, ein Arzneimittelbild zu finden, das mit dem Krankheitsbild eines Individuums übereinstimmt. Bild bedeutet hier die Gesamtheit aller Symptome, die das Mittel oder den Patienten mit seiner Krankheit charakterisieren. Symptome sind Veränderungen im Normalzustand einer Person und können alle seine Seinsbereiche betreffen und von Veränderungen in seiner Stimmungslage oder seinem Verhalten bis hin zu körperlichen Manifestationen wie Schmerzen, Temperatur- oder farbliche Veränderungen, Schweißausbrüche etc. reichen.

Das, was ein Mittel zu erzeugen in der Lage ist (das Arzneimittelbild also), läßt sich auch durch dieses Mittel heilen. Das sagt Hahnemanns Ähnlichkeitsprinzip »Ähnliches heilt Ähnliches« aus. Eine Erklärung für das Wirkprinzip wird im ersten Teil des Buches gegeben. Die Homöopathie läßt sich aber auch zur Behandlung einfacher akuter Erkrankungen, wie sie in diesem Buch beschrieben werden, heranziehen, ohne daß man unbedingt versiert in ihrer Philosophie und Theorie sein muß. Verlieren Sie nur nie das Ziel aus den Augen: das Mit-

Holzkohle,
die Grundlage für
Carbo vegetabilis.

Rohe Kaffeebohnen,
die Grundlage
für Coffea cruda.

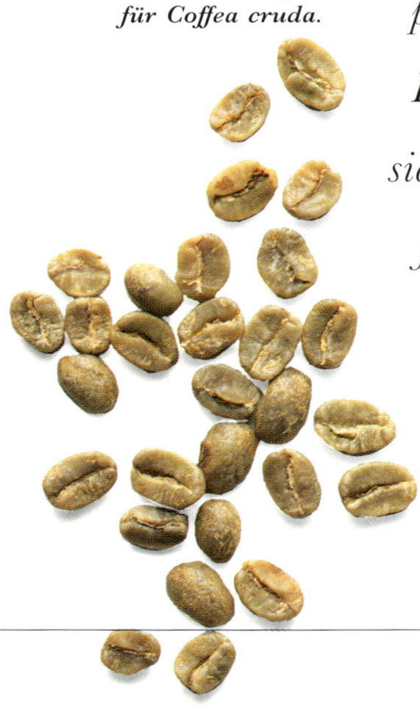

tel zu finden, dessen Symptombild dem Krankheitsbild des Patienten am meisten ähnelt. Damit sind wir aber auch schon beim ersten Problem: Wie komplett oder perfekt müssen Krankheitsbild und Arzneimittelbild übereinstimmen, damit ein Therapieerfolg gesichert ist?

Schwarze Schlangenwurzel, die Grundlage für *Cimicifuga racemosa*.

Klar ist: Je größer die Deckungsgleichheit zwischen beiden Bildern, desto größer auch der Therapieerfolg. Doch nur ein wirklicher Fachmann wird nach langem Studium und jahrelanger praktischer Erfahrung gute Resultate erzielen können. Wie aber kann ein Anfänger in diesen Dingen seine Erfolgschancen maximieren? Unter genau dieser Prämisse wurde dieses Buch geschrieben. In diesem Teil des Buches erfahren Sie klar und einfach, wie eine homöopathische Anamnese zu erheben und was zu beobachten ist, welche Fragen zu stellen und wie die so erhaltenen Informationen auszuwerten sind. Zur Illustration des Ganzen werden vier einfache Fallstudien beispielhaft vorgestellt. Zusammen mit Teil IV, »Die Arzneimittelbilder«, befähigen diese Anleitungen jeden Anfänger dazu, für die häufigsten Alltagskrankheiten mit einiger Sicherheit das passende Mittel zu wählen. Den bereits Fortgeschrittenen versorgt es mit mehr Hintergrundwissen und einem tieferen Verständnis der homöopathischen Arzneimittel und ihrer Anwendung.

Phosphor, die Grundlage für *Phosphorus*.

Getrockneter Augentrost, die Grundlage für *Euphrasia officinalis*.

Homöopathische Anamnese

Zunächst einmal brauchen Sie das Krankheitsbild des Patienten. Bei dessen Erfassung – die aus den Angaben des Patienten entnommene Vorgeschichte einer Krankheit – spricht man von Anamneseerhebung. Die Anamnesetechnik setzt zwei voneinander unabhängige, wichtige Bedingungen voraus: aufmerksames Beobachten und Unbefangenheit. Um das ähnlichste Mittel zu finden, müssen die Symptome identifiziert werden, die in jedem Fall die Individualität des Krankheitsprozesses charakterisieren.

Aufmerksames Beobachten

Zum Beobachten gehören Sehen, Hören, Riechen, Berühren und, selten allerdings, Schmekken! Der entscheidende Hinweis auf die Krankheit eines Individuums kann über die Sinne gegeben werden – setzen Sie sie deshalb alle ein! Wenn Sie eine Beobachtung gemacht haben, dann zeichnen Sie sie genau auf, ohne eine Begründung dafür herausfinden zu wollen. Das

DIE SINNE BENUTZEN

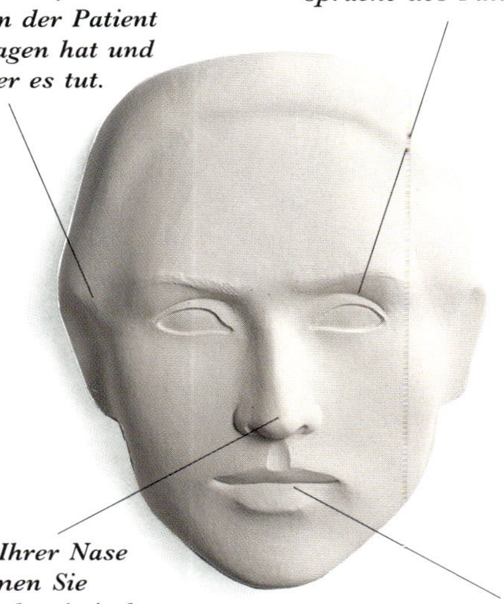

Mit Ihren Augen beobachten Sie Gesichtsausdruck, Haltung und Körpersprache des Patienten.

Mit Ihren Ohren hören Sie, was Ihnen der Patient zu sagen hat und wie er es tut.

Mit Ihrer Nase nehmen Sie charakteristische Gerüche wahr, die auf ein spezielles Mittel hinweisen.

Mit Ihrem Mund stellen Sie aufmunternde Fragen, um mehr Informationen zu erhalten.

DIE FAMILIENANAMNESE

Vielleicht erstellen Sie einen Familien- oder persönlichen Gesundheitsbericht, in dem Sie alle Ihre oder die Gesundheit Ihrer Familie betreffenden relevanten Aspekte festhalten: Gesundheitsbild, Details spezieller Erkrankungen, ihre Behandlung und das Behandlungsergebnis, Unfälle, Impfungen und ihre Wirkung und anderes mehr. Interessant wäre es auch, hin und wieder vorkommende Streßfaktoren bzw. besonders stressige Zeiten und deren gesundheitliche Folgen festzuhalten. Eines der Geheimnisse, wie man gesund bleibt, besteht darin zu erkennen, was einen immer wieder aus dem Gleichgewicht bringt und Krankheiten den Weg bereitet. Bei der schriftlichen Fixierung der Amamnese brauchen Sie sich an keine bestimmte Form zu halten, gehen Sie nach persönlicher Vorliebe vor. Sie können sie in verschiedene Abschnitte unterteilen, die Informationen niederschreiben, wie sie gesprochen wurden, oder eine andere Methode wählen.

Krauser Ampfer, die Grundlage für Rumex.

beste ist, die eigenen Worte des Patienten aufzuschreiben, vor allem was die wichtigen Symptome betrifft. Ergänzen Sie Ihre Beobachtungen durch Fragen. Den größten Teil der Anamnese macht die persönliche Schilderung der Symptome durch den Patienten aus. Lassen Sie ihn mit eigenen Worten beschreiben, was er an sich beobachtet hat, was seiner Meinung nach nicht in Ordnung ist. Stellen Sie Fragen wie »Und was sonst noch?« und »Kannst du mir mehr dazu sagen?«, um mehr Informationen zu erhalten.

Was Ihnen der Patient aus eigenem Antrieb sagt, gehört normalerweise zu den wichtigeren Informationen. Natürlich muß man hier auch die Persönlichkeitsstruktur des Patienten berücksichtigen: Der eine erzählt, ohne gefragt zu werden, bei einem anderen muß man mit viel Fingerspitzengefühl, Diplomatie und Beharrlichkeit arbeiten. Dieser Umstand allein schon kann ein Symptom der Krankheit sein, vor allem, wenn sich der Patient sonst anders verhält: Dies wäre ein Beispiel für ein psychisches Symptom. Je ausgeprägter die Veränderung im Verhalten oder in der geistigen bzw. psychischen Verfassung, desto wichtiger ist es, ein Mittel mit demselben psychischen Bild zu finden.

Registrieren Sie ferner das Aussehen des Patienten, das Vorliegen oder Fehlen von Hitze und Schweiß in bestimmten Körperregionen, Verhalten und Gemütszustand etc. Unterstreichen Sie alles, was Ihnen besonders auffallend und markant erscheint. Machen Sie eine Extraanmerkung von allen unerwarteten oder überraschenden Symptomen, zum Beispiel eine Halsentzündung, die sich beim Schlucken fester Nahrung bessert. Man spricht hier von eigentümlichen, seltenen und ungewöhnlichen Symptomen, die oft den entscheidenden Hinweis auf das Mittel oder die Arzneigruppe, innerhalb derer die Auswahl zu treffen ist, geben. Dinge, die auf die Person als Ganzes Einfluß haben, sind wesentlich wichtiger als jene, die sich nur auf einen bestimmten Bereich auswirken. Die psychischen und sogenannten Konstitutionsmittel, die sich über Temperament, Habitus, Benehmen, Auftreten und die Handhabung der Gegensatzmittel (rot–blaß, warm–kalt etc.) erschließen, sind für die Beurteilung eines homöopathischen Falls besonders wichtig.

Rundblättriger Sonnentau, die Grundlage für Drosera rotundifolia.

Die üblichen, milden und unbestimmten Symptome, wie Appetitmangel, Kopfweh, Mattigkeit etc., hingegen verdienen wenig Aufmerksamkeit.

Achten Sie auf alle Veränderungen des seelischen und geistigen Zustands des Patienten. Stellen Sie sicher, daß Sie für jedes Symptom über alle Details verfügen: die Ursache, die Zeit, innerhalb derer es sich entwickelt hat, Ort, Ausdehnung und Aussehen, die Empfindungen, die Modalitäten, wann und unter welchen Umständen es sich also verschlimmert oder bessert. Haben Sie Angaben über Intensität und Dauer jedes Symptoms?

Mit zunehmender Praxis werden Sie verschiedene Wege finden, wie Sie je nach Art des Falls an die nötigen Informationen gelangen.

VIER VERSCHIEDENE ARTEN VON OHRENSCHMERZEN

In den folgenden vier akuten Fällen litten die Kinder alle an Ohrenschmerzen – von einem Schulmediziner hätten sie wahrscheinlich alle das gleiche Antibiotikum erhalten.

Diese einfache Fallstudie zeigt, daß und wie – über genaues Beobachten – die jeweiligen Symptome klar voneinander zu unterscheiden waren und wie die Kinder alle unterschiedliche Mittel erhielten.

Ohren müssen behutsam und vorsichtig behandelt werden. Bleiben die Symptome bestehen, ist professionelle, ärztliche Hilfe zu suchen.

Belladonna

Aconitum

Chamomilla

Pulsatilla

Vier Fallstudien

Jede Fallstudie zeigt die wichtigsten handschriftlich fixierten Symptome, eine kurzgefaßte Krankengeschichte des kleinen Patienten, das ausgewählte Arzneimittel und die erzielten Therapieerfolge auf.

FALL EINS

DAS BELLADONNA-KIND

SVEN, sieben Jahre alt, ist gewöhnlich ein ruhiges, guterzogenes und robustes Kind, das seinen eigenen Rhythmus braucht und nicht gehetzt werden mag. Eines abends schreckte er um 22 Uhr plötzlich mit starken Schmerzen im rechten Ohr aus dem Schlaf auf. Es war hellrot und fühlte sich heiß an, der Kopf ebenfalls. Die Blutgefäße in Kopf und Hals pochten, die Haut war trocken, rot und fühlte sich heiß an. Seine Füße waren kalt. Die Mutter erschrak bei seinem Anblick. Seine Augen glänzten, die Pupillen waren erweitert, er knirschte mit den Zähnen und sah »wild« aus. Das Kind sah scheußliche Gesichter auf der Tapete und zuckte ruckartig im Liegen. Als der Vater versehentlich gegen das Bett stieß, schrie Sven vor Schmerzen auf. Hämmern im Ohr, starke Schmerzen, hält sein rechtes Ohr; wollte sich nicht bewegen und nicht berührt werden; wollte Sprudelgetränke haben, hatte einen sehr trockenen Mund.

AUSGEWÄHLTES MITTEL: BELLADONNA

Nach der Mittelgabe: schlief; weniger konvulsive Zuckungen; wachte morgens auf und wollte Frühstück; rotes, nicht heißes Gesicht; mußte weiter im Bett bleiben; Ohr schmerzte weniger; Ohrenschmerzen klangen am nächsten Tag ab.

FALL ZWEI

DAS PULSATILLA-KIND

DIE VIERJÄHRIGE Laura saß auf dem Schoß ihrer Mutter und wollte dort bleiben. Sie wollte nicht spielen und ließ sich durch nichts ablenken. Die Mutter sagte, sie sei im allgemeinen nicht so anhänglich und spiele zufrieden allein. Das Kind läßt sie keine Minute zur Ruhe kommen. Es wachte am Abend zuvor um 21 Uhr weinend mit Schmerzen im linken Ohr auf und war zornig, daß der Babysitter und nicht seine Mutter da war. Schrie und weinte nach der Mutter. Der Babysitter rief die Mutter im Restaurant an; sie kam nach Hause. Das Kind klammerte sich an die Mutter, wollte herumgetragen und sanft gewiegt werden. Schlief bei der Mutter, mußte bemuttert und umsorgt werden. Wollte morgens nicht allein gelassen werden, als die Mutter versuchte, die ältere Schwester für die Schule fertigzumachen, sagte: »Laß mich nicht allein.« Es hatte ein paar Tage zuvor eine Erkältung mit einem milden, gelblichgrünen Nasenkatarrh. Das Kind zeigte ins Innere des linken Ohres und sagte, da tue es weh. Schmerzen nachts viel schlimmer; schreit und hält sich das Ohr. Wollte nichts trinken. Deckte sich im Bett auf. Wollte keinen Mantel tragen, im Auto mußten die Fenster geöffnet werden.

AUSGEWÄHLTES MITTEL: PULSATILLA

Nach der Mittelgabe: Das Kind ging heim und legte sich mit der Mutter hin; schlief vier Stunden lang. Trinkt jetzt; läßt sich von der Schwester eine Geschichte vorlesen.

- Sehr reizbar und ärgerlich
- Launenhaftigkeit
- Boshaft
- Große Empfindlichkeit gegen Ohrenschmerzen
- Verlangt alles mögliche und will es dann nicht mehr haben
- Will umhergetragen werden
- Eine Wange rot, eine blaß
- Besser durch Herumgetragenwerden

FALL DREI

DAS CHAMOMILLA-KIND

JENNIFER, zwei Jahre alt, hatte den ganzen Tag nur Schmerzen gehabt, und um 19 Uhr sagte die Mutter dann, sie könne das Verhalten des Kindes nicht mehr ertragen. Das Kind hielt sich das rechte Ohr und schrie dabei vor Schmerzen. Die Ohrläppchen waren rot. Eine Wange war rot, die andere blaß. Die Mutter sagte, das Kind wisse den ganzen Tag nicht, was es wolle. Wollte etwas zu trinken, schüttete es dann auf den Boden, wollte seine Lieblingspuppe und schlug sie dann der Mutter um die Ohren. Es war, so die Mutter, schrecklich launenhaft, wütend und schrie herum, um dann wieder zu jammern und zu heulen. Alles, was die Mutter sagte, war verkehrt, Jennifer verhielt sich regelrecht boshaft ihr und dem jüngeren Bruder gegenüber. Erst wollte sie von der Mutter, dann vom Vater herumgetragen werden, und doch konnte sie vor Schmerzen nicht stillhalten, sie war außer sich. Sie trank becherweise kaltes Wasser. Kopfschweiß und Fiebrigkeit.

AUSGEWÄHLTES MITTEL: CHAMOMILLA

Nach der Mittelgabe: schlief bis 5 Uhr morgens; wachte mit Ohrenschmerzen auf. Wiederholte Mittelgabe. Schlief lange Zeiträume. Laune besserte sich. Schaute Fernsehen und spielte. Ohrenschmerzen klangen ab; zog ab und zu mal am Ohr.

FALL VIER

DAS ACONITUM-KIND

DER NEUNJÄHRIGE Jonas bekam im Bett plötzlich Ohrenschmerzen. Diese Familie hatte an diesem schönen Winternachmittag einen Spaziergang gemacht, es sei zwar trocken gewesen, doch habe ein kalter Wind geweht. Sie hatte schon Angst, der Weg sei zu lang gewesen, doch Jonas schien es gutzugehen. Er ging um 20 Uhr ins Bett und wachte eine halbe Stunde später plötzlich mit starken stechenden, brennenden Schmerzen in beiden Ohren auf. Er schrie vor Schmerz und konnte die Stimmen seiner Eltern nicht ertragen. Er warf sich im Bett hin und her, völlig ruhelos und unfähig stillzuhalten. Er hielt sich beide Ohren, die Haut an den Ohren war rot. Er hatte Angst, sterben zu müssen. Normalerweise ist er ein gesundes und robustes Kind, dem fast nie etwas fehlt. Die Haut am Kopf war trocken und heiß. Jonas hatte ungeheuren Durst auf kaltes Wasser; konnte die Berührung der Bettwäsche nicht ertragen. Blutandrang und Röte im Gesicht, die Venen pulsierten sichtbar.

AUSGEWÄHLTES MITTEL: ACONITUM

Nach der Mittelgabe: legte sich wieder hin und schlief ein, wachte um 6 Uhr morgens unruhig und ängstlich auf; Ohren schmerzten weniger; mußte auch am nächsten Tag im Bett bleiben und schlafen; Ohrenschmerzen klangen ab.

- Plötzlicher, heftiger Ausbruch
- Einwirkung von kaltem, trockenem Wind
- Ruhelosigkeit
- Angst
- Starke brennende, stechende Schmerzen
- Schlimmer durch Geräusche und Zudecken
- Durst auf kaltes Wasser
- Blutandrang
- Trockene, heiße Haut

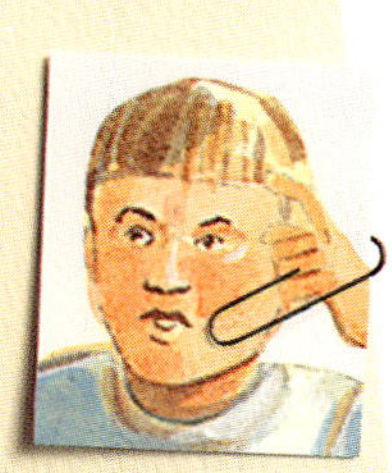

Bewertung der Symptome

Nach der Anamneseerhebung erfolgt das Bewerten der ermittelten Symptome. Ein Symptom ist grundsätzlich nur dann für die Arzneifindung von Wert, wenn es eine gewisse Intensität, Dauer und Regelmäßigkeit erreicht. Die Symptome müssen wirklich neue Veränderungen sein und dürfen nicht etwa den normalen Gesundheitszustand des Patienten widerspiegeln. Auch Veränderungen in der Intensität eines Symptoms können festgehalten werden, sind jedoch meist weniger bedeutsam. In die Bewertung der einzelnen Symptombedeutung fließen drei Faktoren ein: zunächst einmal die Tiefe der Symptome, das heißt welche Ebene – körperliche oder psychische – davon betroffen ist; zweitens die Symptomstärke und drittens, wie charakteristisch das Symptom für den Zustand des Patienten ist.

Wilde Kamille, die Grundlage für Chamomilla, die oft bei Kindern Anwendung findet.

Bei der Beurteilung der ersten zwei Faktoren hilft die Beobachtung, wie ein Symptom sich auf die Fähigkeit des Patienten, als ganzes, kreatives, glückliches, liebendes menschliches Wesen zu agieren, auswirkt. Alles, was seinen Geist bzw. seine Psyche beeinflußt, ist hier von größter Bedeutung; dasselbe gilt für alles, was seine Person als Ganzes betrifft. Psychische und Konstitutionssymptome haben damit einen hohen Stellenwert.

NOTIZTECHNIK

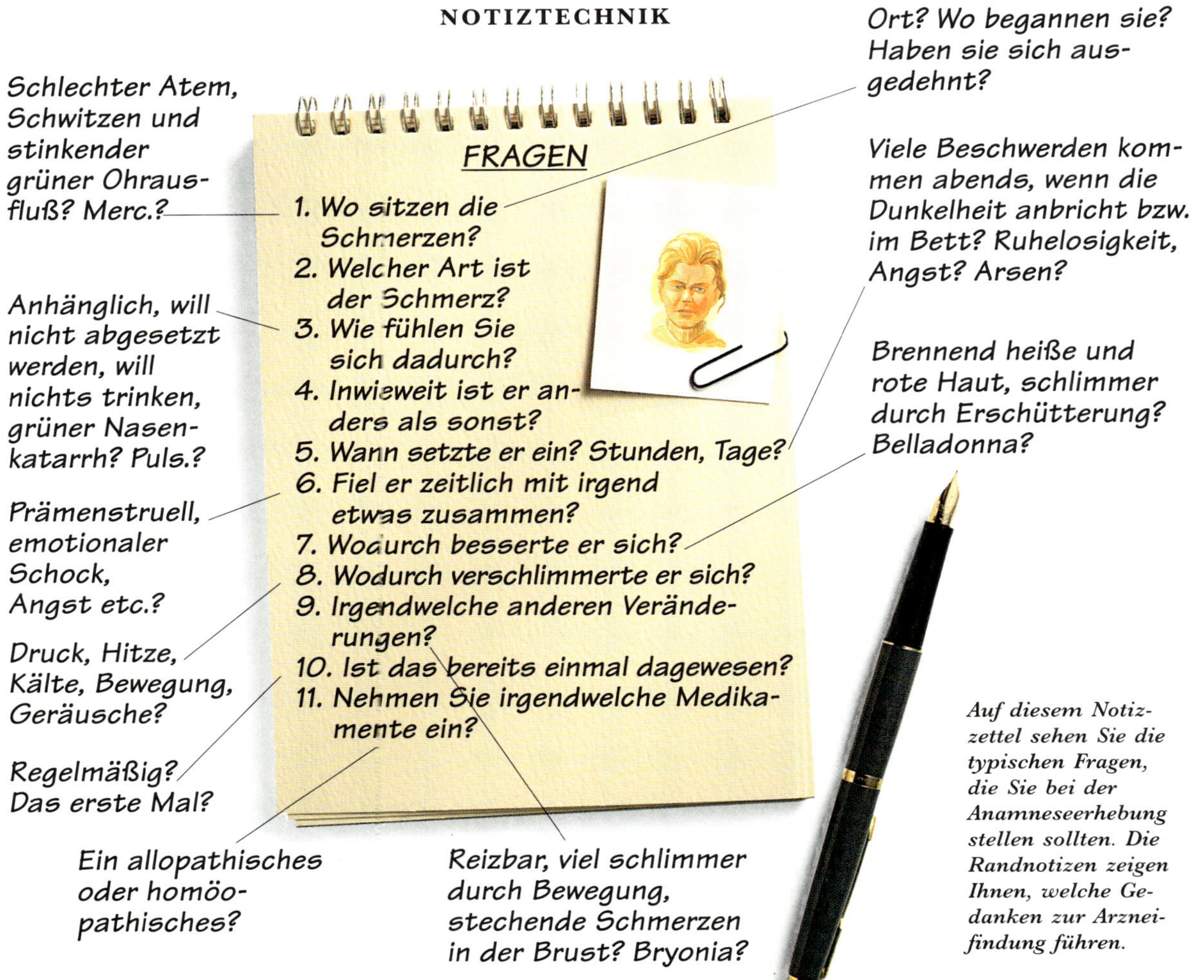

Auf diesem Notizzettel sehen Sie die typischen Fragen, die Sie bei der Anamneseerhebung stellen sollten. Die Randnotizen zeigen Ihnen, welche Gedanken zur Arzneifindung führen.

Die Einzelsymptome, die sich nur auf spezielle Körperbereiche auswirken, sind im allgemeinen von untergeordneter Bedeutung. Wenn jedoch der Patient auf geistiger und emotionaler Ebene unbeeinträchtigt bleibt, aber zum Beispiel irgendwo Schmerzen hat, dann stellen die Einzelheiten, durch die sich dieser Schmerz auszeichnet, den gesamten Krankheitsfall dar, machen also die von Hahnemann so genannte »Totalität« der Symptome aus, für die das passende Mittel gefunden werden muß.

Die eigentümlichen Symptome fallen ein wenig aus dem Rahmen dieser Bewertungsmethode – so sehr sie den Patienten im einen Fall schwächen können, so wenig Einfluß haben sie auf die Funktionsfähigkeit des Patienten im anderen. Ihr hoher Stellenwert kommt ihnen nur durch ihre Individualität zu. Wenn dieses eigentümliche Symptom gleichzeitig aber auch noch stark ausgeprägt und dauerhaft ist, dann kann es in Einzelfällen sogar soweit an Bedeutung gewinnen, daß es bei der Symptombewertung die psychischen und Konstitutionssymptome übertrifft. Die eigentümlichen Symptome liefern oft den Schlüssel zur Arzneifindung. Beispiel für ein solches Symptom wäre »trockener Mund ohne Durst«.

Natürlich muß auch die Stärke jedes Symptoms mitberücksichtigt werden. Arbeiten Sie zu Anfang mit einem Punktesystem:

Eine gute Fallauswertung verlangt Zeit, Geduld und Erfahrung.

- Geben Sie psychischen Symptomen 3 Punkte.
- Geben Sie körperlichen Konstitutionssymptomen 2 Punkte.
- Geben Sie den Einzelsymptomen, die sich auf die einzelnen Körperpartien beziehen, 1 Punkt.
- Stufen Sie die eigentümlichen Symptome nach dem Grad ihrer Eigentümlichkeit auf einer Skala von 1 bis 3 ein.
- Stufen Sie Stärke und Intensität jedes Symptoms auf einer Skala von 1 bis 3 ein.
- Addieren Sie die Punkte für jedes Symptom. Je höher die Summe, desto wichtiger und charakteristischer das Symptom.

DAS GESETZ DER HEILUNG

GESUNDHEITLICHE STÖRFAKTOREN
Faktoren, die einer Genesung im Weg stehen können
SCHLECHTE LEBENSBEDINGUNGEN
SCHLECHTE ERNÄHRUNG
SCHÄDLICHE PERSÖNLICHE BEZIEHUNGEN
ÜBERARBEITUNG ODER WORKAHOLISMUS
UNGESUNDE ARBEITSBEDINGUNGEN
ALTE, NICHT AUSGEHEILTE KRANKHEIT
EINE NEGATIVE LEBENSEINSTELLUNG

Der Therapieerfolg läßt sich anhand einiger einfacher Richtlinien beurteilen: Damit eine Heilung stattfinden kann, muß sich die Krankheit von innen nach außen verlagern, von den wichtigeren Organen zu den weniger wichtigen, von oben nach unten, bis sie sich in umgekehrter Entwicklungsfolge bis zu ihrer ursprünglichen Erscheinung zurückbildet und schließlich verschwindet. Dieser letzte Punkt ist wahrscheinlich der wichtigste, ist doch immer wieder beobachtet worden, daß bei der Konstitutionsbehandlung alte Symptome, die an frühere Krankheitszustände erinnern, wieder auftauchen, bis schließlich ein Zustand erreicht wird, bei dem nur noch solche Krankheiten auftreten, die hauptsächlich in der Kindheit zu beobachten sind, wie Halsentzündungen und Hautausschläge.

Es gibt aber auch äußere gesundheitsschädigende Faktoren (links), die bei der Beurteilung des Therapieerfolgs berücksichtigt werden müssen.

Arzneifindung

Um das Arzneimittel zu finden, das mit den beobachteten Symptomen übereinstimmt, schlagen Sie im tabellarisch aufgebauten Teil IV, »Die Arzneimittelbilder« (Seite 137–237), nach. Suchen Sie in der für Ihren jeweiligen Hauptbeschwerdekomplex in Frage kommenden Tabelle unter den einzelnen Rubriken (Reihen, waagerecht) – Ursache und Ausbruch, Empfindungen, Modalitäten, begleitende Symptome, eigentümliche Symptome, psychische und allgemeine Symptome – nach den Hauptsymptomen Ihres Falls und sehen nach, welches Arzneimittel dazu paßt (Spalten, senkrecht). Das Arzneimittelbild kann durchaus noch eine Reihe anderer Symptome aufweisen, die in Ihrem eigenen Fall nicht vorliegen. Wichtig ist nur, daß alle oder die wichtigsten Symptome Ihres Falls in diesem Mittel wiederzufinden sind. Erstellen Sie eine Liste der auf den ersten Blick passend erscheinenden Mittel.

Der Maiapfel, die Grundlage für Podophyllum peltatum.

Manchmal hilft es auch, in mehreren Tabellen nachzusehen. Wer beispielsweise unter Halsschmerzen und gleichzeitig auch Fieber leidet, kann mit beiden Tabellen arbeiten.

Kann Sie kein Mittel so recht überzeugen, dann haben Sie vielleicht zu viele Details aufgenommen. Überprüfen Sie nochmals kritisch die hervorstechenden, charakteristischen Symptome Ihres Falls, um dann die auszuschließen, die nicht stark, sondern unbestimmt und vielleicht nur ein- oder zweimal aufgetreten sind. Arbeiten Sie mit dem Punktesystem von Seite 127.

Wenn Sie sechs oder mehr auf den ersten Blick passende Arzneimittel gefunden haben, wurden wahrscheinlich zu viele allgemeine Symptome aufgenommen. Suchen Sie in diesem Fall nach individuelleren Merkmalen. Am Ende sollten weniger als sechs, aber mehr als ein oder zwei Mittel in die engere Wahl kommen. Haben Sie Zweifel, machen Sie bei dem jeweiligen Mittel eine entsprechende Notiz.

Endbewertung

In der zweiten Phase dieses Auswahlprozesses geht es darum, die Auswahl einzugrenzen. Welches ist das Mittel mit der höchsten Entsprechung? Stimmen viele oder die meisten der wichtigen Arzneisymptome (in Fettdruck hervorgehoben) mit den stärksten Symptomen des vorliegenden Falls überein? Finden sich auch die eher unbedeutenderen

ZWEI WEGE ZUR ARZNEIFINDUNG

DIE Auswahl eines Mittels ist teils Wissenschaft, teils Kunst. Am Anfang steht normalerweise der wissenschaftliche Prozeß, bei dem die verschiedenen Symptome des Falls bewertet und sorgfältig mit den Arzneien mit der höchsten Entsprechung verglichen werden. Dies ist der logische, schrittweise, wissenschaftliche Ansatz bei der Arzneifindung. Der kunstvolle Ansatz besteht in einer mehr intuitiven, kreativen Denkweise und beruht auf Erfahrung. Auch dieser Weg hat seine Berechtigung und kann sogar zu besseren Resultaten führen als der wissenschaftliche. Er verlangt jedoch eine gewisse Kenntnis der Arzneimittel. Gewöhnlich kennt der Verschreibende seine Mittel und »kommt schon« bei der Anamneseerhebung auf die richtige Arznei oder muß nur noch ein, zwei Symptome zur Bestätigung der richtigen Mittelwahl abklären.

Aber dieser mehr intuitive Prozeß basiert sehr wohl auf gewissen Kenntnissen oder Wissen, und auch Sie werden mit zunehmender Praxis »einfach wissen«, welches das richtige Mittel ist. Nehmen Sie es genau unter die Lupe, und prüfen Sie, ob Ihre Intuition richtig war.

Quecksilber, die Grundlage für die Mercurius-Familie. Mercurius vivus und Mercurius solubilis sind die gängigsten Vertreter.

BEHANDLUNG DES GANZEN MENSCHEN

Im Mittelpunkt der Homöopathie steht der Mensch als Ganzheit. Es ist wichtig, alle Symptome festzuhalten, egal, wo sie auftreten. Sie alle fließen in die Arzneifindung ein.

Kopfschmerzen mit steifem Nacken, Schwindel beim Schauen nach unten: Hier kommt Spigelia in Frage.

Die Kälte breitet sich schnell zur Brust aus: Hier kommt Ipecacuanha in Frage.

Heftige, umklammernde, krampfartige Schmerzen nach Überessen: Hier kommt Colocynthis in Frage.

Großes Schweregefühl und Müdigkeit des Körpers mit Halsentzündung: Hier kommt Gelsemium in Frage.

Eiskaltes Blut scheint bei katarrhalischer Erkältung durch die Venen zu fließen: Hier kommt Arsenicum in Frage.

Symptome in dem Mittel wieder? Das kann die richtige Wahl bestätigen oder die Auswahl zwischen zwei Mitteln ansonsten gleich hoher Entsprechung erleichtern. Gehen Sie den ganzen Fall noch einmal durch, lesen Sie alle Symptome des Arzneimittels, und schlagen Sie für einen letzten Vergleich in der »Materia Medica« (Seite 37–117) nach.

Stellen Sie beim Vergleich der Symptome Ihres Falls und des Arzneimittels sicher, daß die wichtigsten Symptome nicht miteinander in Widerspruch stehen. So zeichnet sich Belladonna beispielsweise durch ein schnelles, heftiges und hohes Fieber, das plötzlich auftritt, aus. Wenn das Fieber jedoch Tage braucht, bis es zum Ausbruch kommt, kann es sich bei dem Arzneimittel schwerlich um Belladonna handeln – und mag das restliche Symptombild ihm noch so ähnlich sein. Sie werden auch feststellen, daß manche Mittel gegensätzliche Symptome aufweisen, Belladonna beispielsweise kann durstlos oder durstig im Fieber sein.

Sie werden kaum alle Symptome eines Falls in einem Arzneibild und auch niemals alle Symptome eines Mittels im Krankheitsbild Ihres Falls wiederfinden. Versuchen Sie's also erst gar nicht, und vor allem, versuchen Sie nicht, auf Biegen und Brechen Nichtpassendes passend zu machen. Suchen Sie statt dessen nach den starken, eigentümlichen, charakteristischen Symptomen und psychischen oder Konstitutionssymptomen, und lassen Sie sich von diesen bei der Arzneimittelfindung leiten.

Ob Sie das richtige Mittel gewählt haben, läßt sich nur durch seine Gabe und die Überprüfung, ob es dem Patienten danach besser geht, feststellen. Insofern ist jede homöopathische Rezeptierung ein Experiment, selbst wenn sie von einem noch so erfahrenen Fachmann vorgenommen wird.

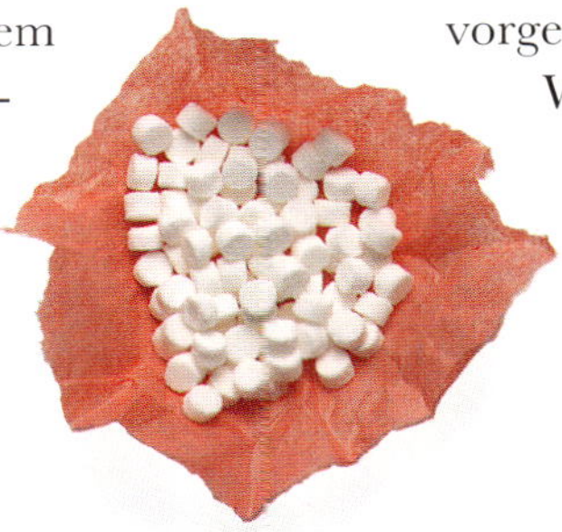

Kaliumphosphat, die Grundlage für das Gewebesalz Kalium phosphoricum.

Wenn Sie drei verschiedene Mittel ausprobiert haben und keines Wirkung zeigt, sollten Sie Expertenrat einholen. Je nach Zustand des Patienten kann sich eine solche Notwendigkeit aber auch schon früher ergeben. Eine homöopathische Behandlung durch Sie kann dort, wo Sie sonst einen Arzt aufsuchen würden, immer nur eine Ergänzung sein.

Arzneigabe

Haben Sie erst einmal ein Arzneimittel ausgewählt, müssen Sie es natürlich auch anwenden. Doch zuvor noch ein paar beruhigende Worte für alle Verschreibungsneulinge, die vielleicht noch etwas nervös sind.

Was, wenn es das falsche Mittel ist? Bei der Behandlung akuter Krankheiten gibt es bei der Gabe einer falschen Niedrigpotenz im wesentlichen nur zwei mögliche Reaktionen: Erstens kann eine Beschwerdebesserung eintreten, die nicht lange anhält, zweitens kann überhaupt jede Reaktion ausbleiben. Um den Zustand des Patienten mit einer Niedrigpotenz zu verschlimmern, müßte man schon ständig das falsche Mittel geben. Und auch dann kann in der Regel nicht viel passieren, es sei denn, der Patient ist sehr schwach und gebrechlich. In einem solchen Fall wäre aber von vornherein eine Konstitutionsbehandlung indiziert, um die ganze Person zu stärken und nicht nur die kleineren Wehwehchen »notfallmäßig« zu versorgen. Wer an vielen chronischen Beschwerden leidet, sollte nur von einem erfahrenen Homöopathen behandelt werden. Grundsätzlich ist es fast ausgeschlossen, mit einer »Erste-Hilfe«-Homöopathie, die mit – den sehr sicheren – Niedrigpotenzen arbeitet, ernsthaften Schaden anzurichten.

Die Blätter der Gartenringelblume, die Grundlage für Calendula.

BEHANDLUNG VON KINDERN

BEI der Behandlung von Kindern gibt es zwei verläßliche Zeichen, die für die richtige Mittelwahl sprechen: 1. Das Kind erbricht sich kurz nach Arzneimittelgabe – vorausgesetzt natürlich, es hat sich nicht sowieso schon die ganze Zeit erbrochen! Machen Sie sich keine Gedanken, wenn das Mittel zum Teil mit erbrochen wird; warten Sie einfach ab, und beobachten Sie den Zustand des Kindes.

2. Das Kind fällt in Schlaf. Stören Sie es nicht, es sei denn, Anzeichen sprechen dafür, daß der Schlaf nicht friedlich und heilsam ist.

SICHERHEITSMASSNAHMEN

DIE TABLETTEN und Streukügelchen selbst können – gut verschlossen, vor Sonneneinwirkung und starken Gerüchen geschützt – jahrelang ohne Wirkungseinbuße aufbewahrt werden. Bewahren Sie sie in ihren Originalbehältnissen auf. Nehmen Sie zum Umfüllen nur neue, beschriftete Fläschchen oder einen neuen, sauberen Papierumschlag. **Öffnen Sie immer nur ein Arzneifläschen auf einmal.** Verwenden Sie niemals alte Arzneifläschchen oder Umschläge für ein anderes Mittel oder eine andere Potenz. Auch homöopathische Mittel sollten, obwohl sie um so vieles ungefährlicher sind als allopathische, vor Kindern geschützt aufbewahrt werden.

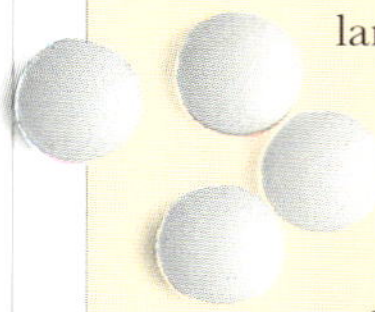

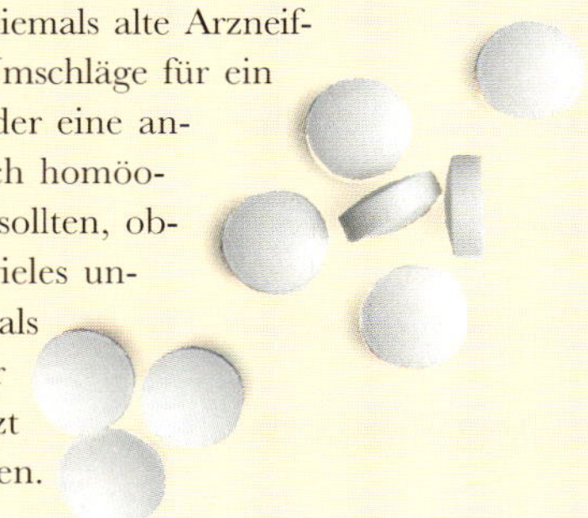

In der Schwangerschaft können Niedrigpotenzen zur Behandlung akuter Erkrankungen ohne Gefahr für Mutter und Fetus gegeben werden.

Welche Potenz?

Je stärker ein Mittel potenziert ist, desto schneller und tiefgreifender ist auch seine Wirkung. Hochpotenzen wirken außerdem spezifischer; bei der Arzneifindung ist deshalb noch genauer vorzugehen, damit das Mittel wirken kann.

Von Niedrigpotenzen, die noch einmal unterteilt werden in tiefe und mittlere Potenzen, spricht man normalerweise bis D12 bzw. C6. C und D beziehen sich auf die Verdünnung (siehe Seite 33), bei der man entweder nach der Hunderterskala oder nach der heute gebräuchlicheren Zehnerska-

Getreideflocken, die Grundlage für Magnesiumphosphat, aus dem Magnesium phosphoricum hergestellt wird.

la vorgeht. Die homöopathischen Mittel sind in der Bundesrepublik nur dann rezeptpflichtig, wenn die Potenzierung von giftigen Ausgangssubstanzen – etwa Arsenicum oder Belladonna – unter D12 und bei chemischen Ausgangssubstanzen unter C6 liegt. Alle anderen Homöopathika sind rezeptfrei zu beziehen.

Generell kann man sagen, daß die Wahl des richtigen Mittels von wesentlich größerer Bedeutung ist als die Potenz, in der es verabreicht wird. Wenn also der Kranke ein bestimmtes Mittel braucht, das Sie zwar vorrätig, aber in einer anderen Potenz im Haus haben, dann geben Sie es ihm ruhig!

Wenn Sie Ihr homöopathisches Arzneischränkchen mit jeweils nur einer Potenz pro Mittel bestücken, rate ich Ihnen zu D12 oder C6. Wenn Sie noch ein Neuling in Sachen Homöopathie und noch nicht so erfahren in der Abstimmung des Mittels auf die Persönlichkeit des Patienten sind, dann empfehle ich Ihnen D6. Die C30er Potenz zählt zu den Hochpotenzen. Sie sollte nur bei sorgfältiger Abstimmung von Krankheits- und Arzneibild eingesetzt werden. Sie gehört in die Hände von erfahrenen Homöopathen. Je niedriger jedoch die Potenz, desto öfter muß wahrscheinlich auch die Mittelgabe wiederholt werden.

Salz, die Grundsubstanz des hochwirksamen Natrium muriaticum.

ARZNEIFORM UND -EINNAHME

DAS MITTEL kann in flüssiger Form als Urtinktur oder Dilution, als Streukügelchen bzw. Globuli oder als Tablette sowie in Pulver- oder Salbenform verabreicht werden. Es werden in der Regel pro Gabe 50 Tropfen oder die annähernd gleiche Menge einer anderen Verabreichungsform verordnet (5 Tropfen = 1 Tablette = 1 Messerspitze = 5 Globuli). Auch bei der Gabenfolge gibt es eine Faustregel: Niedrigpotenzen werden bei organbezogener Arznei 3mal täglich verabreicht. Bei akuten Krankheiten und heftigen Schmerzen als Folge von Koliken oder Neuralgien Wiederholungsgaben in 10- bis 30minütigen Abständen, wobei die Arznei auch in Wasser aufgelöst, geschüttelt und löffelweise eingenommen werden kann. Die Hochpotenzen, die den Schwerpunkt bei der Behandlung chronischer Krankheiten bilden, werden in seltenen Gaben, oft nur einmal, verabreicht. So lange eine Hochpotenz wirkt, bis zu einigen Jahren, sollte die Einnahme nicht wiederholt werden.

1. Fassen Sie die Tabletten und Globuli nicht an, nur der Patient darf sie in die Hand nehmen. Sie können einen sauberen Kunststofflöffel oder ein Stück Papier nehmen.

2. Geben Sie Tabletten oder Globuli nicht mehr in das Fläschchen zurück, wenn sie einmal versehentlich ausgeschüttet wurden. Werfen Sie sie weg.

3. Lassen Sie Tablette oder Globuli auf der Zunge zergehen.

4. Homöopathische Arzneien sollten 10 bis 15 Minuten vor oder nach den Mahlzeiten eingenommen werden.

5. Während der Behandlung sollte der Patient auf Aromaöle, Einreibemittel, ätherische Öle, Genußgifte wie Kaffee oder Nikotin und sogar auf Zahnpasta mit Menthol, Eukalyptus etc. verzichten.

6. Globuli sind bei Kindern beliebt. Müssen sie Tabletten einnehmen, können diese als Pulver, indem man sie zwischen zwei sauberen Löffeln zerdrückt, oder in wenig frischem Wasser aufgelöst verabreicht werden.

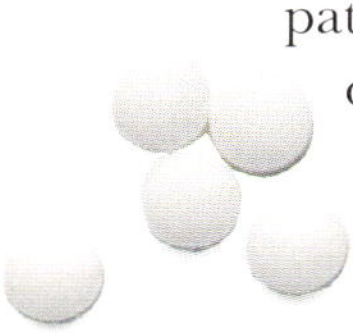

Arzneimittel sollten in dunklen Glasfläschchen oder -phiolen vor Sonneneinwirkung sicher aufbewahrt werden.

Resultate und Reaktionen

Nach Gabe der ersten Dosis verlangt es die homöopathische Regel, weder die Gabe zu wiederholen, noch das Mittel zu wechseln, solange die letzte Dosis noch wirkt. Die vier wichtigsten Reaktionen lesen Sie im Kasten auf Seite 133.

Was als nächstes passiert

Dem Patienten muß es nach jeder Dosis etwas besser gehen, und er sollte das Mittel immer seltener einnehmen, bis er genesen ist.

Möglich ist, daß es ihm nach jeder Dosis besser geht, die Gabe aber immer häufiger wiederholt werden muß, um die Wirkung zu erhalten. Hier sollte die nächsthöhere Potenz desselben Mittels gegeben werden. Haben Sie eine solche nicht zur Hand, versuchen Sie es einmal mit der sogenannten »Plusmethode« (siehe Seite 133). Schlägt auch das nicht an, dann überprüfen Sie den Fall nochmals auf Veränderungen oder neue Informationen hin, aufgrund derer Sie jetzt ein Folgemittel wählen können, das die Wirkung des ersten fortsetzt.

Möglich ist aber auch eine anfängliche Besserung, auf die ein Rückfall mit einem anderen Symptombild folgt. Ihre erste Verschreibung war dann richtig, es ist nun aber ein neues Mittel indiziert. Stützen Sie sich bei dessen Auswahl auf die neuen Symptome.

Nach einer ersten Besserung bleibt jede weitere Reaktion aus, und es treten die alten Symptome wieder auf. Dann muß ein passenderes Mittel gefunden werden. Überprüfen Sie den Fall nochmals, und wählen Sie ein neues Mittel in einer höheren Potenz aus. Wenn überhaupt keine Reaktion zu verzeichnen war, dann warten Sie eine Weile ab. Zeigt sich keine Veränderung, geben Sie dasselbe Mittel noch mal und warten erneut ab. Verfahren Sie in derselben Weise noch ein- oder zweimal, bevor Sie dieses Mittel endgültig abschreiben. Wenn nach drei oder vier Arzneimittelgaben keine Reaktion eingetreten ist, dann ist entweder die Verschreibung falsch gewesen, oder das Mittel ist nicht in Ordnung und hat seine Wirksamkeit verloren. Wenn Sie relativ sicher sind, richtig ausgewählt zu haben, dann markieren Sie das Fläschchen mit einem Strich. Eventuell wird auch ein gut gewähltes Mittel zu häufig oder zu lange gegeben. Nach einer Besserung kehren die Symptome zurück und verstärken sich sogar im Sinn einer Arzneimittelprüfung. Auch können neue Symptome entsprechend dem verabreichten Mittel auftreten. Hier sollte das Mittel abgesetzt werden. Überarbeiten Sie sicherheitshalber den Fall neu.

Oft sind die Veränderungen in der Verfassung des Patienten markant und augenfällig. In solchen Fällen besteht kein Zweifel über das weitere Vorgehen. Manchmal aber treten die Veränderungen nur langsam ein – und da eine Krankheit sich auch unbehandelt von Stunde zu Stunde verändern kann, fällt die richtige Einschätzung hier oft schwer. Wichtig ist es, immer daran zu denken, daß heftige, schwere Erkrankungen

Vor allem zu Beginn einer Behandlung sind die zeitlichen Abstände zwischen den einzelnen Arzneigaben sehr wichtig.

Beinwell, die Grundlage für Symphytum.

DIE VIER WICHTIGSTEN REAKTIONEN

1. Dem Patienten geht es besser. Wiederholen Sie die Gabe so lange nicht, wie die Besserung anhält.
2. Die Symptome haben sich kurz nach der Mittelgabe verschlimmert. Dies ist eine häufige Reaktion, die sogenannte Erstverschlimmerung, bei Auswahl des richtigen Mittels. Warten Sie ab, bis im Verlauf der nächsten Minuten oder Stunden – je nach Schweregrad der Krankheit – eine Besserung eintritt. Je heftiger und akuter die Krankheit, desto schneller verändert sich der Zustand. So müssen Sie bei einem schleichenden Fieber oft mehrere Stunden auf eine Reaktion warten, während bei einem hohen und heftigen Fieber schon innerhalb von 10 bis 15 Minuten Veränderungen eintreten können.
3. Der Zustand des Patienten hat sich eine Weile, sagen wir eine Stunde oder etwas länger, gebessert, um danach zu stagnieren, oder es treten die alten Symptome wieder auf. Ihre Verschreibung war richtig, es ist nun an der Zeit, die Gabe zu wiederholen.
4. Keine direkte Reaktion. Die erste Veränderung ist häufig die, daß sich der Patient insgesamt wohler fühlt, obwohl alle Symptome noch vorhanden sind. Das ist ein sehr wichtiges Zeichen für eine gute Reaktion. Warten Sie jetzt ab, ob sich eine weitere Besserung einstellt.

auf genauso heftige Art und Weise auf Mittel ansprechen. Ja sie »verbrauchen« häufig schnell ein Mittel, weshalb die Gabe anfangs vielleicht mehrmals pro Stunde wiederholt werden muß – natürlich immer in Abhängigkeit von den Veränderungen im Symptombild. Fälle dieses Schweregrads erfordern meist die Konsultation eines Experten. Oft ist das Krankheitsbild um so klarer, je schwerer und akuter die Erkrankung ist, so daß die Auswahl des passenden Arzneimittels tatsächlich auch leichter fällt. Langsam und sich schleichend entwickelnde Krankheiten verlangen nur eine Arzneimittelgabe am Tag oder sogar noch weniger.

Schwefelblüten, ein Bestandteil von Hepar sulphuris calcareum.

Als grober Richtwert mag gelten, daß bei der »Durchschnitts«krankheit, bei der der Kranke im Bett liegt, die Mittelgabe meist drei- bis achtmal am Tag wiederholt werden muß – zu Beginn der Krankheit öfter, später dann seltener. Ein weniger starker Husten, Erkältung, Hals- oder Magenbeschwerden brauchen in der Regel nicht mehr als zwei oder drei Dosen pro Tag. Oberstes Gebot ist jedoch, daß der Patient selbst über seine Symptome äußert, was zu tun ist. Je flexibler und weniger routinemäßig Sie bei Ihrer Verschreibung vorgehen, desto besser werden auch die Resultate sein.

Getrockneter Augentrost, die Grundlage für Euphrasia officinalis.

Manchmal kann selbst die Verschreibung des falschen Mittels das Symptombild so beeinflussen, daß die Auswahl der richtigen Arznei dann leichter fällt.

DIE PLUSMETHODE

BEI SEHR akuten Krankheiten kann es nötig werden, die Arzneimittelgabe zuerst jede oder alle zwei Stunden zu wiederholen, bis sich eine dauerhafte Besserung einstellt. In dieser Situation lohnt es sich, zwei, drei Tabletten oder die annähernd gleiche Menge einer anderen Darreichungsform, wie beispielsweise 10 bis 15 Streukügelchen, in einem Glas Wasser aufzulösen und bei Bedarf löffelweise in kurzen Abständen davon etwas einzunehmen. Zwischen den einzelnen Dosen wird das Mittel weiterdynamisiert, das heißt, mit einigen Schüttelschlägen neu – und höher – potenziert – was seine Wirksamkeit noch verstärkt. Man nimmt einen Löffel voll Flüssigkeit aus dem Glas und läßt ihn zehn- bis zwanzigmal ins Glas zurückfallen.

Homöopathische Arzneimittel

»... Die Natursubstanzen, die sich uns als Arzneien beweisen, sind nur Arzneien, insofern sie ... Kraft besitzen, das menschliche Befinden zu ändern durch dynamische, geistartige Einwirkung auf das geistartige, das Leben verwaltende Lebensprinzip.«
SAMUEL HAHNEMANN

WIE sicher können Sie sich der Qualität der im Verkauf befindlichen Mittel sein? Nun, bei ihrem Erwerb ist auf verschiedene Dinge zu achten, die für ein hochwertiges Produkt sprechen. Fragen Sie Ihren Apotheker danach.

Wie werden die Mittel zubereitet? Werden sie per Hand oder maschinell verschüttelt? Die Verschüttelung gehört zum Potenziervorgang und setzt sich aus dem kräftigen Schütteln und einer Reihe von Verdünnungen zusammen. Die wichtigste Veränderung findet hier nicht auf materieller Ebene statt – ist also nicht die Verdünnung der Substanz an sich –, sondern auf energetischer: Verändert wird die geistige Lebenskraft, das *chi*. Alle praktische Erfahrung aber lehrt uns, daß die »potentesten« Arzneimittel die handzubereiteten sind. Die mechanisch verschüttelten sind in der Regel weniger wirksam. Damit ist dies auch die erste, die einzig wirklich wichtige Frage, die zu stellen ist.

Gänseblümchen, die Basis für Bellis perennis.

Welche Maßnahmen werden ergriffen, um sicherzustellen, daß das Arzneimittel während des Herstellungsprozesses nicht – durch seinen Staub oder Dampf – ein anderes Mittel verunreinigt?

Sind die Grundsubstanzen von höchster Qualität? Werden bei den Homöopathika auf pflanzlicher Basis die Pflanzen zur besten Zeit des Jahres, des Tages und unter den besten Wetterbedingungen gesammelt, um eine hochwertige Pflanzentinktur als Ausgangsbasis zu erhalten? Sämtliche spezifische Bedingungen für das Wachstum, das Sammeln und Herstellen der Homöopathika bzw. der Grundstoffe sind genauestens in den homöopathischen Arzneibüchern, mit denen der Apotheker und homöopathische Arzneimittelhersteller arbeiten, beschrieben.

Homöopathische Tabletten bestehen aus Milchzucker, der mit dem potenzierten Arzneimittel versetzt ist.

Wie gewissenhaft wird darauf geachtet, daß die Arzneimittel nicht berührt werden?

Werden sie vor direkter Sonnenlichteinwirkung (das die Mittel unwirksam macht) geschützt und vorzugsweise in sicheren Glasfläschchen aufbewahrt?

Welche Mittel brauche ich?

Diese Frage läßt sich so einfach nicht beantworten, da der Gesundheitszustand jedes Menschen andere Anforderungen stellt. Die Grundausstattung, der sogenannte Basis-Kit, Ihrer homöopathischen Hausapotheke sollte aber zumindest aus 24 Mitteln in einer Potenz bestehen. Da dies dem einen oder anderen für den Anfang vielleicht viel erscheinen mag, werden 12 der am häufigsten benötigten Mittel als Starter-Kit vorgeschlagen. Zusätzlich gibt es noch zwei weitere Kits – Zusatz-Kit 1 und 2 mit jeweils 24 weiteren Arzneien –, so daß sich in der voll ausgestatteten homöo-

Nichtlösliche Substanzen werden vor der Potenzierung in einem Mörser verrieben.

pathischen Hausapotheke insgesamt 72 Mittel befinden. Davon ausgehend, daß Sie bereits im Besitz der 24 Grundmittel sind, werden noch einige zusätzliche Arzneien für spezielle Zustände und Beschwerden vorgeschlagen. Die meisten dieser zusätzlichen Mittel sind Bestandteil des Zusatz-Kit 2. Die Frage nach der zu wählenden Potenz wird auf den Seiten 32 bis 33 und 130 bis 131 behandelt, wobei dies natürlich nur Vorschläge sind, um dem Anfänger den Start zu erleichtern. Wenn Sie die Erfahrung gemacht haben, daß Ihre Familienangehörigen, oder wen immer Sie behandeln, anfällig für eine bestimmte Art von Krankheit sind, dann sollten Sie Ihre Hausapotheke entsprechend abwandeln.

DIE HOMÖOPATHISCHE HAUSAPOTHEKE

VERSCHIEDENE AUSSTATTUNGEN

Starter-Kit mit 12 Mitteln: *Aconitum, Apis, Arnica, Belladonna, Bryonia, Chamomilla, Ferrum phosphoricum, Gelsemium, Ipecacuanha, Pulsatilla, Rhus toxicodendron, Sulfur.*

Eine sinnvolle Ergänzung zu diesem Kit wäre *Chamomilla* als Salbe oder Tinktur, die im Verhältnis von 1:25 in Wasser verdünnt werden kann, um Schnitt- und Schürfwunden, Verbrennungen, Geschwüre etc. darin zu baden, zu reinigen und zu behandeln.

Basis-Kit (enthält alle Mittel des Starter-Kits und 12 weitere): *Aconitum, Allium cepa, Apis, Arnica, Arsenicum, Belladonna, Bryonia, Chamomilla, Colocynthis, Dioscorea, Euphrasia, Ferrum phosphoricum, Gelsemium, Hepar sulphuris, Hypericum, Ipecacuanha, Ledum, Lycopodium, Magnesium phosphoricum, Mercurius, Nux vomica, Pulsatilla, Rhus toxicodendron, Sulfur.*

Zusatz-Kit 1 (zusätzlich weitere 24 Mittel): *Antimonium tartaricum, Argentum nitricum, Bellis perennis, Calcarea carbonica, Causticum, Drosera, Dulcamara, Eupatorium perfoliatum, Jaborandi, Kalium bichromicum, Lac caninum, Lachesis, Natrium muriaticum, Nitricum acidum, Phosphorus, Phytolacca, Podophyllum, Pyrogenium, Ruta, Sanguinaria, Silicea, Spigelia, Spongia, Urtica urens.*

Zusatz-Kit 2 (nochmals 24 Mittel): *Antimonium crudum, Baptisia, Calcarea phosphorica, Camphora, Carbo vegetabilis, Cantharis, China officinalis, Cocculus, Coffea, Cuprum, Glonoin, Hyoscyamus, Ignatia, Iris, Kalium carbonicum, Kreosotum, Mercurius cyanatus, Natrium sulfuricum, Petroleum, Rumex, Staphysagria, Sepia, Symphytum, Tabacum, Veratrum album.*

SPEZIELLE ZUSATZMITTEL

Masern, Mumps und Windpocken: *Antimonium tartaricum, Camphora, Carbo vegetabilis, Jaborandi, Kalium bichromicum, Phytolacca.*

Reisekrankheit: *Cocculus, Petroleum, Sepia, Staphysagria, Tabacum.*

Notfall: *Bellis perennis, Calcarea phosphorica, Cantharis, Causticum, Cuprum, Eupatorium perfoliatum, Glonoin, Lachesis, Natrium muriaticum, Phosphorus, Silicea, Staphysagria, Symphytum, Urtica urens.*

Durchfall und Erbrechen: *Antimonium crudum, Antimonium tartaricum, Carbo vegetabilis, China officinalis, Dulcamara, Natrium sulfuricum, Phosphorus, Podophyllum, Sepia, Veratrum album.*

Blasenentzündung: *Cantharis, Causticum, Kalium muriaticum, Kalium phosphoricum, Natrium muriaticum, Sarsaparilla, Staphysagria.*

Periodenschmerzen: *Calcarea fluorica, Calcarea phosphorica, Cocculus, Conium, Kalium phosphoricum, Lachesis, Sepia.*

MITTEL FÜR MUTTER UND KIND

Geburt: *Aconitum D1000, Arnica D200, Bellis perennis D1000, Caulophyllum D1000, Ipecacuanha D200, Kalium phosphoricum D12, Pulsatilla D200.*

Findet, wie bei einer Geburt, ein hoher Energieumsatz statt, können hohe Potenzen erforderlich sein.

Stillen: *Castor equi D3, Hydrastis D6 oder D12, Phytolacca D6 oder D12.*

Mastitis: *Belladonna*, Bryonia*, Hepar sulphuris*, Mercurius*, Phytolacca.*

Milchbildung: *Calcarea carbonica, Lac defloratum, Pulsatilla*.*

Nach Schmerzen: *Arnica*, Conium.*

Babykoliken: *Chamomilla*, Colocynthis*, Dioscorea*, Magnesium phosphoricum*.*

(im Basis-Kit)*

TEIL IV

DIE ARZNEI-MITTELBILDER

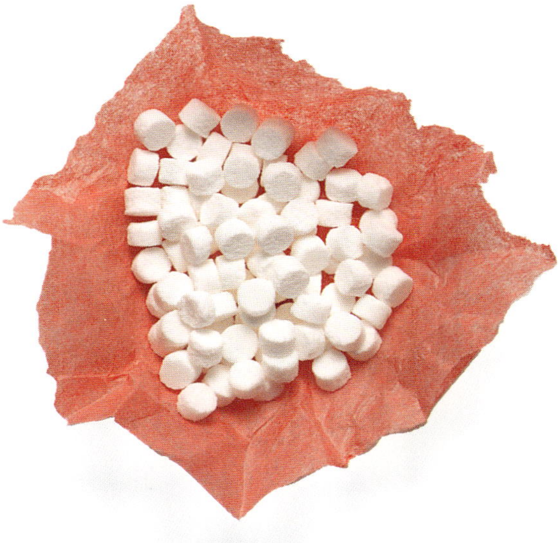

Arzneimittelbilder im Blickpunkt

Dieser Teil des Buches will Ihnen helfen, das für Ihren Fall passende Mittel zu finden. Hierzu wurde für jede der Störungen und Beschwerden eine eigene Tabelle entwickelt. Den Anfang bilden die Fieberzustände, da sie den gesamten Körper betreffen; am Ende stehen die Kinderkrankheiten als Extragruppe. Ansonsten wird in klassisch homöopathischer Reihenfolge, vom Kopf abwärtsgehend, vorgegangen.

Die Tabellen sind so aufgebaut, daß Sie mit ihrer Hilfe auch die homöopathische Anamnese erheben können. Suchen Sie sich die Tabelle mit der entsprechenden Beschwerde heraus, und klären Sie die einzelnen Rubriken ab. Bei **Ursache** und **Ausbruch** klären Sie, was in den Stunden oder Tagen vor Ausbruch der Krankheit geschehen ist; stellen Sie die Geschwindigkeit fest, in der sich die Krankheit entwickelt hat, und in welcher Reihenfolge die Ereignisse eintraten.

Fragen Sie als nächstes detailliert nach den **Empfindungen**: wo sie lokalisiert sind, wohin sie wandern, wie sie einsetzen und sich verändern. Versuchen Sie, ein bestimmtes Muster auszumachen. Hüten Sie sich aber vor Suggestivfragen. Fragen Sie lieber: »Wie fühlt sich dein Kopf an?« anstatt: »Hast du Kopfschmerzen?«.

Stellen Sie die **Modalitäten** der Symptome fest – was also eine Besserung oder Verschlechterung herbeiführt. Je ausgeprägter, eindeutiger und dauerhafter ein Symptom ist, desto größer auch seine Bedeutung.

Begleitsymptome sind Symptome, die zwar mit der eigentlichen Erkrankung direkt nichts zu tun haben, jedoch zur selben Zeit auftreten, so etwa Kopfschmerz, der mit Durchfall, oder *Herpes labialis*, der mit Fieber einhergeht. Es sind Symptome, die wiederholt zusammen auftreten.

Eigentümliche Symptome sind ungewöhnliche Körperempfindungen, Triebe, Ängste und Verlangen. Auf sie sollten Sie ganz besonders achten, da sie häufig den Schlüssel für das passende Mittel liefern.

Die **psychischen** und **allgemeinen** Symptome stehen am Ende der Tabellen. Sie beziehen sich auf Veränderungen in der Stimmungslage, im Verhaltens- oder Sprachmuster des Patienten. Eigenheiten im Normalzustand des Patienten, die auch noch vorliegen, wenn er krank ist, sind für den akuten Krankheitsfall bei der Arzneiauswahl nicht von Bedeutung. (Das gilt für jedes Symptom.) Wenn dagegen ein normalerweise sanfter und freundlicher Mensch bei Erkrankung, etwa bei Ohrenschmerzen, für ihn ganz untypisch reizbar und übellaunig wird, dann ist dies ein höchst signifikantes Symptom. Bei der Auswahl des Mittels

Zu jedem Beschwerdekomplex wird in einem kurzen Texteinschub der Gebrauch der Tabelle erläutert.

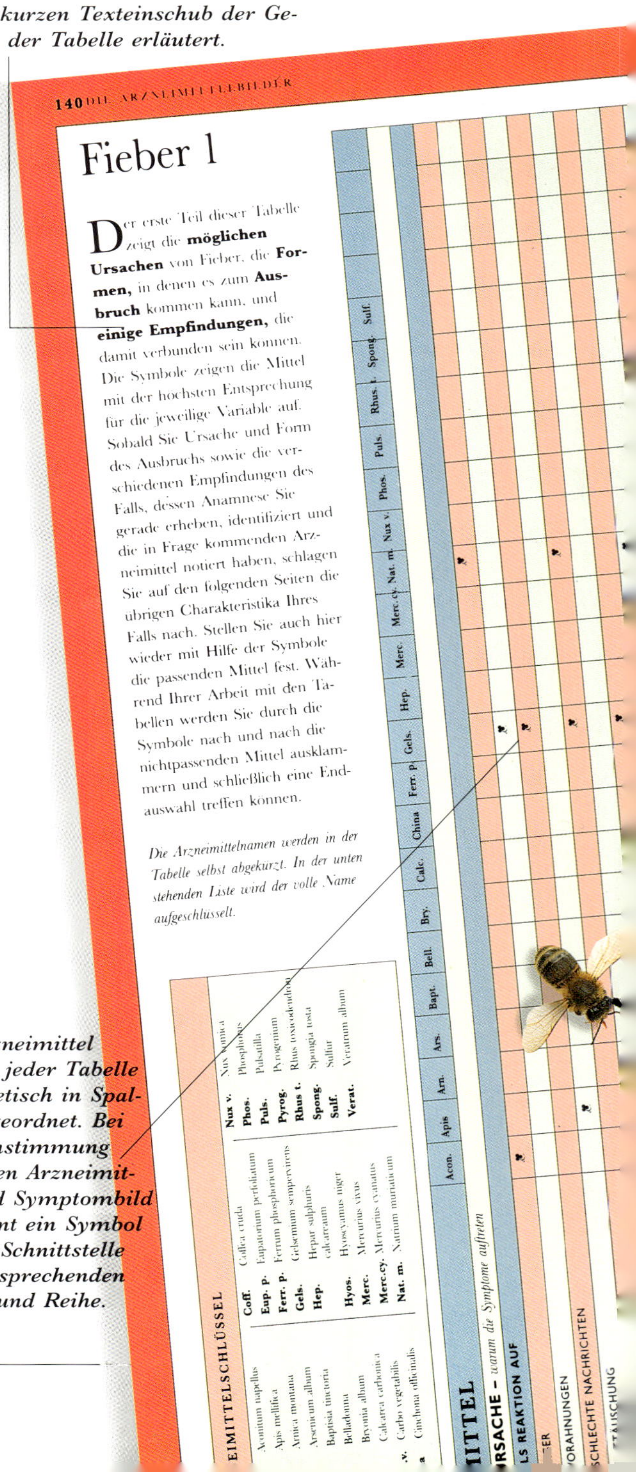

Die Arzneimittel sind in jeder Tabelle alphabetisch in Spalten angeordnet. Bei Übereinstimmung zwischen Arzneimittel- und Symptombild erscheint ein Symbol an der Schnittstelle der entsprechenden Spalte und Reihe.

mit der höchsten Entsprechung sind solche psychischen Symptome von größter Bedeutung.

Allgemeine Symptome lassen sich mit den einleitenden Worten »Ich fühle mich« beschreiben, zum Beispiel: »Ich fühle mich durstig, heiß an, müde, energielos, am ganzen Körper brennend heiß.« Im Gegensatz dazu stehen die spezifischen Symptome, die sich auf einzelne Körperpartien des Patienten beziehen. Sätze zu deren Beschreibung beginnen meist mit »Mein(e)«, wie: »Mein Kopf tut weh«, »Mein Hals ist trocken« etc.

Suchen Sie die Symptome, die auf Ihren Fall zutreffen, und schauen Sie dann in den Spalten nach, welches Arzneimittel damit übereinstimmt.

In den Tabellen sind die Symptome untereinander nach den klassischen homöopathischen Kategorien aufgelistet: Ursache und Ausbruch, Empfindungen, Modalitäten, Begleitsymptome, eitentümliche sowie psychische und allgemeine Symptome.

Fieber 1

Der erste Teil dieser Tabelle zeigt die **möglichen Ursachen** von Fieber, die **Formen,** in denen es zum **Ausbruch** kommen kann, und **einige Empfindungen,** die damit verbunden sein können. Die Symbole zeigen die Mittel mit der höchsten Entsprechung für die jeweilige Variable auf. Sobald Sie Ursache und Form des Ausbruchs sowie die verschiedenen Empfindungen des Falls, dessen Anamnese Sie gerade erheben, identifiziert und die in Frage kommenden Arzneimittel notiert haben, schlagen Sie auf den folgenden Seiten die übrigen Charakteristika Ihres Falls nach. Stellen Sie auch hier wieder mit Hilfe der Symbole die passenden Mittel fest. Während Ihrer Arbeit mit den Tabellen werden Sie durch die Symbole nach und nach die nichtpassenden Mittel ausklammern und schließlich eine Endauswahl treffen können.

Die Arzneimittelnamen werden in der Tabelle selbst abgekürzt. In der unten stehenden Liste wird der volle Name aufgeschlüsselt.

ARZNEIMITTELSCHLÜSSEL

Acon.	Aconitum napellus	**Coff.**	Coffea cruda	**Nux v.**	Nux vomica
Apis	Apis mellifica	**Eup. p.**	Eupatorium perfoliatum	**Phos.**	Phosphorus
Arn.	Arnica montana	**Ferr. p.**	Ferrum phosphoricum	**Puls.**	Pulsatilla
Ars.	Arsenicum album	**Gels.**	Gelsemium sempervirens	**Pyrog.**	Pyrogenium
Bapt.	Baptisia tinctoria	**Hep.**	Hepar sulphuris calcareum	**Rhus t.**	Rhus toxicodendron
Bell.	Belladonna			**Spong.**	Spongia tosta
Bry.	Bryonia album	**Hyos.**	Hyoscyamus niger	**Sulf.**	Sulfur
Calc.	Calcarea carbonica	**Merc.**	Mercurius vivus	**Verat.**	Veratrum album
Carb.v.	Carbo vegetabilis	**Merc.cy.**	Mercurius cyanatus		
China	Cinchona officinalis	**Nat. m.**	Natrium muriaticum		

MITTEL	Acon.	Apis	Arn.	Ars.	Bapt.	Bell.	Bry.	Calc.	China	Ferr. p.	Gels.	Hep.	Merc.	Merc.cy.	Nat. m.	Nux v.	Phos.	Puls.	Rhus. t.	Spong.	Sulf.
URSACHE – *warum die Symptome auftreten*																					
ALS REAKTION AUF																					
ÄRGER	●														●						
VORAHNUNGEN											●										
SCHLECHTE NACHRICHTEN											●										
ENTTÄUSCHUNG		●																			
EMOTIONEN											●				●						
FURCHT	●																				
SCHRECKEN	●	●									●										
TRAUER															●						
VERLETZTE GEFÜHLE							●														
EIFERSUCHT		●																			
VERLUST															●						
WUT		●																			
ZURÜCKWEISUNG															●						
SCHOCK											●										
NACH EINWIRKUNG VON																					
KÄLTE						●	●	●													
KÄLTE UND FEUCHTIGKEIT								●											●		
TROCKENER, KALTER WIND	●											●				●					
ELEKTR. VERÄNDERUNGEN IN DER ATMOSPHÄRE																	●				
HITZE				●																	
MILDES WETTER											●										
SONNENSTICH						●															
NÄSSE								●													
DURCH																					
KÄLTEEINFLUSS BEIM SCHWITZEN							●														
ANSTRENGUNG	●			●				●					●				●			●	
ÜBERANSTRENGUNG			●							●						●			●		

MITTEL	Acon.	Apis	Arn.	Ars.	Bapt.	Bell.	Bry.	Calc.	China	Coff.	Eup. p.	Ferr. p.	Gels.	Hep.	Hyos.	Merc.	Merc. cy.	Nat. m.	Nux. v.	Phos.	Puls.	Pyrog.	Rhus t.	Spong.	Sulf.
GEISTIGE ANSTRENGUNG						●																			
ÜBERMÄSSIGER GENUSS																●									
STIMULANZIEN (KAFFEE, ALKOHOL ETC.)																●								●	
UNTERDRÜCKTER SCHWEISS																			●						
NASSE FÜSSE	●																								
AUSBRUCH – *wann und wie die Symptome auftreten*																									
MORGENS							●																		
NACHMITTAGS											●									●					
ABENDS	●										●									●					
NACHTS	●										●			●	●			●	●						
INTENSIV						●																			
SCHNELL	●	●			●	●								●											
LANGSAM							●			●	●									●	●				
HEFTIG	●																								
RÜCKFALL NACH PARTIELLER HEILUNG																					●				
SYMPTOME ENTWICKELN SICH SCHLEICHEND				●					●		●										●				
EMPFINDUNGEN – *was der Patient während des Fiebers fühlt*																									
BETT FÜHLT SICH HART AN																						●			
BRENNENDE ABSONDERUNGEN																									●
GLIEDERSCHMERZEN				●																					
KÄLTEGEFÜHL	●	●		●																					
FROSTIGKEIT							●		●	●				●		●		●	●			●	●		●
STELLENWEISE																					●				
MIT DURST								●																	
WELLENARTIG																			●						
MIT INNERER HITZE	●						●	●																	
FROSTIGKEIT (SCHLEICHEND)																●						●			
KÄLTESCHAUER, DANN HITZE, DANN SCHWEISS	●	●				●	●			●	●		●	●				●						●	●
EISIGE KÄLTE																	●								
WIE EIS IN DEN BLUTGEFÄSSEN				●																					
WIE EIS DIE NERVEN ENTLANG	●																								
AM RÜCKEN										●	●											●			
BEGINNT AM RÜCKEN																			●						
AN DEN EXTREMITÄTEN																	●	●							
BEGINNT AN DEN EXTREMITÄTEN																		●	●		●				
HIN UND HER ZIEHEND																					●				
IN EINZELNEN KÖRPERPARTIEN																							●		
DEN RÜCKEN HINAB- U. HINUNTERLAUFEND													●												
ZÄHNEKLAPPERN																		●							

Abgebildet ist hier die Honigbiene, die Quelle von Apis mellifica.

Fieber 2

Dieser Teil der Tabelle zeigt **weitere mögliche Empfindungen**, die mit Fieber verbunden sein können. Die Symbole zeigen die Mittel mit der höchsten Entsprechung für die jeweilige Variable auf. Sobald Sie die Empfindungen des Falls, dessen Anamnese Sie gerade erheben, identifiziert und die in Frage kommenden Arzneimittel notiert haben, schlagen Sie auf den folgenden Seiten die übrigen Charakteristika Ihres Falls nach. Stellen Sie auch hier wieder mit Hilfe der Symbole die passenden Mittel fest. Während Ihrer Arbeit mit den Tabellen werden Sie durch die Symbole nach und nach die nichtpassenden Mittel ausklammern und schließlich eine Endauswahl treffen können.

Die Arzneimittelnamen werden in der Tabelle selbst abgekürzt. In der unten stehenden Liste wird der volle Name aufgeschlüsselt.

ARZNEIMITTELSCHLÜSSEL

Acon.	Aconitum napellus
Apis	Apis mellifica
Arn.	Arnica montana
Ars.	Arsenicum album
Bapt.	Baptisia tinctoria
Bell.	Belladonna
Bry.	Bryonia album
Calc.	Calcarea carbonica
Carb.v.	Carbo vegetabilis
China	Cinchona officinalis
Coff.	Coffea cruda
Eup. p.	Eupatorium perfoliatum
Ferr. p.	Ferrum phosphoricum
Gels.	Gelsemium sempervirens
Hep.	Hepar sulphuris calcareaum
Hyos.	Hyoscyamus niger
Merc.	Mercurius vivus
Merc.cy.	Mercurius cyanatus
Nat. m.	Natrium muriaticum
Nux v.	Nux vomica
Phos.	Phosphorus
Puls.	Pulsatilla
Pyrog.	Pyrogenium
Rhus t.	Rhus toxicodendron
Spong.	Spongia tosta
Sulf.	Sulfur
Verat.	Veratrum album

MITTEL	Acon.	Apis	Arn.	Ars.	Bapt.	Bell.	Bry.	Calc.	China	Coff.	Eup. p.	Ferr. p.	Gels.	Hep.	Hyos.	Merc.	Merc. cy.	Nat. m.	Nux. v.	Phos.	Puls.	Pyrog.	Rhus t.	Spong.	Sulf.
EMPFINDUNGEN (FORTSETZUNG)																									
KÄLTEGEFÜHL (FORTSETZUNG)																									
SCHLIMMER DURCH KALTE GETRÄNKE								●											●						
BEWEGUNG		●																	●						
UNBEDECKTSEIN	●	●	●					●		●													●		
LEICHTESTES UNBEDECKTSEIN														●					●				●		
WARM ZUDECKEN BESSERT NICHT																		●							
ZWISCHEN 7 UND 9 UHR											●														
ZWISCHEN 10 UND 11 UHR																		●							
16 UHR												●									●				
ABENDS UND NACHTS										●						●									
SCHWÄCHE									●																
DELIRIUM				●			●			●				●	●				●				●		
TROCKENHEIT	●																							●	
TROCKENHEIT DER SCHLEIMHÄUTE																								●	
FIEBER														●											
IM WECHSEL MIT SCHÜTTELFROST				●				●								●									
ANHALTEND		●	●	●			●	●					●	●	●	●				●	●		●		●
HOCH					●		●															●	●		
STETS WIEDERKEHREND																									●
SEHR HOCH						●									●										
HITZE																									
BESSER DURCH HITZE				●																					
BRENNEND	●	●		●		●	●						●	●	●						●			●	
BRENNEND AM GANZEN KÖRPER											●														
BRENNEND MIT SCHLAFLOSIGKEIT															●										
BRENNEND (INTENSIV)																							●		
BRENNEND IN DEN BLUTGEFÄSSEN				●			●	●							●		●								
TROCKEN UND BRENNEND						●														●			●		

TROCKENE HITZE			✿	✿			✿	✿		✿		✿			✿						✿				
ÄUSSERE HITZE										✿															
HITZEWALLUNGEN																✿									✿
ERST HITZE, DANN FROST																✿									
ABWECHSELND HITZE UND FROST								✿							✿						✿				
HEISSE, TROCKENE HAUT		✿																							
ABWECHSELND MIT SCHWEISSIGKEIT		✿																			✿				
BEI BERÜHRUNG HEISS						✿					✿														
INTENSIV UND MIT BLUTANDRANG																		✿							
INTENSIV		✿	✿			✿				✿				✿				✿		✿					
INNERLICH							✿	✿															✿		✿
NACHTS										✿											✿				
DEN RÜCKEN HOCHLAUFEND																				✿					
HUNGER UM 11 UHR																									✿
MUSKELHÜPFEN															✿										
PSYCHISCHE SYMPTOME																									
LEBHAFT	✿											✿								✿					
BENOMMEN													✿												
DELIRIÖS																				✿					
STUMPFSINNIG BEI MÜDIGKEIT												✿													
SCHRECKLICHE FURCHT	✿																								
TRÄUME VON GROSSER ANSTRENGUNG																							✿		
VOR SICH HINMURMELN																							✿		
SPRICHT WIE IM DELIRIUM													✿												
MUND TROCKEN							✿											✿			✿				
MUND FAULIG																✿					✿				
METALLISCHER GESCHMACK IM MUND																✿									
SÜSSLICHER GESCHMACK IM MUND																✿									
TAUBHEITSGEFÜHL	✿	✿				✿						✿	✿												
SCHMERZEN																									
BRENNEND				✿																✿					✿
UMHERSCHIESSEND							✿														✿				
EMPFINDLICHKEIT																	✿								
STARK						✿																			
WUND UND ZERSCHLAGEN																						✿	✿		
WUNDHEIT																	✿								
SPLITTERÄHNLICH														✿											
STECHEND		✿																							
KLOPFEND						✿																			
HEFTIG, PULSIEREND																						✿			

Abgebildet ist hier der Sturmhut, die Grundlage für Aconitum napellus.

Fieber 3

Dieser Teil der Tabelle zeigt **weitere mögliche Empfindungen**, die mit Fieber verbunden sein können, und einige der **Modalitäten,** die eine Besserung oder Verschlechterung bewirken können. Die Symbole zeigen die Mittel mit der höchsten Entsprechung für die jeweilige Variable auf. Sobald Sie die verzeichneten Empfindungen und einige Modalitäten des Falls, dessen Anamnese Sie gerade erheben, identifiziert und die in Frage kommenden Arzneimittel notiert haben, schlagen Sie auf den folgenden Seiten die übrigen Charakteristika Ihres Falls nach. Stellen Sie auch hier wieder mit Hilfe der Symbole die passenden Mittel fest. Während Ihrer Arbeit mit den Tabellen werden Sie durch die Symbole nach und nach die nichtpassenden Mittel ausklammern und schließlich eine Endauswahl treffen können.

Die Arzneimittelnamen werden in der Tabelle selbst abgekürzt. In der unten stehenden Liste wird der volle Name aufgeschlüsselt.

ARZNEIMITTELSCHLÜSSEL

Acon.	Aconitum napellus
Apis	Apis mellifica
Arn.	Arnica montana
Ars.	Arsenicum album
Bapt.	Baptisia tinctoria
Bell.	Belladonna
Bry.	Bryonia album
Calc.	Calcarea carbonica
Carb.v.	Carbo vegetabilis
China	Cinchona officinalis
Coff.	Coffea cruda
Eup. p.	Eupatorium perfoliatum
Ferr. p.	Ferrum phosphoricum
Gels.	Gelsemium sempervirens
Hep.	Hepar sulphuris calcareaum
Hyos.	Hyoscyamus niger
Merc.	Mercurius vivus
Merc.cy.	Mercurius cyanatus
Nat. m.	Natrium muriaticum
Nux v.	Nux vomica
Phos.	Phosphorus
Puls.	Pulsatilla
Pyrog.	Pyrogenium
Rhus t.	Rhus toxicodendron
Spong.	Spongia tosta
Sulf.	Sulfur
Verat.	Veratrum album

MITTEL	Acon.	Apis	Arn.	Ars.	Bapt.	Bell.	Bry.	Calc.	China	Coff.	Eup. p.	Ferr. p.	Gels.	Hep.	Hyos.	Merc.	Merc. cy.	Nat. m.	Nux v.	Phos.	Puls.	Pyrog.	Rhus. t.	Spong.	Sulf.
EMPFINDUNGEN (FORTSETZUNG)																									
SCHMERZEN (FORTSETZUNG)																									
WANDERND																					•				
SCHLIMMER DURCH KÄLTE														•							•				
SCHNELL EINTR. ERSCHÖPFUNGSZUSTAND					•																				
RUHELOS																							•		
RUHELOSIGKEIT (INTENSIV)																						•			
EMPFINDLICH GEGEN														•											
KÄLTE														•			•								
KALTE LUFT									•																
ZUGLUFT																•									•
ERSCHÜTTERUNG						•																			
LICHT						•		•												•					
BEWEGUNG									•																
GERÄUSCHE						•														•					
GERÜCHE																				•					•
FRISCHLUFT																									•
SCHMERZEN														•											
UNBEDECKTSEIN														•											
BERÜHRUNG		•				•			•					•						•					
ÜBEREMPFINDLICH	•																			•					
SCHÜTTELFROST	•									•												•			
SCHÜTTELFROST (INTENSIV)				•																					
SCHÜTTELFROST DURCH UNTERKÜHLUNG																					•				
SCHLÄFRIGKEIT																		•							
STUPOR					•		•						•		•			•	•	•					
PLÖTZL. KÄLTEGEFÜHL MIT STAUUNGSZUSTAND			•																						
PLÖTZLICHE SEPTISCHE ZUSTÄNDE			•		•																•				
DURST																			•						
VERURSACHT AUFGEBLÄHTSEIN																			•						

FROSTIGKEIT (VORHER)								x												x				
EXTREM	x																							
IM FIEBER											x													
AUF KALTE GETRÄNKE	x	x		x			x										x		x			x		
HEISSE GETRÄNKE WÄHR. D. FROSTIGKEIT				x						x														
GROSSE MENGEN							x																	
LIMONADE						x																		
MILCH		x																				x		
SCHLÜCKCHEN				x																				
WARME GETRÄNKE																								x
GROSS			x			x	x												x					
GROSS NUR WÄHREND DER FROSTIGKEIT			x														x							
GROSS NUR WÄHREND DER HITZE						x																		
GROSS WÄHREND DER SCHWEISSAUSBRÜCHE								x																
HITZE VERURSACHT DURST													x						x					
WENIG DURST												x			x									
GROSSE ZEITABSTÄNDE ZWISCHEN D. TRINKEN							x																	
DURSTLOS		x				x						x												
DURSTLOSIGKEIT IM FIEBER																				x				
SCHLIMMER DURCH TRINKEN										x														
HERZKLOPFEN																					x			
PRICKELGEFÜHL	x	x				x																		
ERBRICHT WARME GETRÄNKE																			x					
MODALITÄTEN – *was eine Besserung oder Verschlechterung bewirkt*																								
SCHLIMMER																								
ZEIT																								
MORGENS													x					x						
NACHMITTAGS												x												
ABENDS	x						x						x			x			x	x		x		
NACHTS	x			x			x		x						x					x		x		
TAGSÜBER																								x
NACH JE 24 STUNDEN								x																
12 UHR																								x
ZWISCHEN 1 UND 2 UHR				x																				
10 UHR												x												
ZWISCHEN 10 UND 11 UHR																	x							
MITTERNACHT	x					x																		x
15 UHR						x																		
ZWISCHEN 15 UND 17 UHR		x																						
16 UHR																				x				
21 UHR							x																	

Abgebildet ist hier der Giftjasmin, die Grundlage für Gelsemium sempervirens.

Fieber 4

Dieser Teil der Tabelle zeigt **weitere mögliche Modalitäten** bei Fieber, die eine Besserung oder Verschlechterung bewirken können. Die Symbole zeigen die Mittel mit der höchsten Entsprechung für die jeweilige Variable auf. Sobald Sie die weiteren Modalitäten des Falls, dessen Anamnese Sie gerade erheben, identifiziert und die in Frage kommenden Arzneimittel notiert haben, schlagen Sie auf den folgenden Seiten die übrigen Charakteristika Ihres Falls nach. Stellen Sie auch hier wieder mit Hilfe der Symbole die passenden Mittel fest. Während Ihrer Arbeit mit den Tabellen werden Sie durch die Symbole nach und nach die nichtpassenden Mittel ausklammern und schließlich eine Endauswahl treffen können.

Die Arzneimittelnamen werden in der Tabelle selbst abgekürzt. In der unten stehenden Liste wird der volle Name aufgeschlüsselt.

ARZNEIMITTELSCHLÜSSEL

Acon.	Aconitum napellus	**Coff.**	Coffea cruda	**Nux v.**	Nux vomica
Apis	Apis mellifica	**Eup. p.**	Eupatorium perfoliatum	**Phos.**	Phosphorus
Arn.	Arnica montana	**Ferr. p.**	Ferrum phosphoricum	**Puls.**	Pulsatilla
Ars.	Arsenicum album	**Gels.**	Gelsemium sempervirens	**Pyrog.**	Pyrogenium
Bapt.	Baptisia tinctoria	**Hep.**	Hepar sulphuris calcareum	**Rhus t.**	Rhus toxicodendron
Bell.	Belladonna			**Spong.**	Spongia tosta
Bry.	Bryonia album	**Hyos.**	Hyoscyamus niger	**Sulf.**	Sulfur
Calc.	Calcarea carbonica	**Merc.**	Mercurius vivus	**Verat.**	Veratrum album
Carb.v.	Carbo vegetabilis	**Merc.cy.**	Mercurius cyanatus		
China	Cinchona officinalis	**Nat. m.**	Natrium muriaticum		

MITTEL	Acon.	Apis	Arn.	Ars.	Bapt.	Bell.	Bry.	Calc.	China	Coff.	Eup. p.	Ferr. p.	Gels.	Hep.	Hyos.	Merc.	Merc. cy.	Nat. m.	Nux v.	Phos.	Puls.	Pyrog.	Rhus. t.	Spong.	Sulf.
MODALITÄTEN (FORTSETZUNG)																									
TEMPERATUR UND WETTER																									
LUFT (KALTE)									●																
LUFT (TROCKENE, KALTE FRISCH-)																			●						
LUFT (FRISCH-)												●													
WECHSELHAFTES WETTER																									●
FROST																					●				
GESCHLOSSENER RAUM																					●				
KÄLTE						●		●				●		●		●							●		
KÄLTE (MIT AUSNAHME AM KOPF)				●																					
ZUGLUFT				●		●										●									
HITZE	●	●					●									●					●				●
HITZE (BEI FIEBER)																		●							
SONNE							●																		
WARME DECKEN								●																	
BEWEGUNG																									
WECHSELN DER POSITION																						●	●		
ANSTRENGUNG				●				●				●		●											
ÜBERANSTRENGUNG																							●		
ERSCHÜTTERUNG	●		●			●	●																		
BEWEGUNG			●	●		●	●		●		●			●					●						
AUFSTEHEN	●					●	●																		
STEHEN												●													
ALLGEMEINES																									
ZUDECKEN	●																								
FEUCHTIGKEIT																							●		
ESSEN							●											●							
ALLES																●									
FETTE, SCHWERE SPEISEN																					●				
LICHT	●					●																			
LIEGEN (HUSTEN)																					●				
HINLEGEN																								●	

LIEGEN MIT TIEFLAGERUNG DES KOPFES													•												
LIEGEN AUF DER SCHMERZHAFTEN SEITE																				•					
LIEGEN AUF DER RECHTEN SEITE																•									
MUSIK																		•							
GERÄUSCHE						•	•					•						•	•						
HERUNTERHÄNGEN (LASSEN) EINES KÖRPERTEILS						•																			
DRUCK		•												•											
RUHE																							•		
SCHLAF (NACH)		•																							
SAURE SPEISEN												•													
STIMULANZIEN																			•						
SCHWITZEN (KOPFSCHMERZEN)											•														
BERÜHRUNG	•	•	•			•			•																
UNBEDECKTSEIN				•		•										•			•						
KÖRPERFLÜSSIGKEITEN (VERLUST VON)									•																
WARMES ZUDECKEN										•															
WASCHEN																									•
BESSER																									
LUFT (FRISCH-)		•					•														•				•
IM BETT															•										
KÄLTE		•					•																		
KALTE GETRÄNKE																				•					
KALTE SPEISEN																				•					
GESELLSCHAFT				•																					
KÜHLE																					•				
ABENDS																			•						
HITZE														•									•		
HITZE (MIT AUSNAHME AM KOPF)				•																					
HINLEGEN						•										•									
LIEGEN AUF DEM BAUCH						•																			
LIEGEN AUF DER SCHMERZHAFTEN SEITE																					•				
AUFGESTÜTZT LIEGEN													•												
BEWEGUNG		•																							
BEWEGUNG (ANHALTENDE)																							•		
BEWEGUNG (SANFTE)												•									•				
PERSPIRATION	•						•																		
DRUCK																							•		
DRUCK (FEST)							•																		
REIBEN																				•			•		
SITZEN (HUSTEN)																					•				
SITZEN IM BETT																			•						
SCHLAFEN																			•	•					
UNBEWEGLICH						•	•																		

Abgebildet ist hier die Tollkirsche, die Grundlage für Belladonna.

Fieber 5

Dieser Teil der Tabelle zeigt **weitere mögliche Modalitäten** bei Fieber und einige **Begleitsymptome**, die mit dem Fieber einhergehen können. Die begleitenden Symptome sind nach Körperregionen, vom Kopf abwärtsgehend, geordnet. Die Symbole zeigen die Mittel mit der höchsten Entsprechung für die jeweilige Variable auf. Sobald Sie die Modalitäten und einige der Begleitsymptome des Falls, dessen Anamnese Sie gerade erheben, identifiziert und die in Frage kommenden Arzneimittel notiert haben, schlagen Sie auf den folgenden Seiten die übrigen Charakteristika Ihres Falls nach. Stellen Sie auch hier wieder mit Hilfe der Symbole die passenden Mittel fest. Während Ihrer Arbeit mit den Tabellen werden Sie durch die Symbole nach und nach die nichtpassenden Mittel ausklammern und schließlich eine Endauswahl treffen können.

Die Arzneimittelnamen werden in der Tabelle selbst abgekürzt. In der unten stehenden Liste wird der volle Name aufgeschlüsselt.

ARZNEIMITTELSCHLÜSSEL

Acon.	Aconitum napellus	**Coff.**	Coffea cruda	**Nux v.**	Nux vomica
Apis	Apis mellifica	**Eup. p.**	Eupatorium perfoliatum	**Phos.**	Phosphorus
Arn.	Arnica montana	**Ferr. p.**	Ferrum phosphoricum	**Puls.**	Pulsatilla
Ars.	Arsenicum album	**Gels.**	Gelsemium sempervirens	**Pyrog.**	Pyrogenium
Bapt.	Baptisia tinctoria	**Hep.**	Hepar sulphuris calcareaum	**Rhus t.**	Rhus toxicodendron
Bell.	Belladonna			**Spong.**	Spongia tosta
Bry.	Bryonia album	**Hyos.**	Hyoscyamus niger	**Sulf.**	Sulfur
Calc.	Calcarea carbonica	**Merc.**	Mercurius vivus	**Verat.**	Veratrum album
Carb.v.	Carbo vegetabilis	**Merc.cy.**	Mercurius cyanatus		
China	Cinchona officinalis	**Nat. m.**	Natrium muriaticum		

MITTEL	Acon.	Apis	Arn.	Ars.	Bapt.	Bell.	Bry.	Calc.	China	Coff.	Eup. p.	Ferr. p.	Gels.	Hep.	Hyos.	Merc.	Merc. cy.	Nat. m.	Nux v.	Phos.	Puls.	Pyrog.	Rhus. t.	Spong.	Sulf.
MODALITÄTEN (FORTSETZUNG)																									
STIMULANZIEN													●												
SCHWITZEN													●					●					●		
TEMPERATUR (AUSGEGLICHEN)																●									
UNBEDECKTSEIN	●																								
WASSERLASSEN													●												
GEHEN IN FRISCHLUFT																				●					
WARME GETRÄNKE																									●
WASCHEN		●																			●				
NASSES WETTER														●											
BEGLEITSYMPTOME – *andere mit dem Fieber einhergehende Symptome*																									
KOPF																									
KATARRH			●	●																					
KALTE KOPFHAUT								●																	
BLUTANDRANG	●					●		●																	
KOPFSCHMERZEN (ZUM ZERBERSTEN)											●		●					●							
BESSER DURCH STILLHALTEN							●																		
BESSER DURCH DRUCK							●																		
GESICHT, BLUTFÜLLE											●		●												
HITZEWALLUNGEN											●	●						●							
HITZEWALLUNGEN UND BLÄSSE IM WECHSEL	●											●													
HEISS	●		●						●			●	●								●				
ROT (BERAUSCHT AUSSEHEND)					●																				
ROT (SCHWÄRZLICH-)													●												
ROT (SEHR)																			●						
ROTE FLECKEN AUF DEN WANGEN												●													
NASENBLUTEN												●													
AUGEN SCHMERZEND							●						●												
AUGÄPFEL SCHMERZEND											●														
PUPILLEN ZUSAMMENGEZOGEN	●																								
PUPILLEN ERWEITERT						●		●																	

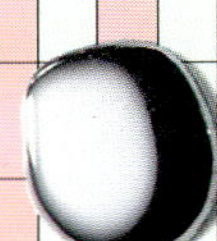

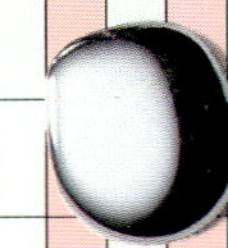

MUND TROCKEN	x																x		x						
ATEM ÜBELRIECHEND															x										
TROCKEN MIT DURST															x										
FAULIG															x										
ENTZÜNDUNG MIT EITERBILDUNG					x											x									
LIPPEN TROCKEN												x				x		x			x				
LIPPEN UND MUND TROCKEN						x	x																		
LIPPEN UND MUND TROCKEN UND ROT																									x
LIPPENHERPES																		x							
SPEICHELFLUSS REICHLICH																x									
ZUNGE BELEGT																					x				
ZUNGE WEISS							x																		
MAGENVERSTIMMUNG											x								x		x				
VERSTOPFUNG							x																		
FURCHT, DASS ETWAS ZERSPRINGT		x																							
SCHMERZEN, SCHLIMMER: KALTE GETRÄNKE	x																								
SCHMERZHAFTE AUFTREIBUNG NACH ESSEN							x																		
GESPANNTHEIT		x																							
GALLEBRECHEN											x														
HARN REICHLICH													x									x			
SPÄRLICH	x	x																							
SPÄRLICH (AUS ANGST VOR SCHMERZEN)	x																								
INKONTINENZ (DURCH SPHINKTERLÄHMUNG)													x												
HALS TROCKEN																									
KEHLKOPF EMPFINDLICH																									
ROHES GEFÜHL																	x								
SCHLUCKBESCHWERDEN (NICHT FLÜSSIGKEIT)					x																				
WUND																				x			x	x	
MANDELN DICK WEISS BELEGT																	x								
GESCHWÜRBILDUNG																	x								
HUSTEN KRUPPARTIG														x											
TROCKEN	x										x														
ABGEHACKT											x														
BRENNEN IN DER BRUST																									x
BEKLEMMUNG																									x
STICHE																									x
RÜCKEN- UND NACKENSCHMERZEN												x	x												
HEISS													x												
SCHMERZEN BESSER AUF HARTER OBERFLÄCHE																							x		
STEIFIGKEIT																							x		
GLIEDER																									
GLIEDERSCHMERZEN											x														
GLÜHENDES VERLANGEN, SICH ZU STRECKEN									x																
VERÄNDERUNG DER LAGE (VERLANGEN NACH)									x																
KÄLTE *			x			x						x	x			x		x							

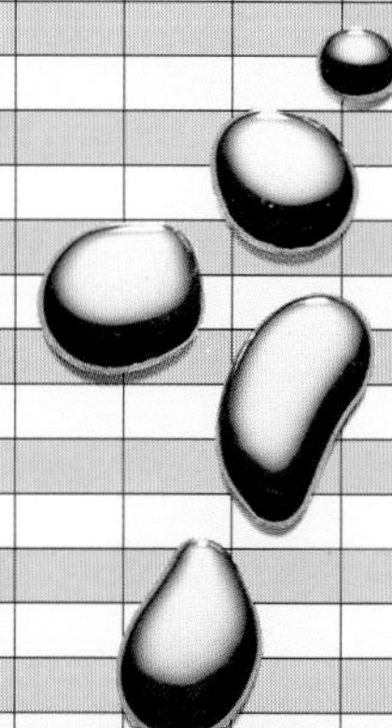

Abgebildet ist hier Quecksilber, die Grundsubstanz von Mercurius vivus.

Fieber 6

Dieser Teil der Tabelle zeigt **weitere mögliche Begleitsymptome**, die mit Fieber einhergehen können. Die Symbole zeigen die Mittel mit der höchsten Entsprechung für die jeweilige Variable auf. Sobald Sie noch einige weitere Begleitsymptome des Falls, dessen Anamnese Sie gerade erheben, identifiziert und die in Frage kommenden Arzneimittel notiert haben, schlagen Sie auf den folgenden Seiten die übrigen Charakteristika Ihres Falls nach. Stellen Sie auch hier wieder mit Hilfe der Symbole die passenden Mittel fest. Während Ihrer Arbeit mit den Tabellen werden Sie durch die Symbole nach und nach die nichtpassenden Mittel ausklammern und schließlich eine Endauswahl treffen können.

Die Arzneimittelnamen werden in der Tabelle selbst abgekürzt. In der unten stehenden Liste wird der volle Name aufgeschlüsselt.

ARZNEIMITTELSCHLÜSSEL

Acon.	Aconitum napellus
Apis	Apis mellifica
Arn.	Arnica montana
Ars.	Arsenicum album
Bapt.	Baptisia tinctoria
Bell.	Belladonna
Bry.	Bryonia album
Calc.	Calcarea carbonica
Carb.v.	Carbo vegetabilis
China	Cinchona officinalis
Coff.	Coffea cruda
Eup. p.	Eupatorium perfoliatum
Ferr. p.	Ferrum phosphoricum
Gels.	Gelsemium sempervirens
Hep.	Hepar sulphuris calcareum
Hyos.	Hyoscyamus niger
Merc.	Mercurius vivus
Merc.cy.	Mercurius cyanatus
Nat. m.	Natrium muriaticum
Nux v.	Nux vomica
Phos.	Phosphorus
Puls.	Pulsatilla
Pyrog.	Pyrogenium
Rhus t.	Rhus toxicodendron
Spong.	Spongia tosta
Sulf.	Sulfur
Verat.	Veratrum album

MITTEL	Acon.	Apis	Arn.	Ars.	Bapt.	Bell.	Bry.	Calc.	China	Coff.	Eup. p.	Ferr. p.	Gels.	Hep.	Hyos.	Merc.	Merc. cy	Nat. m.	Nux v.	Phos.	Puls.	Pyrog.	Rhus t.	Spong.	Sulf.
BEGLEITSYMPTOME (FORTSETZUNG)																									
GLIEDER (FORTSETZUNG)																									
KALT UND BLAU																		●							
FÜSSE KALT												●	●			●									●
HÄNDE KALT UND PURPURFARBEN																			●						
HÄNDE SCHWEISSIG														●											
FUSSOHLEN BRENNEN NACHTS																									●
GESCHWOLLEN, STEIF, SCHMERZHAFT							●																●		
GROSSE HINFÄLLIGKEIT									●																
GESAMTER KÖRPER																									
BLUTET LEICHT												●													
KALT	●			●																					
STELLENWEISE KALT								●																	
KÄLTE (ÄUSSERLICH)				●																					
KÄLTE DES KÖRPERTEILS, AUF DEM MAN LIEGT			●																						
KOMATÖS					●																				
BERAUSCHTER GESICHTSAUSDRUCK					●																				
ÖDEME		●																							
DRÜSEN GESCHWOLLEN								●																	
HEISS	●		●	●		●													●						
ENTZÜNDUNGEN (AUFGEDUNSEN)		●														●									
GELENKSCHMERZEN							●																		
LYMPHKNOTEN VERGRÖSSERT																●									
GERUCH (SAUER)								●																	
SCHMERZEN RECHTS (SCHLIMMER: DARAUF LIEGEN)							●																		
PULSIEREN						●																			
RUHELOS UND ZAPPELIG																				●					
SCHMERZHAFTIGKEIT (ALLGEMEIN)												●													

WUNDES, ZERSCHLAGENES GEFÜHL							●																		
SCHWELLUNGEN		●																							
TEMPERATUR (HOCH)						●								●											
KLOPFEN						●																			
ZITTERN																	●								
SCHWACH													●												
SCHWACH UND ERSCHÖPFT																				●					
HAUTABSZESSE														●											
KALT UND NÄSSEND																	●								
TROCKEN	●	●				●												●							
SCHWÄRZLICH						●																			
SCHWÄRZLICHE FLECKEN (WIE BLUTERGÜSSE)			●																						
HEISS		●				●																			
ENTZÜNDUNG MIT EITERBILDUNG																●									
JUCKEN (SCHLIMMER DURCH HITZE)																									●
JUCKENDER HAUTAUSSCHLAG																									
FLECKIG			●																				●		
ROT (HELL, ERHITZT)						●																			
GESCHWÜRE														●		●									
WARM UND BLASS															●										
PULS HÜPFEND	●																								
BLUTGEFÄSSE ERWEITERT						●									●						●				
BLUTGEFÄSSE ERSCHLAFFT			●					●							●			●							
BLUTWALLUNGEN												●													
PERSPIRIEREN																									
FEHLT		●	●			●					●				●										
REICHLICH	●																								
NUR AN BEDECKTEN KÖRPERTEILEN	●					●																			
LEICHT								●						●											
MIT HITZE																				●					
MIT HITZE UND SCHÜTTELFROST																							●		
MIT DURST				●																					
STARK																●									
HEISS UND DAMPFEND						●																			
NACHTS																●									
NACHTS MIT HITZE														●											
DIE GANZE NACHT ÜBER														●											
ABENDS UND NACHTS (SCHLIMMER)						●																			
ÜBELRIECHEND																●									

Abgebildet ist hier Bilsenkraut, die Grundlage für Hyoscyamus niger.

Fieber 7

Dieser Teil der Tabelle zeigt **weitere mögliche Begleitsymptome**, die mit Fieber einhergehen können, **eigentümliche Symptome** (die oft den Schlüssel für das richtige Mittel liefern) und einige der **allgemeinen psychischen Symptome**, die vorliegen können. Die Symbole zeigen die Mittel mit der höchsten Entsprechung für die jeweilige Variable auf. Sobald Sie die Begleitsymptome, die eigentümlichen Symptome und die allgemeinen psychischen Symptome des Falls, dessen Anamnese Sie gerade erheben, identifiziert sowie die in Frage kommenden Arzneimittel notiert haben, schlagen Sie auf den folgenden Seiten die übrigen Charakteristika Ihres Falls nach. Stellen Sie auch hier wieder mit Hilfe der Symbole die passenden Mittel fest. Während Ihrer Arbeit mit den Tabellen werden Sie durch die Symbole nach und nach die nichtpassenden Mittel ausklammern und schließlich eine Endauswahl treffen können.

Die Arzneimittelnamen werden in der Tabelle selbst abgekürzt. In der unten stehenden Liste wird der volle Name aufgeschlüsselt.

ARZNEIMITTELSCHLÜSSEL

Acon.	Aconitum napellus
Apis	Apis mellifica
Arn.	Arnica montana
Ars.	Arsenicum album
Bapt.	Baptisia tinctoria
Bell.	Belladonna
Bry.	Bryonia album
Calc.	Calcarea carbonica
Carb.v.	Carbo vegetabilis
China	Cinchona officinalis
Coff.	Coffea cruda
Eup. p.	Eupatorium perfoliatum
Ferr. p.	Ferrum phosphoricum
Gels.	Gelsemium sempervirens
Hep.	Hepar sulphuris calcareum
Hyos.	Hyoscyamus niger
Merc.	Mercurius vivus
Merc.cy.	Mercurius cyanatus
Nat. m.	Natrium muriaticum
Nux v.	Nux vomica
Phos.	Phosphorus
Puls.	Pulsatilla
Pyrog.	Pyrogenium
Rhus t.	Rhus toxicodendron
Spong.	Spongia tosta
Sulf.	Sulfur
Verat.	Veratrum album

MITTEL	Acon.	Apis	Arn.	Ars.	Bapt.	Bell.	Bry.	Calc.	China	Coff.	Eup. p.	Ferr. p.	Gels.	Hep.	Hyos.	Merc.	Merc. cy.	Nat. m.	Nux v.	Phos.	Puls.	Pyrog.	Rhus. t.	Spong.	Sulf.
BEGLEITSYMPTOME (FORTSETZUNG)																									
PERSPIRIEREN (FORTSETZUNG)																									
EINSEITIG																					●				
PARTIELL		●																							
PROFUS												●									●				
PROFUS MORGENS																					●				
ANHALTEND				●																					
LINDERT DIE SYMPTOME	●						●											●							
SPÄRLICH											●														
SAUER				●										●											
OBERKÖRPER																									●
ABSONDERUNGEN																									
SCHARF					●									●											
MILD																					●				
BLUTIG												●													
KÄSIG														●											
KLAR																		●							
EIWEISS (ÄHNLICH)																		●							
WUNDMACHEND				●																					
ÜBELRIECHEND					●									●		●									
PROFUS														●											
DICK														●							●				
WÄSSRIG																		●							
GELBLICHGRÜN																					●				
ALLGEMEIN																									
BETT FÜHLT SICH HART AN				●																		●	●		
VERLANGEN NACH FRISCHER LUFT																					●				
DECKT SICH AB		●																			●				
ERSCHÖPFUNG				●																					
SCHLÄFT BEIM REDEN EIN					●																				
LIEGT STILL							●																		
SEHR RUHELOS	●			●												●									

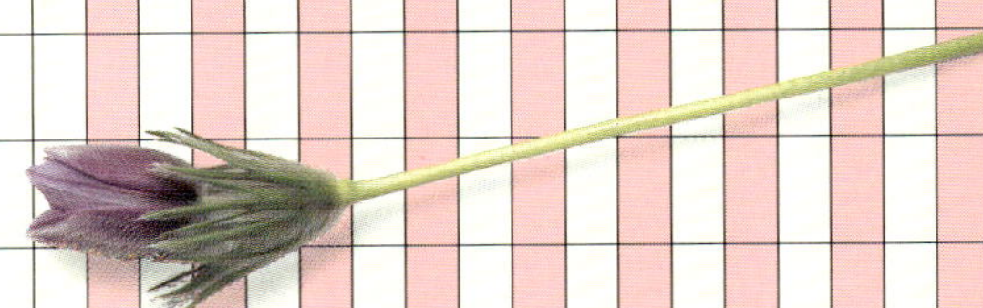

MITTEL	Acon.	Apis	Arn.	Ars.	Bapt.	Bell.	Bry.	Calc.	Eup. p.	Ferr. p.	Gels.	Hyos.	Merc.	Nat. m.	Phos.	Pyrog.	Puls.	Rhus. t.	Sulf.
EIGENTÜMLICHE SYMPTOME – *ungewöhnliche Symptome*																			
GALLEBRECHEN ZW. FROST- UND HITZESTADIUM									✿										
FROSTIGKEIT: VERLANGEN N. KALTEN GETRÄNKEN														✿					
KOPFSCHMERZEN BESSER: REICHLICH WASSERLASSEN											✿								
METALLISCHER GESCHMACK													✿						
GEFÜHL, DER KÖRPER LÄGE ZERSTREUT HERUM					✿														
»ALS OB«-SYMPTOME																			
BRENNEN IN DEN BLUTGEFÄSSEN				✿			✿	✿				✿		✿				✿	
KRIBBELN IN WIRBELSÄULE NACH FROSTSTADIUM	✿																		
EIS IN DEN BLUTGEFÄSSEN				✿															
ROTE HEISSE NADELN				✿															
SYMPTOME																			
LINKSSEITIG															✿				✿
EINSEITIG			✿			✿	✿			✿					✿		✿		✿
RECHTSSEITIG		✿				✿				✿									
VON RECHTS NACH LINKS WANDERND		✿																	
TEMPERATUR UND PULS STEHEN IN KEINEM VERHÄLTNIS ZUEINANDER																✿			
DREIECKIGE ROTE ZUNGENSPITZE																		✿	

MITTEL	Acon.	Apis	Arn.	Ars.	Bapt.	Bell.	Bry.	Calc.	China	Coff.	Eup. p.	Ferr. p.	Gels.	Hep.	Hyos.	Merc.	Merc. cy.	Nat. m.	Nux. v.	Phos.	Puls.	Pyrog.	Rhus. t.	Spong.	Sulf.
ALLGEMEINE SYMPTOME, *die die gesamte Person betreffen*																									
PSYCHISCHE																									
ALLEINSEIN (WILL)			✿										✿												
APATHISCH		✿																							
ÄNGSTLICH				✿																	✿		✿	✿	
ANHÄNGLICHKEIT																					✿				
GESELLSCHAFT (WILL)				✿																✿					
KRITISCH																			✿						
LIEBEBEDÜRFTIGKEIT (KINDER)																					✿				
VERZWEIFELT (VOR SCHMERZEN)	✿																								
UNZUFRIEDEN														✿											
WILL NICHT GESTÖRT WERDEN							✿																		
UNORDENTLICH UND UNSAUBER																									✿
STUMPFHEIT							✿						✿												
ANSPRUCHSVOLL				✿																					
FURCHTSAM	✿			✿																					
ANGST, GROSS BEIM ERWACHEN																							✿		
VOR DEM TOD																								✿	
ZU ERSTICKEN																								✿	
PANISCH	✿																							✿	
VOR DEM ALLEINSEIN				✿																					
MIT ALPTRÄUMEN			✿																						
ÄNGSTE (VIELE)	✿																			✿					
WILDES DELIRIUM						✿																			

Abgebildet ist hier die Feldanemone, die Grundlage für Pulsatilla nigricans.

Fieber 8

Dieser Teil der Tabelle zeigt **weitere mögliche allgemein psychische Symptome**, das Aussehen des Patienten und die **charakteristischen Züge des Patienten und seines Zustands**. Die Symbole zeigen die Mittel mit der höchsten Entsprechung für die jeweilige Variable auf. Sobald Sie die allgemein psychischen Symptome abgeklärt und den Patienten, dessen Anamnese Sie gerade erheben, sorgfältig beobachtet sowie die in Frage kommenden Arzneimittel notiert haben, schlagen Sie auf den folgenden Seiten die übrigen Charakteristika Ihres Falls nach. Stellen Sie auch hier wieder mit Hilfe der Symbole die passenden Mittel fest. Während Ihrer Arbeit mit den Tabellen werden Sie durch die Symbole nach und nach die nichtpassenden Mittel ausklammern und schließlich eine Endauswahl treffen können.

Die Arzneimittelnamen werden in der Tabelle selbst abgekürzt. In der unten stehenden Liste wird der volle Name aufgeschlüsselt.

ARZNEIMITTELSCHLÜSSEL

Acon.	Aconitum napellus	**Coff.**	Coffea cruda	**Nux v.**	Nux vomica
Apis	Apis mellifica	**Eup. p.**	Eupatorium perfoliatum	**Phos.**	Phosphorus
Arn.	Arnica montana	**Ferr. p.**	Ferrum phosphoricum	**Puls.**	Pulsatilla
Ars.	Arsenicum album	**Gels.**	Gelsemium sempervirens	**Pyrog.**	Pyrogenium
Bapt.	Baptisia tinctoria	**Hep.**	Hepar sulphuris calcareum	**Rhus t.**	Rhus toxicodendron
Bell.	Belladonna			**Spong.**	Spongia tosta
Bry.	Bryonia album	**Hyos.**	Hyoscyamus niger	**Sulf.**	Sulfur
Calc.	Calcarea carbonica	**Merc.**	Mercurius vivus	**Verat.**	Veratrum album
Carb.v.	Carbo vegetabilis	**Merc.cy.**	Mercurius cyanatus		
China	Cinchona officinalis	**Nat. m.**	Natrium muriaticum		

MITTEL	Acon.	Apis	Arn.	Ars.	Bapt.	Bell.	Bry.	Calc.	China	Coff.	Eup. p.	Ferr. p.	Gels.	Hep.	Hyos.	Merc.	Merc. cy.	Nat. m.	Nux. v.	Phos.	Puls.	Pyrog.	Rhus. t.	Spong.	Sulf.
ALLGEMEINE (FORTSETZUNG)																									
PSYCHISCHE (FORTSETZUNG)																									
SANFT, NACHGIEBIG																					✿				
HEIMWEHKRANK							✿																		
GLAUBT SICH BELEIDIGT																			✿						
UNGEDULDIG, HASTIG																			✿						✿
GLEICHGÜLTIG													✿												
REIZBAR		✿					✿							✿					✿		✿		✿		
VERDRIESSLICH			✿																						
NERVÖSE ERREGBARKEIT						✿															✿				
ÜBERERREGT																				✿					
BESITZERGREIFEND				✿																					
STREITSÜCHTIG														✿											
RUHELOS	✿		✿	✿																			✿		
HEULT (KINDER)			✿																						
SCHRECKHAFT (LEICHT)																				✿					
MISSTRAUISCH UND EIFERSÜCHTIG		✿																							
SCHNELL WEINERLICH		✿								✿				✿							✿				
KÖRPERLICHE UND PSYCHISCHE FAKTOREN																									
ANÄMISCH, BLEICH, SCHWACH									✿																
INTENSIVES FIEBER, DELIRIUM																		✿							
LEIDET INTENSIV (UNVERHÄLTNISMÄSSIG STARK)				✿										✿											
FEINFÜHLIGE, EMPFINDSAME PERSON														✿						✿					
EMOTIONAL UNEMPFINDSAM																									✿
SIEHT GUT AUS, WENN ES IHR NICHT GUTGEHT																					✿				
SAGT NICHT, WENN SIE KRANK IST		✿	✿																						
FÄLLT SCHNELL IN STUPOR					✿																				
VON SCHLAFFER, SCHWAMMIGER STATUR								✿																	
UNGESUNDES AUSSEHEN																✿									
ERRÖTET, ERMÜDET												✿													
KONTROLLIERT SEINE GEFÜHLE																			✿						

CHARAKTERISTIKA ALLER SYMPTOME																									
BESSER DURCH BEWEGUNG																						✿		
WECHSELHAFT																				✿				
INTENSIV	✿																							
PERIODISCH																	✿							
LANGSAM, MIT STAUUNGSZUSTÄNDEN												✿												
PLÖTZLICH	✿																							
PLÖTZLICH UND HEFTIG						✿																			
SCHLIMMER DURCH KÄLTE (SCHMERZEN)																						✿		
BEWEGUNG (SCHMERZEN)																			✿					
BEWEGUNG (VIEL SCHLIMMER)							✿																		
BEI EINSETZEN DER BEWEGUNG																						✿		
NACHTS																						✿		
CHARAKTERISTIKA IM ZUSTAND DES PATIENTEN																									
AGITIERT UND RUHELOS															✿									
BLUTUNGSNEIGUNG (LEICHT)											✿														
BRUST (ERKÄLTUNGEN SETZEN SICH DORT FEST)															✿									
(FÜLLE DARIN)																							✿	
FROSTIG				✿				✿																	
KALTE FRISCHLUFT BELEBT																								✿
STAUUNGSZUSTÄNDE UND SCHWÄCHE								✿																	
DELIRIUM UND STUPOR			✿												✿									
SCHWINDLIG IM WARMEN RAUM							✿																		
ES TREIBT IHN NACHTS AUS DEM BETT															✿									
SCHLÄFRIG TAGSÜBER, RUHELOS NACHTS																								✿
STUMPFER STUPOR						✿									✿									
ANSTRENGUNG (SCHLIMMER DURCH)								✿																	
ERSCHÖPFT LEICHT											✿								✿					
OHNMACHT BEI SCHMERZEN													✿											
HERZREGION (UNBEHAGEN)																							✿	
HASTIG, IMPULSIV															✿									
HYPERVENTILIEREN	✿																							
LETHARGIE (BEI ZUVIEL SCHLAF)																								✿
ERSCHÖPFUNGSZUSTAND			✿																						
GROSS				✿	✿																				
SCHNELL EINTRETEND																✿								
HAUTAUSSCHLAG UNTERDRÜCKT		✿																							
NICHT VOLL ENTWICKELT		✿																							
RUHELOS																			✿					
WUND UND ZERSCHLAGEN AM GANZEN KÖRPER			✿																			✿		
SCHLAFLOS							✿																✿	
MUSKELZUCKEN UND -HÜPFEN						✿																			
SCHWELLUNGEN						✿																			
MÜDE											✿	✿													
BERÜHRUNG (ABNEIGUNG GEGEN)			✿																						
SCHWACH (UNVERHÄLTNISMÄSSIG STARK)				✿																					
(ERMÜDET LEICHT)												✿			✿				✿					
GEWICHT (GEFÜHL VON EINEM GROSSEN)												✿												

Abgebildet sind hier Schwefelblüten, ein Bestandteil von Hepar sulphuris calcareum.

Fieber 9

Dieser Teil der Tabelle zeigt **weitere mögliche charakteristische Züge des Patienten und seines Zustands**. Die Symbole zeigen die Mittel mit der höchsten Entsprechung für die jeweilige Variable auf. Außerdem werden einander ähnliche Mittel verglichen und die Unterscheidungsmerkmale mittels der Symbole betont. Anhand des gesammelten Datenmaterials sollten Sie jetzt eine Endauswahl mit dem für Ihren Fall passendsten Mittel treffen können.

Wann ärztliche Hilfe nötig ist, lesen Sie rechts im Kasten.

Die Arzneimittelnamen werden in der Tabelle selbst abgekürzt. In der unten stehenden Liste wird der volle Name aufgeschlüsselt.

ARZNEIMITTELSCHLÜSSEL

Acon.	Aconitum napellus	**Coff.**	Coffea cruda	**Nux v.**	Nux vomica
Apis	Apis mellifica	**Eup. p.**	Eupatorium perfoliatum	**Phos.**	Phosphorus
Arn.	Arnica montana	**Ferr. p.**	Ferrum phosphoricum	**Puls.**	Pulsatilla
Ars.	Arsenicum album	**Gels.**	Gelsemium sempervirens	**Pyrog.**	Pyrogenium
Bapt.	Baptisia tinctoria	**Hep.**	Hepar sulphuris calcareum	**Rhus t.**	Rhus toxicodendron
Bell.	Belladonna			**Spong.**	Spongia tosta
Bry.	Bryonia album	**Hyos.**	Hyoscyamus niger	**Sulf.**	Sulfur
Calc.	Calcarea carbonica	**Merc.**	Mercurius vivus	**Verat.**	Veratrum album
Carb.v.	Carbo vegetabilis	**Merc.cy.**	Mercurius cyanatus		
China	Cinchona officinalis	**Nat. m.**	Natrium muriaticum		

MITTEL	Acon.	Apis	Arn.	Ars.	Bapt.	Bell.	Bry.	Calc.	China	Coff.	Eup. p.	Ferr. p.	Gels.	Hep.	Hyos.	Merc.	Merc. cy.	Nat. m.	Nux v.	Phos.	Puls.	Pyrog.	Rhus t.	Spong.	Sulf.
MITTEL IM VERGLEICH																									
ÄHNLICH:																									
ACONITUM																								✿	
BRYONIA											✿														
PHOSPHORUS											✿														
NICHT SO RUHELOS WIE ACONITUM												✿													
NICHT SO HEFTIG WIE BELLADONNA												✿													
ALS FOLGEMITTEL PASST PULSATILLA GUT		✿																							
BEIM FIEBER FRÜH EINZUSETZEN	✿											✿													
FOLGT OFT AUF BELLADONNA								✿																	
WIRD NICHT IM FRÜHEN STADIUM EINGESETZT																				✿					

WANN DER ARZT AUFZUSUCHEN IST

Unverzüglich – hier tut Eile not!

- Bei sehr hohem Fieber – etwa 41 Grad Celsius oder darüber.
- Beim jungen Säugling von weniger als vier Monaten bei jedem Fieber. Je lethargischer, schwächer und kranker der Säugling, desto schneller ist ärztliche Hilfe nötig. Im Notfall sollten Sie Ihr Kind sofort zum Kinderarzt oder ins Krankenhaus bringen. Lassen Sie einen wirklich kranken Säugling auf jeden Fall ärztlich untersuchen.
- Bei Beeinträchtigung des Bewußtseinszustands des Patienten – Benommenheit, Verwirrtheit, Lethargie und Reaktionsschwäche.
- Bei Anfällen oder Krämpfen.
- Bei Nackensteifigkeit.
- Bei sehr schneller oder mühsamer Atmung.
- Beurteilen Sie den Patienten in seiner Ganzheit, und stellen Sie sich selbst die Frage: »Wie krank ist er?« Lautet die Antwort »sehr«, suchen Sie ärztlichen Rat, auch wenn sonst keiner der oben aufgeführten Punkte zutrifft. Bei kleinen Kinder haben die Mütter oft intuitiv im Gefühl, ob wirklich Grund zur Besorgnis besteht. Sie sollten diesem Gefühl auch vertrauen und entsprechend handeln.

Innerhalb von 24 Stunden

- Wenn das Fieber dauerhaft über etwa 40 Grad liegt und nicht auf die folgenden Maßnahmen anspricht:
  1. homöopathische Behandlung;
  2. Öffnen des Fensters und Kühlhalten (jedoch nicht kalt) des Zimmers;
  3. den Patienten mit nur einer Decke zudecken;
  4. den gesamten Körper mit lauwarmem Wasser abreiben (kein kaltes Wasser verwenden).
- Wenn Kinder im Alter von vier bis sechs Monaten Fieber haben und bei älteren Kindern das Fieber persistiert. Bei Kindern von unter zwei Jahren sollte der Arzt dann eingeschaltet werden, wenn das Fieber mehr als ein, zwei Tage anhält. Je älter das Kind, desto länger können Sie auch abwarten, vorausgesetzt es liegen keine Zeichen einer ernsthaften Erkrankung vor.

Und nicht vergessen: Dem Fiebrigen immer reichlich klare Flüssigkeiten – Wasser und Obstsäfte – reichen. Stillkinder müssen in der Zeit öfter angelegt werden und sollten zusätzlich vielleicht noch Wasser und Obstsaft erhalten. Bei akutem Fieber ist feste Nahrung nicht nötig, wird meist auch von vornherein abgelehnt (siehe unter Bauchbeschwerden, Seite 202–217).

Kopfschmerzen 1

Der erste Teil dieser Tabelle zeigt die **möglichen Ursachen** von Kopfschmerzen und die Formen, in denen sie zum **Ausbruch** kommen können. Die Symbole zeigen die Mittel mit der höchsten Entsprechung für die jeweilige Variable auf. Sobald Sie Ursache und Form des Ausbruchs des Falls, dessen Anamnese Sie gerade erheben, identifiziert und die in Frage kommenden Arzneimittel notiert haben, schlagen Sie auf den folgenden Seiten die übrigen Charakteristika Ihres Falls nach. Stellen Sie auch hier wieder mit Hilfe der Symbole die passenden Mittel fest. Während Ihrer Arbeit mit den Tabellen werden Sie durch die Symbole nach und nach die nichtpassenden Mittel ausklammern und schließlich eine Endauswahl treffen können.

Die Arzneimittelnamen werden in der Tabelle selbst abgekürzt. In der unten stehenden Liste wird der volle Name aufgeschlüsselt.

ARZNEIMITTELSCHLÜSSEL

Ars. Arsenicum album	**Nux v.** Nux vomica
Bell. Belladonna	**Puls.** Pulsatilla
Bry. Bryonia album	**Spig.** Spigelia anthelmia
Ferr.p. Ferrum phosphoricum	**Sang.** Sanguinaria canadensis
Gels. Gelsemium sempervirens	**Sulf.** Sulfur
Iris Iris versicolor	
Lach. Lachesis	
Lyc. Lycopodium clavatum	
Nat.m. Natrium muriaticum	

MITTEL	Ars.	Bell.	Bry.	Ferr. p.	Gels.	Iris	Lach.	Lyc.	Nat. m.	Nux v.	Puls.	Spig.	Sang.	Sulf.
URSACHE – *warum die Symptome auftreten*														
ALS REAKTION AUF														
VERLEGENHEITSGEFÜHL					✿									
AUFREGUNG	✿													
ÜBERANSTRENGUNG DER AUGEN									✿					
FURCHT					✿									
TRAUER									✿					
DEMÜTIGUNG									✿					
PSYCHISCHER STRESS (NACH ENTSPANNUNG DAVON)						✿								
NACH EINWIRKUNG VON														
KÄLTE			✿		✿		✿					✿		
KÄLTE (AM KOPF)		✿												
HITZE	✿													
STIMULANZIEN										✿				
SONNE							✿					✿	✿	
WASCHEN IN KALTEM WASSER			✿											
DURCH														
ANSTRENGUNG	✿													
HUNGER							✿							
EISCREME											✿			
AUSLASSEN VON MAHLZEITEN														✿
NACHTWACHEN										✿				
ÜBERESSEN											✿		✿	
ÜBERANSTRENGUNG										✿				
SCHWERE SPEISEN													✿	
UNTERDRÜCKTE KATARRHE		✿					✿							
SCHWITZEN			✿							✿				
WEIN													✿	

Abgebildet ist hier die giftige Brechnuß, die Grundlage für Nux vomica.

Kopfschmerzen 2

Dieser Teil der Tabelle zeigt **die möglichen Lokalisationspunkte von Kopfschmerzen** und die sie begleitenden **Empfindungen**. Die Symbole zeigen die Mittel mit der höchsten Entsprechung für die jeweilige Variable auf. Sobald Sie die Lokalisationspunkte und Empfindungen des Falls, dessen Anamnese Sie gerade erheben, festgestellt und die in Frage kommenden Arzneimittel notiert haben, schlagen Sie auf den folgenden Seiten die übrigen Charakteristika Ihres Falls nach. Stellen Sie auch hier wieder mit Hilfe der Symbole die passenden Mittel fest. Während Ihrer Arbeit mit den Tabellen werden Sie durch die Symbole nach und nach die nichtpassenden Mittel ausklammern und schließlich eine Endauswahl treffen können.

Die Arzneimittelnamen werden in der Tabelle selbst abgekürzt. In der unten stehenden Liste wird der volle Name aufgeschlüsselt.

ARZNEIMITTELSCHLÜSSEL

Ars.	Arsenicum album
Bell.	Belladonna
Bry.	Bryonia album
Ferr.p.	Ferrum phosphoricum
Gels.	Gelsemium sempervirens
Iris	Iris versicolor
Lach.	Lachesis
Lyc.	Lycopodium clavatum
Nat.m.	Natrium muriaticum
Nux v.	Nux vomica
Puls.	Pulsatilla
Spig.	Spigelia anthelmia
Sang.	Sanguinaria canadensis
Sulf.	Sulfur

MITTEL	Ars.	Bell.	Bry.	Ferr. p.	Gels.	Iris	Lach.	Lyc.	Nat. m.	Nux v.	Puls.	Spig.	Sang.	Sulf.
AUSBRUCH – *wann und wie die Symptome auftreten*														
LANGSAM			●		●									
PLÖTZLICH		●												
HEFTIG		●												
VOR DER MENSTRUATION											●			
BEI SONNENAUFGANG												●		
BEIM AUFWACHEN							●		●					
ZWISCHEN 10 UND 11 UHR									●					
ZWISCHEN 13 UND 15 UHR	●													
IM FRÜHLING							●							
LOKALISATION – *wo am Kopf die Schmerzen auftreten*														
STIRN	●		●	●										
VORN						●								
HINTERHAUPT	●		●	●	●				●			●	●	
RECHTE SCHLÄFE						●								
RECHTES AUGE									●					
SEITEN				●							●			
EINSEITIG											●			
RECHTSSEITIG				●									●	
LINKSSEITIG							●					●		
SCHLÄFEN											●			
RECHTE SCHLÄFE													●	
SCHEITEL				●										
SCHMERZEN STRAHLEN AUS														
WIRBELSÄULE HINUNTER									●					
ZUR RECHTEN SEITE							●							
ÜBER DIE AUGEN												●		
ÜBER DAS RECHTE AUGE													●	
EMPFINDUNGEN – *wie sich der Kopf und die Kopfschmerzen anfühlen*														
»ALS-OB«-EMPFINDUNGEN														
GEHIRN ZERBIRST													●	
GEHIRN BEWEGT SICH HOCH UND RUNTER		●												

GEHIRN FÜHLT SICH LOCKER AN	●																								
AUGEN WERDEN HINAUSGEDRÄNGT													●												
KOPF IM SCHRAUBSTOCK									●																
KOPFHAUT ZUSAMMENGEZOGEN						●																			
SCHÄDEL PLATZT AUF			●																						
GEWICHT UND DRUCK IM KOPF							●																		
GEWICHT AUF DEM SCHEITEL										●															
ALLGEMEINE UND SPEZIFISCHE EMPFINDUNGEN																									
BEGINNT MIT VERSCHWOMMENEM SEHEN						●																			
BLINDMACHEND				●																					
BOHREND				●																					
BRENNEND	●	●				●				●		●	●	●											
BRENNEND (SCHEITEL)							●																		
BERSTEND		●	●	●			●						●												
KATARRHALISCH				●				●	●																
FROSTIG	●																								
KÄLTE				●				●																	
MIT BLUTANDRANG ZUM KOPF	●	●			●		●				●		●												
MIT BLUTANDRANG ZUM KOPF BEIM ERWACHEN			●																						
STAUUNGSGEFÜHL (AUSGEPRÄGT)														●											
EINSCHNÜRUNG						●					●			●											
ZERQUETSCHEND									●																
ERWEITERT (PUPILLEN)					●																				
ZIEHEND										●															
TROCKEN			●																						
SCHWÄRZLICH (GESICHT)					●																				
GESCHWOLLEN (GESICHT)														●											
OHNMACHTEN UND WEINEN (VOR SCHMERZEN)										●															
HITZEWALLUNGEN				●	●																				
FÜLLE			●	●																					
GLASIG (AUGEN)					●																				
HEISS	●	●	●	●				●			●		●	●											
HEISS (SCHEITEL)				●										●											
HÄMMERND		●		●	●				●																
INTENSIV												●													
UNERTRÄGLICH			●									●													
SCHWER		●																							
BEWEGUNG (DER AUGEN SCHMERZHAFT)												●													
FLECKIG (GESICHT)			●				●																		
ÜBELKEIT UND ERBRECHEN (VOR SCHMERZEN)					●	●																			
NEURALGISCH	●				●					●		●													
BLASSES GESICHT (WECHSEL M. HITZEWALLUNGEN)				●			●																		
PERIODISCH	●								●		●														
PERIODISCH (ALLE 7 TAGE)														●											
PERIODISCH (ALLE 7 ODER JEDEN 3. TAG)													●												

Abgebildet ist hier der Giftjasmin, die Grundlage für Gelsemium sempervirens.

Kopfschmerzen 3

Dieser Teil der Tabelle zeigt **weitere mögliche Empfindungen**, die mit Kopfschmerzen verbunden sein können, und einige der **Modalitäten,** die eine Besserung oder Verschlechterung bewirken können. Die Symbole zeigen die Mittel mit der höchsten Entsprechung für die jeweilige Variable auf. Sobald Sie die Empfindungen und Modalitäten des Falls, dessen Anamnese Sie gerade erheben, identifiziert und die in Frage kommenden Arzneimittel notiert haben, schlagen Sie auf den folgenden Seiten die übrigen Charakteristika Ihres Falls nach. Stellen Sie auch hier wieder mit Hilfe der Symbole die passenden Mittel fest. Während Ihrer Arbeit mit den Tabellen werden Sie durch die Symbole nach und nach die nichtpassenden Mittel ausklammern und schließlich eine Endauswahl treffen können.

Die Arzneimittelnamen werden in der Tabelle selbst abgekürzt. In der unten stehenden Liste wird der volle Name aufgeschlüsselt.

ARZNEIMITTELSCHLÜSSEL

Ars.	Arsenicum album	**Nux v.**	Nux vomica
Bell.	Belladonna	**Puls.**	Pulsatilla
Bry.	Bryonia album	**Spig.**	Spigelia anthelmia
Ferr.p.	Ferrum phosphoricum	**Sang.**	Sanguinaria canadensis
Gels.	Gelsemium sempervirens	**Sulf.**	Sulfur
Iris	Iris versicolor		
Lach.	Lachesis		
Lyc.	Lycopodium clavatum		
Nat.m.	Natrium muriaticum		

MITTEL	Ars.	Bell.	Bry.	Ferr. p.	Gels.	Iris	Lach.	Lyc.	Nat. m.	Nux v.	Puls.	Spig.	Sang.	Sulf.
EMPFINDUNGEN (FORTSETZUNG)														
PERIODISCH (ALLE 4 BIS 6 WOCHEN)						✿								
DURCHBOHREND										✿				
DRÜCKEND			✿	✿			✿	✿	✿					✿
DRUCK (BESSER DURCH)			✿											
PULSIEREN		✿			✿		✿					✿		
PURPURN (GESICHT)			✿				✿							
RÖTE (GESICHT)		✿		✿										✿
EMPFINDLICH							✿							✿
EMPFINDLICH GEGEN KÄLTE (SCHEITEL)				✿										
STARK	✿													
SCHARF			✿											
SCHIESSEND		✿										✿		
ÜBEL	✿					✿							✿	✿
LANZIEREND		✿	✿									✿		
LANZIEREND (ÜBER DEN AUGEN)			✿											
STOSSEND/STECHEND										✿				
BEISSEND/STECHEND										✿				
STECHEND				✿								✿		
ANSCHWELLEND		✿												
REISSEND		✿								✿		✿		
SPANNUNG										✿				
DURSTIG			✿											
DURSTLOS											✿			
KLOPFEND	✿		✿				✿	✿	✿		✿			✿
KLOPFEND (BEI BEWEGUNG)			✿											
ÜBEREMPFINDLICH							✿							
WELLENARTIGER SCHMERZ	✿						✿							
VERLANGEN – *der Patient hat das Verlangen*														
ZU BETT ZU GEHEN									✿					
NACH EINEM KÜHLEN KOPF	✿													
DEN KOPF ZU ROLLEN	✿	✿												

DEN KOPF UNBEDECKT ZU LASSEN	•							•																	
SICH WARM EINZUHÜLLEN	•																								
NACH WÄRME	•																								
MODALITÄTEN – *wodurch sich der Patient bzw. die Kopfschmerzen bessern oder verschlechtern*																									
SCHLIMMER																									
ZEIT																									
12 UHR MITTAGS														•											
ZWISCHEN 1 UND 2 UHR	•																								
ZWISCHEN 10 UND 11 UHR									•																
ZWISCHEN 16 UND 20 UHR								•																	
MITTERNACHT														•											
TAGSÜBER											•		•												
NACHTS													•												
TEMPERATUR UND WETTER																									
NASSKALT												•													
KALTE ZUGLUFT		•																							
HITZE	•						•	•		•	•														
FRISCHLUFT										•															
REGNERISCHES WETTER												•													
WÄRME												•													
WARME, STICKIGE RÄUME			•																						
WARMES EINHÜLLEN								•																	
BEWEGUNG																									
KOPF VORBEUGEN		•																							
HUSTEN			•	•																					
ANSTRENGUNG			•									•													
ERSCHÜTTERUNG	•	•		•										•											
BEWEGUNG	•	•		•	•							•	•	•											
BEWEGUNG (LEICHTE)			•																						
BEWEGEN DER AUGEN										•	•														
AUFSTEHEN		•								•															
STILLSITZEN											•														
AUFSETZEN			•																						
TREPPENSTEIGEN		•		•																					
GEBÜCKTE HALTUNG		•									•			•											
ALLGEMEINES																									
KALTE GETRÄNKE														•											
ESSEN			•							•		•		•											
LICHT	•	•	•	•									•	•											
LIEGEN		•						•			•														
GERÄUSCHE	•	•		•			•	•	•			•	•												
GEISTIGE ANSTRENGUNG												•													
RUHE						•																			
SCHLAFEN (BEIM BEGINN)							•																		
BERÜHRUNG		•					•																		
BERÜHRUNG (AUGEN)												•													

Abgebildet ist hier die Tollkirsche, die Grundlage für Belladonna.

Kopfschmerzen 4

Dieser Teil der Tabelle zeigt **weitere mögliche Modalitäten** bei Kopfschmerzen und einige **Begleitsymptome**, die mit Kopfschmerzen einhergehen können. Die Symbole zeigen die Mittel mit der höchsten Entsprechung für die jeweilige Variable auf. Sobald Sie die Modalitäten und Begleitsymptome des Falls, dessen Anamnese Sie gerade erheben, identifiziert und die in Frage kommenden Arzneimittel notiert haben, schlagen Sie auf den folgenden Seiten die übrigen Charakteristika Ihres Falls nach. Stellen Sie auch hier wieder mit Hilfe der Symbole die passenden Mittel fest. Während Ihrer Arbeit mit den Tabellen werden Sie durch die Symbole nach und nach die nichtpassenden Mittel ausklammern und schließlich eine Endauswahl treffen können.

Die Arzneimittelnamen werden in der Tabelle selbst abgekürzt. In der unten stehenden Liste wird der volle Name aufgeschlüsselt.

ARZNEIMITTELSCHLÜSSEL

Ars.	Arsenicum album
Bell.	Belladonna
Bry.	Bryonia album
Ferr.p.	Ferrum phosphoricum
Gels.	Gelsemium sempervirens
Iris	Iris versicolor
Lach.	Lachesis
Lyc.	Lycopodium clavatum
Nat.m.	Natrium muriaticum
Nux v.	Nux vomica
Puls.	Pulsatilla
Spig.	Spigelia anthelmia
Sang.	Sanguinaria canadensis
Sulf.	Sulfur

MITTEL	Ars.	Bell.	Bry.	Ferr. p.	Gels.	Iris	Lach.	Lyc.	Nat. m.	Nux v.	Puls.	Spig.	Sang.	Sulf.
MODALITÄTEN (FORTSETZUNG)														
UNBEDECKTSEIN		●												
ERBRECHEN (NEURALGIE)					●									
AUFWACHEN							●							
WARM EINHÜLLEN				●										
BESSER														
KÄLTE											●			
KALTE LUFT				●										
KÄLTEANWENDUNGEN				●							●			
KÜHLE LUFT								●						
ZUGEDECKT										●				
ABSONDERUNGEN (BEGINN)							●	●						
ZURÜCKZIEHEN DES KOPFES		●												
TROCKENE LUFT											●			
FRISCHE LUFT											●			
HITZE (NEURALGIE)		●												
HEISSE GETRÄNKE														●
ABGESTÜTZT IM BETT LIEGEND					●									
IM DUNKLEN RAUM LIEGEND		●												
HINLEGEN				●										
LIEGEN MIT KOPFHOCHLAGERUNG												●		
MENSTRUATION (WÄHREND)											●			
BEWEGUNG								●						
BEWEGUNG (LANGSAM IM FREIEN)											●			
DRUCK		●		●							●			
DRUCK (FEST)							●							
DRUCK (AM KOPF)		●												
STILL										●				
RUHE												●		
SCHLAF									●					
BEWEGUNGSLOS					●									
SCHWITZEN					●				●					

UNBEDECKT (KOPF)													●												
HARN (IN GROSSEN MENGEN)					●																				
WÄRMEANWENDUNGEN													●												
WARMES ZIMMER													●												
BEGLEITSYMPTOME – *andere mit den Kopfschmerzen einhergehende Symptome*																									
RÜCKENSCHMERZEN (SCHLIMMER LIEGEND)										●															
BRENNEN (HANDFLÄCHEN UND FUSSOHLEN)													●												
BRENNEN (ZUNGE ZU MAGEN)						●																			
WANGEN ROT													●												
SCHWINDEL				●			●																		
SCHWINDEL (BEIM NACH UNTEN SCHAUEN)												●													
SCHWINDEL (BEI KOPFBEWEGUNG)		●																							
SCHWINDEL (SCHLIMMER: GEBEUGTE HALTUNG)		●																							
TROCKENHEIT DER SCHLEIMHÄUTE									●																
EXTREMITÄTEN KALT					●																				
AUGENKONGESTIONEN			●																						
AUGEN GLASIG					●																				
AUGEN ROT			●										●												
AUGÄPFEL WUND			●																						
GESICHT ROT													●												
OHNMACHTSGEFÜHL												●													
KALTE FÜSSE								●																	
FIEBER		●																							
GASTROENTERITIS					●																				
KOPFSCHMERZEN BEI JEDER KRANKHEIT			●																						
HUNGER								●																	
SIEHT FUNKEN (VOR DEN KOPFSCHMERZEN)									●					●											
MENSTRUATION											●														
MENSTRUATION (UNTERDRÜCKT)											●														
ÜBELKEIT	●				●	●	●			●			●	●											
NACKENSTEIFIGKEIT												●													
NASENBLUTEN			●																						
HERZKLOPFEN												●													
PERSPIRIEREN (LEICHT)										●															
PULS SCHWACH							●																		
PUPILLEN ERWEITERT		●																							
HITZEWALLUNGEN ZUM KOPF		●																							
SPEICHELFLUSS (PROFUS)						●																			
KOPFHAUT SCHMERZT				●																					
SCHULTERN STEIF												●													
ZITTERN					●																				
HARN SPÄRLICH					●																				
SCHWINDELGEFÜHL												●													
TRÜBSICHTIGKEIT							●																		
FLIMMERN VOR DEN AUGEN							●																		

Abgebildet ist hier Arsentrioxid, die Grundsubstanz von Arsenicum album.

Kopfschmerzen 5

Dieser Teil der Tabelle zeigt **weitere mögliche Begleitsymptome**, die mit Fieber einhergehen können, **eigentümliche Symptome** und einige **allgemeine psychische und körperliche Symptome**, die vorliegen können. Achten Sie bei Durchsicht der Tabelle vor allem auf die eigentümlichen Symptome, da diese oft den Schlüssel für das richtige Homöopathikum liefern. Die Symbole zeigen die Mittel mit der höchsten Entsprechung für die jeweilige Variable auf. Anhand des gesammelten Datenmaterials sollten Sie jetzt eine Endauswahl mit dem für Ihren Fall passendsten Mittel treffen können.

Wann im Zweifelsfall ärztliche Hilfe zu suchen ist, lesen Sie im Kasten auf Seite 165.

Die Arzneimittelnamen werden in der Tabelle selbst abgekürzt. In der unten stehenden Liste wird der volle Name aufgeschlüsselt.

ARZNEIMITTELSCHLÜSSEL

Ars. Arsenicum album
Bell. Belladonna
Bry. Bryonia album
Ferr.p. Ferrum phosphoricum
Gels. Gelsemium sempervirens
Iris Iris versicolor
Lach. Lachesis
Lyc. Lycopodium clavatum
Nat.m. Natrium muriaticum
Nux v. Nux vomica
Puls. Pulsatilla
Spig. Spigelia anthelmia
Sang. Sanguinaria canadensis
Sulf. Sulfur

MITTEL	Ars.	Bell.	Bry.	Ferr. p.	Gels.	Iris	Lach.	Lyc.	Nat. m.	Nux v.	Puls.	Spig.	Sang.	Sulf.
BEGLEITSYMPTOME (FORTSETZUNG)														
SEHVERMÖGEN (VERLUST)							●							
ERBRECHEN	●			●			●						●	
GALLEERBRECHEN													●	●
ERBRECHEN (SAUER)						●				●				
ERBRECHEN NACH SAUREN SPEISEN											●			
ZICKZACKERSCHEINUNGEN UND FLACKERN									●					
EIGENTÜMLICHE SYMPTOME														
RISS IN DER MITTE DER UNTERLIPPE									●					
AUGEN FÜHLEN SICH ZU GROSS AN												●		
STIRNKOPFSCHMERZEN, BESSER: NASENBLUTEN				●										
ÜBELKEIT UND OHNMACHT BEIM AUFSTEHEN			●											
ALLGEMEINE SYMPTOME, *die die ganze Person betreffen*														
PSYCHISCHE														
ÄRGER (WENN ISOLIERT)									●					
ANGST	●													
STIMMUNGSSCHWANKUNGEN										●				
ANHÄNGLICH											●			
STUMPF UND GLEICHGÜLTIG			●											●
REIZBAR			●							●				
NERVÖSE ERREGBARKEIT								●						
ÜBEREMPFINDLICH							●			●				
RUHELOSIGKEIT	●													
GESCHWÄTZIGKEIT							●							
LEICHT GEKRÄNKT										●				
WEINERLICH											●			
WEINERLICH (ZEIGT ES ABER NICHT)									●					
KÖRPERLICHE														
GEQUETSCHTES GEFÜHL AM GANZEN KÖRPER			●											
BERÜHRUNG DER KLEIDUNG NICHT ERTRAGBAR							●							
FROSTIG								●						
FROSTIG (BESSER DURCH HITZE)	●									●				

KALT (FÜHLT SICH MIT KALTEM KOPF BESSER)	●							●		●															
BESCHWERDEN GEHEN KOPFSCHMERZEN VORAUS			●																						
MATTIGKEIT (TIEFGEHENDE)					●																				
HUNGRIG UM 11 UHR														●											
HAUTJUCKEN (SCHLIMMER DURCH HITZE)														●											
MUSKELHÜPFEN		●																							
GLIEDMASSEN FÜHLEN SICH SCHWER AN					●																				
BLÄSSE	●																								
ERSCHÖPFUNGSZUSTAND	●							●																	
LANGSAM, TRÄGE, PASSIV			●																						
STEHEN (ABNEIGUNG GEGEN)														●											
MUSS STILLHALTEN			●																						
SYMPTOME WECHSELN											●														
MÜDIGKEIT (GROSSE)					●																				
ZUCKUNGEN		●																							
SCHWÄCHE					●																				
MIT:																									
DUNKLEN RINGEN UNTER DEN AUGEN				●																					
HÄMORRHOIDEN										●															
GERÖTETEN WANGEN				●																					
FAHLHEIT				●																					
MAGEN- ODER LEBERPROBLEME										●															

Abgebildet simd hier Eisenphosphat (oben), die Grundsubstanz von Ferrum phosphoricum, und Schwefel, die Basis von Sulfur.

WANN DER ARZT EINZUSCHALTEN IST

Unverzüglich – hier tut Eile not!

- Bei Beeinträchtigung des Bewußtseinszustands – Benommenheit, Verwirrtheit etc.
- Bei starken, unvermuteten Kopfschmerzen.
- Bei Nackensteifigkeit und/oder hohem Fieber von etwa über 40 Grad Celsius und/oder Lichtempfindlichkeit.
- Wenn die Kopfschmerzen Folge einer Kopfverletzung sind, vor allem bei Vorliegen von Übelkeit und Erbrechen (siehe Erste-Hilfe-Abschnitt auf den Seiten 240–245).

Innerhalb von 24 Stunden

- Wenn neben den Kopfschmerzen andere Symptome vorliegen, die auf eine Beteiligung anderer Teile des Nervensystems hindeuten, so etwa bei Störungen der Sinneswahrnehmungen, vor allem bei Sehstörungen und Schwindel, Bewegungs- und Sprachstörungen.
- Wenn die Kopfschmerzen – selbst nur leichte – tagelang ohne Besserungszeichen anhalten.

Augenleiden 1

Der erste Teil dieser Tabelle zeigt die **möglichen Ursachen** von Augenleiden, die Formen, in denen sie zum **Ausbruch** kommen können, **welche Seite sie betreffen**, wie die Augen aussehen und auch **einige Empfindungen**, die damit verbunden sein können. Die Symbole zeigen die Mittel mit der höchsten Entsprechung für die jeweilige Variable auf. Sobald Sie Ursache und Form des Ausbruchs, Lokalisation, Aussehen und die Empfindungen des Falls, dessen Anamnese Sie gerade erheben, identifiziert sowie die in Frage kommenden Arzneimittel notiert haben, schlagen Sie auf den folgenden Seiten die übrigen Charakteristika Ihres Falls nach. Stellen Sie auch hier wieder mit Hilfe der Symbole die passenden Mittel fest. Während Ihrer Arbeit mit den Tabellen werden Sie durch die Symbole nach und nach die nichtpassenden Mittel ausklammern und schließlich eine Endauswahl treffen können.

Die Arzneimittelnamen werden in der Tabelle selbst abgekürzt. In der unten stehenden Liste wird der volle Name aufgeschlüsselt.

ARZNEIMITTELSCHLÜSSEL

Acon.	Aconitum napellus
Apis	Apis mellifica
Arg. n.	Argentum nitricum
Bell.	Belladonna
Bry.	Bryonia album
Euph.	Euphrasia officinalis
Hep.	Hepar sulphuris calcareum
Merc.	Mercurius vivus
Puls.	Pulsatilla
Rhus t.	Rhus toxicodendron
Sil.	Silicea
Sulf.	Sulfur

MITTEL	Acon.	Apis	Arg. n.	Ars.	Bell.	Bry.	Euph.	Hep.	Merc.	Puls.	Rhus t.	Sil.	Sulf.
URSACHE UND AUSBRUCH – *wie, wann und warum die Symptome auftreten*													
TEMPERATUR UND WETTER													
KÄLTE	●				●	●							
KÄLTE (TROCKEN)	●												
NASSKALTER WIND											●		
NASSKALTES WETTER												●	
KALTER, TROCKENER WIND	●					●		●					
EMOTIONEN													
ÄRGER		●											
EMOTIONALER STRESS		●											
EIFERSUCHT		●											
ALLGEMEINES													
FREMDKÖRPER												●	
SCHNELL		●											
PLÖTZLICH	●				●								
UNTERDRÜCKTER SCHWEISS						●					●		
TRAUMA												●	
HEFTIG	●												
MIT EINER ERKÄLTUNG									●				●
SEITE – *auf welcher Seite die Symptome auftreten*													
RECHTS					●								
VON RECHTS NACH LINKS WANDERND		●											
AUSSEHEN – *wie die Augen aussehen*													
ERWEITERT (VENEN)						●							
SCHWÄRZLICH					●								
ENTZÜNDET		●					●		●				
BINDEHAUT									●				
LIDER									●				

DURCH TRAUMA												●													
NACH FREMDKÖRPERENTFERNUNG												●													
LIDÖDEM		●																							
BINDEHAUTÖDEM		●																							
ROT			●				●						●												
ROT (HELL)	●				●																				
GERÖTETE LIDER											●														
GERÖTETE BINDEHAUT						●																			
SCHWELLUNG			●		●				●																
SACKARTIG UNTER DEN AUGEN				●																					
DER BINDEHAUT		●	●				●				●														
VERSCHLIESST AUGEN											●														
AUSGEPRÄGT, SICH SCHNELL ENTWICKELND	●																								
DER LIDER		●	●			●	●				●														
EMPFINDUNGEN – *wie sich die Augen und Schmerzen in den Augen anfühlen*																									
SCHMERZHAFTIGKEIT						●																			
SCHMERZHAFTIGKEIT (HEFTIG)	●																								
BEISSEND							●																		
BOHREND								●																	
QUETSCHEND											●														
BRENNEND	●	●		●		●	●		●			●	●												
BRENNEND (INTENSIV)					●																				
WERDEN KRAMPFARTIG VERSCHLOSSEN									●																
MIT BLUTANDRANG/STAUUNGSZUSTAND	●	●																							
SCHNEIDEND							●																		
TROCKENHEIT					●		●																		
NEBEL ODER SCHLEIER VOR AUGEN									●																
FOLLIKULARKONJUNKTIVITIS										●															
REGENBOGENHAUTENTZÜNDUNG		●									●														
JUCKEN (HEFTIG, MUSS REIBEN)							●																		
ÜBEREMPFINDLICH								●																	
LICHTSCHEU		●	●						●		●	●													
DRÜCKEND						●	●																		
SAND IN DEN AUGEN							●																		
HART, SCHARF (SCHMERZ)						●																			
WUND						●	●	●			●		●												
WUND UND JUCKEND (LIDER)										●															
BEISSENDES STECHEN		●										●													
STECHEND						●																			
MIT EITERBILDUNG (LIDRÄNDER)												●													

Abgebildet ist der Giftsumach, die Grundlage für Rhus toxicodendron.

Augenleiden 2

Dieser Teil der Tabelle zeigt **weitere mögliche Empfindungen** sowie **die Art der Augenabsonderungen** und **eigentümliche Symptome**, die mit Augenbeschwerden verbunden sein können. Die Symbole zeigen die Mittel mit der höchsten Entsprechung für die jeweilige Variable auf. Sobald Sie die Empfindungen, die Augenabsonderungen und eigentümlichen Symptome (denen oft eine Schlüsselstellung bei der homöopathischen Anamnese zukommt) des Falls, dessen Anamnese Sie gerade erheben, identifiziert und die in Frage kommenden Arzneimittel notiert haben, schlagen Sie auf den folgenden Seiten die übrigen Charakteristika Ihres Falls nach. Stellen Sie auch hier wieder mit Hilfe der Symbole die passenden Mittel fest. Während Ihrer Arbeit mit den Tabellen werden Sie durch die Symbole nach und nach die nichtpassenden Mittel ausklammern und schließlich eine Endauswahl treffen können.

Die Arzneimittelnamen werden in der Tabelle selbst abgekürzt. In der unten stehenden Liste wird der volle Name aufgeschlüsselt.

ARZNEIMITTELSCHLÜSSEL

Acon.	Aconitum napellus
Apis	Apis mellifica
Arg. n.	Argentum nitricum
Bell.	Belladonna
Bry.	Bryonia album
Euph.	Euphrasia officinalis
Hep.	Hepar sulphuris calcareum
Merc.	Mercurius vivus
Puls.	Pulsatilla
Rhus t.	Rhus toxicodendron
Sil.	Silicea
Sulf.	Sulfur

MITTEL	Acon.	Apis	Arg. n.	Ars.	Bell.	Bry.	Euph.	Hep.	Merc.	Puls.	Rhus t.	Sil.	Sulf.
EMPFINDUNGEN (FORTSETZUNG)													
REISSEND									•				
KLOPFEND					•								
BERÜHRUNG (WIRD NICHT ERTRAGEN)						•		•					
GESCHWÜRBILDUNG			•	•					•				•
ABSONDERUNGEN – *Art der Augenabsonderung*													
SCHARF				•			•		•				
MILD										•			
BLUTIG				•				•				•	
KATARRHALISCH								•					
KÄSIG								•					
REICHLICH							•		•		•	•	
GRÜN									•	•			
SCHLEIMIG	•										•		•
ÜBELRIECHEND								•	•				
PROFUSE		•							•				
EITRIG			•				•	•			•		
EITER													•
VERKLEBT (LIDER), MORGENS											•		
VERKLEBTE HORNHAUT (BESSER: BLINZELN)							•						
TRÄNEN (REICHLICH)		•											
DICK				•				•		•		•	
DÜNN	•			•								•	
WÄSSRIG	•					•	•					•	
GELB									•	•		•	
EIGENTÜMLICHE SYMPTOME – *ungewöhnliche Symptome*													
BRENNEN, BESSER DURCH HITZE				•									
METALLISCHER GESCHMACK IM MUND									•				

SCHWELLUNG KOMMT UND GEHT SCHNELL		❦																							
MODALITÄTEN – *was eine Besserung bzw. Verschlechterung bewirkt*																									
SCHLIMMER																									
12 UHR MITTAGS													❦												
MITTERNACHT													❦												
15 UHR					❦																				
21 UHR						❦																			
MORGENS											❦														
NACHTS					❦				❦																
LUFT (FRISCH-)							❦																		
KÄLTE					❦				❦		❦														
KÄLTE UND TROCKENHEIT								❦																	
ZUGLUFT									❦																
HITZE		❦		❦		❦			❦	❦			❦												
ERSCHÜTTERUNG					❦																				
LEICHT	❦				❦	❦	❦																		
BEWEGUNG					❦																				
BEWEGUNG DES AUGAPFELS						❦					❦														
DRUCK					❦			❦																	
WARMES ZIMMER			❦																						
WASCHEN DER AUGEN													❦												
WASCHEN MIT KALTEM WASSER				❦																					
WINDIGES WETTER							❦																		
BESSER																									
KÄLTE		❦				❦																			
KÄLTEANWENDUNGEN		❦	❦																						
FEUCHTIGKEIT								❦																	
HITZE								❦			❦														
BEWEGUNG (SANFTE)										❦															
STILLHALTEN					❦																				
WASCHEN		❦																							
WASCHEN MIT KALTEM ODER LAUWARMEM WASSER		❦								❦															
BEGLEITSYMPTOME – *andere mit den Augenleiden einhergehende Symptome*																									
SCHNUPFEN (MILDER FLIESS-)							❦																		
HUSTEN SCHLIMMER TAGSÜBER							❦																		
HUSTEN BESSER NACHTS							❦																		
TROCKENHEIT	❦				❦																				
GESICHTSAUSSCHLAG													❦												
KALTE FÜSSE					❦																				
FAULIGER MUND									❦																

Abgebildet ist hier Silicium, die Grundsubstanz von Silicea.

Augenleiden 3

Dieser Teil der Tabelle zeigt die **Begleitsymptome**, die mit Augenbeschwerden einhergehen können, sowie die **allgemeinen psychischen Symptome**, die vorliegen können. Die Symbole zeigen die Mittel mit der höchsten Entsprechung für die jeweilige Variable auf. Anhand des gesammelten Datenmaterials sollten Sie jetzt eine Endauswahl mit dem für Ihren Fall passendsten Mittel treffen können.

Wann im Zweifelsfall ärztliche Hilfe nötig ist, lesen Sie im Kasten auf Seite 171.

Die Arzneimittelnamen werden in der Tabelle selbst abgekürzt. In der unten stehenden Liste wird der volle Name aufgeschlüsselt.

ARZNEIMITTELSCHLÜSSEL

Acon.	Aconitum napellus
Apis	Apis mellifica
Arg. n.	Argentum nitricum
Bell.	Belladonna
Bry.	Bryonia album
Euph.	Euphrasia officinalis
Hep.	Hepar sulphuris calcareum
Merc.	Mercurius vivus
Puls.	Pulsatilla
Rhus t.	Rhus toxicodendron
Sil.	Silicea
Sulf.	Sulfur

MITTEL	Acon.	Apis	Arg. n.	Ars.	Bell.	Bry.	Euph.	Hep.	Merc.	Puls.	Rhus t.	Sil.	Sulf.
BEGLEITSYMPTOME (FORTSETZUNG)													
DRÜSEN VERGRÖSSERT									●				
ZAHNFLEISCH SCHWAMMIG									●				
KOPF HEISS					●								
KOPFSCHMERZEN						●							
KOPFSCHMERZEN KLOPFEND, KATARRHALISCH							●						
HAUTJUCKEN (SCHLIMMER DURCH HITZE)												●	
GELENKBESCHWERDEN						●							
LIEGEN NACHTS (SCHLIMMER)							●						
ÜBELRIECHEND (MUND)									●				
PUPILLEN ZUSAMMENGEZOGEN	●												
AUSSCHLAG		●									●		
BLÄSCHENAUSSCHLAG													●
SPEICHELFLUSS (REICHLICH)									●				
NIESEN						●							
DURSTLOSIGKEIT					●								
DURSTIG	●				●								
ZUNGE SCHWAMMIG									●				
HARN SPÄRLICH		●											
ALLGEMEINE SYMPTOME, *die die ganze Person betreffen*													
PSYCHISCHE													
ALLEINSEIN (WILL)						●							
ANGST	●			●									
ANHÄNGLICHES, QUENGELNDES, JAMMERNDES KIND										●			
FURCHT	●												
REIZBAR						●		●					
JÄMMERLICH				●									
NERVÖSE ERREGBARKEIT	●												

	1	2	3	4	5	6	7	8	9	10	11	12	13	14	15	16	17	18	19	20	21	22	23	24	25
ÜBEREMPFINDLICH								x																	
HEFTIG	x																								
KÖRPERLICHE																									
KÄLTEGEFÜHL							x																		
FROSTIG				x			x	x																	
KÄLTE WANDERT ZU DEN AUGEN									x	x			x												
KALTE FRISCHLUFT (VERLANGT DANACH)			x																						
TROCKEN						x																			
FIEBER							x				x														
FIEBER TAGSÜBER							x																		
FRISCHE LUFT (VERLANGEN)			x							x															
KEINE LANGANHALTENDEN, SCHLEICHENDEN SYMPTOME					x																				
RUHELOSIGKEIT	x			x							x														
RHEUMATISCHE GELENKE										x															
KURZE UND SCHARFE SYMPTOME					x																				
REZIDIVIERENDE GERSTENKÖRNER									x																
SCHWITZEN							x																		
DURSTLOSIGKEIT BEI TROCKENEM MUND									x																
DURSTIG				x		x																			
DURST AUF EISKALTE SCHLÜCKCHEN				x																					
SCHWÄCHE (UNVERHÄLTNISMÄSSIG GROSSE)				x																					

Abgebildet ist hier Augentrost, die Grundlage für Euphrasia officinalis.

WANN DER ARZT EINZUSCHALTEN IST

Unverzüglich – hier tut Eile not!

- Bei Verschlechterung oder Verlust des Sehvermögens.
- Bei wirklich starken Augenschmerzen.
- Bei Verletzung des Auges durch Fremdkörper oder chemische Substanzen. Flüssige Reizmittel sofort auswaschen (in der Regel mit reichlich sauberem Wasser) und sofort ärztliche Hilfe suchen.

Innerhalb von 24 Stunden

- Bei dickgelblicher oder -grünlicher Augenabsonderung.
- Bei Bestehenbleiben erheblicher Augenschmerzen.
- Wenn helles Licht erhebliche Schmerzen verursacht, vor allem wenn das Auge vornehmlich um die Iris herum gerötet oder die Pupille unregelmäßig ist und auf Lichtveränderungen nicht normal reagiert.
- Bei Ausschlag wie einer Gürtelrose oder einer Infektion im Gesicht in Nähe oder unter Beteiligung der Augen.

AKUTE AUGENVERLETZUNG

Die Augen sind sehr empfindlich und verwundbar und müssen bei Verletzung möglichst umgehend behandelt werden. Die nachfolgend aufgeführten Mittel dürften in den meisten Fällen als therapeutische Sofortmaßnahme hilfreich sein.

- Zur Behandlung von Prellungen und durch andere mechanische Traumen verursachte Verletzungen nehmen Sie *Arnica montana*, gefolgt von *Euphrasia officinalis*. *Euphrasia officinalis* eignet sich auch zur Behandlung von Bindehautentzündungen nach einer Verletzung, wenn die Augen heiß sind, brennen und tränen.
- Beim blauen Auge nehmen Sie *Lachesis*, das die Blutresorption unterstützt.
- Bei stumpfen Traumen – zum Beispiel wenn ein Squashball das Auge trifft – hilft *Symphytum*.

Ohrenleiden 1

Der erste Teil dieser Tabelle zeigt die **möglichen Ursachen** von Ohrenleiden, die Formen, in denen sie zum **Ausbruch** kommen können, **die Art der Ohrabsonderungen**, **Begleitsymptome** und einige Modalitäten, die eine Besserung bzw. Verschlechterung des Zustands bewirken. Die Symbole zeigen die Mittel mit der höchsten Entsprechung für die jeweilige Variable auf. Sobald Sie die Ursache und Form des Ausbruchs, die Art der Ohrabsonderungen, die Begleitsymptome und Modalitäten des Falls, dessen Anamnese Sie gerade erheben, identifiziert und die in Frage kommenden Arzneimittel notiert haben, schlagen Sie auf den folgenden Seiten die übrigen Charakteristika Ihres Falls nach. Stellen Sie auch hier wieder mit Hilfe der Symbole die passenden Mittel fest. Während Ihrer Arbeit mit den Tabellen werden Sie durch die Symbole nach und nach die nichtpassenden Mittel ausklammern und schließlich eine Endauswahl treffen können.

Die Arzneimittelnamen werden in der Tabelle selbst abgekürzt. In der unten stehenden Liste wird der volle Name aufgeschlüsselt.

ARZNEIMITTELSCHLÜSSEL

Acon.	Aconitum napellus
All. c.	Allium cepa
Bell.	Belladonna
Cham.	Chamomilla
Ferr. p.	Ferrum phosphoricum
Hep.	Hepar sulphuris calcareum
Lach.	Lachesis
Lyc.	Lycopodium clavatum
Merc.	Mercurius vivus
Nux v.	Nux vomica
Puls.	Pulsatilla
Sil.	Silicea
Sulf.	Sulfur

MITTEL	Acon.	All. c.	Bell.	Cham.	Ferr. p.	Hep.	Lach.	Lyc.	Merc.	Nux v.	Puls.	Sil.	Sulf.
URSACHE – *warum die Symptome auftreten*													
LUFT				•									
ÄRGER				•									
KÄLTE	•	•	•		•			•	•	•			
KALTE, TROCKENE LUFT	•					•							
KALTES, TROCKENES WETTER										•			
FEUCHTKALT									•			•	
ZUGLUFT			•										
VERKÜHLEN DES KOPFES			•										
UNTERDRÜCKTER SCHWEISS												•	
LAUNENHAFTIGKEIT				•									
WIND				•									
WIND (DURCHDRINGEND)		•											
AUSBRUCH – *wann und wie die Symptome auftreten*													
NACH AUSSCHLAG (MASERN ETC.)											•		
ERKÄLTUNGEN													•
ABENDS				•									
PLÖTZLICH	•		•			•							
IM HALS, WANDERT ZU DEN OHREN					•								
HEFTIG	•												
SEITE – *auf welcher Seite die Symptome auftreten*													
LINKS							•						
VON LINKS NACH RECHTS WANDERND	•					•							
RECHTS		•						•					
VON RECHTS NACH LINKS WANDERND								•					
ABSONDERUNGEN – *Art der Ohrabsonderungen*													
SCHARF									•				•
MILD											•		
BLUTIG						•			•		•		•
BRENNEND													•
KÄSIGER GERUCH						•							
REICHLICH													•
GERONNEN												•	
GRÜN									•		•		

ÜBELRIECHEND								✿			✿	✿	✿												
EITRIG		✿			✿	✿	✿				✿		✿												
SEPTISCH							✿																		
STINKEND									✿																
DICK						✿		✿	✿		✿	✿													
WÄSSRIG												✿													
GELB						✿		✿			✿	✿													
BEGLEITSYMPTOME – *andere mit dem Ohrenleiden einhergehende Symptome*																									
FROSTIG								✿																	
SCHÜTTELFROST									✿																
SCHÜTTELFROST (SCHLEICHEND)									✿																
SCHNUPFEN, SCHARF UND WÄSSRIG		✿																							
HUSTEN (TROCKEN)								✿																	
VERDAUUNGSSTÖRUNG										✿															
TROCKENHEIT	✿		✿																						
AUSSCHLAG MIT JUCKEN													✿												
AUSSCHLAG SCHLIMMER DURCH HITZE UND WASSER													✿												
EKZEME UND HAUTAUSSCHLAG UM DIE AUGEN								✿																	
AUGENABSONDERUNGEN		✿																							
BLUTANDRANG IM GESICHT	✿												✿												
FÜSSE KALT			✿		✿																				
FIEBER	✿		✿					✿																	
DRÜSEN GESCHWOLLEN								✿																	
ZAHNFLEISCH WEICH								✿																	
KOPF HEISS			✿																						
METALLISCHER GESCHMACK									✿																
MUND FEUCHT UND FAULIG									✿																
NACKENSTEIFIGKEIT									✿																
HALS BERÜHRUNGSEMPFINDLICH							✿																		
RÖTE			✿																						
VERMEHRTER SPEICHELFLUSS									✿																
SCHWEISS ÜBELRIECHEND									✿			✿													
SCHWEISS (AM OBERKÖRPER)												✿													
SCHWEISS (AM KOPF)												✿													
SCHWITZEN BRINGT KEINE ERLEICHTERUNG						✿																			
DURSTLOSIGKEIT			✿																						
DURSTIG	✿		✿	✿					✿																
HALSENTZÜNDUNG							✿																		
ZUNGE SCHWAMMIG									✿																
MODALITÄTEN – *was eine Besserung oder Verschlechterung bewirkt*																									
SCHLIMMER																									
12 UHR MITTAGS													✿												
9 UHR				✿																					
15 UHR			✿																						
ZWISCHEN 16 UND 20 UHR								✿																	
ZWISCHEN 21 UND 24 UHR				✿																					
MITTERNACHT													✿												
MORGENS										✿															

Abgebildet ist hier Quecksilber, die Grundsubstanz von Mercurius vivus.

Ohrenleiden 2

Dieser Teil der Tabelle zeigt weitere Modalitäten, die auf den Zustand des Patienten Einfluß haben können, sowie allgemeine psychische Symptome, die vorliegen können. Die Symbole zeigen die Mittel mit der höchsten Entsprechung für die jeweilige Variable auf. Sobald Sie die Modalitäten und psychischen Symptome des Falls, dessen Anamnese Sie gerade erheben, identifiziert und die in Frage kommenden Arzneimittel notiert haben, schlagen Sie auf den folgenden Seiten die übrigen Charakteristika Ihres Falls nach. Stellen Sie auch hier wieder mit Hilfe der Symbole die passenden Mittel fest. Während Ihrer Arbeit mit den Tabellen werden Sie durch die Symbole nach und nach die nichtpassenden Mittel ausklammern und schließlich eine Endauswahl treffen können.

Die Arzneimittelnamen werden in der Tabelle selbst abgekürzt. In der unten stehenden Liste wird der volle Name aufgeschlüsselt.

ARZNEIMITTELSCHÜSSEL

Acon.	Aconitum napellus	**Merc.**	Mercurius vivus
All. c.	Allium cepa	**Nux v.**	Nux vomica
Bell.	Belladonna	**Puls.**	Pulsatilla
Cham.	Chamomilla	**Sil.**	Silicea
Ferr. p.	Ferrum phosphoricum	**Sulf.**	Sulfur
Hep.	Hepar sulphuris calcareum		
Lach.	Lachesis		
Lyc.	Lycopodium clavatum		

MITTEL	Acon.	All. c.	Bell.	Cham.	Ferr. p.	Hep.	Lach.	Lyc.	Merc.	Nux v.	Puls.	Sil.	Sulf.
MODALITÄTEN (FORTSETZUNG)													
SCHLIMMER													
NACHTS			•			•			•		•		
IM BETT										•			
KÄLTE			•			•		•	•				
KALTE LUFT				•	•								
EINSCHNÜRUNG							•						
ZUGLUFT						•		•	•				
ANSTRENGUNG					•								
HITZE							•		•		•		•
BEWEGUNG			•										
GERÄUSCHE	•				•			•					
DRUCK							•						
SCHLAF (NACH)							•						
SCHLAF (SCHLÄFT HINEIN)							•						
SCHWITZEN									•				
BERÜHRUNG			•				•						
UNBEDECKTSEIN						•		•					
AUFWACHEN							•						
WÄRME	•	•											
WASCHEN													•
BESSER													
GETRAGEN WERDEN				•									
KÜHLE LUFT								•					
SANFTE BEWEGUNG					•						•		
HITZE			•	•		•							
STILLHALTEN			•										
EMPFINDUNGEN – *wie sich die Ohren und Schmerzen anfühlen*													
SCHMERZHAFTIGKEIT (HEFTIG)		•											
SCHLECHTER GESCHMACK (MORGENS)											•		
BRENNEN	•								•				•
BRENNEN (INTENSIV)			•										
BERSTEND						•		•					
BERSTEND VOR DER ABSONDERUNG						•							

FROSTIGKEIT												●													
FROSTIGKEIT MIT SCHMERZEN											●														
MIT BLUT ÜBERFÜLLT													●												
TAUBHEIT								●			●	●	●												
TROCKENHEIT MIT DURST											●														
FÜLLE				●																					
GEHÖR KEHRT MIT EINSCHNAPPEN ZURÜCK												●													
ZISCHEN												●													
HITZE				●																					
ÜBEREMPFINDLICH										●															
OHRJUCKEN					●					●															
GEHÖRGANG EMPFINDLICH							●																		
FRISCHLUFT (VERLANGEN)											●		●												
SCHMERZEN IN DER STIRN ZU DEN OHREN HIN		●																							
SCHMERZEN							●																		
SCHNEIDEND	●																								
ZIEHEND		●																							
TIEF, ZIEHEND					●																				
DRÜCKEND								●																	
SCHARF				●																					
STECHEND/REISSEND						●																			
STECHEND/BEISSEND	●								●				●												
STECHEND		●		●	●					●															
PULSIEREN IM OHR							●																		
EITERBILDUNG BEREITS ABGESCHLOSSEN						●																			
ROHEIT									●																
KLINGEN				●																					
SAUSEN				●								●													
SCHREIT VOR SCHMERZEN (KIND)	●																								
SELTSAME GERÄUSCHE					●						●		●												
REISSEN	●	●				●		●																	
KLOPFEN	●																								
KLOPFEN (INTENSIV)	●		●																						
ALLGEMEINE SYMPTOME, *die die gesamte Person betreffen*																									
PSYCHISCHE																									
WIRD LEICHT ÄRGERLICH										●															
ÄRGERLICH				●																					
BEISSEND VERLETZEND						●																			
WECHSELHAFT											●														
ANHÄNGLICH											●														
WIDERSPRÜCHLICH											●														
HEKTISCH				●																					
REIZBAR	●			●						●															
ZÄNKISCH						●																			
WIE TOLL				●																					
RUHELOS	●																								
ZUFRIEDEN (NIE)				●																					

Abgebildet ist hier die tödliche Buschmeisterschlange, die Grundlage für Lachesis muta.

Ohrenleiden 3

Dieser Teil der Tabelle zeigt weitere **allgemeine psychische** und einige **allgemeine körperliche Symptome**. Die Symbole zeigen die Mittel mit der höchsten Entsprechung für die jeweilige Variable auf. Anhand des gesammelten Datenmaterials sollten Sie jetzt eine Endauswahl mit dem für Ihren Fall passendsten Mittel treffen können.

Wann professionelle Hilfe nötig ist, lesen Sie unten im Kasten. Ohrenbeschwerden kommen vor allem bei Kindern vor; mehr dazu auf Seite 124 und 125.

Die Arzneimittelnamen werden in der Tabelle selbst abgekürzt. In der unten stehenden Liste wird der volle Name aufgeschlüsselt.

ARZNEIMITTELSCHLÜSSEL

Acon.	Aconitum napellus
All. c.	Allium cepa
Bell.	Belladonna
Cham.	Chamomilla
Ferr. p.	Ferrum phosphoricum
Hep.	Hepar sulphuris calcareum
Lach.	Lachesis
Lyc.	Lycopodium clavatum
Merc.	Mercurius vivus
Nux v.	Nux vomica
Puls.	Pulsatilla
Sil.	Silicea
Sulf.	Sulfur

MITTEL	Acon.	All. c.	Bell.	Cham.	Ferr. p.	Hep.	Lach.	Lyc.	Merc.	Nux v.	Puls.	Sil.	Sulf.
ALLGEMEINE SYMPTOME (FORTSETZUNG)													
PSYCHISCHE (FORTSETZUNG)													
SCHREIEN/HEULEN						●							
EMPFINDLICH				●		●				●			
WEINEN (MITLEIDERREGEND)											●		
JAMMERN				●									
KÖRPERLICHE													
GETRAGEN WERDEN (MUSS)	●												
LEGT DIE HÄNDE AUF DIE OHREN				●									
FROSTIG						●				●			
CHRONISCHE OHRINFEKTION												●	
KALT (LEICHT)										●			
FOLGESCHADEN SEIT INFEKTION											●		
DELIRIÖS			●										
BENOMMEN			●										
AUSGEZEHRTES KIND								●					
KATARRH DER EUSTACHISCHEN RÖHRE												●	
ERRÖTET SCHNELL					●								
HEISS													
ÜBEREMPFINDLICHE NERVEN	●					●							
ENTZÜNDUNG BLAUVIOLETT							●						
MUSKELHÜPFEN			●										
FIEBER NIEDRIG					●								
UNWOHLSEIN					●								
BLASS					●								
EMPFINDLICH GEGEN BERÜHRUNG, SCHMERZ, KÄLTE						●							
AUFSCHRECKEN			●										
DURSTIG					●								
MITTEL IM VERGLEICH													
FÜHRT DIE BEHANDLUNG VON PULSATILLA FORT												●	
NICHT SO ANSCHMIEGSAM WIE PULSATILLA				●									

WANN DER ARZT EINZUSCHALTEN IST

Unverzüglich – hier tut Eile not!
- Bei Benommenheit, starken Kopfschmerzen, Nackensteifigkeit oder starker Teilnahmslosigkeit.

Innerhalb von 24 Stunden
- Wenn ein Baby permanent am Ohr zieht oder es reibt, weist dies häufig auf eine Ohrinfektion hin. Leichte Ohrinfektionen klingen meist mit der Zeit ohne Behandlung ab, ihr Verlauf sollte aber kontrolliert werden, und eine homöopathische Behandlung unterstützt den Heilungsprozeß.
- Bei starken Ohrenschmerzen oder wenn Masern mit Ohrenschmerzen einhergehen.
- Bei Ohrausfluß.
- Wenn das knochige Knötchen hinter dem Ohr (Warzenfortsatz des Schläfenbeins) schmerzhaft oder rot wird.
- Wenn das Hörvermögen deutlich und anhaltend beeinträchtigt ist.

Beschwerden der Nase und Nebenhöhlen 1

Der erste Teil dieser Tabelle zeigt **mögliche Ursachen** bei Beschwerden der Nase und Nebenhöhlen, die Formen, in denen sie zum **Ausbruch** kommen, und **einige eigentümliche Symptome**, die damit verbunden sein können. Die Symbole zeigen die Mittel mit der höchsten Entsprechung für die jeweilige Variable auf. Sobald Sie Ursache und Form des Ausbruchs sowie die eigentümlichen Symptome des Falls, dessen Anamnese Sie gerade erheben, identifiziert und die in Frage kommenden Arzneimittel notiert haben, schlagen Sie auf den folgenden Seiten die übrigen Charakteristika Ihres Falls nach. Stellen Sie auch hier wieder mit Hilfe der Symbole die passenden Mittel fest. Während Ihrer Arbeit mit den Tabellen werden Sie durch die Symbole nach und nach die nichtpassenden Mittel ausklammern und schließlich eine Endauswahl treffen können.

Die Arzneimittelnamen werden in der Tabelle selbst abgekürzt. In der unten stehenden Liste wird der volle Name aufgeschlüsselt.

ARZNEIMITTELSCHLÜSSEL

All.c.	Allium cepa	**Kal. bi.**	Kalium bichromicum
Ars.	Arsenicum album	**Merc.**	Mercurius vivus
Bry.	Bryonia album	**Nat. m.**	Natrium muriaticum
Dulc.	Dulcamara	**Nux v.**	Nux vomica
Euph.	Euphrasia officinalis	**Puls.**	Pulsatilla
Gels.	Gelsemium sempervirens	**Rhus t.**	Rhus toxicodendron
Hep.	Hepar sulphuris calcareum	**Sil.**	Silicea
Ip.	Ipecacuanha	**Sulf.**	Sulfur

MITTEL	All. c.	Ars.	Bry.	Dulc.	Euph.	Gels.	Hep.	Ip.	Kal. bi.	Merc.	Nat. m.	Nux v.	Puls.	Rhus t.	Sil.	Sulf.
URSACHE – *warum die Symptome auftreten*																
KÄLTE	●		●	●												
FEUCHTKALT										●				●	●	
KALTER, TROCKENER WIND			●				●					●				
KALTES, TROCKENES WETTER												●				
KALTER, FEUCHTER, DURCHDRINGENDER WIND	●															
HEISS ZU KALT (WECHSEL VON)				●												
SPÄTERE STADIEN EINER ERKÄLTUNG																●
PLÖTZLICHE WETTERVERÄNDERUNG				●												
UNTERDRÜCKTER SCHWEISS			●											●	●	
FEUCHTWARMES, MILDES WETTER						●										
NASSWERDEN													●		●	
AUSBRUCH – *wie und warum die Symptome auftreten*																
ZWISCHEN 10 UND 11 UHR									●							
MORGENS			●													
NACHTS														●		
FRÜHLING				●												
HERBST				●												
SCHNELL								●								
EINIGE TAGE NACH VERKÜHLEN						●										
LANGSAM						●										
MIT NIESEN									●							
ERKÄLTET SICH LEICHT																●
SEITE – *auf welcher Seite die Schmerzen auftreten*																
ERST LINKS, DANN RECHTS	●															
EIGENTÜMLICHE SYMPTOME																
KOCHEND ODER EISIG DURCH DIE BLUTGEFÄSSE		●														

Abgebildet ist hier Bittersüß, die Grundlage für Dulcamara.

Beschwerden der Nase und Nebenhöhlen 2

Dieser Teil der Tabelle zeigt **weitere eigentümliche Symptome, die Art der Absonderungen** und **einige Empfindungen**, die bei Beschwerden der Nase und Nebenhöhlen vorliegen können. Die Symbole zeigen die Mittel mit der höchsten Entsprechung für die jeweilige Variable auf. Sobald Sie die eigentümlichen Symptome, die Art der Absonderungen und die Empfindungen des Falls, dessen Anamnese Sie gerade erheben, identifiziert und die in Frage kommenden Arzneimittel notiert haben, schlagen Sie auf den folgenden Seiten die übrigen Charakteristika Ihres Falls nach. Stellen Sie auch hier wieder mit Hilfe der Symbole die passenden Mittel fest. Während Ihrer Arbeit mit den Tabellen werden Sie durch die Symbole nach und nach die nichtpassenden Mittel ausklammern und schließlich eine Endauswahl treffen können.

Die Arzneimittelnamen werden in der Tabelle selbst abgekürzt. In der unten stehenden Liste wird der volle Name aufgeschlüsselt.

ARZNEIMITTELSCHLÜSSEL

All.c.	Allium cepa	**Kal. bi.**	Kalium bichromicum
Ars.	Arsenicum album	**Merc.**	Mercurius vivus
Bry.	Bryonia album	**Nat. m.**	Natrium muriaticum
Dulc.	Dulcamara	**Nux v.**	Nux vomica
Euph.	Euphrasia officinalis	**Puls.**	Pulsatilla
Gels.	Gelsemium sempervirens	**Rhus t.**	Rhus toxicodendron
Hep.	Hepar sulphuris calcareum	**Sil.**	Silicea
Ip.	Ipecacuanha	**Sulf.**	Sulfur

MITTEL	All. c.	Ars.	Bry.	Dulc.	Euph.	Gels.	Hep.	Ip.	Kal. bi.	Merc.	Nat. m.	Nux v.	Puls.	Rhus t.	Sil.	Sulf.
EIGENGÜMLICHE SYMPTOME (FORTSETZUNG)																
BRENNEN, BESSER DURCH HITZE		●														
METALLISCHER GESCHMACK										●						
NASENBLUTEN BEI ERKÄLTUNG								●								
EINSEITIG													●			
FADENARTIGER SCHLEIM									●							
DREIECKIGE ROTE ZUNGENSPITZE														●		
ABSONDERUNG – *Art der Absonderung*																
SCHARF		●				●			●	●						●
SCHARFE NASENABSONDERUNG	●					●										
SCHARFE TRÄNEN					●											
MILDE AUGENABSONDERUNG	●												●			
MILDE NASENABSONDERUNG					●								●			
BLUTIG										●					●	
BLUTIGE KRUSTEN				●												
BRENNEND																●
REICHLICH									●		●		●			
TROCKENE KRUSTEN											●					
TROCKEN BEI KÄLTEEINWIRKUNG									●							
EIWEISSARTIG											●					
EXZESSIV											●					
FÖTID									●						●	
FLIESSEND					●							●				
FLIESSEND IM WARMEN RAUM												●				
GRÜN									●	●			●	●		
HARTE KRUSTEN															●	
SCHEUSSLICH															●	
GALLERTARTIGER SCHLEIM									●							
MORGENS (REICHLICH)													●			

SCHLEIM								✽																	
NASENBLUTEN															✽										
ÜBELRIECHEND							✽		✽	✽				✽											
DEN RACHEN HINUNTERLAUFEND											✽														
PROFUS	✽						✽							✽											
STARK					✽																				
WUNDE WANGEN DURCH SCHARFE TRÄNEN					✽																				
WUNDE OBERLIPPE DURCH DIE ABSONDERUNG		✽																							
RIECHT SAUER							✽																		
RIECHT NACH ZERSETZTEM KÄSE							✽																		
STINKEND										✽															
FADENZIEHEND									✽																
VERSTOPFT												✽													
DICK			✽	✽			✽		✽	✽			✽	✽											
DICK UND SCHARF (ANFANGS)										✽															
BESSER DURCH DICKERE ABSONDERUNGEN	✽																								
ZÄHFLÜSSIG									✽																
WÄSSRIG		✽				✽			✽		✽		✽												
TRÄNENDE AUGEN	✽		✽																						
WÄSSRIG EINGANGS							✽																		
WEISS									✽																
GELB				✽			✽		✽	✽			✽	✽											
EMPFINDUNGEN – *wie sich Nase und Nebenhöhlen bzw. die Schmerzen dort anfühlen*																									
SCHLECHTER GERUCH UND GESCHMACK													✽												
BRENNEN	✽	✽			✽					✽						✽									
QUETSCHEND					✽									✽											
BESCHWERDEN BEG. MIT NIESEN, KOPFSCHMERZEN	✽		✽																						
KALTE GETRÄNKE VERURS. KÄLTEGEFÜHL, HUSTEN														✽											
ERKÄLTUNGEN BEG. IN NASE U. WANDERN Z. BRUST								✽																	
ERKÄLTUNGEN SETZEN SICH IN DER NASE FEST								✽																	
STAUUNGSZUSTAND	✽																								
FROST ZWISCHEN 10 UND 11 UHR											✽														
FROST (HEFTIG)								✽																	
FROSTIG												✽													
FROSTSCHAUER (SCHLEICHEND)										✽															
REICHLICH FLIESSEND MORGENS													✽												
SCHNUPFEN MIT NIESEN			✽																						
TROCKEN									✽			✽													
TROCKENE LIPPEN											✽														
TROCKENER MUND			✽								✽														
TROCKEN MIT DRUCK AN DER NASENWURZEL									✽																

Abgebildet ist hier Kaliumdichromat, die Grundsubstanz von Kalium bichromicum.

Beschwerden der Nase und Nebenhöhlen 3

Dieser Teil der Tabelle zeigt **weitere Empfindungen,** die mit Beschwerden der Nase und Nebenhöhlen einhergehen können, und **die Modalitäten**, die den Zustand des Patienten bessern bzw. verschlechtern. Die Symbole zeigen die Mittel mit der höchsten Entsprechung für die jeweilige Variable auf. Sobald Sie die Empfindungen und Modalitäten des Falls, dessen Anamnese Sie gerade erheben, identifiziert und die in Frage kommenden Arzneimittel notiert haben, schlagen Sie auf den folgenden Seiten die übrigen Charakteristika Ihres Falls nach. Stellen Sie auch hier wieder mit Hilfe der Symbole die passenden Mittel fest. Während Ihrer Arbeit mit den Tabellen werden Sie durch die Symbole nach und nach die nichtpassenden Mittel ausklammern und schließlich eine Endauswahl treffen können.

Die Arzneimittelnamen werden in der Tabelle selbst abgekürzt. In der unten stehenden Liste wird der volle Name aufgeschlüsselt.

ARZNEIMITTELSCHLÜSSEL

All. c.	Allium cepa
Ars.	Arsenicum album
Bry.	Bryonia album
Dulc.	Dulcamara
Euph.	Euphrasia officinalis
Gels.	Gelsemium sempervirens
Hep.	Hepar sulphuris calcareum
Ip.	Ipecacuanha
Kal. bi.	Kalium bichromicum
Merc.	Mercurius vivus
Nat. m.	Natrium muriaticum
Nux v.	Nux vomica
Puls.	Pulsatilla
Rhus t.	Rhus toxicodendron
Sil.	Silicea
Sulf.	Sulfur

MITTEL	All. c.	Ars.	Bry.	Dulc.	Euph.	Gels.	Hep.	Ip.	Kal. bi.	Merc.	Nat. m.	Nux v.	Puls.	Rhus t.	Sil.	Sulf.
EMPFINDUNGEN (FORTSETZUNG)																
STAUB IN DEN AUGEN (ALS OB)					●											
FRISCHE LUFT (VERLANGEN DANACH)																●
FÜLLE	●															
DURCHFLUSS VON HEISSEM WASSER (ALS OB)						●										
HÄLT SICH BEI FROST NAHE AM FEUER AUF												●				
ÜBEREMPFINDLICH GEGEN BERÜHRUNG, SCHMERZEN, KÄLTE									●							
VON LINKS NACH RECHTS WANDERND	●															
BRENNENDE LIPPEN DURCH NASENABSONDERUNG	●															
LIPPE ROT UND RAUH	●															
GESICHTSSCHMERZ									●				●			
HEFTIG									●							
STARK													●			
BEIM SCHLUCKEN														●	●	
DRUCK AUF DIE GESICHTSKNOCHEN										●						
DRUCK AUF DEN AUGEN					●											
PULSIEREN									●							
ROHEIT	●									●		●				
RAUHER HALS												●				
RAUHES KRATZEN																
SCHÜTTELN AM GANZEN KÖRPER								●								
SCHIESSENDER SCHMERZ IN WANGENKNOCHEN									●							
BRENNENDES STECHEN											●					
GERUCHSVERMÖGEN (VERLUST)											●		●		●	
NIESEN			●		●			●				●	●	●		
VERURSACHT BLUTUNG								●								
BEI KALTEM WIND							●									
FRÜH UND NIMMT ZU	●															
ANHALTEND																●

EXZESSIV								●		●															
LINDERT NICHT DEN REIZZUSTAND		●																							
BEI JEDEM WETTERWECHSEL		●																							
WUND		●										●		●											
INNERLICH WUND									●																
WUNDE NASENFLÜGEL					●									●											
STECHEN			●																						
VERSTOPFTE NASE	●	●		●			●					●	●			●									
ABENDS ODER NACHTS								●				●	●												
BEI JEDER ERKÄLTUNG														●											
DRINNEN													●												
KALTE LUFT (BESSER DURCH HITZE)							●																		
KALTE LUFT							●					●													
FEUCHTKALTES WETTER				●																					
SCHWELLUNG IN DER NASE										●															
SCHWELLUNG DER NASENSCHLEIMHAUT					●																				
GESCHMACK (VERLUST)											●				●										
GESCHMACK (BITTER)											●														
ZÄHNEKLAPPERN								●																	
DURST FEHLT								●																	
AUF KALTE GETRÄNKE			●											●											
AUF GROSSE MENGEN			●																						
KLOPFEN	●																								
KITZELN HINTER DEM STERNUM														●											
WÄSSRIGE ABSONDERUNG	●																								
MODALITÄTEN – *was eine Besserung bzw Verschlechterung bewirkt*																									
SCHLIMMER																									
12 UHR																●									
ZWISCHEN 10 UHR UND MITTAG											●														
21 UHR			●																						
MITTERNACHT																●									
TAGSÜBER					●																				
MORGENS									●		●	●													
ABENDS	●			●										●											
NACHTS				●	●				●	●				●											
KÄLTE		●		●			●			●															
KALTE LUFT							●																		
FEUCHTKALTES WETTER				●										●											
FEUCHTIGKEIT								●																	
FEUCHTES WETTER									●																
ZUGLUFT										●		●													

Abgebildet ist hier die Anemone, die Grundlage für Pulsatilla nigricans.

Beschwerden der Nase und Nebenhöhlen 4

Dieser Teil der Tabelle zeigt **weitere Modalitäten,** durch die sich der Patient besser oder schlechter fühlt, sowie die **Begleitsymptome**, die mit Beschwerden der Nase und Nebenhöhlen einhergehen können. Die Symbole zeigen die Mittel mit der höchsten Entsprechung für die jeweilige Variable auf. Sobald Sie die Modalitäten und die beobachteten Begleitsymptome des Falls, dessen Anamnese Sie gerade erheben, identifiziert und die in Frage kommenden Arzneimittel notiert haben, schlagen Sie auf den folgenden Seiten die übrigen Charakteristika Ihres Falls nach. Stellen Sie auch hier wieder mit Hilfe der Symbole die passenden Mittel fest. Während Ihrer Arbeit mit den Tabellen werden Sie durch die Symbole nach und nach die nichtpassenden Mittel ausklammern und schließlich eine Endauswahl treffen können.

Die Arzneimittelnamen werden in der Tabelle selbst abgekürzt. In der unten stehenden Liste wird der volle Name aufgeschlüsselt.

ARZNEIMITTELSCHLÜSSEL

All.c.	Allium cepa
Ars.	Arsenicum album
Bry.	Bryonia album
Dulc.	Dulcamara
Euph.	Euphrasia officinalis
Gels.	Gelsemium sempervirens
Hep.	Hepar sulphuris calcareum
Ip.	Ipecacuanha
Kal. bi.	Kalium bichromicum
Merc.	Mercurius vivus
Nat. m.	Natrium muriaticum
Nux v.	Nux vomica
Puls.	Pulsatilla
Rhus t.	Rhus toxicodendron
Sil.	Silicea
Sulf.	Sulfur

MITTEL	All. c.	Ars.	Bry.	Dulc.	Euph.	Gels.	Hep.	Ip.	Kal. bi.	Merc.	Nat. m.	Nux v.	Puls.	Rhus t.	Sil.	Sulf.
MODALITÄTEN (FORTSETZUNG)																
SCHLIMMER (FORTSETZUNG)																
TROCKENES WETTER												●				
BEGINNENDE BEWEGUNG														●		
FRISCHE LUFT											●					
HITZE			●							●			●			●
DRINNEN	●															
LIEGEND					●											
BEWEGUNG			●						●							
FRISCHLUFT					●											
RUHE														●		
GEBEUGTE HALTUNG									●							
SCHWITZEN										●						
UNBEDECKTSEIN							●							●		
WARMES ZIMMER												●	●			
WÄRME	●															
WIND					●											
BESSER																
KÄLTE															●	
ANHALTENDE BEWEGUNG														●		
KÜHLE		●														
TROCKENHEIT															●	
SANFTE BEWEGUNG													●			
HITZE				●			●							●		
HITZE (MIT AUSNAHME AM KOPF)		●														
LIEGEND (HUSTEN)					●											
BEWEGUNG				●												
NACHTS					●											
FRISCHLUFT								●					●			

DRAUSSEN	•																								
PERSPIRATION														•											
DRUCK			•						•																
RUHE								•																	
STILLHALTEN			•																						
SCHWITZEN											•														
WÄRME									•																
NASSES WETTER							•																		
BEGLEITSYMPTOME – *andere mit den Beschwerden einhergehende Symptome*																									
RÜCKENSTEIFIGKEIT				•																					
LANGSAME GENESUNG																•									
FROSTIGKEIT IM WECHSEL MIT HITZE												•													
FROSTIGKEIT (HEFTIG)								•																	
FROSTIGKEIT IM FIEBER		•																							
SCHNUPFEN DEHNT SICH AUF KEHLKOPF AUS	•				•																				
SCHNUPFEN SCHLÄGT AUF OHREN UND HALS	•																								
ERKÄLTUNGEN SCHLAGEN SICH AUF DIE BRUST								•				•													
ERKÄLTUNGEN WANDERN TIEFER								•																	
HUSTEN, NACHTS ABWESEND					•																				
MIT BERSTENDEN KOPFSCHMERZEN											•														
DURCH KALTEN WIND							•																		
TROCKEN UND SCHMERZHAFT			•																						
TROCKEN UND KITZELND										•															
HART		•			•																				
QUÄLEND						•																			
KITZELND		•				•																			
VERDAUUNGSSTÖRUNGEN												•													
SCHWINDEL									•																
KRUSTIGER HAUTAUSSCHLAG															•										
AUGEN PRODUZIEREN WÄSSRIGE ABSONDERUNGEN											•														
AUGEN ROT, SCHMERZHAFT, TRÄNEND			•																						
AUGEN SCHMERZHAFT				•																					
EXTREMITÄTEN KALT						•																			
GESICHT GERÖTET						•		•																	
GESICHT SCHWÄRZLICH, FLECKIG						•																			
DRÜSEN GESCHWOLLEN														•											
KOPF HEISS						•																			
KOPFSCHMERZEN			•																						
BEGLEITEN DIE MEISTEN BESCHWERDEN			•																						
KATARRHALISCH	•				•																				
MIT BLUTANDRANG ZUM KOPF	•					•																			

Abgebildet ist hier die Zwiebel, die Grundlage für Allium cepa.

Beschwerden der Nase und Nebenhöhlen 5

Dieser Teil der Tabelle zeigt **weitere Begleitsymptome**, die mit Beschwerden der Nase und Nebenhöhlen einhergehen, sowie die **allgemeinen psychischen und körperlichen Symptome**, die vorliegen können. Die Symbole zeigen die Mittel mit der höchsten Entsprechung für die jeweilige Variable auf. Anhand des gesammelten Datenmaterials sollten Sie jetzt eine Endauswahl mit dem für Ihren Fall passendsten Mittel treffen können.

Die Arzneimittelnamen werden in der Tabelle selbst abgekürzt. In der unten stehenden Liste wird der volle Name aufgeschlüsselt.

MITTEL	All. c.	Ars.	Bry.	Dulc.	Euph.	Gels.	Hep.	Ip.	Kal. bi.	Merc.	Nat. m.	Nux v.	Puls.	Rhus t.	Sil.	Sulf.
BEGLEITSYMPTOME (FORTSETZUNG)																
KOPFSCHMERZEN (FORTSETZUNG)																
HEFTIG									●							
HEISERKEIT							●	●		●	●					
LIPPEN RISSIG, SCHÄLEN SICH													●			
LIPPENHERPES											●					
LIPPEN RAUH, AUFGESPRUNGEN, SCHÄLEN SICH															●	
MUNDGESCHWÜRE										●						
ÜBELKEIT								●								
ÜBELKEIT MIT UNBELEGTER ZUNGE								●								
NACKENSTEIFIGKEIT				●										●		
NASENBLUTEN	●												●			
NASE ROT UND GESCHWOLLEN, GLÄNZEND										●						
RAUHIGKEIT								●								
VERMEHRTER SPEICHELFLUSS										●						
SCHÜTTELFROST DURCH BEWEGUNG, UNBEDECKTSEIN												●				
SCHLAFLOS IM WARMEN ZIMMER											●					
NIESEN		●								●	●					
SCHWITZEN NACHTS, BRINGT KEINE ERLEICHTERUNG							●									
PROFUS UND ÜBELRIECHEND										●						
LEICHT												●				
DURSTLOS MIT TROCKENEM MUND													●			
GESCHMACK METALLISCH, SÜSS, SALZIG, VERFAULT										●						
MÜDE																●
ZUNGE BELEGT													●			
ZUNGE GESCHWOLLEN, SCHWAMMIG										●						
HALS ROT, GESCHWOLLEN, ENTZÜNDET		●												●		
GESCHWÜRE DER SCHLEIMHAUT		●														
TRÜBSICHTIGKEIT									●							
SCHWACH UND HUNGRIG UM 11 UHR																●

ARZNEIMITTELSCHLÜSSEL

All.c.	Allium cepa	**Kal. bi.**	Kalium bichromicum
Ars.	Arsenicum album	**Merc.**	Mercurius vivus
Bry.	Bryonia album	**Nat. m.**	Natrium muriaticum
Dulc.	Dulcamara	**Nux v.**	Nux vomica
Euph.	Euphrasia officinalis	**Puls.**	Pulsatilla
Gels.	Gelsemium sempervirens	**Rhus t.**	Rhus toxicodendron
Hep.	Hepar sulphuris calcareum	**Sil.**	Silicea
Ip.	Ipecacuanha	**Sulf.**	Sulfur

ALLGEMEINE																									
PSYCHISCHE																									
ALLEINSEIN (WILL)			●								●														
ÄNGSTLICH		●																							
WECHSELHAFT													●												
GESELLSCHAFT (WILL)													●												
VERLANGT AUFMERKSAMKEIT, MITGEFÜHL													●												
DEPRIMIERT											●														
NACHTANGST														●											
HEKTIK (HASST)											●														
REIZBAR							●																		
NACHGIEBIG													●												
JÄMMERLICH		●																							
RUHELOS		●																							
RUHELOS NACHTS														●											
SCHÜCHTERN													●												
WEINERLICH											●		●												
KÖRPERLICHE																									
ERKÄLTET SICH IMMER		●					●									●									
BRENNENDE SCHMERZEN, BESSER DURCH HITZE		●																							
KATARRHE IM WECHSEL MIT GELENKSCHMERZEN									●																
WECHSELHAFTE SYMPTOME													●												
FROSTIG		●			●		●								●										
FROSTIG IM FIEBER					●																				
FEUCHTE KÄLTE (VIEL SCHLIMMER DURCH)				●																					
KÄLTESCHAUER WIRBELSÄULE HINAUF UND HINUNTER						●																			
KÄLTEGEFÜHL DURCH BADEN, ÜBERHITZEN																●									
SCHLEICHENDE FROSTIGKEIT										●															
EXTREM (ALLES)		●																							
FEUER (SUCHT SEINE NÄHE)		●																							
LANGANHALTENDE KATARRHE													●												
GERUCHSVERLUST													●												
BEWEGUNG VERSCHLIMMERT			●																						
ÜBEREMPFINDL. GEGEN KÄLTE, BERÜHRUNG, SCHMERZ							●																		
SCHMERZEN SCHLIMMER BEI BEWEGUNGSBEGINN														●											
SCHMERZEN BESSER DURCH DAUERNDE BEWEGUNG														●											
ANFALLSARTIGE ERSCHÖPFUNGSZUSTÄNDE								●																	
STETS WIEDERKEHRENDE ERKÄLTUNGEN				●																					
STILLHATEN (WILL)			●																						
SALZ (HEISSHUNGER AUF ODER ABNEIGUNG GEGEN)											●														
EMPFINDLICH GEGEN ZUGLUFT		●																							
DURST AUF EISKALTE SCHLÜCKCHEN		●																							
ZITTERN										●															
ZITTERN UND SCHWÄCHE						●																			
GEHEN (WILL)										●															
SCHWACH		●													●										
SCHWEREGEFÜHL UND MÜDIGKEIT						●																			

Abgebildet ist hier Arsentrioxid, die Grundsubstanz von Arsenicum album.

Zahnschmerzen

Diese in sich abgeschlossene Tabelle zeigt die **Modalitäten**, die Zahnschmerzen verschlimmern oder bessern. Die Mittelwahl wird in erster Linie anhand dieser Faktoren getroffen. Die Symbole zeigen die Mittel mit der höchsten Entsprechung für die jeweilige Variable auf. Während Ihrer Arbeit mit den Tabellen werden Sie durch die Symbole nach und nach die nichtpassenden Mittel ausklammern und schließlich eine Endauswahl treffen können.

Die Arzneimittelnamen werden in der Tabelle selbst abgekürzt. In der unten stehenden Liste wird der volle Name aufgeschlüsselt.

ARZNEIMITTEL-SCHLÜSSEL

Bry. Bryonia album
Calc.p. Calcarea phosphorica
Cham. Chamomilla
Coff. Coffea cruda
Ign. Ignatia amara
Kreo. Kreosotum
Merc. Mercurius vivus
Puls. Pulsatilla

MITTEL	Bry.	Calc. p.	Cham.	Coff.	Ign.	Kreo.	Merc.	Puls.
SCHMERZHAFTIGKEIT			✿					
BESSER								
ZÄHNE ZUSAMMENBEISSEN				✿	✿			
KALTE GETRÄNKE IM MUND	✿		✿	✿				✿
KALTE LUFT	✿		✿					✿
ESSEN				✿				
NICHTS							✿	
DRUCK					✿			✿
FESTER DRUCK	✿							
GEHEN AN FRISCHER LUFT								✿
WECHSELHAFTE SYMBOLE								✿
GESELLSCHAFT (WILL)								✿
SICH SCHNELL ENTWICKELNDE KARIES						✿		
ZÄHNEKNIRSCHEN				✿				
ZAHNFLEISCH SCHWAMMIG, BLUTEND						✿		
KOPF HEISS			✿					
REIZBAR			✿					
NERVÖS				✿				
GERUCH ÜBELRIECHEND (MUND)							✿	
FAULIG						✿		
SCHMERZEN								
BRENNEND			✿					
ZIEHEND							✿	
STRAHLEN ZUM OHR ODER ZUR SCHLÄFE						✿		
REISSEND UND STECHEND	✿		✿					✿
PERSPIRATION							✿	
ZÄHNE BRÖCKELIG						✿		
ZUNGE BELEGT UND GESCHWOLLEN		✿						
SPEICHELFLUSS							✿	
EMPFINDLICH GEGEN BERÜHRUNG, DRUCK		✿						
GESCHMACK METALLISCH-SÜSS							✿	
FAULIG		✿						
BITTER		✿				✿		
WEINEN								✿
BEIM AUFWACHEN					✿			
SCHLIMMER								
KÄLTE		✿						
KALTE LUFT		✿					✿	
KALTE GETRÄNKE							✿	
ALLES							✿	
HEISSE SPEISEN				✿				
LIEGEN MIT KOPFTIEFLAGERUNG								✿
BEWEGUNG	✿							
NACHTS			✿					
RAUCHEN	✿				✿		✿	
TEE, KAFFEE, WEIN					✿			
WARME SPEISEN			✿					
WARME GETRÄNKE			✿	✿				✿
WARMES ZIMMER			✿					
WÄRME	✿							

Zahnen bei Babys und Kleinkindern

Diese in sich abgeschlossene Tabelle zeigt die **Symptome** und **Modalitäten**, die bei einem zahnenden Kind leicht zu erkennen sind. Die Symbole zeigen die Mittel mit der höchsten Entsprechung für die jeweilige Variable auf. Während Ihrer Arbeit mit den Tabellen werden Sie durch die Symbole nach und nach die nichtpassenden Mittel ausklammern und schließlich eine Endauswahl treffen können.

Die Arzneimittelnamen werden in der Tabelle selbst abgekürzt. In der unten stehenden Liste wird der volle Name aufgeschlüsselt.

MITTEL	Calc. p.	Cham.	Ign.	Merc.	Puls.			
MODALITÄTEN								
BESSER								
ZÄHNEZUSAMMENBEISSEN			x					
KALTE LUFT		x						
KALTES WASSER (IM MUND)		x						
NICHTS				x				
DRUCK			x					
SCHLIMMER								
KAUEN	x							
KÄLTE	x							
KALTE LUFT				x				
KALTE LUFT AN DEN ZÄHNEN	x							
KALTE GETRÄNKE				x				
ALLES				x				
NACHTS		x						
BERÜHRUNG, DRUCK	x							
WARME SPEISEN, GETRÄNKE		x						
WARMES ZIMMER, BETT		x						

Abgebildet ist hier die Feldkamille, die Grundlage für Chamomilla.

MITTEL	Calc. p.	Cham.	Ign.	Merc.	Puls.			
BEISST SICH INNEN AUF DIE WANGE			x					
LAUNENHAFT		x						
DAUERNDES UMHERTRAGEN ERLEICHTERT		x						
KARIES, FRÜH UND SCHNELL	x							
AUFGEBRACHT (WIRD MAN DEM KIND GEGENÜBER)		x						
HEISSER KOPF		x						
GERUCH ÜBELRIECHEND (MUND)				x				
REIZBAR		x						
SCHMERZEN								
ANHALTEND		x						
BRENNEND		x						
ZIEHEND		x						
STECHEND, REISSEND		x			x			
PERSPIRATION								
HERZZERREISSENDES HEULEN UND JAMMERN		x						
ERLEICHTERUNG HÄLT NICH LANGE AN		x						
WEIST EBEN NOCH VERLANGTES ZURÜCK		x						
SPEICHELFLUSS				x				
WÜTENDES SCHREIEN	x							
LANGSAMES ZAHNEN	x							
MITGEFÜHL (EMPFINDET MAN FÜR DAS KIND)					x			
GESCHMACK SÜSS, METALLISCH				x				
GESCHMACK FAUL, BITTER	x							
ZUNGE BELEGT UND GESCHWOLLEN	x							
ZAHNSCHMERZEN BEIM AUFWACHEN			x					
WEINERLICH, JAMMERND, ANHÄNGLICH					x			
WILL GEHALTEN, BERÜHRT WERDEN					x			

ARZNEIMITTEL-SCHLÜSSEL

Calc. p. Calcarea phosphorica
Cham. Chamomilla
Ign. Ignatia amara
Merc. Mercurius vivus
Puls. Pulsatilla

Husten

Diese in sich abgeschlossene Tabelle zeigt die Charakteristika, mit deren Hilfe Sie das für Ihren Fall passende Hustenmittel ausfindig machen können. Da Husten auch ein Symptom anderer Störungen sein kann, sollten Sie auch etwaige Begleitsymptome berücksichtigen. **Ärztliche Hilfe ist in folgenden Fällen unverzüglich zu suchen:** schwere Atemnot; Kurzatmigkeit; giemende, mühsame, schnelle oder flache Atmung; der Patient ist benommen oder verwirrt; starke Brustschmerzen; blauviolette Verfärbung der Lippen, der Zunge oder des Gesichts. Stellen Sie sicher, daß keine Fremdkörper verschluckt oder eingeatmet wurden. Ärztliche Hilfe sollten Sie auch in Anspruch nehmen, wenn der Husten eine Woche oder länger ohne Besserungsanzeichen anhält und von Schwäche, Müdigkeit und Energielosigkeit begleitet ist oder die Atmung mühsam oder schnell mit Keuchen oder Schmerzen einhergeht.

Die Arzneimittelnamen werden in der Tabelle selbst abgekürzt. In der unten stehenden Liste wird der volle Name aufgeschlüsselt.

ARZNEIMITTELSCHLÜSSEL

Acon.	Aconitum napellus
Alli.c.	Allium cepa
Ant. t.	Antimonium tartaricum
Ars.	Arsenicum album
Bell.	Belladonna
Bry.	Bryonia album
Caust.	Causticum
Dros.	Drosera rotundifolia
Dulc.	Dulcamara
Euph.	Euphrasia officinalis
Ferr. p.	Ferrum phosphoricum
Gels.	Gelsemium sempervirens
Hep.	Hepar sulphuris calcareum
Ip.	Ipecacuanha
Kal. bi.	Kalium bichromicum
Kal. c.	Kalium carbonicum
Lach.	Lachesis
Lyc.	Lycopodium clavatum
Merc.	Mercurius vivus
Nat. m.	Natrium muriaticum
Nux v.	Nux vomica
Phos.	Phosphorus
Puls.	Pulsatilla
Rhus t.	Rhus toxicodendron
Rumex.	Rumex crispus
Spong.	Spongia tosta
Sulf.	Sulfur

MITTEL	Acon.	Alli. c.	Ant. t.	Ars.	Bell.	Bry.	Caus.	Dros.	Dulc.	Euph.	Fer. p.	Gels.	Hep.	Ipe.	Kal. bi.	Kal. c.	Lach.	Lyc.	Merc.	Nat. m.	Nux v.	Phos.	Puls.	Rhus. t.	Rumex	Spon.	Sulf.
BADEN (NACH)																								•			•
KÄLTE (SCHLIMMER)				•		•	•		•	•	•	•	•		•	•	•				•	•		•	•	•	•
FEUCHTKALTES WETTER		•	•						•					•	•	•								•			•
TROCKENKALTES WETTER	•						•						•								•	•			•	•	
KALTE SPEISEN		•	•										•						•								
HERPES (BEI)				•			•		•				•	•						•				•		•	•
KRUPPARTIG	•	•		•	•			•				•	•		•		•					•			•	•	
TAGSÜBER					•	•				•	•					•	•	•				•					•
TIEFES ATMEN				•		•		•			•		•		•		•	•	•			•	•		•	•	•
TRINKEN (SCHLIMMER)				•		•		•					•			•	•	•				•					
KALTE GETRÄNKE (SCHLIMMER)				•							•							•	•			•		•		•	
WARME GETRÄNKE (BESSER)				•		•												•			•			•		•	
TROCKEN ABENDS		•		•	•	•							•		•	•	•	•	•	•	•	•	•	•		•	•
TROCKEN MORGENS			•			•	•						•		•	•		•			•			•			•
TROCKEN NACHTS	•			•	•	•		•					•	•		•	•	•	•	•	•	•	•	•		•	•
TROCKENER MUND	•		•	•	•	•	•		•		•	•			•	•	•	•	•	•	•	•	•	•		•	•
ESSEN (SCHLIMMER)			•	•		•					•		•	•	•	•		•			•	•			•	•	•
ANSTRENGUNG (SCHLIMMER)																•		•	•	•	•		•				•
LOCKER		•	•	•		•			•	•	•		•	•		•	•	•	•			•	•				•
BEWEGUNG (SCHLIMMER)				•	•	•				•	•	•			•	•		•	•		•	•			•		
NACHTS (SCHLIMMER)	•			•	•		•	•	•			•	•	•		•	•	•	•	•		•	•	•	•	•	•
AUSBRUCH LANGSAM			•			•	•				•	•														•	
AUSBRUCH PLÖTZLICH	•				•									•													
FRISCHLUFT (BESSER)		•				•		•	•					•									•				•
FRISCHLUFT (SCHLIMMER)	•	•		•						•	•		•			•	•	•				•		•	•		•
SCHMERZEN IN DER BRUST	•				•	•		•		•	•				•	•				•	•	•	•	•	•	•	
SCHMERZEN IM HALS	•	•			•	•							•		•	•	•				•	•	•			•	
ERSTICKUNGSGEFÜHL	•		•	•	•	•	•	•					•	•		•	•				•	•	•			•	•
SPRECHEN (SCHLIMMER)					•		•	•		•	•		•	•			•		•			•			•	•	•
DURSTIG	•			•	•	•			•	•							•		•	•		•		•			•
WÄRME (BESSER)										•			•		•	•					•						
WÄRME (SCHLIMMER)	•	•	•			•		•	•					•									•			•	•

Hals- beschwerden 1

Der erste Teil dieser Tabelle zeigt die **möglichen Ursachen** von Halsbeschwerden und die Formen, in denen sie zum **Ausbruch** kommen können. Die Symbole zeigen die Mittel mit der höchsten Entsprechung für die jeweilige Variable auf. Sobald Sie Ursache und Form des Ausbruchs des Falls, dessen Anamnese Sie gerade erheben, identifiziert und die in Frage kommenden Arzneimittel notiert haben, schlagen Sie auf den folgenden Seiten die übrigen Charakteristika Ihres Falls nach. Stellen Sie auch hier wieder mit Hilfe der Symbole die passenden Mittel fest. Während Ihrer Arbeit mit den Tabellen werden Sie durch die Symbole nach und nach die nichtpassenden Mittel ausklammern und schließlich eine Endauswahl treffen können.

Die Arzneimittelnamen werden in der Tabelle selbst abgekürzt. In der unten stehenden Liste wird der volle Name aufgeschlüsselt.

ARZNEIMITTELSCHLÜSSEL

Acon.	Aconitum napellus	**Gels.**	Gelsemium sempervirens	**Nit. ac.**	Nitricum acidum
Apis	Apis mellifica	**Hep.**	Hepar sulphuris calcareum	**Nux v.**	Nux vomica
Arg. n.	Argentum nitricum	**Lac c.**	Lac caninum	**Phos.**	Phosphorus
Arn.	Arnica montana	**Lach.**	Lachesis	**Phyt.**	Phytolacca decandra
Ars.	Arsenicum album	**Lyc.**	Lycopodium clavatum	**Puls.**	Pulsatilla
Bell.	Belladonna	**Merc.**	Mercurius vivus	**Rhus t.**	Rhus toxicodendron
Bry.	Bryonia album	**Merc. cy.**	Mercurius cyanatus	**Sil.**	Silicea
Carb.v.	Carbo vegetabilis	**Nat. m.**	Natrium muriaticum	**Sulf.**	Sulfur
Cham.	Chamomilla				

MITTEL	Acon.	Arg. n.	Arn.	Apis	Ars.	Bell.	Bry.	Carb. v.	Cham.	Gels.	Hep.	Lac. c.	Lach.	Lyc.	Merc.	Merc. cy.	Nat. m.	Nit. ac.	Nux v.	Phos.	Phyt.	Puls.	Rhus. t.	Sil.	Sulf.
URSACHE – *warum die Symptome auftreten*																									
ÄRGER				●																					
ATMOSPHÄRISCHE VERÄNDERUNGEN																									●
KÄLTE	●					●	●																●	●	
KALTER, TROCKENER WIND	●										●								●						
KÄLTE BEI ÜBERHITZUNG							●																		
WECHSEL VON KALTEM ZU WARMEM ZIMMER													●												
FEUCHTIGKEIT																							●		
ZUGLUFT	●																								
EMOTIONEN				●																					
NASSWERDEN																						●		●	
NASSWERDEN DER FÜSSE																						●			
EIFERSUCHT				●																		●			
ERKÄLTUNG					●				●				●		●										
ÜBERANSTRENGUNG			●																						
ÜBERHITZUNG								●												●					
ÜBERBEANSPRUCHUNG DER STIMME																							●		
UNTERDRÜCKTER SCHWEISS																							●		
WETTERWECHSEL										●										●					●
AUSBRUCH – *wann und wie die Symptome auftreten*																									
ZWISCHEN 10 UND 11 UHR																	●								
ABENDS									●																
NACH EINER REIHE VON ERKÄLTUNGEN																								●	
ERKÄLTET SICH LEICHT					●												●	●	●						
ERKÄLTET SICH LEICHT, WENN VERSCHWITZT																	●								
SCHLEICHENDE ZUSTÄNDE																									●
SCHNELL				●																					
EINIGE TAGE NACH VERKÜHLUNG										●															

Abgebildet ist hier der Sturmhut, die Grundlage für Aconitum napellus.

Halsbeschwerden 2

Dieser Teil der Tabelle zeigt weitere mögliche Formen, in denen Halsbeschwerden zum **Ausbruch** kommen können, **einige eigentümliche Symptome** (die bei der homöopathischen Diagnose eine Schlüsselstellung einnehmen) und **einige Modalitäten**, durch die sich der Patient besser oder schlechter fühlt. Die Symbole zeigen die Mittel mit der höchsten Entsprechung für die jeweilige Variable auf. Sobald Sie die eigentümlichen Symptome und Modalitäten des Falls, dessen Anamnese Sie gerade erheben, identifiziert und die in Frage kommenden Arzneimittel notiert haben, schlagen Sie auf den folgenden Seiten die übrigen Charakteristika Ihres Falls nach. Stellen Sie auch hier wieder mit Hilfe der Symbole die passenden Mittel fest. Während Ihrer Arbeit mit den Tabellen werden Sie durch die Symbole nach und nach die nichtpassenden Mittel ausklammern und schließlich eine Endauswahl treffen können.

Die Arzneimittelnamen werden in der Tabelle selbst abgekürzt. In der unten stehenden Liste wird der volle Name aufgeschlüsselt.

ARZNEIMITTELSCHLÜSSEL

Acon.	Aconitum napellus	**Gels.**	Gelsemium sempervirens	**Nit. ac.**	Nitricum acidum
Apis	Apis mellifica	**Hep.**	Hepar sulphuris calcareum	**Nux v.**	Nux vomica
Arg. n.	Argentum nitricum	**Lac c.**	Lac caninum	**Phos.**	Phosphorus
Arn.	Arnica montana	**Lach.**	Lachesis	**Phyt.**	Phytolacca decandra
Ars.	Arsenicum album	**Lyc.**	Lycopodium clavatum	**Puls.**	Pulsatilla
Bell.	Belladonna	**Merc.**	Mercurius vivus	**Rhus t.**	Rhus toxicodendron
Bry.	Bryonia album	**Merc. cy.**	Mercurius cyanatus	**Sil.**	Silicea
Carb.v.	Carbo vegetabilis	**Nat. m.**	Natrium muriaticum	**Sulfh.**	Sulfur
Cham.	Chamomilla				

MITTEL	Acon.	Arg. n.	Arn.	Apis	Ars.	Bell.	Bry.	Carb. v.	Cham.	Gels.	Hep.	Lac. c.	Lach.	Lyc.	Merc.	Merc. cy.	Nat. m.	Nit. ac.	Nux v.	Phos.	Phyt.	Puls.	Rhus. t.	Sil.	Sulf.
AUSBRUCH (FORTSETZUNG)																									
LANGSAM							✓			✓				✓											
PLÖTZLICH	✓					✓																			
SEHR LANGSAM																								✓	
LOKALISATION																									
WECHSELT DIE SEITEN												✓													
BREITET SICH AUS																									
NACH LINKS												✓	✓												
VON LINKS NACH RECHTS													✓												
ZUR RECHTEN SEITE				✓		✓								✓											
VON RECHTS NACH LINKS				✓										✓											
ZUNGENWURZEL													✓												
STICHE IM OHR																			✓		✓				
ZU DEN OHREN										✓	✓	✓	✓												
EIGENTÜMLICHE – *ungewöhnliche Symptome*																									
SCHMERZ AN ZUNGENBASIS B. ZUNGENHERAUSSTRECKEN																					✓				
BITTERER GESCHMACK	✓																				✓				
BRENNEN BESSER DURCH HITZE					✓																				
KALT, WILL ABER LUFT ZUGEFÄCHELT BEKOMMEN								✓																	
SCHLUCKEN: FESTE NAHRUNG BESSER ALS FLÜSSIGE													✓												
BEI FROSTIGKEIT DURST AUF KALTE GETRÄNKE																	✓								
BERÜHRUNG DER EIGENEN HAUT UNERTRÄGLICH												✓													
UNBEDECKTSEIN: SCHMERZ, HUSTEN SCHLIMMER											✓														
MODALITÄTEN – *was die Halsschmerzen des Patienten bessert oder verschlimmert*																									
SCHLIMMER																									
12 UHR MITTAGS																									
9 UHR									✓																✓
ZWISCHEN 10 UND 11 UHR																	✓								
15 UHR						✓																			
ZWISCHEN 16 UND 20 UHR														✓											
21 UHR							✓																		

ZWISCHEN 21 UHR UND MITTERNACHT									●																
MITTERNACHT																									●
MORGENS													●										●		
ABENDS																				●					
NACHTS						●			●						●						●				●
WETTERWECHSEL					●												●								
KÄLTE					●						●				●			●	●				●		
KALTE LUFT						●								●											
KALTE TAGE																					●				
KALTE GETRÄNKE		●			●	●								●											
ZUDECKEN	●																								
HUSTEN																				●					
ZUGLUFT					●										●				●						
ZUGLUFT (LEICHTESTE)											●														
TRINKEN													●												
ESSEN																				●					
LEERSCHLUCKEN												●	●												
FETT																						●			
HITZE				●			●		●				●		●										●
BETTWÄRME																					●				
HITZE VOR FIEBER																			●						
HITZE (STRAHLUNGS-)				●																					
HEISSE GETRÄNKE				●																					
ERSCHÜTTERUNG			●			●																			
BEWEGUNG			●			●	●																		
BEWEGUNG (ERSTE)																							●		
DRUCK											●														
STICKIGER RAUM																						●			
SCHLUCKEN																					●				
SCHWITZEN															●										
SPRECHEN																				●					
BERÜHRUNG			●			●					●							●							
BERÜHRUNG (LEICHTE)													●												
UNBEDECKTSEIN											●								●						
AUFWACHEN													●												
VON WARMER IN KALTE LUFT																				●					
WARME GETRÄNKE													●								●				
WARMER RAUM	●																								
WÄRME	●	●																				●			
BESSER																									
GETRAGENWERDEN									●																
KÄLTE				●			●																		
KALTE GETRÄNKE				●								●	●												
ANHALTENDE BEWEGUNG																							●		

Halsbeschwerden 3

Dieser Teil der Tabelle zeigt **weitere mögliche Modalitäten** und **einige Empfindungen**, die mit Halsbeschwerden verbunden sein können. Die Symbole zeigen die Mittel mit der höchsten Entsprechung für die jeweilige Variable auf. Sobald Sie die Modalitäten und Empfindungen des Falls, dessen Anamnese Sie gerade erheben, identifiziert und die in Frage kommenden Arzneimittel notiert haben, schlagen Sie auf den folgenden Seiten die übrigen Charakteristika Ihres Falls nach. Stellen Sie auch hier wieder mit Hilfe der Symbole die passenden Mittel fest. Während Ihrer Arbeit mit den Tabellen werden Sie durch die Symbole nach und nach die nichtpassenden Mittel ausklammern und schließlich eine Endauswahl treffen können.

Die Arzneimittelnamen werden in der Tabelle selbst abgekürzt. In der unten stehenden Liste wird der volle Name aufgeschlüsselt.

ARZNEIMITTELSCHLÜSSEL

Acon.	Aconitum napellus	**Gels.**	Gelsemium sempervirens	**Nit. ac.**	Nitricum acidum
Apis	Apis mellifica	**Hep.**	Hepar sulphuris calcareum	**Nux v.**	Nux vomica
Arg. n.	Argentum nitricum			**Phos.**	Phosphorus
Arn.	Arnica montana	**Lac c.**	Lac caninum	**Phyt.**	Phytolacca decandra
Ars.	Arsenicum album	**Lach.**	Lachesis	**Puls.**	Pulsatilla
Bell.	Belladonna	**Lyc.**	Lycopodium clavatum	**Rhus t.**	Rhus toxicodendron
Bry.	Bryonia album	**Merc.**	Mercurius vivus	**Sil.**	Silicea
Carb.v.	Carbo vegetabilis	**Merc. cy.**	Mercurius cyanatus	**Sulf.**	Sulfur
Cham.	Chamomilla	**Nat. m.**	Natrium muriaticum		

MITTEL	Acon.	Arg. n.	Arn.	Apis	Ars.	Bell.	Bry.	Carb. v.	Cham.	Gels.	Hep.	Lac. c.	Lach.	Lyc.	Merc.	Merc. cy.	Nat. m.	Nit. ac.	Nux v.	Phos.	Phyt.	Puls.	Rhus. t.	Sil.	Sulf.
MODALITÄTEN (FORTSETZUNG)																									
BESSER (FORTSETZUNG)																									
FRISCHE LUFT		✽																							
SANFTE BEWEGUNG																						✽			
HITZE					✽						✽												✽		
HITZE (BRENNENDE SCHMERZEN)					✽																				
HITZE MIT FIEBER																			✽						
LIEGEN MIT KOPFHOCHLAGERUNG										✽															
AUFGESTÜTZT LIEGEN										✽															
KÜHLE FRISCHLUFT																						✽			
DRUCK													✽												
SCHWEISS																	✽								
SCHLUCKEN FESTER NAHRUNG													✽												
WARME GETRÄNKE					✽						✽	✽		✽									✽		
EMPFINDUNGEN – *wie sich der Hals und die Schmerzen dort anfühlen*																									
BRENNEN	✽			✽	✽								✽					✽			✽				✽
BRENNEN WIE HEISSE KOHLEN						✽																			
BRENNEN (INTENSIV)						✽														✽					
FROSTIG											✽							✽	✽		✽				
KÄLTESCHAUER DIE WIRBELSÄULE ENTLANG										✽															
ERSTICKUNGSGEFÜHL													✽					✽							
ERSTICKUNGSGEFÜHL DURCH KLEIDUNG AM HALS													✽												
ERSTICKT (ALS OB)	✽											✽													
UMKRAMPFEND						✽																			
KALTE GETRÄNKE (VERLANGEN)		✽																							
KALTE GETRÄNKE (LÖSEN HUSTEN AUS)							✽																		
EINSCHNÜRUNGSGEFÜHL				✽									✽						✽	✽		✽			
EINSCHNÜRUNGSGEFÜHL (SPASMISCH)						✽			✽																
BAUMWOLLE ODER SAMT (GEFÜHL VON)																				✽					
ZUGEDECKT (VERLANGEN)																					✽				
SCHNEIDEND																									✽

ZUGLUFT (EMPFINDLICH GEGEN)																			•						
ZIEHT DEN KOPF HINUNTER																		•							
TROCKEN			•		•	•		•				•		•					•	•					
TROCKEN (WIRKT NASS)															•										
TROCKENE SCHLEIMHÄUTE																	•						•		•
AUSGEDÖRRT							•																		
TROCKENHEIT (GROSSE)	•					•							•		•		•								
SCHLUCKSTÖRUNGEN																		•							
OHREN (SCHMERZEN GEHEN ZU)																		•			•				
FIEBER (HOCH)										•															
NAHRUNG BLEIBT STECKEN																	•								
VOLL WIE ERSTICKT																					•				
HITZE (FROSTIG BEI UNBEDECKTSEIN)																			•						
HAAR (GEFÜHL EINES HAARES)																									•
HARTER HUSTEN					•																				
HEISER								•																	
HUNGER (HEFTIG)																				•					
EMPFINDLICH FÜR BERÜHRUNGSREIZE												•													
AUSGEDÖRRT/RAUH												•													
KEHLKOPF EMPFINDLICH GEGEN KÄLTE																				•					
KEHLKOPF BERÜHRUNGSEMPFINDLICH																				•					
LIMONADE (VERLANGEN)						•																			
KLOSS (GEFÜHL EINES)						•					•		•								•	•			•
KLOSSGEFÜHL (BEIM SCHLUCKEN)														•			•								
SCHLEIM HAT SCHLECHTEN GESCHMACK								•																	
MUND WUND																		•							
MUND TROCKEN																						•			
NICHT KLASSIFIZIERBARE SCHMERZEN							•																		
SCHMERZEN DEHNEN SICH ZUR SPEISERÖHRE AUS																				•					
SCHMERZEN MIT FROST																						•			
BEIM ERSTEN SCHLUCKEN																							•		
STARK	•												•												
SCHMERZHAFT (SEHR)	•																								
PARALYTISCHE SCHWÄCHE															•										
DRÜCKEN																									•
PFLOCKARTIGE SCHMERZEN									•																
KRÄCHZEND					•																				
WUND		•		•		•		•					•	•	•	•		•	•	•					•
RAUH	•	•	•		•														•	•	•	•			•
KRATZEN	•	•			•			•											•			•			•
BERÜHRUNGSEMPFINDLICH											•	•	•												•
STARKE SCHMERZEN									•					•											
SCHAUDERN										•															
HAUT HEISS										•															

Abgebildet ist hier Phosphor, die Grundsubstanz von Phosphorus.

Halsbeschwerden 4

Dieser Teil der Tabelle zeigt **weitere mögliche Empfindungen** sowie **einige Begleitsymptome,** die mit Halsbeschwerden einhergehen können. Die Symbole zeigen die Mittel mit der höchsten Entsprechung für die jeweilige Variable auf. Sobald Sie die Empfindungen und Begleitsymptome des Falls, dessen Anamnese Sie gerade erheben, identifiziert und die in Frage kommenden Arzneimittel notiert haben, schlagen Sie auf den folgenden Seiten die übrigen Charakteristika Ihres Falls nach. Stellen Sie auch hier wieder mit Hilfe der Symbole die passenden Mittel fest. Während Ihrer Arbeit mit den Tabellen werden Sie durch die Symbole nach und nach die nichtpassenden Mittel ausklammern und schließlich eine Endauswahl treffen können.

Die Arzneimittelnamen werden in der Tabelle selbst abgekürzt. In der unten stehenden Liste wird der volle Name aufgeschlüsselt.

ARZNEIMITTELSCHLÜSSEL

Acon.	Aconitum napellus	**Gels.**	Gelsemium sempervirens	**Nit. ac.**	Nitricum acidum
Apis	Apis mellifica	**Hep.**	Hepar sulphuris calcareum	**Nux v.**	Nux vomica
Arg. n.	Argentum nitricum	**Lac c.**	Lac caninum	**Phos.**	Phosphorus
Arn.	Arnica montana	**Lach.**	Lachesis	**Phyt.**	Phytolacca decandra
Ars.	Arsenicum album	**Lyc.**	Lycopodium clavatum	**Puls.**	Pulsatilla
Bell.	Belladonna	**Merc.**	Mercurius vivus	**Rhus t.**	Rhus toxicodendron
Bry.	Bryonia album	**Merc. cy.**	Mercurius cyanatus	**Sil.**	Silicea
Carb.v.	Carbo vegetabilis	**Nat. m.**	Natrium muriaticum	**Sulf.**	Sulfur
Cham.	Chamomilla				

MITTEL	Acon.	Arg. n.	Arn.	Apis	Ars.	Bell.	Bry.	Carb. v.	Cham.	Gels.	Hep.	Lac. c.	Lach.	Lyc.	Merc.	Merc. cy.	Nat. m.	Nit. ac.	Nux v.	Phos.	Phyt.	Puls.	Rhus. t.	Sil.	Sulf.
EMPFINDUNGEN (FORTSETZUNG)																									
BRENNENDER, STECHENDER SCHMERZ	x							x							x						x				
ENTZÜNDET		x	x	x		x		x	x	x		x		x	x	x		x	x	x	x		x		
ENTZÜNDET BEI JEDER ERKÄLTUNG															x										
ENTZÜNDUNG ENTWICKELT SICH ALLMÄHLICH										x															
ETWAS SITZT FEST (GEFÜHL ALS OB)											x							x							
KRÄMPFE IM HALS	x					x			x																x
SPLITTER (GEFÜHL VON)											x														
SPLITTERSCHMERZEN		x		x								x	x				x	x			x			x	x
STECHENDE SCHMERZEN				x														x				x			
BEIM SCHLUCKEN																								x	
STARK															x										
STECHEN																	x								x
STECHEN BEIM SCHLUCKEN														x						x					
STRANGULIERTES GEFÜHL		x																							
SCHLUCKEN (KANN NICHT)	x							x																	
VERLANGEN DANACH													x								x				
SCHWIERIG													x		x										x
UNMÖGLICH												x													
SCHMERZEN SCHLIMMER																						x			
SCHMERZHAFT	x					x					x		x		x			x							x
SCHWELLUNG											x														
SCHWELLUNG (GEFÜHL)								x															x		x
GESCHMACK SCHLECHT																						x			
GESCHMACK SÜSS, SALZIG, METALLISCH, FAULIG															x										
SCHMECKT BITTER (ALLES)	x																								
REISSEN	x																								
SPANNUNG																			x						
DURST AUF HÄUFIGE SCHLÜCKCHEN					x																				
AUF GROSSE MENGEN							x																		

AUF KALTES									●								●			●			●		
AUF EISKALTES WASSER					●																				
HEFTIG																							●		
GROSS	●						●	●																	
UND TROCKENHEIT (GROSS)																				●					
WÄHREND DES FROSTGEFÜHLS			●																						
DURSTIG			●												●										●
DURSTLOSIGKEIT				●		●							●					●				●			
KLOPFEN						●					●														
KITZELN																						●			
KITZELNDER HUSTEN																			●						
BEENGUNG																			●						
KRIBBELN	●																								
ZUNGE (SCHMERZ IN DER -WURZEL)																					●				
SCHMERZEN BEIM HERAUSSTRECKEN																					●				
GESCHWOLLEN																									
GESCHWÜRE STECHEN UND BRENNEN															●										
BEGLEITSYMPTOME – *andere die Halsbeschwerden begleitende Symptome*																									
APPETIT SCHLECHT									●																
BETT FÜHLT SICH HART AN			●																						
KÖRPER KALT			●																						
KÖRPER SEHR SCHMERZHAFT			●																						
BLUTUNG								●																	
ATEM KALT								●																	
KLOPFENDE HALSSCHLAGADER						●																			●
KATARRHALISCHE ZUSTÄNDE																									
KATARRH (REICHLICH)		●									●														
KÄSIGER GERUCH											●													●	
CHRONISCH																						●		●	
IM HALS																									
FROSTIGKEIT IM FIEBER					●																				
ERSTICKUNGSGEFÜHL													●												
KÄLTE								●																	
VERSTOPFUNG																			●						
SCHNUPFEN WEISS						●																			
MIT NIESEN					●							●													
DÜNN TAGSÜBER																			●	●					
HUSTEN (UNTERDRÜCKT)																									
HUSTEN (KITZELND UND HART)					●																				
DELIRIUM MIT GLIEDERHÜPFEN						●																			
VERDAUUNGSSTÖRUNGEN																			●						
SODBRENNEN																			●						
ABSONDERUNGEN (MILD)																						●			

Abgebildet ist hier die giftige Brechnuß, die Grundlage für Nux vomica.

Halsbeschwerden 5

Dieser Teil der Tabelle zeigt **weitere mögliche Begleitsymptome,** die mit Halsbeschwerden einhergehen können. Die Symbole zeigen die Mittel mit der höchsten Entsprechung für die jeweilige Variable auf. Sobald Sie die Begleitsymptome des Falls, dessen Anamnese Sie gerade erheben, identifiziert und die in Frage kommenden Arzneimittel notiert haben, schlagen Sie auf den folgenden Seiten die übrigen Charakteristika Ihres Falls nach. Stellen Sie auch hier wieder mit Hilfe der Symbole die passenden Mittel fest. Während Ihrer Arbeit mit den Tabellen werden Sie durch die Symbole nach und nach die nichtpassenden Mittel ausklammern und schließlich eine Endauswahl treffen können.

Die Arzneimittelnamen werden in der Tabelle selbst abgekürzt. In der unten stehenden Liste wird der volle Name aufgeschlüsselt.

ARZNEIMITTELSCHLÜSSEL

Acon.	Aconitum napellus	**Gels.**	Gelsemium sempervirens	**Nit. ac.**	Nitricum acidum
Apis	Apis mellifica	**Hep.**	Hepar sulphuris calcareum	**Nux v.**	Nux vomica
Arg. n.	Argentum nitricum	**Lac c.**	Lac caninum	**Phos.**	Phosphorus
Arn.	Arnica montana	**Lach.**	Lachesis	**Phyt.**	Phytolacca decandra
Ars.	Arsenicum album	**Lyc.**	Lycopodium clavatum	**Puls.**	Pulsatilla
Bell.	Belladonna	**Merc.**	Mercurius vivus	**Rhus t.**	Rhus toxicodendron
Bry.	Bryonia album	**Merc. cy.**	Mercurius cyanatus	**Sil.**	Silicea
Carb. v.	Carbo vegetabilis	**Nat. m.**	Natrium muriaticum	**Sulf.**	Sulfur
Cham.	Chamomilla				

MITTEL	Acon.	Arg. n.	Arn.	Apis	Ars.	Bell.	Bry.	Carb. v.	Cham.	Gels.	Hep.	Lac c.	Lach.	Lyc.	Merc.	Merc. cy.	Nat. m.	Nit. ac.	Nux v.	Phos.	Phyt.	Puls.	Rhus t.	Sil.	Sulf.
BEGLEITSYMPTOME (FORTSETZUNG)																									
PROFUS																						•			
GELBGRÜN							•															•			
TROCKENHEIT															•										
GESICHT ROT, MIT BLUTANDRANG	•					•																			
SPÄTER SCHWÄRZLICH						•																			
PURPURFARBEN, MIT BLUTANDRANG													•												
GESICHTSRÖTE																						•			
SEHR ROT BEI FIEBER																			•						
FIEBER (HOCH)						•				•															
HEFTIG, HOCH	•																								
MIT KALTEN EXTREMITÄTEN										•														•	
ABENDS UND NACHTS								•																	
MIT FROST, SCHLIMMER HITZE				•																					
ESSEN UND TRINKEN WERDEN HOCHGEWÜRGT												•		•											
FAULIGER GERUCH																		•							
DRÜSEN VERGRÖSSERT, SCHMERZHAFT						•																		•	
GESCHWOLLEN									•				•		•						•		•		
HART																					•				
KOPF HEISS			•			•																			
MIT BLUTANDRANG														•											
BESSER KÜHL UND UNBEDECKT														•											
HITZE (-WALLUNGEN)																								•	
KOPFSCHMERZEN						•																			
GEHEN BESCHWERDEN VORAUS, BEGLEITEN SIE							•																		
BERSTEND, MIT BLUTANDRANG							•																		
ENTZÜNDUNG (NICHT STARK AUSGEPRÄGT)																					•				
STARK AUSGEPRÄGT	•																								
LARYNGITIS MIT HEISERKEIT																				•					
ZU SCHMERZHAFT, UM ZU SPRECHEN																				•					

GLIEDMASSEN KALT						✿																			
MUND WUND, BLUTEND																				✿					
ÜBELRIECHEND															✿										
SCHLEIM (DICK, ZÄH)																					✿				
DICK IM HALS		✿																✿							
AUSRÄUSPERN						✿																			
MUSKELSCHWÄCHE										✿															
NASENABSONDERUNG REICHLICH, WÄSSRIG								✿																	
DICK GELB, GRÜN ÜBELRIECHEND															✿										
NACKENSTEIFIGKEIT																							✿		
GESCHWOLLEN																							✿		
MUSKELN ENTZÜNDET, SCHMERZHAFT													✿												
NASE VERSTOPFT														✿											
KÖRPERÖFFNUNGEN ROT																									✿
BLÄSSE								✿																	
PARALYSE												✿													
PARALYSE DES RACHENS													✿												
OHRSPEICHELDRÜSE GESCHWOLLEN																								✿	
PERSPIRATION NACHTS											✿														
PERSPIRATION IM WECHSEL MIT TROCKENER HAUT				✿																					
PUPILLEN ERWEITERT						✿																			
PERITONSILLARABSZESS											✿				✿									✿	
HAUTAUSSCHLAG (TROCKEN, RAUH)				✿																					
RÖTE	✿								✿																
RUHELOSIGKEIT			✿																						
SPEICHEL SCHARF																		✿							
PROFUS															✿										
FADENARTIG, KLEBRIG													✿												
SÜSS, SALZIG, FAULIG																				✿					
HAUT KALT								✿																	
HAUT TROCKEN				✿																					
NIESEN (VIEL)					✿	✿																			
DURCH JUCKREIZ																			✿						
EITERBILDUNG															✿									✿	
VON RECHTS NACH LINKS													✿												
SCHWEISS (KOPF UND NACKEN)																								✿	
SCHWEISS (KALT)								✿																	
SCHWITZEN IM WARMEN ZIMMER								✿																	
SCHWITZEN (AUSGEPRÄGT)															✿										
DURSTLOS				✿																					
MÜDE MIT SCHWEREGEFÜHL										✿															
HALS BLUTET LEICHT					✿																				
BLÄULICHROT													✿								✿	✿			
DUNKELROT		✿																			✿				

Abgebildet ist hier die Tollkirsche, die Grundlage für Belladonna.

Hals-beschwerden 6

Dieser Teil der Tabelle zeigt **weitere mögliche Begleitsymptome** sowie **allgemeine psychische Symptome**, die mit Halsbeschwerden einhergehen können. Die Symbole zeigen die Mittel mit der höchsten Entsprechung für die jeweilige Variable auf. Sobald Sie die Begleitsymptome und allgemeinen psychischen Symptome des Falls, dessen Anamnese Sie gerade erheben, identifiziert und die in Frage kommenden Arzneimittel notiert haben, schlagen Sie auf den folgenden Seiten die übrigen Charakteristika Ihres Falls nach. Stellen Sie auch hier wieder mit Hilfe der Symbole die passenden Mittel fest. Während Ihrer Arbeit mit den Tabellen werden Sie durch die Symbole nach und nach die nichtpassenden Mittel ausklammern und schließlich eine Endauswahl treffen können.

Die Arzneimittelnamen werden in der Tabelle selbst abgekürzt. In der unten stehenden Liste wird der volle Name aufgeschlüsselt.

ARZNEIMITTELSCHLÜSSEL

Acon.	Aconitum napellus	**Hep.**	Hepar sulphuris calcareum	**Nux v.**	Nux vomica
Apis	Apis mellifica	**Lac c.**	Lac caninum	**Phos.**	Phosphorus
Arg. n.	Argentum nitricum	**Lach.**	Lachesis	**Phyt.**	Phytolacca decandra
Arn.	Arnica montana	**Lyc.**	Lycopodium clavatum	**Puls.**	Pulsatilla
Ars.	Arsenicum album	**Merc.**	Mercurius vivus	**Rhus t.**	Rhus toxicodendron
Bell.	Belladonna	**Merc. cy.**	Mercurius cyanatus	**Sil.**	Silicea
Bry.	Bryonia album	**Nat. m.**	Natrium muriaticum	**Sulf.**	Sulfur
Carb. v.	Carbo vegetabilis	**Nit. ac.**	Nitricum acidum		
Cham.	Chamomilla				
Gels.	Gelsemium sempervirens				

MITTEL	Acon.	Arg. n.	Arn.	Apis	Ars.	Bell.	Bry.	Carb. v.	Cham.	Gels.	Hep.	Lac. c.	Lach.	Lyc.	Merc.	Merc. cy.	Nat. m.	Nit. ac.	Nux v.	Phos.	Phyt.	Puls.	Rhus. t.	Sil.	Sulf.
BEGLEITSYMPTOME (FORTSETZUNG)																									
FÜHLT SICH GESCHWOLLEN AN													•												
STELLENWEISE ROH																•									
ROT UND BLASS															•										
ROT, SCHRUMPELIG					•																				
ROT UND GESCHWOLLEN						•																			
PURPURN													•												
GESCHWÜRIG		•			•																•				
GESCHWOLLEN		•		•							•		•		•						•				
ZUNGE TROCKEN																							•		
BELEGT							•														•	•	•		
SCHWAMMIG															•										
ERDBEERFARBEN						•																			
ROTES DREIECK AN DER ZUNGENSPITZE																							•		
GESCHWOLLEN				•										•											
DICK, GELB, FEUCHT															•										
WEISS							•																		
MANDELN SCHWARZ-PURPUR											•														•
ROT						•				•															
ROT, GESCHWOLLEN						•																			
SCHLIMMER RECHTS						•																			
GESCHWOLLEN				•							•							•		•	•				•
EITERBILDUNG											•														•
GELBE FLECKEN																		•							
GESCHWÜRBILDUNG				•																	•				•
GESCHWÜRE (APHTHÖS)						•	•	•					•												
BLUTUNG						•											•								
DUNKEL, FAULIG																	•								
TIEF													•												
TROCKEN, GLÄNZEND												•													
SPECKIGE BASIS															•										

DURCHSICKERNDES SCHWARZES BLUT								●																	
STECKNADELKOPF						●																			
AUSGEFRANST, ZACKIG																	●								
ROTGRAU													●												
WEISS																	●								
URIN SPÄRLICH				●																					
SCHARFER GERUCH																	●								
ZÄPFCHEN GESCHWOLLEN				●														●		●					
ÖDEM				●																					
VENEN GEWEITET																						●			
STIMMVERLUST		●																							
ALLGEMEINE SYMPTOME, *die den ganzen Körper betreffen*																									
PSYCHISCHE																									
ALLEINSEIN (WILL)			●				●																		
(KANN ER NICHT ERTRAGEN)												●													
ANGST	●				●																		●		
LEICHT VERÄRGERT											●														
LAUNENHAFT									●																
ANHÄNGLICH																						●			
FURCHT	●																								
SANFT																						●			
HYSTERISCH												●													
IMPULSIV		●																							
REIZBAR							●		●		●								●				●		
NACHGIEBIG																						●			
NERVÖS		●																							
ALPTRÄUME			●																						
NICHTS GEFÄLLT									●																
SCHNELL BELEIDIGT																	●								
ÜBEREMPFINDLICH																			●						
FRIEDEN/EINTRACHT (WILL)							●																		
RUHELOSIGKEIT	●				●																				
SAGT, ES FEHLE IHM NICHTS			●																						
SIEHT SPINNEN, SCHLANGEN, UNGEZIEFER												●													
EMPFINDLICH												●					●								
REDEN (WILL NICHT)			●				●																		
TRÄNENREICH																						●			
GLAUBT, EINE SCHRECKLICHE KRANKHEIT ZU HABEN												●													
QUÄLENDE GEDANKEN												●													
LEICHT GEKRÄNKT											●														
NICHT KONTROLLIERBARE ÜBELLAUNIGKEIT									●																
VERLANGT AUFHEBENS UM SEINE PERSON UND HILFE																						●			
RÜHRSELIG																							●		

Abgebildet ist hier Steinsalz, die Grundsubstanz von Natrium muriaticum.

Hals-beschwerden 7

Dieser Teil der Tabelle zeigt **weitere mögliche allgemeine psychische und körperliche Symptome**, die mit Halsbeschwerden einhergehen können. Die Symbole zeigen die Mittel mit der höchsten Entsprechung für die jeweilige Variable auf. Anhand des gesammelten Datenmaterials sollten Sie jetzt eine Endauswahl mit dem für Ihren Fall passendsten Mittel treffen können.

Die Arzneimittelnamen werden in der Tabelle selbst abgekürzt. In der unten stehenden Liste wird der volle Name aufgeschlüsselt.

ARZNEIMITTELSCHLÜSSEL

Acon.	Aconitum napellus
Apis	Apis mellifica
Arg. n.	Argentum nitricum
Arn.	Arnica montana
Ars.	Arsenicum album
Bell.	Belladonna
Bry.	Bryonia album
Carb.v.	Carbo vegetabilis
Cham.	Chamomilla
Gels.	Gelsemium sempervirens
Hep.	Hepar sulphuris calcareum
Lac c.	Lac caninum
Lach.	Lachesis
Lyc.	Lycopodium clavatum
Merc.	Mercurius vivus
Merc. cy.	Mercurius cyanatus
Nat. m.	Natrium muriaticum
Nit. ac.	Nitricum acidum
Nux v.	Nux vomica
Phos.	Phosphorus
Phyt.	Phytolacca decandra
Puls.	Pulsatilla
Rhus t.	Rhus toxicodendron
Sil.	Silicea
Sulf.	Sulfur

MITTEL	Acon.	Arg. n.	Arn.	Apis	Ars.	Bell.	Bry.	Carb. v.	Cham.	Gels.	Hep.	Lac. c.	Lach.	Lyc.	Merc.	Merc. cy.	Nat. m.	Nit. ac.	Nux v.	Phos.	Phyt.	Puls.	Rhus. t.	Sil.	Sulf.
ALLGEMEINE SYMPTOME (FORTSETZUNG)																									
KÖRPERLICHE																									
ALLGEMEINE SCHMERZHAFTIGKEIT IM KÖRPER																					✿		✿		
BRUSTBESCHWERDEN																					✿				
WECHSELHAFTE SYMPTOME																						✿			
BRUST (GEHT ZUR)					✿																				
FROSTIG					✿													✿	✿					✿	
FROSTIG, SCHLIMMER DURCH ZUGLUFT																								✿	
ERSTICKUNGSGEFÜHL BEIM AUFWACHEN													✿												
BEIM EINSCHLAFEN													✿												
KALTES ZIMMER UND KALTE LUFT (VERLANGEN)		✿																							
EINSCHNÜRUNGSGEFÜHL					✿																				
SCHNUPFEN (STETS WIEDERKEHREND)																		✿							
HUSTEN TROCKEN, HACKEND					✿																				
KRÄMPFE UND ZIEHENDE SCHMERZEN																					✿				
GESICHTSRÖTE				✿																					
GESICHTSRÖTE (NACH WEIN)								✿																	
FETT (LIEBT)																		✿							
GUTES FOLGEMITTEL NACH PULSATILLA																								✿	
FRISCHE LUFT (VERLANGEN)														✿											
INTENSIVE UND HEFTIGE SYMPTOME	✿																								
LETHARGIE																									✿
SCHLEICHENDE HALSENTZÜNDUNG																									✿
ATEM, SCHWEISS, ABSONDERUNGEN ÜBELRIECHEND																									✿
GERÜCHE															✿	✿									
ÜBERHITZT LEICHT																								✿	
ÜBERHITZUNG LÖST DIE BESCHWERDEN AUS								✿																	
ENTWICKLUNG UND AUSBRUCH SCHNELL						✿																			
ENTKRÄFTET					✿																				
RUHELOS																									
RUHELOSIGKEIT MACHT SCHMERZEN SCHLIMMER																									
SALZ (VERLANGEN)																		✿							

SCHARLACHFIEBER				•																					
EMPFINDLICH GEGEN SCHMERZEN									•																
HITZE															•	•					•				
KÄLTE															•	•					•				
SINNE ÜBEREMPFINDLICH											•														
BEKLOMMENHEIT					•																				
SCHMERZHAFTIGKEIT, KOPF UND NACKEN HINUNTER													•												
SPASMEN																									
STEHEN (ABNEIGUNG)																									
AUFFAHREN UND CHOREA BEI HOHEM FIEBER						•																			
STUPOR BEI FIEBER							•																		
ERSTICKUNGSGEFÜHL IM WARMEN ZIMMER																									
DURCH HITZE				•																	•				
BLUTWALLUNGEN													•												•
SÜSSES (VERLANGEN)		•																							
ERKÄLTET SICH LEICHT BEIM SCHWITZEN																	•								
HALS (ERKÄLTUNGEN SETZEN SICH DORT FEST)																								•	
MANDELN CHRONISCH VERGRÖSSERT											•														
ZITTERN															•	•									
ROBUSTE GESUNDHEIT, WENN NICHT KRANK	•																								
SCHWÄCHE															•	•									
SCHWÄCHE (UNVERHÄLTNISMÄSSIG GROSS)					•																			•	
SCHWEREGEFÜHL UND MÜDIGKEIT										•															
MITTEL IM VERGLEICH																									
NICHT FÜR SCHLEICHENDE ZUSTÄNDE	•					•																			
NICHT SEHR KRANK														•											
NICHT IM KRANKHEITSFRÜHSTADIUM EINSETZEN											•				•	•									
MITTELGABE NICHT ZU OFT WIEDERHOLEN															•	•									

Abgebildet ist hier Arsentrioxid, die Grundsubstanz von Arsenicum album.

WANN DER ARZT EINZUSCHALTEN IST

Unverzüglich – hier tut Eile not!

- Wenn der Hals so stark geschwollen ist, daß Atemnot besteht.
- Wenn die Schmerzen sehr stark sind und von Schluckbeschwerden und viel Sabbern begleitet sind.
- Bei Masern, wenn aus dem Mund geblutet wird.

Innerhalb von 24 Stunden

- Bei ungewöhnlicher und stark ausgeprägter Schwellung um die Mandeln herum, ein- oder beidseitig.
- Beim kleinen Kind bei starker Halsentzündung, die ohne Zeichen auf Besserung mehr als einen bis zwei Tage bestehen bleibt.
- Wenn in der Vergangenheit bereits einmal rheumatisches Fieber vorgelegen hat.

Bauch-beschwerden 1

Der erste Teil dieser Tabelle zeigt die **möglichen Ursachen** von Bauchbeschwerden, die Formen, in denen sie zum **Ausbruch** kommen können, und **einige Empfindungen**, die damit verbunden sein können. Die Symbole zeigen die Mittel mit der höchsten Entsprechung für die jeweilige Variable auf. Sobald Sie Ursache und Form des Ausbruchs sowie verschiedene Empfindungen des Falls, dessen Anamnese Sie gerade erheben, identifiziert und die in Frage kommenden Arzneimittel notiert haben, schlagen Sie auf den folgenden Seiten die übrigen Charakteristika Ihres Falls nach. Stellen Sie auch hier wieder mit Hilfe der Symbole die passenden Mittel fest. Während Ihrer Arbeit mit den Tabellen werden Sie durch die Symbole nach und nach die nichtpassenden Mittel ausklammern und schließlich eine Endauswahl treffen können.

Die Arzneimittelnamen werden in der Tabelle selbst abgekürzt. In der unten stehenden Liste wird der volle Name aufgeschlüsselt.

ARZNEIMITTELSCHLÜSSEL

Acon.	Aconitum napellus	**Coloc.**	Colocynthis	**Phos.**	Phosphorus
Ant. c.	Antimonium crudum	**Dios.**	Dioscorea villosa	**Pod.**	Podophyllum
Ant. t.	Antimonium tartaricum	**Dulc.**	Dulcamara	**Puls.**	Pulsatilla
Ars.	Arsenicum album	**Gels.**	Gelsemium sempervirens	**Sep.**	Sepia
Bell.	Belladonna	**Ip.**	Ipecacuanha	**Sil.**	Silicea
Bry.	Bryonia album	**Lyc.**	Lycopodium clavatum	**Sulf.**	Sulfur
Carb. v.	Carbo vegetabilis	**Mag.p.**	Magnesium phosphoricum	**Verat.**	Veratrum album
Cham.	Chamomilla	**Nat.s.**	Natrium sulfuricum		
China	Cinchona officinalis	**Nux v.**	Nux vomica		

MITTEL	Acon.	Ant. c.	Ant. t.	Bell.	Bry.	China	Coloc.	Dulc.	Gels.	Ip.	Lyc.	Mag. p.	Nat. s.	Nux v.	Phos.	Pod.	Puls.	Sep.	Sil.	Sulf.	Verat.
URSACHE – *warum die Symptome auftreten*																					
ÄRGER							✿														
VORAHNUNGEN									✿												
FROST				✿																	
KÄLTE					✿							✿									
FEUCHTE KÄLTE								✿				✿									
KALTE GETRÄNKE BEI ÜBERHITZUNG					✿																
KÄLTE BEI HEISSEM WETTER	✿																				
KÄLTE, WENN ERHITZT								✿													
TRINKEN, WENN ÜBERHITZT							✿														
EMOTIONALE AUFREGUNG									✿												
EXZESSIVER GENUSS VON STIMULANZIEN														✿							
ESSEN VON UNBEKÖMMLICHEN		✿																			
GEHEN VON HEISS ZU KALT								✿													
ENTRÜSTUNG							✿														
ÜBERESSEN					✿					✿				✿					✿		
ÜBERARBEITEN														✿							
SCHWANGERSCHAFT										✿								✿			
SCHWERES ESSEN							✿			✿							✿				
MEERESFRÜCHTE											✿										
SAURE SPEISEN, OBST, WEIN		✿	✿																		
STÜRMISCHES WETTER															✿						
UNTERDRÜCKTE GEFÜHLE										✿											
BELEIDIGT SEIN							✿														
NASSES WETTER													✿								
AUSBRUCH – *wann und wie die Symptome auftreten*																					
NACHTS (DURCHFALL)						✿															
SCHNELL			✿							✿											
PLÖTZLICH	✿																				
PLÖTZLICHE SCHMERZEN															✿						
SOMMER (DURCHFALL)		✿																	✿		

MITTEL	Acon.	Ant. c.	Ant. t.	Ars.	Bell.	Bry.	Carb. v.	Cham.	China	Coloc.	Dios.	Dulc.	Ip.	Lyc.	Mag. p.	Nat. s.	Nux v.	Phos.	Pod.	Puls.	Sep.	Sil.	Sulf.	Verat.
EMPFINDUNGEN – *wie sich der Bauch und die Schmerzen im Bauch anfühlen*																								
SAURES (VERLANGEN DANACH, DANN BESSER)		●																						
ALLGEMEINSCHWÄCHE																			●					
QUÄLENDE SCHMERZEN				●																				
ANUS WUND							●																	
STARKES KRÜMMEN																	●							●
AUFSTOSSEN							●							●										
AUFSTOSSEN ERLEICHTERT NICHT									●															
AUFGETRIEBEN									●											●				
EINGEWEIDE SCHMERZHAFT									●															
KALTES, SAURES (ERST VERLANGEN, DANN ERBRECHEN)			●																					
KOLIK	●		●		●			●		●	●	●	●		●		●			●		●		
ALS WOLLTE DURCHFALL AUFTRETEN												●												
BEI SÄUGLINGEN								●							●									
NICHT BESSER DURCH STUHLGANG											●													
HEFTIG					●					●														
MIT ÜBELKEIT UND GRÜNEM STUHL													●											
OHNE WINDE																							●	
STAUUNGSZUSTAND																							●	
KRÄMPFE															●									
INTENSIV															●									
AUFTREIBUNG			●	●	●	●	●		●					●	●	●	●	●			●			
AUFTREIBUNG NACH ESSEN								●						●										
ZUSAMMENKRÜMMEN								●											●					
ESSEN (SCHLIMMER NACH)						●																	●	
ESSEN (NICHT BESSER VOR)																					●			
ISST VIEL																							●	
LEEREGEFÜHL																		●	●		●			
AUFSTOSSEN (DAUERND, LAUT)									●															
IN OHNMACHT FALLEN																					●			●
FLATULENZ	●		●				●			●				●	●	●	●				●	●	●	
GROSSE											●				●									
VÖLLEGEFÜHL							●							●		●								
HUNGER																		●					●	
TRITT UND SCHREIT (KIND)								●																
EKEL VOR SPEISEN, GETRÄNKEN		●																						
LOCKERT KLEIDUNG														●										
MUND TROCKEN (DURSTLOSIGKEIT)																				●				
MUND TROCKEN UND BITTER											●													
LAUTES DARMKOLLERN														●										

Abgebildet ist hier die Echte Zitrulle, die Grundlage für Colocynthis.

Bauchbeschwerden 2

Dieser Teil der Tabelle zeigt **weitere mögliche Empfindungen**, die mit Bauchbeschwerden verbunden sein können. Die Symbole zeigen die Mittel mit der höchsten Entsprechung für die jeweilige Variable auf. Sobald Sie die Empfindungen des Falls, dessen Anamnese Sie gerade erheben, identifiziert und die in Frage kommenden Arzneimittel notiert haben, schlagen Sie auf den folgenden Seiten die übrigen Charakteristika Ihres Falls nach. Stellen Sie auch hier wieder mit Hilfe der Symbole die passenden Mittel fest. Während Ihrer Arbeit mit den Tabellen werden Sie durch die Symbole nach und nach die nichtpassenden Mittel ausklammern und schließlich eine Endauswahl treffen können.

Die Arzneimittelnamen werden in der Tabelle selbst abgekürzt. In der unten stehenden Liste wird der volle Name aufgeschlüsselt.

ARZNEIMITTELSCHLÜSSEL

Acon.	Aconitum napellus	**Coloc.**	Colocynthis	**Phos.**	Phosphorus
Ant. c.	Antimonium crudum	**Dios.**	Dioscorea villosa	**Pod.**	Podophyllum
Ant. t.	Antimonium tartaricum	**Dulc.**	Dulcamara	**Puls.**	Pulsatilla
Ars.	Arsenicum album	**Gels.**	Gelsemium sempervirens	**Sep.**	Sepia
Bell.	Belladonna	**Ip.**	Ipecacuanha	**Sil.**	Silicea
Bry.	Bryonia album	**Lyc.**	Lycopodium clavatum	**Sulf.**	Sulfur
Carb. v.	Carbo vegetabilis	**Mag.p.**	Magnesium phosphoricum	**Verat.**	Veratrum album
Cham.	Chamomilla	**Nat.s.**	Natrium sulfuricum		
China	Cinchona officinalis	**Nux v.**	Nux vomica		

MITTEL	Acon.	Ant. c.	Ant. t.	Ars.	Bell.	Bry.	Carb. v.	Cham.	China	Coloc.	Dios.	Dulc.	Ip.	Lyc.	Mag. p.	Nat. s.	Nux v.	Phos.	Pod.	Puls.	Sep.	Sil.	Sulf.	Verat.
EMPFINDUNGEN (FORTSETZUNG)																								
SCHMERZEN																								
QUÄLEND										✿														
ÜBERWÄLTIGEND																					✿			
BRENNEND	✿	✿		✿	✿	✿	✿	✿						✿				✿			✿		✿	✿
BRENNEND (BESSER DURCH HITZE)				✿																				
WECHSELHAFT																				✿				
KNEIFEND										✿														
KOMMEN UND GEHEN											✿													
EINSCHNÜREND							✿																	
KRAMPFIG							✿			✿									✿					
SCHNEIDEND			✿					✿			✿	✿			✿		✿			✿				
ZIEHEND																				✿				
HÄUFIG											✿													
HIN UND HER FLITZEND																				✿				
NAGEND														✿										
GREIFEND										✿														
KOLIKARTIG					✿			✿			✿		✿		✿									✿
KNEIFEND, ZWICKEND															✿									
KRAMPFANFÄLLE										✿														
AUSSTRAHLEND															✿									
ZU ENTFERNTEN KÖRPERREGIONEN AUSSTRAHLEND											✿													
AN ANDEREN STELLEN WIEDER AUFTAUCHEND											✿													
BERSTEND																	✿							
SCHARF													✿											
SCHIESSEND	✿										✿						✿							
STECHEND				✿		✿															✿			
REISSEND										✿							✿	✿						✿
WINDEND												✿												✿
HEFTIG				✿																				

VOM WIND																x									
ABGEHEN VON BLÄHUNGEN (BESSERT)										x															
DRUCKSCHMERZ																	x	x							
DRUCK UND SCHWEREGEFÜHL														x											
MASTDARM WUND/SCHMERZHAFT																			x						
PROLABIERT																			x						
VON DORT/-HIN SCHIESSENDE SCHMERZEN																	x								
VON DORT N. OBEN SCHIESSENDE SCHMERZEN																	x								
RUHELOS															x										
RUMPELN											x					x			x	x	x				
RUMPELN UND GURGELN																x									
RUMPELN GEHT DEM STUHLGANG VORAUS																			x						
SCHULTERBLATT (SCHMERZEN DAZWISCHEN)													x												
SCHMERZHAFTIGKEIT						x																	x		
SCHMERZHAFTIGKEIT DURCH DRUCK																						x			
SPASMEN IM MAGEN															x										
MAGEN																									
ANGSTGEFÜHL IM			x																						
ALS WOLLTE ER ZERBERSTEN						x																			
IN UNORDNUNG						x	x																		
AUFGETRIEBEN		x											x												
ÜBERLASTET		x																							
BERÜHRUNGSEMPFINDLICH				x		x																			
DRUCKEMPFINDLICH						x																			
SCHWÄCHEGEFÜHL																								x	
KLOSSGEFÜHL		x																							
SAUER							x																		
MAGENDRUCK	x					x																			
SCHWEREGEFÜHL IM MAGEN																	x			x			x		
STUHLGANG (SCHMERZEN VOR)											x														
SCHWEISS ÜBELRIECHEND							x																		
GESCHMACK SCHLECHT																				x					
GESCHMACK FAULIG, BITTER																	x								
SCHMERZHAFTER DRANG													x				x								
EMPFINDLICHKEIT						x											x			x					
DURST						x												x							
DURST AUF KALTE SCHLÜCKCHEN				x																					
DURSTLOSIGKEIT		x	x																						
ZUNGE UNBELEGT															x										
BAUCHNABEL (SCHMERZEN IM)													x												
ERBRECHEN (NACH DEN KRAMPFANFÄLLEN)										x															

Abgebildet ist hier die Weiße Zaunrübe, die Grundlage für Bryonia album.

Bauchbeschwerden 3

Dieser Teil der Tabelle zeigt **weitere mögliche Empfindungen**, die mit Bauchbeschwerden verbunden sein können, und beschreibt die Art des Durchfalls. Die Symbole zeigen die Mittel mit der höchsten Entsprechung für die jeweilige Variable auf. (Sie werden feststellen, daß sich die Durchfallmittel verschiedentlich von den Mitteln, die den verschiedenen Empfindungen zugeordnet sind, unterscheiden.) Sobald Sie die verzeichneten Empfindungen und die Art des Durchfalls identifiziert und die in Frage kommenden Arzneimittel notiert haben, schlagen Sie auf den folgenden Seiten die übrigen Charakteristika Ihres Falls nach. Stellen Sie auch hier wieder mit Hilfe der Symbole die passenden Mittel fest. Während Ihrer Arbeit mit den Tabellen werden Sie durch die Symbole nach und nach die nichtpassenden Mittel ausklammern und schließlich eine Endauswahl treffen können.

Die Arzneimittelnamen werden in der Tabelle selbst abgekürzt. In der unten stehenden Liste wird der volle Name aufgeschlüsselt.

ARZNEIMITTELSCHLÜSSEL

Acon.	Aconitum napellus	**Coloc.**	Colocynthis	**Phos.**	Phosphorus
Ant. c.	Antimonium crudum	**Dios.**	Dioscorea villosa	**Pod.**	Podophyllum
Ant. t.	Antimonium tartaricum	**Dulc.**	Dulcamara	**Puls.**	Pulsatilla
Ars.	Arsenicum album	**Gels.**	Gelsemium sempervirens	**Sep.**	Sepia
Bell.	Belladonna	**Ip.**	Ipecacuanha	**Sil.**	Silicea
Bry.	Bryonia album	**Lyc.**	Lycopodium clavatum	**Sulf.**	Sulfur
Carb. v.	Carbo vegetabilis	**Mag.p.**	Magnesium phosphoricum	**Verat.**	Veratrum album
Cham.	Chamomilla	**Nat.s.**	Natrium sulfuricum		
China	Cinchona officinalis	**Nux v.**	Nux vomica		

MITTEL	Acon.	Ant. c.	Ant. t.	Ars.	Bell.	Bry.	Carb. v.	Cham.	China	Coloc.	Dios.	Dulc.	Gels	Ip.	Lyc.	Nat. s.	Nux v.	Phos.	Pod.	Puls.	Sep.	Sil.	Sulf.	Verat.
DURCHFALL																								
ANUS (WIE OFFEN)																		●						
WUND																							●	
BRENNT UND ZIEHT																							●	
ALS WOLLTE DURCHFALL ENTSTEHEN																●								
BLUT (WENIG)																				●				
BLUTIG																		●						
CHRONISCH																					●			
VERSTOPFUNG																	●							
HART						●																		
IM WECHSEL MIT																				●				
REICHLICH									●															
KRÄMPFE (IM ANUS)																		●						
SCHNEIDENDE BAUCHSCHMERZEN (GEHEN VORAUS)						●																		
TAGSÜBER						●																		
TREIBT IHN AUS DEM BETT											●												●	
DYSENTERIE MIT BLUT UND SCHLEIM	●																							
DYSENTERIE MIT BLUTIGEM DURCHFALL				●																				
FRÜHMORGENS																							●	
EMOTIONEN (DURCH)													●										●	
EXPLOSIONSARTIG																			●					
OHNMACHT (KANN VERURSACHEN)																			●					
STINKEND																		●						
FLATULENZ							●			●									●	●				
NUR WIND																●								
SCHAUMIG														●										
HÄUFIG																			●					
STURZBACHARTIG																●		●	●					
GURGELND																			●					

DARMGURGELN																	●								
HEISS (FÜHLT SICH AN)							●																		
HEISSES WETTER (WÄHREND)																					●				
BEI SÄUGLINGEN											●														
WENIG UND OFT		●																							
FLÜSSIG		●																							
KLUMPIG		●																			●				
WEISSE SCHLEIMKLUMPEN																	●								
MORGENS (FRÜH)										●					●										
SCHLEIM (GRASGRÜN)							●																		
MILCH (DURCH TRINKEN)																					●				
ÜBELKEIT (VOR)	●																								
NERVÖSER ERREGUNGSZUSTAND (DURCH)												●													
GERUCH FAULIG				●																					
ÜBELRIECHEND							●												●		●		●		
SCHMERZLOS									●							●			●						
PERSPIRATION (VOR)	●																								
PROFUS														●				●	●						
ABFÜHREN (BIS ZUR ERSCHÖPFUNG)																								●	
FAUL							●																		
NACH DRÄNGEN (KEINES ODER WENIG)					●																				
STARK										●															
RIECHT NACH FAULEN EIERN							●																		
GERING														●											
STUHL																									
SCHARF				●																					
BLUTIG							●							●											
BRENNT				●						●				●				●							
GEHACKTE EIER (WIE)							●																		
FARBLOS																								●	
REICHLICH																								●	
TROCKEN						●																			
GROSSE MENGEN																								●	
GRÜN	●						●							●						●				●	
UNWILLENTLICH												●													
GALLERTARTIG																					●				
LOCKER																				●					
SCHLEIM							●			●						●		●		●	●				
KEINER WIE DER ANDERE											●									●					
SPÄRLICH																	●								
SCHLEIMIG														●											

Abgebildet ist hier Phosphor, die Grundsubstanz von Phosphorus.

Bauchbeschwerden 4

Dieser Teil der Tabelle zeigt **weitere Formen von Durchfall,** die bei den Bauchbeschwerden auftreten können, und beschreibt die Merkmale der damit einhergehenden Übelkeit und des Erbrechens. Die Symbole zeigen die Mittel mit der höchsten Entsprechung für die jeweilige Variable auf. Sobald Sie den Durchfalltyp sowie die Art der Übelkeit und des Erbrechens identifiziert und die in Frage kommenden Arzneimittel notiert haben, schlagen Sie auf den folgenden Seiten die übrigen Charakteristika Ihres Falls nach. Stellen Sie auch hier wieder mit Hilfe der Symbole die passenden Mittel fest. Während Ihrer Arbeit mit den Tabellen werden Sie durch die Symbole nach und nach die nichtpassenden Mittel ausklammern und schließlich eine Endauswahl treffen können.

Die Arzneimittelnamen werden in der Tabelle selbst abgekürzt. In der unten stehenden Liste wird der volle Name aufgeschlüsselt.

ARZNEIMITTELSCHLÜSSEL

Acon.	Aconitum napellus	**Coloc.**	Colocynthis	**Phos.**	Phosphorus
Ant. c.	Antimonium crudum	**Dios.**	Dioscorea villosa	**Pod.**	Podophyllum
Ant. t.	Antimonium tartaricum	**Dulc.**	Dulcamara	**Puls.**	Pulsatilla
Ars.	Arsenicum album	**Gels.**	Gelsemium sempervirens	**Sep.**	Sepia
Bell.	Belladonna	**Ip.**	Ipecacuanha	**Sil.**	Silicea
Bry.	Bryonia album	**Lyc.**	Lycopodium clavatum	**Sulf.**	Sulfur
Carb. v.	Carbo vegetabilis	**Mag.p.**	Magnesium phosphoricum	**Verat.**	Veratrum album
Cham.	Chamomilla	**Nat.s.**	Natrium sulfuricum		
China	Cinchona officinalis	**Nux v.**	Nux vomica		

MITTEL	Acon.	Ant. c.	Ant. t.	Ars.	Bell.	Bry.	Carb. v.	Cham.	China	Coloc.	Dios.	Dulc.	Gels.	Ip.	Lyc.	Nat. s.	Nux v.	Phos.	Pod.	Puls.	Sep.	Sil.	Sulf.	Verat.
DURCHFALL (FORTSETZUNG)																								
STUHL (FORTSETZUNG)																								
WEICH																				•				
SAURE GERINNSEL																						•		
GELB											•	•												
GELB BREIIG						•																		
WÄSSRIG							•					•		•						•				•
PLÖTZLICH													•											
ANSTRENGEND																	•							
ZAHNEN (MIT)								•														•		
DRÄNGEN		•		•										•			•	•					•	
GROSS	•																							
DÜNN																•								
STUHLGANG HÄUFIG				•	•					•														
EXZESSIV										•														
OHNE ERFOLG																	•							
MIT GLEICHZEITIGEM ERBRECHEN																								•
WÄSSRIG																			•					
GELB (HELL)																			•					
ÜBELKEIT UND ERBRECHEN																								
APPETIT (KEINER)																	•							
JEDWEDES HUNGERGEFÜHL VERLOREN																					•		•	
GALLIG			•																					
GALLIG UND SCHARF																							•	
KATARRHALISCH		•																					•	
KALTES ESSEN WIRD ERBROCHEN			•																					
KALTE GETRÄNKE WERDEN BEIM WARMWERDEN IM MAGEN ERBROCHEN																		•						
KALTER SCHWEISS								•																
ANHALTENDE ÜBELKEIT		•	•											•			•							

VERLANGEN NACH PIKANTEM, SAUREM	x																								
DURCHFALL (GLEICHZEITIG)				x																				x	
ESSEN VERURSACHT UNWOHLSEIN																	x								
ESSEN (SCHLIMMER DURCH)																					x				
ESSEN (BESSER DURCH)																					x				
SEHR ANSTRENGEND (ZU ERBRECHEN)																	x								
AUFSTOSSEN																									
WIE FAULE EIER								x											x						
GALLE														x											
BITTER									x							x	x								
BITTERER SPEISEN																				x					
ANDAUERND							x																		
LEER														x											
ESSEN ODER LUFT																		x							
SAUER									x		x				x		x				x				
SAUER BRENNEND															x										
ERBRICHT ALLES				x										x											
EXZESSIV																								x	
ABENDS (SCHLIMMER)																				x					
GEWALTSAM																								x	
ESSEN VERURSACHT WINDE							x																		
BRECHREIZ			x																x						
SCHLUCKAUF									x																
HUNGRIG UM 11 UHR																							x		
EKEL VOR SPEISEN			x																						
MILCH (ABNEIGUNG GEGEN, WIRD ERBROCHEN)			x																						
MORGENS (ÜBELKEIT)														x							x				
MUND TROCKEN (MIT DURST)						x														x					
NERVÖSE DYSPEPSIE, SODBRENNEN															x										
NICHTS ERLEICHTERT (ÜBELKEIT)														x											
SCHMERZEN (ERBRICHT VOR)										x															
SCHMERZHAFTES ERBRECHEN				x																					
FAULIGER ATEM								x																	
HOCHWÜRGEN VON NAHRUNG							x																		
REFLUX SAUER																								x	
RUMPELN (LAUT)															x								x		
WÜRGEN	x	x	x														x								
NACH ERBRECHEN		x																							
HEFTIG	x		x					x																	
OHNE ÜBELKEIT										x															
SPEICHELFLUSS								x						x											

Abgebildet ist hier Cephaelis ipecacuanha, die Grundlage für Ipecacuanha.

Bauchbeschwerden 5

Dieser Teil der Tabelle zeigt **weitere Formen von Übelkeit und Erbrechen** und beschreibt einige der **Modalitäten**, die eine Besserung oder Verschlechterung bewirken. Die Symbole zeigen die Mittel mit der höchsten Entsprechung für die jeweilige Variable auf. Sobald Sie den Übelkeits- und den Erbrechenstyp sowie die Modalitäten identifiziert und die in Frage kommenden Arzneimittel notiert haben, schlagen Sie auf den folgenden Seiten die übrigen Charakteristika Ihres Falls nach. Stellen Sie auch hier wieder mit Hilfe der Symbole die passenden Mittel fest. Während Ihrer Arbeit mit den Tabellen werden Sie durch die Symbole nach und nach die nichtpassenden Mittel ausklammern und schließlich eine Endauswahl treffen können.

Die Arzneimittelnamen werden in der Tabelle selbst abgekürzt. In der unten stehenden Liste wird der volle Name aufgeschlüsselt.

ARZNEIMITTELSCHLÜSSEL

Acon.	Aconitum napellus	**Coloc.**	Colocynthis	**Phos.**	Phosphorus
Ant. c.	Antimonium crudum	**Dios.**	Dioscorea villosa	**Pod.**	Podophyllum
Ant. t.	Antimonium tartaricum	**Dulc.**	Dulcamara	**Puls.**	Pulsatilla
Ars.	Arsenicum album	**Gels.**	Gelsemium sempervirens	**Sep.**	Sepia
Bell.	Belladonna	**Ip.**	Ipecacuanha	**Sil.**	Silicea
Bry.	Bryonia album	**Lyc.**	Lycopodium clavatum	**Sulf.**	Sulfur
Carb. v.	Carbo vegetabilis	**Mag.p.**	Magnesium phosphoricum	**Verat.**	Veratrum album
Cham.	Chamomilla	**Nat.s.**	Natrium sulfuricum		
China	Cinchona officinalis	**Nux v.**	Nux vomica		

MITTEL	Acon.	Ant. c.	Ant. t.	Ars.	Bell.	Bry.	Carb. v.	Cham.	China	Coloc.	Dios.	Dulc.	Gels	Ip.	Lyc.	Nat. s.	Nux v.	Phos.	Pod.	Puls.	Sep.	Sil.	Sulf.	Verat.
ÜBELKEIT UND ERBRECHEN (FORTSETZUNG)																								
ANSTRENGEND			✿															✿						
PLÖTZLICH UND HEFTIG	✿																							
GERUCH VON GEKOCHTEM ESSEN (DURCH)																						✿		
SCHWÄCHEGEFÜHL (IN DER MAGENGRUBE)											✿													
GESCHMACK																								
SCHLECHT (MORGENS)																					✿			
EKELERREGEND BITTER						✿																		
BITTER, SALZIG									✿															
BITTER (ALLES)	✿																							
GESCHWÄCHTER GESCHMACKSSINN																					✿			
SCHLEIMIG BITTER																	✿							
ZUNGE UNBELEGT														✿										
LEICHT BELEGT														✿										
BERÜHRUNG (EMPFINDLICH GEGEN)																								✿
ERBROCHENES																								
GALLE						✿									✿							✿		
BLUT (HELLROT)	✿																							
KAFFEESATZ															✿									
SCHLEIM			✿																			✿		
SAUER																							✿	
FADENARTIG			✿																					
ZÄH, KLEBRIG			✿																					
WEISS			✿																					
WARME GETRÄNKE ERLEICHTERN				✿																				
WERDEN ERBROCHEN				✿															✿					
VERDAUUNGSSCHWÄCHE																							✿	
BEIM AUFWACHEN						✿																		

MODALITÄTEN (ALLGEMEINE) – *was beim Patienten bzw. seinen Bauchbeschwerden eine Besserung oder Verschlechterung bewirkt*

12 UHR MITTAGS UND MITTERNACHT																							✿		
ZWISCHEN 16 UND 20 UHR															✿										
SCHLIMMER																									
BEI RUHE										✿															
KÄLTE				✿					✿						✿	✿		✿							
TRINKEN										✿															
ZUSAMMENKRÜMMEN											✿														
ESSEN						✿				✿					✿			✿					✿	✿	
AUFSTOSSEN								✿																	
ABENDS																			✿						
HITZE																					✿				
LIEGEN					✿		✿				✿														
AUF DER SCHMERZHAFTEN SEITE					✿																				
ERSCHÜTTERUNG					✿																				
MORGENS																		✿			✿				
BEWEGUNG					✿	✿			✿	✿						✿		✿							
NACHTS																✿									
ÜBERESSEN														✿											
DRUCK					✿	✿	✿								✿					✿			✿		
BEIM LEICHTESTEN																		✿					✿		
SCHWERE, FETTE SPEISEN																					✿				
AUSGESTRECKT																✿									
BERÜHRUNG	✿			✿		✿			✿								✿								
ERBRECHEN (SCHMERZ)																			✿			✿			
WARME DINGE																			✿						
BESSER																									
HITZEANWENDUNGEN						✿																			
AUFSTOSSEN							✿			✿							✿								
VORBEUGEN					✿																				
KÄLTE																					✿				
KALTE DINGE																			✿						
ZUSAMMENKRÜMMEN										✿						✿									
BLÄHUNG										✿							✿								
FRISCHE LUFT																					✿				
HARTER DRUCK										✿						✿									
HITZE				✿				✿		✿						✿		✿					✿		
BEWEGUNG											✿												✿		
BEWEGUNG (SANFT)																					✿				

Abgebildet ist hier das in Getreideflocken vorkommende Magnesiumphosphat, die Grundsubstanz von Magnesium phosphoricum.

Bauchbeschwerden 6

Dieser Teil der Tabelle zeigt **weitere allgemeine Modalitäten,** durch die sich der Patient besser oder schlechter fühlt, sowie **Modalitäten, die Einfluß auf die Art des Durchfalls und der Übelkeit und des Erbrechens haben**. Die Symbole zeigen die Mittel mit der höchsten Entsprechung für die jeweilige Variable auf. Sobald Sie die verschiedenen Modalitäten identifiziert und die in Frage kommenden Arzneimittel notiert haben, schlagen Sie auf den folgenden Seiten die übrigen Charakteristika Ihres Falls nach. Stellen Sie auch hier wieder mit Hilfe der Symbole die passenden Mittel fest. Während Ihrer Arbeit mit den Tabellen werden Sie durch die Symbole nach und nach die nichtpassenden Mittel ausklammern und schließlich eine Endauswahl treffen können.

Die Arzneimittelnamen werden in der Tabelle selbst abgekürzt. In der unten stehenden Liste wird der volle Name aufgeschlüsselt.

ARZNEIMITTELSCHLÜSSEL

Acon.	Aconitum napellus	**Coloc.**	Colocynthis	**Phos.**	Phosphorus
Ant. c.	Antimonium crudum	**Dios.**	Dioscorea villosa	**Pod.**	Podophyllum
Ant. t.	Antimonium tartaricum	**Dulc.**	Dulcamara	**Puls.**	Pulsatilla
Ars.	Arsenicum album	**Gels.**	Gelsemium sempervirens	**Sep.**	Sepia
Bell.	Belladonna	**Ip.**	Ipecacuanha	**Sil.**	Silicea
Bry.	Bryonia album	**Lyc.**	Lycopodium clavatum	**Sulf.**	Sulfur
Carb. v.	Carbo vegetabilis	**Mag.p.**	Magnesium phosphoricum	**Verat.**	Veratrum album
Cham.	Chamomilla	**Nat.s.**	Natrium sulfuricum		
China	Cinchona officinalis	**Nux v.**	Nux vomica		

MITTEL	Acon.	Ant. c.	Ant. t.	Ars.	Bell.	Bry.	Carb. v.	Cham.	China	Coloc.	Dios.	Dulc.	Gels	Ip.	Lyc.	Mag. p.	Nat. s.	Nux v.	Phos.	Pod.	Puls.	Sep.	Sil.	Sulf.	Verat.
MODALITÄTEN (FORTSETZUNG)																									
LIEGEN																		•							
AUF DEM MAGEN										•										•					
AUF DEM BAUCH																				•					
STUHLGANG																									
DRUCK									•																
RUHE																		•							
REIBEN																•									
AUSSTRECKEN											•														
SITZEN																		•							
GERADE STEHEN											•														
WÄRMEANWENDUNGEN																•									
WÄRME									•						•										
GEHEN																								•	
DRAUSSEN GEHEN											•														
MODALITÄTEN (DURCHFALL)																									
SCHLIMMER																									
4 UHR																				•					
5 UHR																							•		
ZWISCHEN 16 UND 20 UHR														•											
NACH MITTERNACHT				•																					
MORGENS						•					•														
ABENDS																	•				•				
NACHTS									•																
SAURES OBST ODER KONSERVENOBST																				•					
NACH DEM ESSEN									•																
NACH DEM BADEN																				•					
BEI EINSETZENDER BEWEGUNG						•																			
KALTES, FEUCHTES WETTER												•													

STILLHALTEN																				✿					
MILCH																			✿			✿			
BEWEGUNG					✿																				
LEICHTES ESSEN									✿																
MORGENS																✿									
BESSER																									
SANFTE BEWEGUNG																				✿					
HITZE									✿																
STUHLGANG																	✿								
MODALITÄTEN (ÜBELKEIT UND ERBRECHEN)																									
SCHLIMMER																									
12 UHR MITTAGS UND MITTERNACHT																							✿		
ZWISCHEN 16 UND 20 UHR														✿											
MORGENS																		✿		✿					
NACHTS								✿																	
KALTE GETRÄNKE				✿																					
ESSEN UND TRINKEN				✿																					
ESSEN (NACH)					✿																		✿		
FETTE, SCHWERE SPEISEN																				✿					
FISCH								✿																	
OBST								✿																	
MILCH								✿														✿			
BEWEGUNG					✿																				
ÜBERESSEN													✿												
AUFSETZEN					✿																				
WEIN								✿																	
WARME DINGE																		✿							
BESSER																									
AUFSTOSSEN						✿																			
KALTE DINGE																		✿							
ABENDS																	✿								
STILL UND FLACH LIEGEN					✿																				
ÜBELKEIT BESSER DURCH ERBRECHEN			✿																						
FRISCHLUFT													✿												
RUHE													✿												
BEGLEITSYMPTOME – *andere die Bauchbeschwerden begleitende Symptome*																									
APPETIT GEHT BEIM ESSEN VERLOREN														✿											
NIMMT BEIM ESSEN ZU														✿											
ABNEIGUNG GEGEN MILCH																						✿			
TROCKENHEIT																				✿					

Abgebildet ist hier der Chinarindenbaum, die Grundlage für Cinchona officinalis.

Bauchbeschwerden 7

Dieser Teil der Tabelle zeigt **die Begleitsymptome**, die mit den Bauchbeschwerden einhergehen können, sowie die **allgemeinen psychischen und körperlichen Symptome.** (Sie werden feststellen, daß die den psychischen Symptomen zugeordneten Mittel sich leicht von denen der Begleitsymptome unterscheiden). Die Symbole zeigen die Mittel mit der höchsten Entsprechung für die jeweilige Variable auf. Sobald Sie die Begleitsymptome sowie die psychischen und körperlichen Symptome des Falls, dessen Anamnese Sie gerade erheben, identifiziert und die in Frage kommenden Arzneimittel notiert haben, schlagen Sie auf den folgenden Seiten die übrigen Charakteristika Ihres Falls nach. Stellen Sie auch hier wieder mit Hilfe der Symbole die passenden Mittel fest. Während Ihrer Arbeit mit den Tabellen werden Sie durch die Symbole nach und nach die nichtpassenden Mittel ausklammern und schließlich eine Endauswahl treffen können.

Die Arzneimittelnamen werden in der Tabelle selbst abgekürzt. In der unten stehenden Liste wird der volle Name aufgeschlüsselt.

ARZNEIMITTELSCHLÜSSEL

Acon.	Aconitum napellus	**Coloc.**	Colocynthis	**Phos.**	Phosphorus
Ant. c.	Antimonium crudum	**Dios.**	Dioscorea villosa	**Pod.**	Podophyllum
Ant. t.	Antimonium tartaricum	**Dulc.**	Dulcamara	**Puls.**	Pulsatilla
Ars.	Arsenicum album	**Gels.**	Gelsemium sempervirens	**Sep.**	Sepia
Bell.	Belladonna	**Ip.**	Ipecacuanha	**Sil.**	Silicea
Bry.	Bryonia album	**Lyc.**	Lycopodium clavatum	**Sulf.**	Sulfur
Carb. v.	Carbo vegetabilis	**Mag.p.**	Magnesium phosphoricum	**Verat.**	Veratrum album
Cham.	Chamomilla	**Nat.s.**	Natrium sulfuricum		
China	Cinchona officinalis	**Nux v.**	Nux vomica		

MITTEL	Acon.	Ant. c.	Ant. t.	Ars.	Bell.	Bry.	Carb. v.	Cham.	China	Coloc.	Dios.	Dulc.	Gels	Ip.	Lyc.	Mag. p.	Nat. s.	Nux. v	Phos.	Pod.	Puls.	Sep.	Sil.	Sulf.	Verat.
BEGLEITSYMPTOME (FORTSETZUNG)																									
EXTREMITÄTEN KALT					●																				
GESICHT ROT					●																				
ERHITZT NACH WEIN							●																		
FIEBRIGER ZUSTAND	●																								
KOPF HEISS					●																				
KOPFSCHM. BERSTEND, VERNICHTEND AM SCHEITEL																		●							
HUNGER UM 11 UHR																			●						
LEBERSCHMERZEN																				●					
MUND TROCKEN				●																					
RECHTSSEITIG																●									●
KALTER SCHWEISS AUF DER STIRN							●																		●
ZUNGE BELEGT										●															
ZUNGE SAUBER														●		●									
ZUNGE MILCHIG WEISS DICK BELEGT		●			●																				
DURST AUF SCHLÜCKCHEN				●																					
DURSTLOSIGKEIT																					●				
TRÜBSICHTIGKEIT, DOPPELTSEHEN, SCHLEIERSEHEN													●												
ALLGEMEINE SYMPTOME, *die die ganze Person betreffen*																									
PSYCHISCHE																									
ÄRGERLICH										●								●							
ANGST	●			●																					
WILL NICHT																									
SPRECHEN, DENKEN						●																			
ANGESEHEN WERDEN		●	●																						
BERÜHRT WERDEN			●																						
GESELLSCHAFT											●														
ZUWENDUNG UND MITLEID																						●			
KANN SCHMERZEN NICHT RUHIG ERTRAGEN								●																	

ANHÄNGLICH, RÜHRSELIG																					x				
WECHSELHAFT																					x				
DEPRIMIERT											x														
VERSCHMÄHT ALLES														x											
SORGEN				x																					
SCHWER ZUFRIEDENZUSTELLEN								x																	
GLEICHGÜLTIG																						x			
REIZBAR			x			x		x		x	x							x							
JAMMERT UND BRÜLLT								x																	
LEICHT BELEIDIGT																		x							
ÜBEREMPFINDLICH								x										x							
VERDRIESSLICH		x																							
RUHELOS	x			x				x		x															
SENTIMENTAL		x																							
SCHMOLLEND														x											
WÜNSCHT SOFORTIGE SCHMERZLINDERUNG										x															
ALLEIN ZU SEIN			x			x				x															
ABSOLUTE RUHE						x																			
KÖRPERLICHE																									
ABNEIGUNG GEGEN SPEISEN, FLEISCH, FETT, BROT																						x			
LUFTHUNGER							x																		
APPETIT (WENIG)															x										
BLAU																									x
KLEIDUNG (UNERTRÄGLICH)																			x					x	
KÄLTE			x				x																		x
KÄLTE (SCHLIMMER DURCH)				x								x													
FROSTIG				x			x											x							
MIT STAUUNGSZUSTÄNDEN														x											
KRÄMPFE																x									x
VERDAUUNG (SCHLECHT)																								x	
SCHWINDELIG										x															
SCHLÄFRIG																				x					
ZUGLUFT (SCHLIMMER DURCH)					x											x									
VERLANGEN NACH ALKOHOL																								x	
FETT																								x	
SÜSSEM																								x	
OHNMACHT										x											x			x	
WILL LUFT ZUGEFÄCHELT BEKOMMEN							x																		
GESICHT ROT	x																								
SCHWACH UND HERUNTERGEKOMMEN			x																						
FIEBER AUSGEPRÄGT					x																				
BLÄHUNGEN UND AUFSTOSSEN															x										

Bauch-beschwerden 8

Dieser Teil der Tabelle zeigt **weitere allgemeine körperliche Symptome,** die zu beobachten sein können. Die Symbole zeigen die Mittel mit der höchsten Entsprechung für die jeweilige Variable auf. Anhand des gesammelten Datenmaterials sollten Sie jetzt eine Endauswahl mit dem für Ihren Fall passendsten Mittel treffen können.

Wann im Zweifelsfall ärztliche Hilfe nötig ist, lesen Sie auf Seite 217 im Kasten.

Die Arzneimittelnamen werden in der Tabelle selbst abgekürzt. In der unten stehenden Liste wird der volle Name aufgeschlüsselt.

ARZNEIMITTELSCHLÜSSEL

Acon.	Aconitum napellus	**Coloc.**	Colocynthis	**Phos.**	Phosphorus
Ant. c.	Antimonium crudum	**Dios.**	Dioscorea villosa	**Pod.**	Podophyllum
Ant. t.	Antimonium tartaricum	**Dulc.**	Dulcamara	**Puls.**	Pulsatilla
Ars.	Arsenicum album	**Gels.**	Gelsemium sempervirens	**Sep.**	Sepia
Bell.	Belladonna	**Ip.**	Ipecacuanha	**Sil.**	Silicea
Bry.	Bryonia album	**Lyc.**	Lycopodium clavatum	**Sulf.**	Sulfur
Carb. v.	Carbo vegetabilis	**Mag.p.**	Magnesium phosphoricum	**Verat.**	Veratrum album
Cham.	Chamomilla	**Nat.s.**	Natrium sulfuricum		
China	Cinchona officinalis	**Nux v.**	Nux vomica		

MITTEL	Acon.	Ant. c.	Ant. t.	Ars.	Bell.	Bry.	Carb. v.	Cham.	China	Coloc.	Dios.	Dulc.	Gels	Ip.	Lyc.	Mag. p.	Nat. s.	Nux v.	Phos.	Pod.	Puls.	Sep.	Sil.	Sulf.	Verat.
ALLGEMEINE SYMPTOME (FORTSETZUNG)																									
KÖRPERLICHE (FORTSETZUNG)																									
VÖLLEGEFÜHL							●								●										
FEUCHTES WETTER (SCHLIMMER DURCH)																	●								
HITZE (SCHLIMMER DURCH)																	●								
BLITZARTIG AUFFLACKERND																								●	
NACHTS (SCHLIMMER)				●																		●			
BLÄSSE			●	●			●							●											
ERSCHÖPFUNGSZUSTAND			●	●																●					
UNVERHÄLTNISMÄSSIG GROSS				●																					
ANFALLSARTIG														●											
PUPILLEN ERWEITERT					●																				
SCHNELLER AUSBRUCH																									●
RÖTE					●									●											
EMPFINDLICH GEGEN GERÄUSCHE, GERÜCHE, LICHT																		●							
KURZER SCHLAF (BESSER DURCH)																			●						
TRÄGE							●																		
DÜNN, ANGESPANNT, FROSTIG																●									
DURSTLOS													●									●			
DURST	●				●																				
AUF KALTES WASSER																				●					
SCHWEISS																						●			
SCHWEISS KALT																									●
WILL SICH STRECKEN																				●					
MUSKELZUCKUNGEN																●									
SCHWACH										●			●												
SCHWACH, WENN ER NICHT ISST																								●	

Säuglingskoliken

Diese eigenständige Tabelle zeigt das Symptombild bei Säuglingskoliken. Sie zeigt vier der bei diesem Zustand am häufigsten verordneten Mittel mit ihren Schlüsselsymptomen. Wirken diese Mittel nicht, dann schlagen Sie in den Tabellen mit den allgemeinen Bauchbeschwerden nach.

Wann im Zweifelsfall ärztliche Hilfe nötig ist, lesen Sie rechts im Kasten.

Die Arzneimittelnamen werden in der Tabelle selbst abgekürzt. In der unten stehenden Liste wird der volle Name aufgeschlüsselt.

WANN BEI BAUCHBESCHWERDEN DER ARZT ZU KONSULTIEREN IST

Unverzüglich – hier tut Eile not!

- Bei deutlichen Zeichen – vor allem beim Säugling – für eine Dehydratation, zu der es durch Erbrechen oder Durchfall kommen kann. Die Zeichen hierfür sind:
  1. Augen sehen eingefallen aus.
  2. Bei Säuglingen ist die Fontanelle eingesunken.
  3. Trockenheit von Mund oder Augen.
  4. Bei mangelndem Hauttonus oder bei Hautschwellung – wenn Sie etwas Haut mit den Finger sanft zusammendrücken, müßte sie normalerweise sofort wieder zurückschnellen. Bleibt dies aus, liegt bereits eine ausgeprägte Hydratation vor.
  5. Eine Abnahme der ausgeschiedenen Urinmenge.
- Anhaltendes und wiederholtes Erbrechen.
- Wenn das Erbrochene mit Blut durchsetzt ist oder wie Kaffeesatz aussieht.
- Wenn der Stuhl blutig, schwarz oder wie Teer aussieht. Bei Masern Blutungen aus dem Mastdarm.
- Wenn ausgeprägte Bauchsymptome auf eine Kopf- oder Bauchverletzung folgen, vor allem bei Erbrechen nach einer Kopfverletzung (siehe »Erste-Hilfe«, Seite 240–245).
- Starke Schmerzen im Bauch.
- Wenn Kinder erbrechen und dabei untröstlich schreien oder teilnahmslos sind.
- Bei Verdacht auf Vergiftung (durch Medikamente, chemische Substanzen etc.). Behalten Sie, für die spätere Untersuchung, möglichst eine Probe der fraglichen Substanz und auch des Erbrochenen auf.

Innerhalb von 24 Stunden

- Unvermutete Schwellung, Schmerzen oder Empfindlichkeit in der Lende oder an den Innenseiten der Oberschenkel.
- Bei Verstopfung mit Schmerzen und/oder Erbrechen, die einen Tag oder länger anhalten.
- Bauchsymptome bei Diabetikern können sich schnell zum Notfall auswachsen. Deshalb sollte bei Diabetikern **immer** schon früher ärztlicher Rat eingeholt werden.
- Dasselbe gilt bei Bauchsymptomen in der Schwangerschaft.
- Zeichen auf Gelbsucht – gelbe Augen oder Haut, dunkler Urin und möglicherweise ein heller Stuhl.
- Bei Harnwegssymptomen – Schmerzen, Absonderungen, Blut oder Ablagerungen im Urin, häufiger Drang, vor allem wenn die Harnwegssymptome mit Rückenschmerzen oder Schmerzen im Lendenbereich, die auf eine Mitbeteiligung der Nieren deuten können, einhergehen.

Abgebildet ist hier Holzkohle, die Grundsubstanz von Carbo vegetabilis.

ARZNEIMITTELSCHLÜSSEL

Cham. Chamomilla
Coloc. Colocynthis
Dios. Dioscorea villosa
Mag.p. Magnesium phosphoricum

MITTEL	Cham.	Coloc.	Dios.	Mag. p.
BESSER DURCH HERUMGETRAGENWERDEN	●			
ZUSAMMENKRÜMMEN		●		●
FESTEN DRUCK			●	●
HITZE	●	●	●	●●
DRUCK		●		
AUSSTRECKEN			●	
DURCHFALL GRÜN, RIECHT NACH FAULEN EIERN	●			
KRÜMMT SICH ZUSAMMEN UND SCHREIT	●			
GESICHT HEISS, ERHITZT, SCHWEISSIG	●			
VOR GEREIZTHEIT AUSSER SICH	●			
SCHLUCKAUF				●
RUHELOS, REIZBAR, ÄRGERLICH		●		
WÜRGEN				●
PLÖTZLICHER AUSBRUCH			●	
UNTRÖSTLICH	●			
ZUNGE BELEGT		●		
WINDE ODER AUFSTOSSEN ERLEICHTERN NICHT				●
SCHLIMMER NACHTS	●			
ZUSAMMENKRÜMMEN			●	

Perioden-schmerzen 1

Der erste Teil dieser Tabelle zeigt die **möglichen Empfindungen** bei Periodenschmerzen, ihr **Ausstrahlungsmuster** und etwaige **eigentümliche Symptome.** Die Symbole zeigen die Mittel mit der höchsten Entsprechung für die jeweilige Variable auf. Sobald Sie die Empfindungen und eigentümlichen Symptome des Falls, dessen Anamnese Sie gerade erheben, identifiziert und die in Frage kommenden Arzneimittel notiert haben, schlagen Sie auf den folgenden Seiten die übrigen Charakteristika Ihres Falls nach. Stellen Sie auch hier wieder mit Hilfe der Symbole die passenden Mittel fest. Während Ihrer Arbeit mit den Tabellen werden Sie durch die Symbole nach und nach die nichtpassenden Mittel ausklammern und schließlich eine Endauswahl treffen können.

Die Arzneimittelnamen werden in der Tabelle selbst abgekürzt. In der unten stehenden Liste wird der volle Name aufgeschlüsselt.

ARZNEIMITTELSCHLÜSSEL

Bell. Belladonna
Calc. f Calcarea fluorica
Calc. p Calcarea phosphorica
Cham. Chamomilla
Cimic. Cimicifuga racemosa
Cocc. Cocculus indicus
Coloc. Colocynthis
Con. Conium maculatum
Ferr. p. Ferrum phosphoricum
Kal. p. Kalium phosphoricum
Lach. Lachesis
Mag. p. Magnesium phosphoricum
Nux v. Nux vomica
Puls. Pulsatilla
Sep. Sepia

MITTEL	Bell.	Calc. f.	Calc. p.	Cham.	Cimic.	Cocc.	Coloc.	Con.	Ferr. p.	Kal. p.	Lach.	Mag. p.	Nux v.	Puls.	Sep.
EMPFINDUNGEN – *wie sich die Periodenschmerzen anfühlen*															
SCHMERZHAFTIGKEIT													✿		
DRÜCKEN UND DRÄNGEN	✿	✿		✿					✿						✿
HEFTIG	✿		✿												
ZURÜCKBEUGEN (BESSER)	✿														
VOR UND WÄHREND DER PERIODE			✿												
BRUSTWARZEN SCHMERZEN								✿							
KOLIKEN						✿				✿		✿			
MIT STAUUNGSZUSTÄNDEN									✿						
KRÄMPFE UND WUNDHEITSGEFÜHL (UTERUS)											✿				
KRÄMPFE	✿			✿		✿						✿	✿		
HIN UND HER FLIEGEND					✿										
SCHREIEN VOR SCHMERZEN				✿										✿	
WUNSCH, DARM ZU ENTLEEREN													✿		
ZIEHEND															✿
DUMPF, WUND, ZERSCHLAGEN															✿
GELINDERT DURCH															
FESTEN DRUCK												✿			
FESTEN DRUCK AUF UNTERBAUCH ODER RÜCKEN												✿			
HEISSE WÄRMFLASCHE												✿			
ANHALTENDER DRUCK							✿								
HITZE							✿								
ALS WOLLTE ALLES HERAUSFALLEN	✿														✿
PERIODENFLUSS EXZESSIV		✿													
GREIFEND						✿									
HITZEGEFÜHL BEI DEN SCHMERZEN	✿														
LENDENWIRBEL-, KREUZBEINBEREICH (SCHMERZEN)													✿		
EIERSTOCKSCHMERZ (LINKS)											✿				
SCHMERZEN															
KOMMEN UND GEHEN PLÖTZLICH	✿														
KOLIKARTIG							✿			✿					
KRAMPFEND				✿			✿								
STARK BEIM REGELFLUSS										✿					
BALLARTIG															✿

DER PERIODE VORAUSGEHEND							x																		
PRESSEND	x					x							x												
SCHARF	x				x		x																		
SCHIESSEND					x																				
STECHEND								x																	
UNERTRÄGLICH				x																					
UNTERSCHIEDLICH														x											
ABWÄRTSDRÄNGEND													x												
DRUCKSCHMERZ									x						x										
SITZT MIT ÜBEREINANDERGESCHLAGENEN BEINEN															x										
SCHWELLUNG, SCHMERZHAFTIGKEIT (BRUST)								x																	
UTERUS (SCHMERZEN)		x				x																			
VAGINA TROCKEN, HEISS, EMPFINDLICH									x																
SCHWERE- UND VÖLLEGEFÜHL										x															
AUSSTRAHLUNG – *wo die Schmerzen hinziehen*																									
ÜBER DEN LENDENWIRBELBEREICH										x															
ZURÜCK ZUR OBERSCHENKELINNENSEITE				x																					
ZU RÜCKEN, BRUST, OBERBAUCH											x														
WADENKRÄMPFE							x																		
DIE OBERSCHENKEL HINUNTERZIEHEND								x																	
ZUM MASTDARM AUSDEHNEND													x												
IN ALLE RICHTUNGEN												x													
ZU VERSCHIEDENEN STELLEN														x											
LENDENWIRBELBEREICH (KREUZBEIN)					x								x												
OBERSCHENKEL		x																							
OBERSCHENKELINNENSEITE HINAUF UND HINUNTER				x																					
EIGENTÜMLICHE SYMPTOME																									
GEFÜHL VON EINEM BALL ODER EINER KUGEL															x										
UMHERFLIEGENDE SCHMERZEN					x																				
MIT SCHMERZEN AM SCHEITEL									x																
PERIODENFLUSS – *Art des Flusses*																									
HELLROT	x								x																
KLUMPIG	x		x		x																				
DUNKEL			x	x	x	x																			
NUR TAGSÜBER														x											
FRÜH ODER SPÄT										x															
EXZESSIV		x																							
STRÖMEND		x																							
STARK	x		x																						
UNREGELMÄSSIG					x					x				x											
SPÄT			x											x											
SCHWÄCHER DER FLUSS, STÄRKER DIE SCHMERZEN											x														
LANG ANHALTEND													x												
STÄRKER DER FLUSS, STÄRKER DIE SCHMERZEN					x																				
PROFUS				x	x	x							x												
SPÄRLICH								x							x										
STRENG RIECHEND										x															
DÜNN										x															

Abgebildet ist hier die Tollkirsche, die Grundlage für Belladonna.

Perioden-schmerzen 2

Dieser Teil der Tabelle beschreibt die **Art des Menstruationsflusses** und zeigt **mögliche Begleitsymptome**, die mit den Schmerzen einhergehen können, **die Modalitäten,** die zu einer Besserung oder Verschlechterung des Zustands führen, sowie **allgemeine psychische und körperliche Symptome.** Die Symbole zeigen die Mittel mit der höchsten Entsprechung für die jeweilige Variable auf. Anhand des gesammelten Datenmaterials sollten Sie jetzt eine Endauswahl mit dem für Ihren Fall passendsten Mittel treffen können.

Wann ärztliche Hilfe nötig ist, lesen Sie rechts im Kasten.

Die Arzneimittelnamen werden in der Tabelle selbst abgekürzt. In der unten stehenden Liste wird der volle Name aufgeschlüsselt.

ARZNEIMITTELSCHLÜSSEL

Bell.	Belladonna
Calc. f	Calcarea fluorica
Calc. p	Calcarea phosphorica
Cham.	Chamomilla
Cimic.	Cimicifuga racemosa
Cocc.	Cocculus indicus
Coloc.	Colocynthis
Con.	Conium maculatum
Ferr. p.	Ferrum phosphoricum
Kal. p.	Kalium phosphoricum
Lach.	Lachesis
Mag. p.	Magnesium phosphoricum
Nux v.	Nux vomica
Puls.	Pulsatilla
Sep.	Sepia

MITTEL	Bell.	Calc. f.	Calc. p.	Cham.	Cimic.	Cocc.	Coloc.	Con.	Ferr. p.	Kal. p.	Lach.	Mag. p.	Nux v.	Puls.	Sep.
BEGLEITSYMPTOME – *andere die Periodenschmerzen begleitende Symptome*															
BAUCH AUFGETRIEBEN						❀									
RÜCKENSCHMERZEN		❀	❀								❀			❀	
BESSER DURCH DRUCK, HITZE												❀			
BRÜSTE HART, KNÖTCHEN			❀												
SCHWER, GESCHWOLLEN								❀							
WADENKRÄMPFE							❀								
KRÄMPFE IM WECHSEL MIT SCHWINDEL							❀								
KALTE HÄNDE UND FÜSSE	❀														
DURCHFALL														❀	
GESICHT ERHITZT	❀			❀					❀						
OHNMACHT													❀	❀	
KOPFSCHMERZEN	❀										❀			❀	
KLOPFEND			❀												
DUMPF										❀					
GELENKE (RHEUMATISCHE SCHMERZEN)			❀												
ÜBELKEIT													❀	❀	
HÄMORRHOIDEN						❀									
PULS SCHNELL									❀						
LIBIDO VERSTÄRKT			❀												
SCHWEISSAUSBRÜCHE BEI DEN KRÄMPFEN			❀												
OBERSCHENKEL AB UND AUF WANDERNDE SCHMERZEN					❀										
ZUNGE UNBELEGT												❀			
ZUNGE BELEGT							❀								
STUHL- ODER HARNDRANG (DAUERND)												❀			
SCHWINDEL			❀					❀			❀				
ERBRECHEN									❀					❀	
SCHWÄCHE						❀									
MODALITÄTEN – *wodurch sich der Zustand des Patienten bzw. seine Symptome bessern bzw. verschlechtern*															
SCHLIMMER															
VOR UND WÄHREND DER PERIODE	❀														
VORBEUGEN	❀														
ATMEN						❀									
WETTERWECHSEL			❀												
KÄLTE UND ZUGLUFT												❀			
WÄHREND DES REGELFLUSSES					❀								❀		❀

WANN DER ARZT EINZUSCHALTEN IST

Unverzüglich – hier tut Eile not!
- Wenn die Schmerzen ungewöhnlich stark sind.
- Wenn eine Periode ausgeblieben und eine Schwangerschaft nicht auszuschließen ist.
- Bei starken oder ungewöhnlichen Schmerzen.

Innerhalb von 24 Stunden
- Bei erheblichen Zwischenblutungen, selbst ohne Schmerzen.
- Bei stets wiederkehrenden unerklärlichen Schmierblutungen zwischen den Perioden.
- Bei untypischem Ausfluß aus der Scheide, vor allem wenn er mit Unterbauchschmerzen oder Fieber einhergeht.
- Bei Herpes genitalis.
- Bei Geschlechtsverkehr mit einer Person, die an einer Geschlechtskrankheit wie Gonorrhö, Syphilis oder einer Chlamydieninfektion leidet.

ÄRGERLICH WERDEN				x											
ERSCHÜTTERUNG	x														
BEWEGUNG	x				x	x									
NACHTS				x			x								
AUTOFAHREN						x									
STEHEN															x
STUHLGANG			x												
UNTERDRÜCKTER ÄRGER							x								
AN DER TAILLE EINENGENDE KLEIDUNG											x				
WASSERLASSEN			x												x
UMHERGEHEN	x														x
WARMES ZIMMER														x	
BESSER															
SOBALD DER REGELFLUSS EINSETZT											x				
ZURÜCKBEUGEN	x														
STARKES VORBEUGEN														x	
ZUSAMMENKRÜMMEN							x						x		
ÜBERKREUZEN DER BEINE															x
HITZE							x					x			
FRISCHLUFT														x	
FESTER DRUCK							x								
ANHALTENDER DRUCK	x						x					x			
SICH AUFRICHTEN	x														
STARKE ANSTRENGUNG															x
WÄRME				x											
ALLGEMEINE SYMPTOME, *die die ganze Person betreffen*															
PSYCHISCHE															
AUFREGUNG					x										
VERLANGT GESELLSCHAFT															x
KRITISCH UND SUCHT FEHLER				x									x		
SCHNELL AUFGESCHRECKT								x							
SCHMERZINTOLERANZ				x	x										
KANN BERÜHRUNG NICHT ERTRAGEN	x														
REIZBAR UND ÄRGERLICH				x			x			x			x	x	
LIBIDO VERSTÄRKT (VORHER)			x												
(NACHHER)										x					
WEINERLICH										x				x	
KÖRPERLICHE															
FROSTIG													x		
STAUUNGSZUSTÄNDE		x							x						
ERSCHÖPFT						x		x							
HITZEWALLUNGEN									x						
HEISS, BRAUCHT FRISCHE LUFT											x				
BLASS										x					
HERZKLOPFEN								x							x
RUHELOS				x			x								
EMPFINDLICHKEIT	x			x	x					x			x		
SCHWÄCHEGEFÜHL			x												
ERWEITERTE VENEN		x													
SCHWACH			x			x		x							

Abgebildet ist hier die Feldanemone, die Grundlage für Pulsatilla nigricans.

Blasenentzündung 1

Der erste Teil dieser Tabelle zeigt die **möglichen Ursachen** einer Blasenentzündung, die Formen, in denen sie zum **Ausbruch** kommen kann, die **Art des ausgeschiedenen Urins** sowie **einige Empfindungen**, die damit verbunden sein können. Die Symbole zeigen die Mittel mit der höchsten Entsprechung für die jeweilige Variable auf. Sobald Sie Ursache und Form des Ausbruchs abgeklärt, die Art des ausgeschiedenen Urins und die verschiedenen Empfindungen des Falls, dessen Anamnese Sie gerade erheben, identifiziert sowie die in Frage kommenden Arzneimittel notiert haben, schlagen Sie auf den folgenden Seiten die übrigen Charakteristika Ihres Falls nach. Stellen Sie auch hier wieder mit Hilfe der Symbole die passenden Mittel fest. Während Ihrer Arbeit mit den Tabellen werden Sie durch die Symbole nach und nach die nichtpassenden Mittel ausklammern und schließlich eine Endauswahl treffen können.

Die Arzneimittelnamen werden in der Tabelle selbst abgekürzt. In der unten stehenden Liste wird der volle Name aufgeschlüsselt.

ARZNEIMITTELSCHLÜSSEL

Apis	Apis mellifica	**Merc.**	Mercurius vivus
Canth.	Cantharis	**Nat. m.**	Natrium muriaticum
Caust.	Causticum	**Nux v.**	Nux vomica
Ferr. p.	Ferrum phosphoricum	**Puls.**	Pulsatilla
Kal. m.	Kalium muriaticum	**Sars.**	Sarsaparilla
Kal. p.	Kalium phosphoricum	**Staph.**	Staphysagria
Lyc.	Lycopodium clavatum	**Sulf.**	Sulfur
Mag. p.	Magnesium phosphoricum		

MITTEL	Apis	Canth.	Caust.	Ferr. p.	Kal. m.	Kal. p.	Lyc.	Mag. p.	Merc.	Nat. m.	Nux v.	Puls.	Sars.	Staph.	Sulf.
URSACHE – *warum die Symptome auftreten*															
FROST													●		
KÄLTE			●	●											
NASSKALTES WETTER													●		
EXZESSE (ESSEN, ALKOHOL, KAFFEE)											●				
AUFREGUNG						●									
ENTRÜSTUNG														●	
ÜBERANSTRENGUNG				●											
ÜBERARBEITUNG						●									
UNTERDRÜCKTE GEFÜHLE														●	
NASSE FÜSSE												●			
NASS UND KALT (WERDEN)												●			
SORGEN						●									
AUSBRUCH – *wann und wie die Symptome auftreten*															
ENTWICKELT SICH SCHNELL ZU ERNSTHAFTEM ZUSTAND		●													
LANGSAM				●											
LOKALISATION – *wo die Schmerzen sitzen*															
BLASE	●	●				●		●		●					
BLASENHALS		●		●											
HARNRÖHRE		●		●		●			●				●	●	●
HARNRÖHRENÖFFNUNG													●		
HARN – *Art des Urins*															
BIERÄHNLICH															●
BLUTIG	●	●							●	●	●	●			
FARBE NORMAL				●											
KLAR				●											
DUNKEL					●			●	●						
DUNKEL ODER HELL			●												
SCHMUTZIG GRAUGRÜNE ABLAGERUNGEN													●		
ÜBERMÄSSIG VIEL				●											
FLOCKIG														●	
FAULIG	●														

HARNGRIESS								✿																	
ÜBELRIECHEND													✿												
MILCHIG						✿	✿																		
SCHLEIM								✿					✿		✿										
BLASSGRÜN													✿												
EITER															✿										
MIT ROTEM SAND DARIN							✿			✿															
SPÄRLICH	✿			✿																					
SEDIMENTE			✿										✿												
RIECHT FAULIG															✿										
UNTERDRÜCKT				✿																					
DICK MIT SCHLEIM					✿																				
TRÜBE							✿						✿												
WEISSER SAND MIT SCHLEIM													✿												
GELB						✿																			
EMPFINDUNGEN – *wie sich die Schmerzen anfühlen*																									
KIND SCHREIT VOR DEM WASSERLASSEN							✿																		
KLARE SCHLEIMIGE ABSONDERUNG										✿															
KONZENTRIERT SICH, UM URIN ZURÜCKZUHALTEN												✿													
HARNDRANG																									
ANDAUERND	✿	✿																							
HÄUFIG	✿		✿								✿				✿										
OHNE ERFOLG			✿				✿				✿		✿												
AUF DEM RÜCKEN LIEGEND												✿													
STARK		✿																							
KEHRT RASCH ZURÜCK			✿																						
BEIM AUFSTEHEN (BESSER)													✿												
DRINGEND		✿									✿				✿										
INKONTINENZ NACHTS							✿						✿												
BEI NERVÖSER ERSCHÖPFUNG						✿																			
IM SCHLAF							✿					✿													
SCHWACH											✿														
UNWILLKÜRLICHER HARNDRANG														✿											
BLASENHALS (SCHMERZEN)											✿														
NACHTS (SCHLIMMER)															✿										
SCHMERZEN																									
BRENNEND	✿	✿	✿	✿		✿		✿	✿	✿	✿	✿		✿	✿										
KRAMPFEND								✿				✿													
SCHNEIDEND		✿			✿	✿	✿	✿		✿			✿												
EXTREM		✿																							
DRÜCKEND	✿						✿				✿														
STARK	✿	✿											✿												
SCHIESSEND								✿																	
HEFTIG	✿											✿													
WUND, SCHARF					✿																				

Abgebildet ist hier Smilax officinalis, die Grundlage für Sarsaparilla.

Blasen-entzündung 2

Dieser Teil der Tabelle zeigt **weitere mögliche Empfindungen** sowie einige **Begleitsymptome**, die mit einer Blasenentzündung verbunden sein können. Die Symbole zeigen die Mittel mit der höchsten Entsprechung für die jeweilige Variable auf. Sobald Sie die Empfindungen sowie die Begleitsymptome des Falls, dessen Anamnese Sie gerade erheben, identifiziert und die in Frage kommenden Arzneimittel notiert haben, schlagen Sie auf den folgenden Seiten die übrigen Charakteristika Ihres Falls nach. Stellen Sie auch hier wieder mit Hilfe der Symbole die passenden Mittel fest. Während Ihrer Arbeit mit den Tabellen werden Sie durch die Symbole nach und nach die nichtpassenden Mittel ausklammern und schließlich eine Endauswahl treffen können.

Die Arzneimittelnamen werden in der Tabelle selbst abgekürzt. In der unten stehenden Liste wird der volle Name aufgeschlüsselt.

ARZNEIMITTELSCHLÜSSEL

Apis	Apis mellifica	**Merc.**	Mercurius vivus
Canth.	Cantharis	**Nat. m.**	Natrium muriaticum
Caust.	Causticum	**Nux v.**	Nux vomica
Ferr. p.	Ferrum phosphoricum	**Puls.**	Pulsatilla
Kal. m.	Kalium muriaticum	**Sars.**	Sarsaparilla
Kal. p.	Kalium phosphoricum	**Staph.**	Staphysagria
Lyc.	Lycopodium clavatum	**Sulf.**	Sulfur
Mag. p.	Magnesium phosphoricum		

MITTEL	Apis	Canth.	Caust.	Ferr. p.	Kal. m.	Kal. p.	Lyc.	Mag. p.	Merc.	Nat. m.	Nux v.	Puls.	Sars.	Staph.	Sulf.
EMPFINDUNGEN (FORTSETZUNG)															
SCHMERZ (FORTSETZUNG)															
DURCHBOHREND		●													
BEISSEND	●														
STECHEND				●			●								
UNERTRÄGLICH													●		
DRUCK DUMPF, SCHWER (BLASE)							●								
SPASMEN (BLASE)								●							
ANSTRENGEND	●														
HÄLT BAUCH MIT DEN HÄNDEN							●								
TENESMUS AM ENDE DES WASSERLASSENS													●		
DRANG	●														
ANHALTEND								●	●						
HÄUFIG							●							●	
UNERTRÄGLICH		●													
UNWIDERSTEHLICH				●											
SCHMERZHAFT								●						●	
STARK												●			
UNKONTROLLIERBAR								●							
OHNE ERFOLG												●			
NOT		●													
PLÖTZLICH															●
URIN															
REICHLICH												●			
TRÖPFELND					●							●	●		●
IN STRÖMEN NACHTS IM BETT													●		
TROPFEN	●	●													
GROSSE MENGEN						●				●					
GEHT NUR SEHR LANGSAM AB									●						
SPÄRLICH	●								●						
KLEINE MENGEN	●		●						●						
HARNSTRAHL WIRD UNTERBROCHEN						●									

WASSERLASSEN																									
IMMER NACH DEM TRINKEN				●																					
HÄUFIG					●																				
IM SCHLAF			●																						
MEHR NACHTS ALS TAGSÜBER							●																		
SCHMERZEN DANACH										●				●											
AM ENDE													●												
VORHER								●			●														
DANN BESSER														●											
ANHALTEND		●				●									●										
WÄHREND		●									●			●	●										
LETZTE TROPFEN	●																								
BEIM HUSTEN			●							●		●													
SCHLIMMER BEIM HARNVERHALT								●						●											
HARNRÖHRE (SCHMERZEN IN)												●													
(JUCKEN IN)						●					●														
LANGES WARTEN AUF BLASENENTL./WENIG			●				●																		
SPHINKTERSCHWÄCHE						●																			
BEGLEITSYMPTOME – *andere die Blasenentzündung begleitende Symptome*																									
BAUCH BERÜHRUNGSEMPFINDLICH	●																								
ERKÄLTUNG (FOLGT EINER)															●										
VERSTOPFUNG			●																						
HUSTEN (VERURSACHT ABGANG VON URIN)				●																					
BLÄHUNGEN, AUFGETRIEBENSEIN							●																		
NIERENENTZÜNDUNG	●	●											●												
NIERENSCHMERZEN					●																				
SPASMEN IM REKTUM			●																						
NIERENKOLIK							●																		
DURSTLOS	●																								
ZUNGE WEISSGRAU BELEGT						●																			
HARNRÖHRE BLUTET						●																			
SCHWELLUNG UM SIE HERUM	●																								
STUHLDRANG (MIT SCHMERZEN)											●														
HARN ÄTZEND								●																	
VERURSACHT JUCKEN UND ENTZÜNDUNG								●																	
SCHARF, WUNDMACHEND														●	●										
EIGENTÜMLICHE – *ungewöhnliche Symptome*																									
JUCKEN AN DER HARNRÖHRENÖFFNUNG			●																						
SCHMERZEN SCHLIMMER BEI HARNVERHALT								●																	
BESSER BEI BEGINN DES WASSERLASSENS								●																	
GEFÜHL VON TROPFEN AN HARNRÖHRE HINAB														●											
MODALITÄTEN – *was den Zustand des Patienten bzw. die Blasenentzündung bessert oder verschlechtert*																									
SCHLIMMER																									
KALTE GETRÄNKE		●																							
KÄLTE UND ZUGLUFT											●														

Abgebildet ist hier die Honigbiene, die Grundlage für Apis mellifica.

Blasenentzündung 3

Dieser Teil der Tabelle zeigt **weitere Begleitsymptome**, die mit einer Blasenentzündung einhergehen können, einige **eigentümliche Symptome**, **Modalitäten,** die eine Besserung oder Verschlechterung bewirken können, sowie **allgemeine psychische und körperliche Symptome**. Die Symbole zeigen die Mittel mit der höchsten Entsprechung für die jeweilige Variable auf. Anhand des gesammelten Datenmaterials sollten Sie jetzt eine Endauswahl mit dem für Ihren Fall passendsten Mittel treffen können.

Wann ärztliche Hilfe nötig ist, lesen Sie rechts im Kasten.

Die Arzneimittelnamen werden in der Tabelle selbst abgekürzt. In der unten stehenden Liste wird der volle Name aufgeschlüsselt.

ARZNEIMITTELSCHLÜSSEL

- **Apis** Apis mellifica
- **Canth.** Cantharis
- **Caust.** Causticum
- **Ferr. p.** Ferrum phosphoricum
- **Kal. m.** Kalium muriaticum
- **Kal. p.** Kalium phosphoricum
- **Lyc.** Lycopodium clavatum
- **Mag. p.** Magnesium phosphoricum
- **Merc.** Mercurius vivus
- **Nat. m.** Natrium muriaticum
- **Nux v.** Nux vomica
- **Puls.** Pulsatilla
- **Sars.** Sarsaparilla
- **Staph.** Staphysagria
- **Sulf.** Sulfur

MITTEL	Apis	Canth.	Caust.	Ferr. p.	Kal. m.	Kal. p.	Lyc.	Mag. p.	Merc.	Nat. m.	Nux v.	Puls.	Sars.	Staph.	Sulf.
MODALITÄTEN (FORTSETZUNG)															
HITZE	●														
AUF DEM RÜCKEN LIEGEND												●			
MENSTRUATION (WÄHREND)													●		
BEWEGUNG, GEHEN														●	
NACHTS	●								●						●
BEI HARNVERHALT									●						
AUFSTEHEN (HARNDRANG)				●											
WASSERLASSEN															
NACH		●				●									
ZU BEGINN ODER AM ENDE									●						
VOR		●							●						
WÄHREND		●	●			●					●		●		●
AM ENDE													●		
DIREKT DANACH										●					
BESSER															
ZU BEGINN DES WASSERLASSENS									●						
ZUSAMMENKRÜMMEN								●							
KÄLTE	●														
HITZE UND DRUCK								●							
AUF DEM RÜCKEN LIEGEND											●				
AUTOFAHREN							●								
BEIM WASSERLASSEN													●		
ALLGEMEINE SYMPTOME, *die die ganze Person betreffen*															
PSYCHISCHE															
FOLGEN VON															
ABUSUS														●	
GEWALTANWENDUNG														●	
NOTZUCHT														●	
VERGEWALTIGUNG														●	
UNTERDRÜCKTER ÄRGER														●	
STIMMUNGSSCHWANKUNGEN												●			

ENTRÜSTUNG MIT ZITTERN														●											
REIZBAR											●														
NERVÖS, EMPFINDLICH, BLASS				●																					
NERVÖSE SCHWÄCHE						●																			
LEICHT BELEIDIGT														●											
RUHELOS, UNRUHIG, BEUNRUHIGT		●																							
EMPFINDLICH											●			●											
RÜHRSELIG, WEINERLICH												●													
KÖRPERLICHE																									
FROSTIG											●														
ENTKRÄFTET, AUSGELAUGT						●																			
KRÜMMT SICH ZUSAMMEN UND SCHREIT		●																							
ERSTE STADIEN EINER BLASENENTZÜNDUNG				●																					
ERRÖTET SCHNELL (GESICHT)				●																					
FOLGEMITTEL NACH FERRUM PHOSPHORICUM					●																				
HITZE UND STICKIGKEIT (ABNEIGUNG)												●													
HEISS, VERLANGT KÜHLE LUFT	●																								
INTENSIVE, SCHNELL AUFTRETENDE SCHMERZEN		●																							
MUSS SICH BEWEGEN					●																				
KEINE SCHMERZEN, DICKER, WEISSLICHER SCHLEIM		●																							
SCHWELLUNG	●																								
DURST (GROSSER)		●																							
DURSTLOS												●													
SCHWÄCHE, ERSCHÖPFUNGSZUSTAND (AUSGEPRÄGT)						●																			

Abgebildet ist hier Rittersporn, die Grundlage für Staphysagria.

WANN DER ARZT EINZUSCHALTEN IST

Unverzüglich – hier tut Eile not!

- Bei Fieber oder Nierenentzündung, die durch Schmerzen in der Nierenregion (Lende) gekennzeichnet ist. Die Nieren liegen beidseits der Wirbelsäule über der Taille. Wenn Sie Ihre Hände mit den Fingern nach hinten auf die Hüfte legen und sie dann zweieinhalb bis fünf Zentimeter über den Brustkorbansatz ziehen, erspüren Sie die Lenden.
- Bei Schüttelfrost.

Innerhalb von 24 Stunden

- Wenn eines der Symptome sehr stark ausgeprägt ist.
- Bei deutlichem Fieber, über 38,4 Grad Celsius.
- Wenn eine beträchtliche Menge von Blut im Urin ist. Er kann dann rosa, rot oder schmutzigbraun wie Tee (mit Milch) aussehen.
- Bei Erbrechen oder starken Kopfschmerzen.
- Bei Anschwellen von Händen, Gesicht oder Knöcheln.
- Männer mit Blasenentzündung – vor allem mit stets wiederkehrender – sollten in jedem Fall ihren Hausarzt konsultieren, da dies auf eine andere, langfristig gesehen möglicherweise ernsthafte Erkrankung der Harnwege hindeuten kann.

Kinderkrankheiten 1

Der erste Teil dieser Tabelle zeigt die **körperlichen und psychischen Symptome**, die bei MASERN auftreten können, zusammen mit einigen **Begleit- oder sonderlichen Symptomen.** Die Symbole zeigen die Mittel mit der höchsten Entsprechung für die jeweilige Variable auf. Sobald Sie die Symptome des Falls, dessen Anamnese Sie gerade erheben, identifiziert und die in Frage kommenden Arzneimittel notiert haben, schlagen Sie auf den folgenden Seiten die übrigen Charakteristika Ihres Falls nach. Stellen Sie auch hier wieder mit Hilfe der Symbole die passenden Mittel fest. Während Ihrer Arbeit mit den Tabellen werden Sie durch die Symbole nach und nach die nichtpassenden Mittel ausklammern und schließlich eine Endauswahl treffen können. Wann ärztliche Hilfe nötig ist, schlagen Sie in den Abschnitten über **Fieber** (Seite 140–156) und **Kopfschmerzen** (Seite 157–165) nach. Mit dieser Tabelle kann auch bei Masern im Erwachsenenalter gearbeitet werden.

Die Arzneimittelnamen werden in der Tabelle selbst abgekürzt. In der unten stehenden Liste wird der volle Name aufgeschlüsselt.

ARZNEIMITTELSCHLÜSSEL

Acon.	Aconitum napellus
Apis	Apis mellifica
Ars.	Arsenicum album
Bell.	Belladonna
Bry.	Bryonia album
Camph.	Camphora officinarum
Carb. v.	Carbo vegetabilis
Euph.	Euphrasia officinalis
Ferr. p.	Ferrum phosphoricum
Gels.	Gelsemium sempervirens
Kal. bi.	Kalium bichromicum
Merc.	Mercurius vivus
Puls.	Pulsatilla
Rhus t.	Rhus toxicodendron
Sulf.	Sulfur

MITTEL	Acon.	Apis	Ars.	Bell.	Bry.	Camph.	Carb. v.	Euph.	Ferr. p.	Gels.	Kal. bi.	Merc.	Puls.	Rhus. t.	Sulf.
MASERN															
LUFT, KALTE FRISCHE (VERLANGEN)													●		
FRISCHE (VERLANGEN)						●									
ANGST			●												
ÄNGSTLICH UND FURCHTSAM	●														
APATHISCH, SCHLÄFRIG										●					
BERAUSCHTES AUSSEHEN										●					
BESSER															
KÄLTE					●										
HITZE				●											
FRISCHLUFT (NASE, AUGEN)								●							
STILLHALTEN					●										
ATEM ÜBELRIECHEND												●			
KATARRH BRENNEND, STECHEND															●
WECHSELHAFTE SYMPTOME UND STIMMUNGEN													●		
BRUST BESONDERS BETROFFEN					●										
STICHE					●										
REISSENDE SCHMERZEN					●										
SCHÜTTELFROST UND HITZE										●					
FROST DEN RÜCKEN HINAUF UND HINUNTER										●					
FROSTIG (ABNEIGUNG GEGEN HITZE)													●		
KALT (SEHR)						●									
VERSTOPFUNG					●										
GENESUNG LANGSAM															●
MILDER FLIESSCHNUPFEN								●							
WÄSSRIG, BRENNT AN DEN LIPPEN										●					
HUSTEN								●							
TROCKEN UND KRUPPIG	●														

TROCKEN NACHTS, TAGSÜBER LOCKER													x												
TROCKEN, HART, SCHMERZHAFT					x																				
RAUH UND KRUPPIG										x															
RASSELND											x														
DELIRIÖS		x	x	x	x																				
DELIRIUM (MILD)														x											
DURCHFALL			x																						
DURCHFALL NACH FIEBER													x												
PROFUS						x																			
VERDAUUNGSSTÖRUNGEN													x												
ABSONDERUNGEN DICK, GELB, MILD						x																			
ÜBELRIECHEND UND ERSCHÖPFEND			x										x												
SCHLÄFRIG				x																					
TROCKENHEIT				x																					
TROCKENHEIT VON MUND UND SCHLEIMHÄUTEN					x																				
VERLANGEN NACH KALTEN GETRÄNKEN														x											
VERABSCHEUT STÖRUNGEN											x														
OHRENSCHMERZEN												x	x												
ERGÜSSE		x																							
EXTREMITÄTEN KALT				x			x																		
AUGE (ODER AUGEN)																									
SCHMERZEND UND ROT	x				x																				
SCHARFE, WASSRIGE, EITRIGE ABSONDERUNGEN								x																	
GLÄNZEND UND ROT								x																	
UM SIE HERUM ENTZÜNDET		x						x																	
SCHLEICHEND FORTBESTEHENDE BESCHWERDEN													x												
AUGENLIDER GESCHWOLLEN, GESCHWÜRIG												x													
GESICHT																									
SCHWÄRZLICH							x																		
BLASS					x																				
ABGEHÄRMTES AUSSEHEN						x																			
GESCHWOLLEN				x																					
GESCHWOLLEN UND DUNKELROT										x															
WILL LUFT ZUGEFÄCHELT BEKOMMEN							x																		
FÜSSE HEISS (STRECKT SIE AUS DEM BETT)															x										
FIEBER								x																	
GRADUELL ANSTEIGEND										x															
HOCH		x		x																					
KEIN HOHES FIEBER													x												
KOPF HEISS				x			x																		
KOPFSCHMERZEN																									
MIT BLUTANDRANG ZUM KOPF							x																		

Abgebildet ist hier der Giftjasmin, die Grundlage für Gelsemium sempervirens.

Kinderkrankheiten 2

Dieser Teil der Tabelle zeigt weitere **körperliche und psychische Symptome**, die bei MASERN auftreten können, zusammen mit einigen **Begleit- oder sonderlichen Symptomen.** Die Symbole zeigen die Mittel mit der höchsten Entsprechung für die jeweilige Variable auf. Anhand des gesammelten Datenmaterials sollten Sie jetzt eine Endauswahl mit dem für Ihren Fall passendsten Mittel treffen können. Wann ärztliche Hilfe nötig ist, schlagen Sie in den Abschnitten über **Fieber** (Seite 140–156) und **Kopfschmerzen** (Seite 157–165) nach. Mit dieser Tabelle kann auch bei Masern im Erwachsenenalter gearbeitet werden.

Die Arzneimittelnamen werden in der Tabelle selbst abgekürzt. In der unten stehenden Liste wird der volle Name aufgeschlüsselt.

ARZNEIMITTELSCHLÜSSEL

Acon.	Aconitum napellus
Apis	Apis mellifica
Ars.	Arsenicum album
Bell.	Belladonna
Bry.	Bryonia album
Camph.	Camphora officinarum
Carb. v.	Carbo vegetabilis
Euph.	Euphrasia officinalis
Ferr. p.	Ferrum phosphoricum
Gels.	Gelsemium sempervirens
Kal. bi.	Kalium bichromicum
Merc.	Mercurius vivus
Puls.	Pulsatilla
Rhus t.	Rhus toxicodendron
Sulf.	Sulfur

MITTEL	Acon.	Apis	Ars.	Bell.	Bry.	Camph.	Carb. v.	Euph.	Ferr. p.	Gels.	Kal. bi.	Merc.	Puls.	Rhus t.	Sulf.										
MASERN (FORTSETZUNG)																									
KOPFSCHMERZEN (FORTSETZUNG)																									
DUMPF, SCHWER										✿															
FRONTAL					✿																				
INTENSIV								✿																	
IM HINTERKOPF										✿															
KLOPFEND				✿				✿																	
HITZE (ABNEIGUNG)													✿												
IM WECHSEL MIT FROST							✿																		
SCHWEREGEFÜHL UND MÜDIGKEIT										✿															
HOHER, SCHRILLER SCHREI		✿																							
TRITT DECKEN WEG						✿																			
LIEGT STILL (VERLANGEN)					✿																				
LIPPEN ENTZÜNDET		✿																							
LYMPHDRÜSEN VERGRÖSSERT							✿				✿														
BEWEGUNGSLOS										✿															
NASENABSONDERUNG KLAR	✿																								
DICK, GELB, FADENARTIG											✿														
ÜBELKEIT NACH FIEBER													✿												
DEUTLICH ERKENNBARE ÖDEME		✿																							
AUSBRUCH PLÖTZLICH	✿			✿																					
LANGSAM										✿															
SCHMERZEN STECHEND		✿																							
LICHTSCHEU	✿							✿																	
DRUCK AN DER NASENWURZEL											✿														
ERSCHÖPFUNGSZUSTAND			✿												✿										
AUSSCHLAG								✿																	
TROCKEN, HEISS, BRENNEND												✿		✿											
ENTWICKELT SICH NICHT		✿				✿									✿										

JUCKEND														●											
KRATZEN LINDERT NICHT														●											
STICHT UND BRENNT															●										
SCHLIMMER DURCH WASSER UND WASCHEN															●										
RUHELOSIGKEIT	●													●											
RUHELOSIGKEIT (GROSSE)			●																						
UNRUHIGER SCHLAF	●																								
HAUT JUCKEND, BRENNEND	●																								
BRENNEND ROT				●																					
HEISS, SCHWÄRZLICHROT ERRÖTET															●										
SCHLAFLOS				●																					
NIESEN										●															
KÖRPER UND GLIEDER SCHMERZEN					●																				
WUNDHEITSGEFÜHL														●											
STICHE IN DER BRUST	●																								
STUPURÖS		●												●											
SCHWELLUNGEN		●																							
GESCHMACK BITTER					●																				
HEISSE, BRENNENDE TRÄNEN IN STRÖMEN								●																	
TRÄNENREICH, REIZBAR		●																							
TEMPERATURSPRÜNGE													●												
DURST	●			●	●										●										
DURSTLOSIGKEIT		●								●			●												
HALSENTZÜNDUNG				●						●															
MÜDE UND SCHWACH										●					●										
ZUNGE GESCHWOLLEN, DICK BELEGT												●													
ZUCKUNGEN (MUSKELN)					●																				
MUSKELZUCKEN UND -HÜPFEN				●																					
URIN SPÄRLICH		●																							
IM FRÜHEN KRANKHEITSSTADIUM EINZUSETZEN	●								●																
SAGT IM DELIRIUM, ER WOLLE NACH HAUSE GEHEN					●																				
RÜHRSELIG, ANHÄNGLICH													●												
SCHLIMMER																									
BEI RUHE														●											
BETTWÄRME															●										
ERSCHÜTTERUNG				●																					
LICHT				●																					
GEHEN					●																				
BEWEGUNG					●																				
NACHTS														●											
GERÄUSCHE				●																					
DRUCK				●																					
UNTERDRÜCKTER AUSSCHLAG		●			●			●																	

Abgebildet ist hier die Honigbiene, die Grundlage für Apis mellifica.

Kinder-krankheiten 3

Dieser Teil der Tabelle zeigt die **körperlichen und psychischen Symptome**, die bei MUMPS auftreten können, zusammen mit einigen **Begleit- oder eigentümlichen Symptomen.** Die Symbole zeigen die Mittel mit der höchsten Entsprechung für die jeweilige Variable auf. Sobald Sie die Symptome des Falls, dessen Anamnese Sie gerade erheben, identifiziert und die in Frage kommenden Arzneimittel notiert haben, schlagen Sie auf den folgenden Seiten die übrigen Charakteristika Ihres Falls nach. Stellen Sie auch hier wieder mit Hilfe der Symbole die passenden Mittel fest. Während Ihrer Arbeit mit den Tabellen werden Sie durch die Symbole nach und nach die nichtpassenden Mittel ausklammern und schließlich eine Endauswahl treffen können. Wann ärztliche Hilfe nötig ist, schlagen Sie in den Abschnitten über **Fieber** (Seite 140–156) und **Kopfschmerzen** (Seite 157–165) nach. Mit dieser Tabelle kann auch bei Mumps im Erwachsenenalter gearbeitet werden.

Die Arzneimittelnamen werden in der Tabelle selbst abgekürzt. In der unten stehenden Liste wird der volle Name aufgeschlüsselt.

ARZNEIMITTELSCHLÜSSEL

Acon. Aconitum napellus
Apis Apis mellifica
Ars. Arsenicum album
Bell. Belladonna
Bry. Bryonia album
Carb.v Carbo vegetabilis
Jab. Jaborandi
Lach. Lachesis
Lyc. Lycopodium clavatum
Merc. Mercurius vivus
Phyt. Phytolacca decandra
Puls. Pulsatilla
Rhus t. Rhus toxicodendron

MITTEL / MUMPS	Acon.	Apis	Ars.	Bell.	Bry.	Carb. v.	Jab.	Lach.	Lyc.	Merc.	Phyt.	Puls.	Rhus. t.
ALLEINSEIN (KANN ES NICHT ERTRAGEN)		•											
(WILL ALLEIN SEIN)					•								
ANGST			•										
BRÜSTE, EIERSTÖCKE, HODEN MITBETEILIGT			•			•	•				•	•	
FROSTIGKEIT			•										•
KALT (EMPFINDLICH GEGEN)													•
KÄLTE ODER KÜHLE DINGE (VERLANGEN)		•											
VERSTOPFUNG				•									
BENOMMEN				•									
DELIRIÖS				•									
TROCKENER MUND							•						
TROCKENHEIT				•									
EXTREMITÄTEN KALT				•									
AUGEN GLASIG UND WILD								•					
AUGENLIDER GESCHWOLLEN		•											
GESICHT BLASS (UND HAUT)											•		
BLASS UND KALT					•								
VERQUOLLEN UND ÖDEMATÖS		•											
ROT UND GESCHWOLLEN				•				•					
HOHES FIEBER				•									
DRÜSEN													
ÜBERALL VERGRÖSSERT												•	
HART UND EMPFINDLICH										•			
SCHMERZEN IN				•							•		
SPEICHELDRÜSEN HEISS				•									
GESCHWOLLEN, ENTZÜNDET											•		•
GESCHWOLLEN AUF DER LINKEN SEITE								•					
SCHLIMMER DURCH BERÜHRUNG								•					
UNTERKIEFERSPEICHELDRÜSE STEINHART											•		
VERGRÖSSERT							•			•			
ENTZÜNDET, GESCHWOLLEN											•		
SPANNUNGSGEFÜHL											•		

SUBMAXILLÄR VERGRÖSSERT							✿						✿												
KOPF HEISS				✿																					
KOPFSCHMERZEN KLOPFEND				✿																					
HITZE (VERLANGEN)				✿																					
ENTZÜNDUNG				✿																					
REIZBAR					✿																				
KIEFER STEIF							✿																		
FORTGESCHRITTENE FIEBERSTADIEN										✿		✿													
LINKE SEITE STÄRKER BETROFFEN								✿					✿												
GLIEDERSCHMERZEN													✿												
LIPPEN TROCKEN					✿																				
HERPES													✿												
BEWEGUNG (LEICHTESTE) VERURSACHT SCHMERZEN					✿																				
MUND TROCKEN												✿													
AUSGEPRÄGTE ÖDEME		✿																							
GERUCH FAUL										✿															
AUSBRUCH PLÖTZLICH	✿																								
SCHNELL UND HEFTIG				✿																					
FRISCHLUFT (VERLANGEN)												✿													
(BESSER DURCH)	✿																								
SCHMERZEN BRENNEND, STECHEND		✿																							
SCHIESSEN BEIM SCHLUCKEN ZU DEN OHREN											✿														
PUPILLEN ERWEITERT				✿																					
AUSSCHLAG FEIN UND GLATT				✿																					
RÖTE		✿		✿																					
RUHELOSIGKEIT (GROSSE)	✿												✿												
RECHTE SEITE STÄRKER BETROFFEN				✿						✿															
VON DER RECHTEN ZUR LINKEN SEITE WANDERND									✿																
SPEICHELFLUSS REICHLICH							✿			✿															
EIWEISSARTIG							✿																		
SCHLUCKBESCHWERDEN				✿				✿			✿														
SCHWELLUNG		✿																							
SCHWEISS PROFUS							✿			✿															
NACHTS										✿															
FEUCHTKALT			✿																						
KALT AUF DER STIRN						✿																			
KOMMT UND GEHT		✿																							
ÜBELRIECHEND										✿															
SPRECHEN FÄLLT SCHWER							✿																		
GESCHMACK FAUL, METALLISCH, SÜSSLICH										✿															
SCHLECHT												✿													
DURST	✿																								
REICHLICH				✿	✿																				
GROSS	✿																								
INTENSIV							✿																		

Abgebildet ist hier die Tollkirsche, die Grundlage für Belladonna.

Kinderkrankheiten 4

Dieser Teil der Tabelle zeigt weitere **körperliche und psychische Symptome**, die bei MUMPS auftreten können, zusammen mit einigen **Begleit- oder sonderlichen Symptomen** sowie einigen bei WINDPOCKEN vorliegenden Symptomen. Die Symbole zeigen die Mittel mit der höchsten Entsprechung für die jeweilige Variable auf. Anhand des gesammelten Datenmaterials sollten Sie jetzt eine Endauswahl mit dem für Ihren Fall passendsten Mittel treffen können. Wann ärztliche Hilfe nötig ist, schlagen Sie in den Abschnitten über **Fieber** (Seite 140–156) und **Kopfschmerzen** (Seite 157–165) nach. Mit dieser Tabelle kann auch bei Mumps und Windpocken im Erwachsenenalter gearbeitet werden.

Die Arzneimittelnamen werden in der Tabelle selbst abgekürzt. In der unten stehenden Liste wird der volle Name aufgeschlüsselt.

ARZNEIMITTELSCHLÜSSEL

- **Acon.** Aconitum napellus
- **Apis** Apis mellifica
- **Ant. t.** Antimonium tartaricum
- **Ars.** Arsenicum album
- **Bell.** Belladonna
- **Bry.** Bryonia album
- **Carb. v** Carbo vegetabilis
- **Jab.** Jaborandi
- **Lach.** Lachesis
- **Lyc.** Lycopodium clavatum
- **Merc.** Mercurius vivus
- **Phyt.** Phytolacca decandra
- **Puls.** Pulsatilla
- **Rhus t.** Rhus toxicodendron

MITTEL	Acon.	Apis	Ars.	Bell.	Bry.	Crarb. v.	Jab.	Lach.	Lyc.	Merc.	Phyt.	Puls.	Rhus. t.
MUMPS (FORTSETZUNG)													
DURST (FORTSETZUNG)													
TROCKEN, BRENNEND													●
AUF SCHLÜCKCHEN			●										
AUF KALTES WASSER					●								
DURSTLOS				●									
KLOPFEN								●					
HALS													
BRENNEND				●									
TROCKEN AM RACHEN							●						
TROCKEN, RAUH											●		
ENTZÜNDET								●					
SPASMEN				●									
MANDELN GESCHWOLLEN							●						
ZUNGE PELZIG							●						
GESCHWOLLEN										●			
DICK BELEGT, GELB UND WEISS												●	
PLÖTZLICHE ZUCKUNGEN UND MUSKELHÜPFEN				●									
WARMES ZIMMER (SCHLIMMER)	●											●	
WARME GETRÄNKE (VERLANGEN)									●				
BESSERN									●				
WEINERLICHES, ANHÄNGLICHES KIND												●	
BETTNÄSSEN				●									
SCHWÄCHE (STARK)			●										
SCHLIMMER													
NASSKALTES WETTER											●		●
KALTER WIND													●
HITZE		●											
LIEGEN IN												●	
BETTWÄRME		●									●		
LEICHTESTE(R) BERÜHRUNG, DRUCK		●						●					
NACHTS											●	●	●
BERÜHRUNG				●									

MITTEL	Ant. t.	Ars.	Bell.	Merc.	Puls.	Rhus. t.		
WINDPOCKEN								
BESSER DURCH FRISCHLUFT					✿			
ATEM ÜBELRIECHEND				✿				
BRONCHITIS	✿							
FROSTIGKEIT		✿						
HUSTEN (RASSELND)	✿							
ABSONDERUNGEN WIRKEN REIZEND				✿				
SCHLÄFRIG, OHNE SCHLAFEN ZU KÖNNEN			✿					
TROCKENHEIT					✿			
BLÄSCHENAUSSCHLAG (GROSS, EITERGEFÜLLT)		✿		✿		✿		
OFFEN, ENTZÜNDET		✿		✿				
GESICHT ROT, ERHITZT			✿					
FIEBER					✿			
FIEBER (NIEDRIG)					✿			
HALSDRÜSEN GESCHWOLLEN				✿				
KOPFSCHMERZEN STARK			✿					
ÜBELLAUNIG	✿							
JUCKEN		✿			✿			
INTENSIV						✿		
SCHLIMMER DURCH KRATZEN						✿		
NACHTS						✿		
BEI RUHE						✿		
BEI WÄRME					✿			
LYMPHKNOTEN VERGRÖSSERT					✿			
JAMMERT	✿							
ÜBELKEIT UND WÜRGEN	✿							
FÜHLT SICH NIE WOHL								
SCHMERZEN BRENNEND		✿						
BESSER DURCH HITZE		✿						
BESSER DURCH HEISSE ANWENDUNGEN		✿						
AUSSCHLAG ENTWICKELT SICH LANGSAM	✿							
MIT PUSTELBILDUNG ODER BLAU	✿							
RUHELOS						✿		
SPEICHELFLUSS PROFUS				✿				
HAUT KALT	✿							
SEHR HEISS			✿					
WUND				✿				
SCHLAFSTÖRUNGEN						✿		
SPEICHEL WEISS	✿							
SCHWEISS GERING					✿			
ÜBELRIECHEND				✿				

MITTEL	Ant. t.	Ars.	Bell.	Merc.	Puls.	Rhus. t.		
WINDPOCKEN (FORTSETZUNG)								
SCHWEISS (FORTSETZUNG)								
PROFUS				✿				
DURST, WENIG					✿			
ZUNGE WEISS	✿							
DICK BELEGT	✿							
BERÜHRUNG (WIRD NICHT ERTRAGEN)	✿							
PLÖTZLICHE ZUCKUNGEN UND MUSKELHÜPFEN			✿					
BLÄSCHEN EITERN				✿				
WEINERLICHES, ANHÄNGLICHES KIND					✿			
JAMMERT UND KLAGT	✿				✿			
SCHLIMMER								
NACH MITTERNACHT		✿						
DURCH KÄLTE		✿		✿				
DURCH HITZE				✿	✿			
NACHTS				✿	✿			

Abgebildet ist hier Tartarus emeticus, die Grundsubstanz von Antimonium tartaricum.

Stillprobleme

Diese eigenständige Tabelle zeigt einige der häufigeren Probleme, die beim Stillen auftreten können. Berücksichtigt werden Probleme mit den Brustwarzen und Brüsten sowie der Milchbildung. Angegeben werden die hier jeweils hilfreichsten Mittel, die alle für das Baby unbedenklich sind.

Einige der in dieser Tabelle angegebenen Mittel haben ihre spezielle Anwendung bei Stillproblemen und tauchen an keiner anderen Stelle im Buch auf. Es handelt sich dabei um *Castor equi*, das aus den Schuppen des rudimentären Großzehennagels des Pferdes gewonnen wird, *Hydrastis canadensis*, das aus der Kanadischen Gelbwurz hergestellt wird, und *Lac defloratum*, dessen Ausgangsstoff entrahmte Kuhmilch ist.

Die Arzneimittelnamen werden in der Tabelle selbst abgekürzt. In der unten stehenden Liste wird der volle Name aufgeschlüsselt.

ARZNEIMITTELSCHLÜSSEL

Arn.	Arnica montana
Bell.	Belladonna
Bry.	Bryonia album
Calc.	Calcarea carbonica
Cast. eq.	Castor equi
Con.	Conium maculatum
Hep.	Hepar sulphuris calcareum
Hydr.	Hydrastis canadensis
Lac d.	Lac defloratum
Merc.	Mercurius vivus
Phyt.	Phytolacca decandra
Puls.	Pulsatilla

MITTEL	Arn.	Bell.	Bry.	Calc.	Cast.eq.	Con.	Hep.	Hydr.	Lac d.	Merc.	Phyt.	Puls.
STILLEN												
ABSZESSBILDUNG											●	
BRÜSTE HELLROT UND HEISS		●										
HART UND SCHWER											●	
ENTZÜNDET (MILCHSTAU)			●									
KNOTEN (HART)											●	
ROTE STREIFEN		●										
MÜSSEN GEHALTEN WERDEN			●									
EMPFINDLICH (SEHR)		●										
HILFT ABZUSTILLEN												●
HITZE INTENSIV							●					
UNTERSTÜTZT DIE MILCHBILDUNG				●					●			
BRUSTWARZEN ABGESCHÜRFT								●				
GESPRUNGEN					●							
SCHRUNDIG											●	
TIEFLIEGEND							●				●	
EMPFINDLICH					●							
WUND					●						●	
AUSBRUCH SCHNELL			●									
SCHMERZEN BRENNEND			●									
INTENSIV											●	
VON LINKS NACH RECHTS						●						
AUSSTRAHLEND											●	
STECHEND, REISSEND			●									
KLOPFEND		●										
EITERBILDUNG HAT EINGESETZT							●					
SCHLIMMER DURCH ERSCHÜTTERUNG		●										
BEWEGUNG			●									
BERÜHRUNG (LEICHTESTE)		●										
HITZE, KÄLTE, ALLES										●		

Reise-krankheit

Diese eigenständige Tabelle zeigt die **körperlichen und psychischen Symptome** der Reisekrankheit zusammen mit einigen **Begleit- oder eigentümlichen Symptomen.** Die Symbole zeigen die Mittel mit der höchsten Entsprechung für die jeweilige Variable auf. Anhand des gesammelten Datenmaterials sollten Sie eine Endauswahl mit dem für Ihren Fall passendsten Mittel treffen können. Schlagen Sie auch in den Tabellen zum Thema **Kopfschmerzen** (Seite 157–165) und **Bauchbeschwerden** (Seite 202–217) nach.

In China wurde Ingwer (Stamm und Wurzel) vor über zweitausend Jahren zur Behandlung von Übelkeit eingesetzt. Auch kandiert oder in Keksform hilft er, Reisekrankheit zu bekämpfen. Bei Erwachsenen hilft hier auch *Nux vomica* (siehe Seite 98).

Die Arzneimittelnamen werden in der Tabelle selbst abgekürzt. In der unten stehenden Liste wird der volle Name aufgeschlüsselt.

MITTEL	Cocc.	Petr.	Sep.	Staph.	Tab.
MIGRÄNE	•				
SINKT ZUSAMMEN (ALS WOLLTE ER)	•				
FLAUES GEFÜHL IM MAGEN			•		
SCHWEISS (PROFUS, KALT)					•
SPRECHEN (ZU SCHWACH ZUM)	•				
SCHWINDEL		•			
ERBRECHEN	•				
GALLEBRECHEN			•		
SCHLIMMER					
KÄLTE	•				
ESSEN	•		•		
FRISCHE LUFT	•	•			•
MORGENS			•		
BEWEGUNG	•		•		•
STICKIGER RAUM					•
DENKEN AN NAHRUNG			•		
WÄRME					•

Abgebildet ist hier Ritterspornsamen, die Grundsubstanz von Staphysagria.

MITTEL	Cocc.	Petr.	Sep.	Staph.	Tab.
AUFSTOSSEN (SAUER)			•		
BESSER IM LIEGEN	•				
MIT GESCHLOSSENEN AUGEN					•
WENN LUFT ZUGEFÄCHELT WIRD					•
FRISCHE LUFT			•		
FRISCHE LUFT (ÜBELKEIT)					•
FRISCHLUFT					•
RUHIG UND DUNKEL					•
KÖRPER KALT					•
BENOMMENHEIT	•	•			•
BESSER DURCH FRISCHE LUFT					•
ESSEN (WILL WÄHREND DER SCHMERZEN)				•	
LEERHEIT		•			
OHNMACHTS-, LEERE-, SCHWÄCHEGEFÜHL	•	•	•		
ESSEN (ABNEIGUNG)	•				
KOPFSCHMERZEN (HINTERKOPF)	•				
MIT ÜBELKEIT		•			
SCHLIMMER BEIM VORBEUGEN			•		
BEIM BEWEGEN			•		
HOHLHEIT (EMPFINDUNG VON)			•		
HUNGERGEFÜHL	•				
UNTERDRÜCKTE ENTRÜSTUNG		•			
HINLEGEN (MUSS SICH)				•	
ÜBELKEIT	•	•	•	•	•
ÜBELKEIT IN WELLEN	•				
TAUBHEITSGEFÜHL, KÖRPERTEILE SCHLAFEN EIN	•				
MAGENSCHMERZEN		•			
BLÄSSE					•
SPEICHELFLUSS EXZESSIV		•			

Abgebildet ist oben die Kermesbeere, die Grundlage für Phytolacca.

ARZNEIMITTEL-SCHLÜSSEL

Cocc.	Cocculus indicus
Petr.	Petroleum
Sep.	Sepia
Staph.	Staphysagria
Tab.	Tabacum

Konstitutionsstörungen

Chronische Krankheiten spiegeln den Gesundheitszustand eines Menschen auf wesentlich tieferer Ebene wider, als dies die einfachen akuten Erkrankungen tun, deren Behandlung hier in diesem Buch besprochen wurde. Sie sind von Natur aus wesentlich komplexer angelegt, hauptsächlich in der westlichen Welt, in der Gesundheitsstörungen oft die Komplexität unseres Lebensstils und das breite Spektrum verschiedener Stressoren reflektieren. Es kommt nicht selten vor, daß sich der Gesundheitszustand eines Menschen innerhalb einiger Jahre als Reaktion auf bestimmte sich wandelnde Umweltstressoren verändert. Nehmen wir als Beispiel eine Person, die als Kind nie etwas anderes als Erkältungen und Halsentzündungen hatte, als Teenager dann an Kopfschmerzen und als Twen an Bauchschmerzen leidet, um schließlich im vierten Lebensjahrzehnt mit der Diagnose Reizdarmsyndrom konfrontiert zu werden. Diese Ereignisfolge könnte sich, wenn hier nicht eingegriffen wird, zu anderen, ernsthafteren Störungen auswachsen. Mit jedem Mal wird die Person etwas kranker: Obwohl die ursprünglich vorliegende »Erkrankung« nach außen hin verschwunden ist, ist sie doch nicht wirklich geheilt worden. Sie hat lediglich ihre Form verändert, um in einem anderen Bereich wieder aufzutreten. Ganzheitlich betrachtet, hat dieselbe »Krankheit« ein Leben lang fortbestanden.

Hierarchie der Symptome

Die Beurteilung eines Patienten, der eine Konstitutionsbehandlung erfährt, beinhaltet die Bewertung seines Gesundheitszustands auf allen Ebenen – der körperlichen, geistigen und emotionalen. Da jeder Mensch durch ein ihm innewohnendes intelligentes System gesteuert wird, ist es nur folgerichtig, daß, sollten körperliche Beschwerden und Funktionsstörungen nötig sein, um die Harmonie innerhalb des Systems als Ganzes zu bewahren, sich Krankheit in den am wenigsten wichtigen Körperteilen manifestiert und so die höheren Körperfunktionen so lange wie möglich aufrechterhalten werden. Es gibt also eine Hierarchie der Symptome und Krankheiten. So ist etwa auf körperlicher Ebene ein Hautausschlag oder eine Erkältung im Vergleich zu einer Herz-, Lungen- oder Gehirnerkrankung von geringerer Bedeutung. Gelenk-, Muskel- und Darmerkrankungen liegen irgendwo in der Mitte. Auf emotionaler Ebene gehen Ärgerlichkeit und Reizbarkeit weniger tief als Ängste und Phobien, und im geistigen Bereich schließlich ist leichte Vergeßlichkeit lang nicht so gravierend, wie es Wahnvorstellungen und Verwirrtheitszustände sind.

Gefiederter Ritterspornsamen, die Basis für Staphysagria.

EINIGE KONSTITUTIONSSTÖRUNGEN

Arthritis	Hämorrhoiden	Pfeiffer-Drüsenfieber
Asthma	**Hiatushernie**	Prämenstruelles Syndrom
Beingeschwüre	Leimohr	Raynaud-Syndrom
Bronchitis	Meningoenzephalitis	**Reizdarmsyndrom**
Ekzeme	Menstruationsstörungen	Schielen
Endometriose	**Migräne**	Tinnitus
Fadenwurm	Nasenpolypen	**Warzen**
Fußpilz	Parasitenbefall	
Gürtelrose	**Peptisches Ulkus**	

Die **halbfett gedruckten** Störungen weisen auf akute Episoden hin. Sie lassen sich in vielen Fällen mit Mitteln behandeln, bei deren Auswahl Ihnen dieses Buch behilflich sein kann.

Verlagerung des Krankheitsschwerpunkts

Bei der Konstitutionsbehandlung wird die Manifestation einer Krankheit in Beziehung zu der oben angesprochenen Hierarchie bewertet und überwacht. Es ist nicht so sehr von Bedeutung, ob die Symptome gelindert worden sind, sondern vielmehr, ob sich die Krankheit in weniger wichtige Bereiche, das heißt die Hierarchieleiter weiter nach unten verschoben hat. Wer von seiner arthritischen Erkrankung »genesen ist«, kurze Zeit später jedoch eine Herzerkrankung entwickelt, der ist in Wirklichkeit nie richtig genesen – seine Krankheit hat sich nur verlagert.

Solche Verbindungen werden zwar auch von der Schulmedizin in besonderen Fällen anerkannt – die Bedeutung dieser Verbindung wird jedoch häufig nicht gesehen. So ist beispielsweise bekannt, daß Asthma und Ekzeme eine Korrelation aufweisen. Was aber häufig übersehen wird, ist, daß das Asthma immer dann verstärkt auftritt, wenn das Ekzem keine Beschwerden verursacht, und umgekehrt das Ekzem dann am schlimmsten ist, wenn das Asthma sich kaum äußert. Dieser normale Ablauf von Ereignissen wird häufig verschleiert, wenn die Störung ohne Berücksichtigung der Gesamtkonstitution des Patienten behandelt wird.

Behandlung akuter Symptome

Wenngleich chronische Zustände einer Konstitutionsbehandlung bedürfen, besitzen sie doch häufig auch ein akutes Element. So kann eine Arthritis zum Beispiel ein paar Tage lang an einem bestimmten Gelenk aufflackern und eine Hiatushernie ganz akut Sodbrennen oder Erbrechen verursachen. Dieses akute Element tritt bei den immer wiederkehrenden Störungen wie Migräne, Heuschnupfen oder Periodenschmerzen deutlicher in Erscheinung. Die akuten Phasen solcher chronischen Störungen lassen sich ähnlich den simplen akuten Störungen behandeln.

Doch bedenken Sie immer eines: Mit Hilfe dieses Buches werden Sie sicherlich das richtige Mittel finden, um Schmerzen oder Beschwerden zu lindern. Die kurative homöopathische Behandlung chronischer und rezidivierender Störungen aber sollte und kann im Grunde auch nur durch einen qualifizierten Homöopathen erfolgen.

SCHWANGERSCHAFT

EINE Schwangerschaft bietet sich für die Konstitutionsbehandlung geradezu an, weil in dieser Phase Veränderungen sehr viel schneller und einfacher stattfinden können als sonst üblich. Wenn Sie eine Schwangerschaft planen oder bereits schwanger sind, dann konsultieren Sie einen Homöopathen – hier bitte keine Selbstmedikation, und verschreiben Sie auch nichts schwangeren Freundinnen!

Für die Geburt selbst jedoch gibt es schon einige Mittel, die Sie selbst bedenkenlos einnehmen können. Die im folgenden aufgelisteten Mittel sollen den Körper bei einigen der Verzögerungen, die während der natürlichen Geburt auftreten können, unterstützen.

Eröffnungswehen
Wenn die Kontraktionen kommen und gehen und die Wehen nicht richtig einsetzen, nehmen Sie alle zwei Stunden eine Dosis *Pulsatilla* M200, bis die Kontraktionen entweder aufhören oder die Wehen richtig in Gang kommen.

Vorangehende Wehen
Sobald die Wehen definitiv gut vorangehen, nehmen Sie eine Dosis *Caulophyllum* M10.

Erschöpfung
Die Geburt wird anstrengend und geht nur langsam voran. Nehmen Sie eine Dosis *Kalium phosphoricum* 12mal alle 15 Minuten.

Das Neugeborene
Wenn beim Neugeborenen Zeichen von Schock oder Angst zu erkennen sind oder es zu lange eine blaurötliche Hautverfärbung behält, dann geben Sie eine Dosis *Aconitum* M in flüssiger Darreichungsform.

Blutung
Wenn die Blutung nach der Geburt zu stark ist, geben Sie eine Dosis von *Ipecacuanha* M200. Je schneller der Blutfluß, desto schneller sollte er dadurch auch gestoppt werden.

Sofort nach der Geburt
Geben Sie der Mutter dreimal alle drei Stunden eine Dosis *Arnica* M200. Beginnen Sie sofort nach der Entbindung damit. Der Körper soll sich dadurch schneller von möglichen Überdehnungen, Prellungen oder sonstigen Verletzungen erholen.

Der Tag danach
Nehmen Sie vom Tag nach der Geburt an drei Tage lang täglich eine Dosis *Bellis perennis* M ein, um die Replazierung der Organe an ihren natürlichen Ort zu unterstützen.

Notfallmittel/1

Die Homöopathie ist bei kleineren Unfällen, bei denen Erste Hilfe geleistet werden muß, von großem Nutzen. Der jetzt folgende Abschnitt ist nach Unfallkategorien geordnet. Innerhalb einer Kategorie sind die empfohlenen Mittel alphabetisch aufgelistet. Aus dem Verzeichnis rechts können Sie auf einen Blick die Notfallmittel ersehen. Eine Liste mit den für eine homöopathische Erste-Hilfe-Ausrüstung empfohlenen Mitteln finden Sie auf Seite 135.

Den Abschluß dieses Abschnitts bilden Richtlinien, die Ihnen helfen sollen zu entscheiden, wann ärztliche Hilfe notwendig ist.

VERZEICHNIS DER NOTFALLMITTEL

- Die wichtigsten Mittel sind halbfett gedruckt.
- Wann und wie schnell ärztliche Hilfe nötig ist, lesen Sie auf S. 244 und 245.

AUGENVERLETZUNGEN
Euphr., *Lach.*, **Symph.**

BISSE UND STICHE
Apis, **Led.**, **Nat. m.**, *Staph.*, *Urt.u.*

KNOCHENBRÜCHE
Arn., *Bry.*, *Calc.p.*, *Eup.per.*, *Sil.*, **Symph.**

KOPFVERLETZUNGEN
Arn., *Kal. phos.*, *Nat. sulf.*

PRELLUNGEN
Arn., *Bellis*, *Hyper.*, *Lach.*, *Led.*, *Ruta*, *Symph.*

SCHNITT- UND SCHÜRFWUNDEN
Cal., *Hyper.*, *Staph.*

SCHOCK
Arn.

SEPSIS
Lach.

SONNENSTICH UND HITZSCHLAG
Bell., *Cupr.*, *Glon.*

STICHWUNDEN
Apis, *Hyper.*, **Led.**

VERBRENNUNGEN
Cal., *Canth.*, *Caust.*, *Phos.*, *Urt.u.*

VERRENKUNGEN
Arn., *Rhus tox.*, *Ruta*

VERSTAUCHUNGEN UND ZERRUNGEN
Arn., *Bellis*, *Bry.*, *Calc.p.*, *Led.*, **Rhus t.**

BISSE UND STICHE

Apis

Apis: Deutliche Rötung, Schwellung, Hitze und Schmerzen. Schmerzen schlimmer durch Hitze. Hilft oft bei Urtikaria (Nesselsucht), die sich nach einem Biss oder Stich entwickelt (siehe auch *Urtica urens*).
Ledum: Mittel der Wahl bei Bienenstichen. Schwellung, Rötung, stechende und prickelnde Schmerzen. Der Körperteil fühlt sich kalt an, Kälteanwendungen bessern jedoch.
Natrium mur.: Sehr gutes Mittel für Bienen- und Wespenstiche. Das Mittel läßt sich auch in Pastenform direkt auf den Stich auftragen.
Staphysagria: Besonders gut für Kinder mit Stechmückenstichen, die groß werden und sich entzünden.
Urtica urens: Bei Nesselausschlag (Nesselfieber oder Urtikaria). Es ist eine Kombination aus *Apis, Ledum* und *Calendula*.

Natrium muriaticum

PRELLUNGEN

Hypericum

Arnica: Überall am Körper. Mittel der Wahl. Wund, geprellt, schmerzend.
Bellis per.: Bei tiefen Verletzungen von Muskeln und Gelenken, wenn Arnika nicht wirksam genug zu sein scheint.
Hypericum: Schwere Prellungen. Ge- oder eingequetschte Körperteile, vor allem die besonders sensiblen Körperpartien (siehe SCHNITT- UND SCHÜRFWUNDEN), mit denselben quälenden, schießenden Schmerzen und der starken Berührungsempfindlichkeit. Solche Schmerzen entstehen nach einem Sturz auf das Steißbein. Rückgraterschütterung.
Lachesis: Blaues Auge. Unterstützt die Blutresorp-

tion. Schlimmer durch Hitze, besser durch Erkältung, wie oben.
Ledum: Blaues Auge oder starke Prellungen. Blutergüsse, die sich kalt und taub anfühlen. Fühlen sich kalt an und werden besser durch Kälteanwendung.
Ruta: Prellungen der Knochenhaut (sie umhüllt die Knochenoberfläche und ist dort, wo die Knochen direkt unter der Haut liegen, wie Ellbogen, Schienbein oder Kniescheibe, besonders verletzungsanfällig.). Wundes, geprelltes, lahmes Gefühl.
Symphytum: Bei Verletzungen von Gelenkknorpel oder Knochenhaut, vor allem in Hautnähe, wo die Schmerzen extrem groß sind und *Ruta* innerhalb von 24 Stunden keine Linderung bringt. Stumpfe Traumata des Augapfels.

VERBRENNUNGEN

Causticum

Calendula: Bei Rötung ohne Blasenbildung, das heißt Verbrennungen ersten Grades, ist dies das Mittel der Wahl. Es wird auch zur Versorgung von Verbrennungen zweiten Grades (Blasen ohne Hautablösung) eingesetzt, sobald die Blasen aufgegangen sind und eine offene Wunde zurückbleibt (siehe SCHNITT- UND SCHÜRFWUNDEN).
Cantharis: Für Verbrennungen mit Blasenbildung, also Verbrennungen zweiten Grades, ist es das Mittel der Wahl. Nach Aufgehen der Blasen ist *Calendula*-Tinktur äußerlich auf der Verletzung anzuwenden.
Causticum: Das Mittel der Wahl bei Verbrennungen dritten Grades, wenn sich die Haut vollständig abgelöst hat. Diese wirklich ernsthaften Verbrennungen bedürfen auf jeden Fall ärztlicher Behandlung, oft sogar einer Hauttransplantation. *Causticum* hilft auch bei alten Verbrennungen, die nicht recht heilen wollen, und bei Folgeschäden.

Ruta

Phosphorus: Versengung durch elektrischen Strom oder Elektroschock.
Urtica urens: Kleinere Verbrennungen ohne Blasenbildung (Verbrennungen ersten Grades).

SCHNITT- UND SCHÜRFWUNDEN

Calendula: Tragen Sie die Tinktur lokal in einer Verdünnung von 1:25 mit sterilisiertem oder abgekochtem Wasser auf – ein Antiseptikum zum Säubern und zum Auftragen auf oberflächlichen Wunden können Sie dann weglassen. Gut bei extrem starken Schmerzen. Bei sauberen Schnitten mit stechenden Schmerzen. Risse von Dornen. Behandelt und beugt Eiterbildung vor. (*Calendula*-Wachssalbe oder -salbe wirkt beim Dammschnitt sehr beruhigend.) Verwenden Sie *Calendula* nicht bei tiefer Sepsis (Infektion), weil sie den Heilungsprozeß beschleunigt und damit die Gefahr besteht, daß die Sepsis in der Wunde eingeschlossen wird.
Hypericum: Bei tiefen Schnitten mit viel Schmerzen und Überempfindlichkeit gegen Berührung. Eingerissene Finger. Bei Verletzung von besonders empfindungsfähigen Körperteilen – Finger, Zehen, Anus, Wirbelsäule, Steißbein, Handflächen, Fußsohlen, Zähne. Die Schmerzen schießen charakteristischerweise vom Ort der Verletzung aus, oft besteht große Steifigkeit. Quälende, unerträgliche, schießende Schmerzen.

Calendula

Staphysagria: Bei sauberen Schnitten. Verletzungen durch scharfe Gegenstände mit stechenden, beißenden Schmerzen.
Rißwunden, nach der Operation einzusetzen. Es ist indiziert, wenn sich der Patient schlimmer durch Bewegung und besser durch Hitze und Druck fühlt.

VERRENKUNGEN

Arnica: Das Mittel der Wahl. Möglicherweise müßte *Rhus tox.* oder ein anderes Mittel nach Reponieren des Gelenks.
Ruta: Bei wiederholtem und schnellem Verrenken von Gelenken – nach dem Reponieren zu geben.

Notfallmittel/2

AUGENVERLETZUNGEN

Euphrasia: Für die Folgeschäden von Prellungen und anderen mechanischen Traumata – nach *Arnica* zu geben.
Bindehautentzündung nach Verletzung; die Augen sind heiß, brennen und tränen. Wundheitsgefühl. Sie fühlen sich im allgemeinen draußen an der frischen Luft besser – mit Ausnahme der Augen, bei denen die Tränen in Strömen fließen. Wirkt auch – als Augentropfen – sehr beruhigend als Augenbad.
Lachesis: Blaues Auge. Unterstützt die Blutresorption. Schlimmer durch Hitze, besser durch Kälte, wie oben.
Symphytum: Stumpfe Traumata des Augapfels, etwa bei Verletzung des Auges durch einen Tennis- oder Squashball.

Symphytum

KNOCHENBRÜCHE

Arnica: Hilft bei Schock, Prellungen und Schwellungen. Oft wegen des gleichzeitig vorliegenden Schocks – der Hauptindikation – das Mittel der Wahl. Der verletzte Bereich ist sehr berührungsschmerzhaft.
Bryonia: Manchmal bei Rippenbrüchen, wenn sich die Schmerzen bei Bewegung verschlimmern, der Patient absolut stillhalten muß und sich manchmal sogar auf die verletzte Seite legt, um sie an der Bewegung zu hindern.
Calc.phos.: Unterstützt den Knochenstoffwechsel. Kann hilfreich sein bei Mangelernährung oder bei schlecht heilenden Knochen.

Calcarea phosphorica

Eup. perf.: Hauptsymptom sind Schmerzen, ohne daß so starke Prellungen vorlägen, daß *Arnica* angezeigt wäre.
Silicea: Kann bei Absprengung kleiner Knochensplitter nützlich sein.
Symphytum: Mittel der Wahl. Erst nach dem Knochenrichten einzusetzen. Kann bei schlechter Frakturheilung nützlich sein.
Calc.phos.: Kann als Folgemittel nach *Symphytum* gegeben werden. Quälende, prickelnde, stechend scharfe Schmerzen an der Frakturstelle.

Silicea

KOPFVERLETZUNGEN

Schlagen Sie bitte am Ende dieses Kapitels nach, wann und wie dringend ärztliche Hilfe nötig ist.
Arnica: Bei Schock und/oder Prellung das Mittel der Wahl.
Kalium phos.: Bei Schwäche- und Erschöpfungszustand nach einer Kopfverletzung.
Natrium sulf.: Bei Kopfschmerzen, vor allem bei quetschenden, nagenden Schmerzen am Hinterkopf. Schläfrigkeit, Lichtempfindlichkeit, Brummen und Schmerzen am Scheitel. (*Merke:* Bei Verletzungen mit Schläfrigkeit und Lichtempfindlichkeit unbedingt ärztliche Hilfe suchen.) Besser durch kalte Luft. Nützliches Mittel für Folgeschäden – wie im Extremfall Persönlichkeitsveränderungen – nach einer Kopfverletzung; es sollte hier aber in jedem Fall ärztlicher Rat eingeholt werden.

STICHWUNDEN

Apis: Sie fühlen sich warm oder heiß an, verursachen stechende Schmerzen und bessern sich durch Kälteanwendungen. Starke Schwellung am Verletzungsort.

Apis

Hypericum: Mit denselben quälenden, unerträglich schießenden Schmerzen in den besonders sensiblen Körperteilen wie bei den SCHNITT- UND SCHÜRFWUNDEN.
Ledum: Mittel der Wahl. Rötung, Schwellung und klopfende Schmerzen. Wenn sich die Wunde kalt anfühlt, sich aber durch Kälteanwendungen bessert.

SEPSIS

Lachesis: Eiterbildung nach einer Verletzung, Schorfbildung, Hämorrhagie. Dieses Mittel hat eine spezifische Beziehung zu Blut und Kreislauf. Folgeschäden von infizierten Wunden. Ein hervorragendes Sepsismittel. Naßkalte Haut. Schlimmer in geheizten Räumen, besser durch Berührung, kalte Luft oder langsames Luftzufächeln und sobald der Eiter abzulaufen beginnt.

SCHOCK

Arnica: Das Mittel der Wahl. Gewöhnlich das erste Mittel, das bei Unfällen oder Verletzungen angewendet wird.

VERSTAUCHUNGEN UND ZERRUNGEN

Arnica: Muskeln, Bänder oder Gelenke. Nach Überanstrengung der Muskeln; Muskelzerrungen mit Schmerzen und Steifigkeit; Mittel der Wahl für Muskeln. Nach Überanstrengung oder Überlastung von Bändern und Gelenken, wenn um das Gelenk herum eine beträchtliche Schwellung, Prellung und Entzündung vorliegt. Oft muß *Rhus toxicodendron* oder ein anderes Mittel als Folgemittel gegeben werden, bevor eine vollständige Heilung eintritt.

Bellis perennis

Bellis perennis: Gut bei tiefen Verletzungen von Muskeln und Gelenken, wenn *Arnica* sich als nicht wirksam genug erweist.

Bryonia: Bänder und Gelenke. Wenn sich die Schmerzen durch die geringste Bewegung verschlimmern. Schwellungen bis zu einem gewissen Grad.

Calcarea phos.: In den Fällen, in denen der Heilungsprozeß durch eine schlechte Ernährung gebremst und verzögert wird. Kann bei solch anämischen oder Mangelernährungzuständen zur Wirksamkeitsunterstützung der Erstbehandlung ergänzend eingesetzt werden.

Ledum: Mit Wirkung auf das Fasergewebe und die Gelenke, vor allem die Knöchel, wenn sich die erkrankten Körperpartien kalt oder taub anfühlen und Kälteanwendungen bessern.

Rhus tox.: Bänder und Muskeln: für überanstrengte Muskeln, nachdem die akutesten Symptome wieder abgeklungen sind oder wenn die Schmerzen durch

VIER STARKE MITTEL

Arnica: Bei Prellungen und Schockzuständen. Das wunde, gequetschte, schmerzhafte Gefühl macht den Patienten ruhelos und zwingt ihn, dauernd die Position zu wechseln. Schlimmer durch Berührung; will keinen in seiner Nähe haben. Sagt, es gehe ihm gut, auch wenn es nicht so ist. Bei schweren Verletzungen oder Kopfverletzungen kann er zwischendurch immer wieder bewußtlos werden. Solche Fälle bedürfen selbstverständlich dringend ärztlicher Behandlung – *Arnica* kann hier zwar auch helfen, die ärztliche Behandlung jedoch nicht ersetzen!

Arnica

Calendula: Hat eine spezifische Beziehung zu Erkrankungen des Weichteilgewebes. Charakteristisch sind exzessive Schmerzen. Es unterstützt die Blutgerinnung und Wundheilung.

Ledum: Im allgemeinen frostig und kalt, doch der Patient verlangt nach Kälte. Dieses Mittel hat eine spezifische Beziehung zum Fasergewebe, zu Gelenken und Sehnen.

Rhus tox.: Charakteristisch für dieses Mittel sind seine Modalitäten: schlimmer durch einsetzende und besser durch anhaltende Bewegung, besser durch Hitze, schlimmer durch Kälte. Wegen seiner starken spezifischen Beziehung zum Fasergewebe wird es bei Erkrankungen der Gelenke, Bänder und in dem Heilungsstadium, in dem sich Narbengewebe bildet, nachdem die ursprüngliche Entzündung abgeklungen ist, eingesetzt.

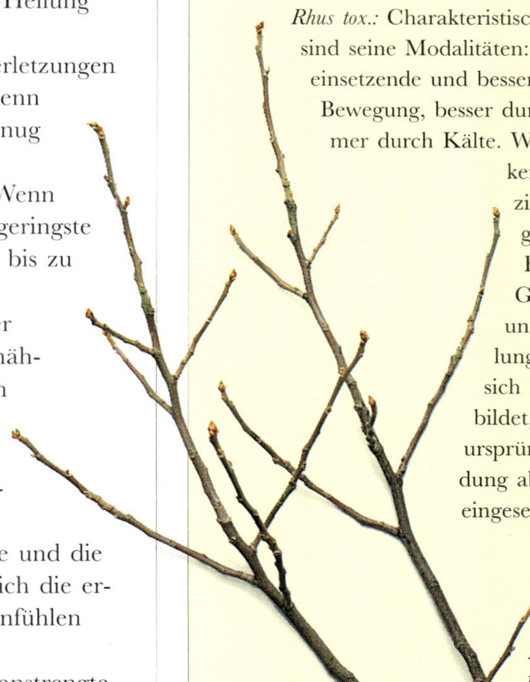

Rhus toxicodendron

Notfallmittel/3

einsetzende Bewegung schlimmer und durch anhaltende Bewegung und Hitze besser werden; für Bänder und Gelenke, bei denen es Mittel der Wahl ist. Schmerzen und Steifigkeit verschlimmern sich durch einsetzende Bewegung, bessern sich durch anhaltende Bewegung und Hitze. Bei Beschwerden durch Überanstrengung oder falsches Heben. Zieht oft kein klares Rhus-tox.-Bild nach sich. Wundes, lahmes und gequetschtes Gefühl. Paralytische Steifheit, als sei etwas gebrochen.

SONNENSTICH UND HITZSCHLAG

Belladonna: Fieber. Klopfende Kopfschmerzen, hellrotes Gesicht, Stupor. Hautbrennen, stärker als bei Glonoin. Kopfschmerzen besser durch Rückwärtsbeugen des Kopfes, durch Ruhigsitzen, mit Kopfbedeckung.

Cuprum: Hitzschlag. Krämpfe charakterisieren dieses Mittel. Stupor mit Muskelhüpfen und sogar Konvulsionen. Profuser, kalter Schweiß, große Schwäche, manchmal sogar Kollaps. Mattigkeit, Blässe, Kälte des Körpers, Übelkeit, ein schneller Puls.

Glonoin: Sonnenstich, Fieber, klopfende Kopfschmerzen, rotes Gesicht, Stupor. Weniger Hautbrennen als bei Belladonna. Schlimmer durch Rückwärtsbeugen des Kopfes, durch Kälteanwendungen, besser unbedeckt und an der frischen Luft, durch Druck.

Belladonna

Cuprum

UNVERZÜGLICH – HIER TUT EILE NOT!

Bei Bewußtlosigkeit, Bewußtseinstrübung oder Verwirrtheit nach Trauma.

BISSE UND STICHE

- Bei Bissen und Stichen, wenn das fragliche Tier giftig oder mit übertragbaren Krankheiten infiziert ist oder die betreffende Person auf solche Bisse oder Stiche bekanntermaßen mit einer Unverträglichkeit reagiert.
- Wenn nach einem Biss oder Stich der Bewußtseinszustand beeinträchtigt ist oder die Stelle schnell und stark anschwillt, vor allem bei Beteiligung von Mund und Hals oder wenn sich Atemschwierigkeiten einstellen.

GELENKE UND MUSKELN

- Jede Gelenkverletzung mit Beeinträchtigung des vollen Bewegungsumfangs der Gelenke.
- Wenn der verletzte Teil verrenkt, deformiert oder in irgendeiner Form instabil wirkt.
- Intensive Schmerzen oder Spasmen des umgebenden Muskelgewebes, was auf einen Bruch hindeutet.
- Bei ausgeprägter Schwellung oder Blutung unter der Haut.
- Kälte, Blaufärbung oder Taubheitsgefühl im Verletzungsbereich, was auf eine Schädigung der Blut- oder Nervenversorgung dieses Gebiets hinweist.

HÄMORRHAGIEN BZW. BLUTUNGEN

Hämorrhagien (Blutungen). Von der Ernsthaftigkeit der Wunde und Blutung hängt es ab, wie schnell und nötig ärztliche Hilfe ist.

HITZSCHLAG ODER SONNENSTICH

- Beim Hitzschlag (wenn die betreffende Person Symptome eines milden Schocks – blasse, naßkalte Haut mit Müdigkeit, Übelkeit, erhöhte Herzfrequenz und eventuell auch Muskelkrämpfe – aufweist), wenn der Bewußtseinszustand beeinträchtigt ist (schläfrig und benommen) oder die betreffende Person sich nach einer Stunde Ruhen im Kühlen nicht kräftiger und vitaler fühlt.
- Beim Sonnenstich. Hier handelt es sich um einen medizinischen Notfall, bei dem der Mechanismus, der die Körpertemperatur reguliert, nicht mehr funktioniert. Die Haut ist heiß, rot und häufig trocken. Es liegen Zeichen für eine Beeinträchtigung des Bewußtseins oder für Verwirrtheit und sogar Konvulsionen vor. Unternehmen Sie alles, um die Körpertemperatur so schnell wie möglich zu senken, während Sie auf den Notarzt warten.

Wann zum Arzt

KOPFVERLETZUNGEN, GEFOLGT VON

1. Beeinträchtigung des Bewußtseinszustands, angefangen von Schläfrigkeit und Lethargie bis hin zur totalen Bewußtlosigkeit.
2. Unerwarteter Reizbarkeit.
3. Zeichen für eine neurologische (das Nervensystem betreffende) Störung, wie verwaschene Sprache, Sehstörungen (Doppelt- und Unscharfsehen etc.), Schwäche oder Schwierigkeiten, die Gliedmaßen zu bewegen, unterschiedlich große Pupillen, Taubheitsgefühl, Krampfanfälle oder Konvulsionen.
4. Erbrechen.
5. Klarem oder blutigem, wäßrigem Ausfluß aus Nase oder Ohren.

NACKEN- ODER RÜCKENVERLETZUNGEN

Bei Verdacht auf einen Bruch oder eine ernsthafte andere Nacken- oder Rückenverletzung. Verständigen Sie den Notarzt, und bewegen Sie den Patienten nicht.

SCHOCK

Bei Zeichen auf einen Schock: blaß, verschwitzt, matt oder schwach, mit kalten Gliedmaßen und einem schnellen, schwachen Puls.

STICHWUNDEN

- Tiefe Stich- oder Bißwunden.
- Riß- und Stichwunden in den folgend aufgeführten Bereichen sollten mit großer Vorsicht behandelt werden, da sich unmittelbar unter der Oberfläche lebenswichtige Organe, Blutgefäße und Nerven befinden: Gesicht, Nacken, Brust, Bauch und Rücken.
- Bei Mitbeteiligung eines Gelenks, meist des Knies.

VERBRENNUNGEN

- Bei Verbrennungen – alle Verbrennungen dritten Grades (siehe unten), alle Verbrennungen zweiten Grades (mit Blasenbildung und Ablösung der obersten Hautschicht – sehr schmerzhaft) in besonders empfindlichen Bereichen (Gesicht, Hände, Genitalien) oder Verbrennungen zweiten Grades von mehr als Handgröße auch an anderen Stellen. Bei Versengung durch Strom denken Sie immer daran, die Stromquelle auszuschalten, bevor Sie die Person berühren, oder die Person mit einem nichtleitenden Material wie Gummi, Kunststoff oder trockenes Holz aus dem Gefahrenbereich zu entfernen. Verbrennungen dritten Grades, bei der sich sämtliche Hautschichten lösen, sind meist weniger berührungsempfindlich als Verbrennungen ersten oder zweiten Grades – lassen Sie sich aber dadurch nicht über den Schweregrad der Verbrennung hinwegtäuschen. Schwere Verbrennungen nicht selbst verbinden oder sonstwie behandeln, überlassen Sie das Fachleuten, behandeln Sie gegebenenfalls nur einen eventuellen Schockzustand.

Die Buschmeisterschlange, die Basis für Lachesis.

INNERHALB VON 24 STUNDEN

- Bei Wundinfektion – Zeichen dafür sind zunehmende Schmerzen, Schwellung und Rötung, vor allem wenn sich die Entzündung von der Wunde aus in roten Streifen über den Körper zieht (Lymphangitis). Es kann sich Eiter bilden.
- Tierbisse sollten grundsätzlich alle ärztlich untersucht werden. Bei Tetanusgefahr bedürfen auch Stich- und Rißwunden ärztlicher Behandlung.
- Jede unerwartete Beeinträchtigung des verletzten Körperteils, wenn beispielsweise ein verletztes Bein nicht belastet oder, vor allem beim Kind, ein Handgelenk nach einem Sturz nur unter Schmerzen oder eingeschränkt benutzt werden kann.

TEIL V

GLOSSAR UND REGISTER

Glossar

Abszeß: örtlich begrenzte Eiteransammlung in einem Gewebe oder Organ.

akut: plötzlicher Ausbruch und von kurzer Dauer.

-algie (Suffix): »Schmerzen in ...«, z.B. Arthralgie, Gelenkschmerz.

allgemeine Symptome: Symptome, die sich auf die ganze Person beziehen und sich beschreiben ließen mit »Ich fühle mich ...« (vergleiche mit **spezifische Symptome**).

Amenorrhö: Ausbleiben der Regelblutung.

Angina pectoris: starke Schmerzen im Brustkorb, gewöhnlich auf der linken Seite.

Aphthen: von einem roten Rand umgebene Erosionen der Mundschleimhaut.

Bänder: aus meist kollagenem Bindegewebe bestehende strangförmige oder platte Gebilde, die der Befestigung gegeneinander beweglicher Teile des Skeletts dienen.

Blepharitis: Entzündung der Lidränder.

Candida: *Candida albicans*, ein Pilz, der Schleimhäute und Haut besiedelt; verursacht Soor.

chronisch: länger anhaltender Zustand, der keine oder eine nur sehr langsam auftretende Veränderung aufweist.

Delirium: ein Verwirrtheits- und Erregungszustand, der durch unzusammenhängendes Sprechen, Sinnestäuschungen, Halluzinationen und Desorientiertheit charakterisiert ist.

Drüsen: beziehen sich auf die Lymphdrüsen, sofern nichts anderes angegeben wird.

Dysenterie: Ruhr, Entzündung des Dickdarms mit Ausscheidung von flüssigen und blutigen Stühlen und schmerzhaftem Stuhldrang.

Dyspepsie: Verdauungsstörung.

Dysphagie: Schluckstörung.

Dyspnoe: mit subjektiver Atemnot einhergehende Erschwerung der Atemtätigkeit.

eigentümliche Symptome: seltsame, ungewöhnliche Symptome, die sich auf das Individuum beziehen und mit der Krankheit an sich nichts zu tun haben.

Ekzem: eine entzündliche Hauterkrankung mit Rötung, Jucken, Wundheit und manchmal auch Hautabsonderungen.

Entzündung: Abwehrreaktion des Organismus und seiner Gewebe gegen verschiedenartige schädigende Reize; manifestiert sich in Form von Hitze, Schwellung, Rötung und gewöhnlich auch Schmerzen.

Eustachische Röhre: die Ohrtrompete, vom Mittelohr zum Rachen führende Röhre.

Fasergewebe: gewöhnliches Bindegewebe des Körpers.

Flatulenz: Aufblähung des Magens bzw. des Darms mit reichlichem Abgang von Darmgasen.

Gastritis: Entzündung der Magenschleimhaut.

Gelbsucht: akute Hepatitis, Ikterus, Gelbfärbung der Haut und Augen durch Gallepigmente.

Gewebesalz: anorganische Verbindung, die für das Wachstum und die Funktion der Körperzellen unerläßlich ist.

Glandula submaxillaris bzw. submandibularis: Speicheldrüse.

Hämorrhagie: Austritt von Blut aus einem gerissenen Blutgefäß.

Hämorrhoiden: knotenförmig hervortretende Erweiterungen der Mastdarmvenen um den After herum.

Hyperventilation: abnorm tiefe, schnelle und lange Atmung.

Infektion: Übertragung, Haftenbleiben, Eindringen und Vermehrung von Mikroorganismen (Krankheitserregern), z. B. im menschlichen Körper.

Ischias: Neuralgie des Ischiasnervs, verursacht Schmerzen, die die Oberschenkel- und Beinrückseite hinunterschießen.

Katarrh: Schleimabsonderung von entzündeten Schleimhäuten.

Koliken: akute, krampfhafte Leibschmerzen, schmerzhaftes Zusammenziehen eines Hohlorgans, z.B. des Darms.

Kongestionen: Stauungszustände mit Blutandrang, abnorme Blutansammlung.

Krampf: schmerzhafte, spasmische Muskelkontraktionen.

Krupp: Erkrankung – gewöhnlich bei Kindern – von Kehlkopf und Luftröhre, mit Kehlkopfspasmen, Atemnot und schwerer, geräuschvoller Atmung.

Leukorrhö: Weißfluß, vermehrt gebildetes weißliches Scheidensekret.

Lochien: Wochenfluß, uterine Wundsekretion nach der Entbindung.

Lymphknoten: linsen- bis bohnengroße plattrundliche sekundäre Organe im Lymphsystem, die Fremdkörper herausfiltern sollen; lassen sich bei Krankheit, wenn sie vergrößert sind, oft am Hals, unter den Achseln und in der Leiste ertasten.

Manie: Geistesgestörtheit, die durch Erregtheit, Hyperaktivität, Halluzinationen und manchmal Gewalttätigkeit gekennzeichnet ist.

Mastitis: Entzündung der Brust.

Materia medica: Wissenschaft, die sich mit der Herkunft und den Eigenschaften von Arzneimitteln beschäftigt.

Modalitäten: Faktoren, die Symptome bessern oder verschlechtern.

Neuralgie: Schädigung der Nerven (oft in Kopf und Nacken), die intensive, intermittierende Schmerzen verursacht.

Ödem: abnorme Ansammlung von Flüssigkeit im Körpergewebe; gibt oft Dellen, wenn man sie mit dem Finger eindrückt.

Parotis: Ohrspeicheldrüse.

Periost: Knochenhaut.

Photophobie: Lichtscheu, Lichtempfindlichkeit.

Placenta praevia: atypische Lokalisation der Plazenta im unteren Gebärmuttersegment, dabei wird der Eingang des Gebärmutterhalses und des Geburtskanals blockiert.

Potenz: »Stärke« eines Homöopathikums.

Puls: der in einer Arterie zu fühlende Herzschlag.

Rheumatisches Fieber: akute fiebrige Erkrankung mit Schmerzen und Gelenkentzündung, die auch das Herz befallen kann.

Rheumaschmerzen: Schmerzen in Gelenken und Muskeln, schlimmer bei Nässe und Kälte.

Schleimhäute: die das Innere von Hohlorganen auskleidende Schicht.

Schock: plötzlicher störender geistiger oder körperlicher Eindruck; auch Kreislaufschock, Kollapsstadium, das durch blasse, naßkalte Haut, schnellen, schwachen Puls, Schwäche, Schwindel und Übelkeit charakterisiert ist.

Glossar

Sehnen: kollagenes Bindegewebe, das Muskeln mit anderen Körperteilen, gewöhnlich Knochen, verbindet.

Sepsis: sogenannte Blutvergiftung.

Soor: Pilzinfektion von Hals oder Vagina.

Spasmen: plötzliche, heftige, unwillkürliche Muskelkontraktionen.

spezifische Symptome: beziehen sich auf einen speziellen Körperteil; Sätze zu deren Beschreibung beginnen mit »Mein...« (vergleiche mit **allgemeine Symptome**).

Sternum: Brustbein.

Stupor: benommener, schläfriger, stumpfsinniger und hilfloser Zustand.

Symptome: festgestellte Veränderungen oder Beeinträchtigung der Körper- oder geistigen Funktionen, die auf eine Erkrankung oder Verletzung hindeuten.

Symptom- bzw. Mittel- oder Arzneimittelbild: Gesamtheit der Symptome, die ein Mittel oder einen Patienten mit seiner Krankheit charakterisiert.

Tenesmus: schmerzhafter und erfolgloser Stuhldrang.

Trauma: Verletzung, Wunde, Gewalteinwirkung in körperlicher oder psychischer Hinsicht.

Trigeminusnerv: Nerv, der sich dreiteilt, in den *Nervus mandibularis* (Unterkiefer), *Nervus maxillaris* (Oberkiefer) und *Nervus ophthalmicus* (Augen).

Ulkus: Geschwür, offene Wunde durch Entzündung der Haut oder Schleimhaut.

Urtikaria: Nesselsucht, Nesselfieber, blasse oder rote erhabene Quaddeln mit starkem Juckreiz.

Zystitis: Blasenentzündung.

Bildnachweis

A–Z Botanical Collection: 52 o.
A–Z/Michael R. Chandler: 117
A–Z/Anthony Cooper: 48 u.
A–Z/David Indges: 101
A–Z/TGJ Rayner: 73

Bruce Coleman/Eric Crichton: 88 o.
Bruce Coleman/Michael Fogden: 89 o.
Bruce Coleman/Michael P. Price: 58 o.

Mit freundlicher Genehmigung der Hahnemann House Trustees: 15 o., 17 o., 17 M., 19, 20 o., 31 und li., 32 und li.
Von der The Homoeopathic Trust Nachdruck der Flora Homoeopathica: 80, 111

e. t. Archive/Musée Versailles: 29 o.

Harry Smith Horticultural Photographic Collection: 46 u., 69 o., 71, 78, 90 o.
Smith/Polunin Collection: 67, 116; Smith/Stainton Collection: 69 u.

Images Colour Library: 14 o. re., 24 o., 27 u. re.
The Mansell Collection: 20 u.

Oxford Scientific Films/Deni Brown: 91
OSF/Michael Fogden: 89 u.
OSF/David Fox: 38 o. li.
OSF/Michael P. Godomski: 72 o.
OSF/Terry Heathcote: 33 u. re.
OSF/Margaret Miller/Photo Researchers Inc.: 88 u.
OSF/Tom Ulrich: 39 o. li.

Science Photo Library/Jean-Loup Charvet: 16 u.

Weleda (UK): Hersteller homöopathischer Arzneimittel: 33 u. li.

Alle Studioaufnahmen sowie das Umschlagfoto von Guy Ryecart

Ganz besonderen Dank an The Royal Botanic Gardens, Kew, London; The Chelsea Physic Garden, London; Countryside Companions, Baumber, Lincolnshire, UK; Suffolk Herbs, Kelvedon, Essex, UK; sowie Sarah Bentley und David Squires.

Adressen

Arbeitskreis Homöopathie
Zentralverband der Ärzte für Naturheilverfahren
Alfredstraße 21
72250 Freudenstadt
Tel.: 07441/2151
Fax: 07441/87830

August-Weihe-Institut
für Homöopathische Medizin e.V.
Dr. med. G. Behnisch
Benekestraße 11
32756 Detmold
Tel.: 05231/34151
Fax: 05231/34152

Deutscher Zentralverein homöopathischer Ärzte (DZVhÄ)
Geschäftsstelle
Alte Steige 3
72213 Altensteig
Tel.: 07453/3300
Fax: 07453/3400

Niedersächsische Akademie für Homöopathie und Naturheilverfahren
Brita-Ise Hellmann (Geschäftsführerin)
Blumläger Kirchweg 1
29221 Celle
Tel.: 05141/71312
Fax: 05141/7985

Fragen Sie auch in Apotheken mit einer guten Homöopathiemittelauswahl nach Adressen von erfahrenen Homöopathen in Ihrer Umgebung. Für Leser aus der Bundesrepublik empfiehlt sich ebenso der Blick ins Branchenfernsprechbuch unter dem Stichwort »Ärzte/Homöopathie«. In Österreich und in den meisten Kantonen der Schweiz tragen homöopathisch ausgebildete Ärzte keine Zusatzbezeichnung, so daß Sie am besten in Apotheken um Auskunft bitten.

Register

Verzeichnis der homöopathischen Mittel und Pflanzen

Halbfette Zahlen bezeichnen die Seiten der Materia Medica, *kursive* beziehen sich auf Abbildungen

Namen- und Sachregister

Namen- und Sachregister

Namen- und Sachregister/3